国家社科基金后期资助项目（20FJYB066）

企业社会责任的效应与治理研究

Research on the Effect and Governance of Corporate Social Responsibility

陈俊龙　著

中国财经出版传媒集团
中国财政经济出版社

国家社科基金后期资助项目
出版说明

后期资助项目是国家社科基金设立的一类重要项目，旨在鼓励广大社科研究者潜心治学，支持基础研究多出优秀成果。它是经过严格评审，从接近完成的科研成果中遴选立项的。为扩大后期资助项目的影响，更好地推动学术发展，促进成果转化，全国哲学社会科学工作办公室按照“统一设计、统一标识、统一版式、形成系列”的总体要求，组织出版国家社科基金后期资助项目成果。

全国哲学社会科学工作办公室

内容提要

在现代市场经济中，企业社会责任已经成为世界范围内普遍认可的企业行为准则。在新时代高质量发展的时代背景下，激励企业积极履行高质量的企业社会责任，是促进企业高质量发展、培育具有国际竞争力的世界一流企业、推动社会经济可持续发展的有效手段。企业社会责任具有显著的利益相关者属性，要实现企业社会责任高质量发展，需要构建科学的治理体系来规范利益相关者行为，实现利益相关者共享共赢。而要实现高质量治理，就必须弄清企业社会责任对利益相关者会产生何种效应，以及效应产生过程中利益相关者的行为特征及他们间的策略互动，以此来为企业社会责任高效治理体系的构建提供理论与实践依据。

基于此，本书从利益相关者视角构建了企业社会责任效应和治理的系统研究框架，从利益相关者维度将企业社会责任划分为员工友好型、消费者友好型、行业友好型和其他利益相关者友好型等四种类型，并剖析了利益相关者视角下中国企业社会责任发展的历史沿革、演变规律及现状；构建寡头垄断模型，分别揭示了四类企业社会责任对企业、员工、消费者、行业和其他利益相关者的直接和间接效应及其内在机理，并进行了实证检验；充分借鉴国外企业社会责任治理经验，构建了中国企业社会责任的多中心治理体系，并从政府、企业、社会和其他利益相关者视角提出了因地制宜、具有可操作性的对策建议。

前　言

企业社会责任是现代市场经济中企业重要的行为准则和战略。随着市场经济的不断成熟和现代企业的转型，企业社会责任得到了理论界和实践界的普遍认同，是中国企业实现转型、谋求高质量发展的必由之路。兼顾利益相关者是企业社会责任的本质属性，只有充分兼顾好利益相关者，才能够最大限度发挥企业社会责任的积极效应。而要做到这一点，则需要深入揭示企业社会责任活动过程中利益相关者之间的相互博弈关系，构建高效的利益相关者协同治理体系，设计切实可行的对策建议。

基于此，本成果在充分借鉴已有研究有益思想、理论和方法的基础上，从利益相关者的视角更加全面深入地诠释何为企业社会责任，从利益相关者视角划分企业社会责任类型；基于寡头垄断模型与序贯博弈，构建系统的理论分析框架，全面揭示各类企业社会责任对各个利益相关者的效用及内在机理，并通过实证分析进行验证；借鉴奥斯特罗姆的多中心治理理论，构建涵盖全部利益相关者的企业社会责任多中心治理体系与 IAD 框架，实现对现有企业社会责任治理研究的有机整合和推进。具体来说，本书主要有四个部分，具体如下：

第一部分是绪论。首先，阐述本书的研究背景，提出研究问题，明确研究的学术和应用价值；其次，详细评述企业社会责任效应及治理的相关文献，为本书研究奠定坚实的文献基础；最后，指出本书的研究内容、研究方法、研究思路与创新之处。

第二部分是上篇，即基本分析、演变历程与现状，包括第 1 章、第 2 章与第 3 章。第 1 章揭示利益相关者和企业社会责任间的内在关联，从利益相关者视角将企业社会责任划分为员工友好型、消费者友好型、行业友好型和其他利益相关者友好型，阐述企业社会责任对各类利益相关者所产生的效应。第 2 章从利益相关者视角梳理中国企业社会责任的演变历程，总结其内在规律。第3章详细剖析目前中国企业社会责任的发展与治理现状，揭示其取得的成绩和存在的突出问题，并对全国五个城市的中小企业社会责任现状进行调查研究。

第三部分是中篇，即利益相关者视角下企业社会责任的效应及其机理：理论与实证，包括第4章、第5章、第6章、第7章和第8章。在理论研究方面，基于对企业社会责任的四重划分，分别构建符合各类企业社会责任特征的寡头垄断模型，将不同类型企业社会责任的相关行为模型化，通过多阶段序贯博弈分析，分别考察了员工友好型（第4章）、消费者友好型（第5章）、行业友好型（第6章）及其他利益相关者友好型（第7章）企业社会责任对各类利益相关者的效应与内在机理。在实证研究方面，第8章构建面板数据模型，考察各类企业社会责任对各类利益相关者的影响。首先，揭示各类企业社会责任对企业绩效的影响，然后剖析各类企业社会责任对与利益相关者密切关联的品牌价值的影响，实现对理论分析部分的实证检验。

第四部分是下篇，即中国企业社会责任的多中心治理体系构建与对策，包括第9章、第10章与第11章。第9章从政府治理、社会治理和企业治理三个方面，总结概括美国、欧洲、日本等发达国家和地区企业社会责任治理的实践，从中梳理出对中国企业社会责任高质量发展有益的思路和启示，指出利益相关者协同治理是保障企业社会责任高效履行的必要手段。第10章基于奥斯特罗姆的多中心治理理论，集成以上理论与实证研究成果，构建包含政府、企业、员工、消费者、行业和其他利益相关者在内的多中心治理体系，明晰各利益主体在治理体系中扮演的角色和发挥的功能，并将其应用于平台型企业社会责任治理实践。在此基础上，构建中国企业社会责任多中心治理的IAD框架，并设计出对应的治理绩效评价指标体系，对中国企业社会责任治理效率进行科学测度。第11章基于构建的多中心治理体系，从政府、企业、行业和其他利益相关者层面提出促进中国企业社会责任治理效率提升、实现高质量发展的多层次对策建议。

本成果的核心创新点在于中篇关于企业社会责任效应与其机理的博弈研究。与现有研究相比，该部分在模型设计上突破了利润导向和消费者友好导向的局限，将各类企业社会责任置于同一个研究框架，在模型设计上进行了显著的中国化改进和拓展，对最优企业社会责任水平等在内的若干问题进行了具有开创性的理论探索，建议读者重点阅读。

目　录

绪论 ……………………………………………………………………（1）

0.1　研究背景与意义 ……………………………………………（1）
0.2　文献综述 ……………………………………………………（4）
0.3　主要研究内容 ………………………………………………（31）
0.4　研究方法与研究思路 ………………………………………（33）
0.5　本书的创新之处 ……………………………………………（36）

上篇　基本分析、演变历程与现状

第1章　利益相关者视角下企业社会责任的基本分析 ……………（39）

1.1　利益相关者与企业社会责任 ………………………………（39）
1.2　利益相关者视角下企业社会责任的内涵及四重划分 ……（43）
1.3　企业社会责任对利益相关者的效应 ………………………（46）

第2章　新中国企业社会责任的历史沿革及演变规律 ……………（56）

2.1　新中国企业社会责任发展的历史沿革 ……………………（56）
2.2　新中国企业社会责任的演变规律 …………………………（64）

第3章　改革开放以来中国企业社会责任的发展及治理现状 ………（70）

3.1　中国企业社会责任的发展及治理成绩 ……………………（70）
3.2　中国企业社会责任发展及治理存在的问题 ………………（80）
3.3　中小企业社会责任调查研究——以全国五市为例 ………（87）

中篇　利益相关者视角下企业社会责任的效应及其机理：理论与实证

第4章　员工友好型企业社会责任的效应及其机理 ……（101）

4.1　问题的提出 ……（101）
4.2　模型构建 ……（102）
4.3　模型分析 ……（104）
4.4　结论 ……（112）

第5章　消费者友好型企业社会责任的效应及其机理 ……（113）

5.1　产能选择与消费者友好型企业社会责任 ……（113）
5.2　生产资源共享与消费者友好型企业社会责任 ……（142）
5.3　市场敏感度、策略互动与消费者友好型社会责任 ……（152）
5.4　消费者敏感度、产能选择与消费者友好型企业社会责任 …（166）

第6章　行业友好型企业社会责任的效应及其机理 ……（178）

6.1　专利授权与行业友好型企业社会责任 ……（178）
6.2　交叉所有权与行业友好型企业社会责任 ……（195）
6.3　垂直产业链与行业友好型企业社会责任 ……（200）

第7章　其他利益相关者友好型企业社会责任的效应及其机理 ……（216）

7.1　环境友好型企业社会责任的效应及其机理 ……（216）
7.2　社区友好型企业社会责任的效应及其机理 ……（239）
7.3　进一步的研究拓展 ……（254）

第8章　利益相关者视角下企业社会责任效应的实证分析 ……（260）

8.1　问题的提出 ……（260）
8.2　研究设计 ……（264）
8.3　实证结果分析（模型Ⅰ） ……（267）

8.4　实证分析结果（模型Ⅱ） …………………………… (275)
8.5　结论 …………………………………………………… (281)

下篇　中国企业社会责任的多中心治理体系构建与对策

第9章　利益相关者视角下国外企业社会责任治理经验借鉴……… (285)

9.1　政府治理层面的经验借鉴 ………………………………… (285)
9.2　社会治理层面的经验借鉴 ………………………………… (290)
9.3　企业治理层面的经验借鉴 ………………………………… (295)
9.4　对中国企业社会责任治理的启示 ………………………… (303)

第10章　中国企业社会责任的多中心治理体系构建 ……………… (310)

10.1　多中心治理理论概述…………………………………… (310)
10.2　中国企业社会责任的多中心治理体系的框架…………… (312)
10.3　中国企业社会责任多中心治理的IAD框架 …………… (323)
10.4　基于三阶段DEA的中国企业社会责任治理效率测度 … (328)

第11章　促进企业社会责任利益相关者高效协同治理的对策 …… (342)

11.1　政府层面的对策建议…………………………………… (342)
11.2　企业层面的对策建议…………………………………… (347)
11.3　行业层面的对策建议…………………………………… (355)
11.4　其他利益相关者层面的对策建议……………………… (357)

结论……………………………………………………………… (360)

参考文献………………………………………………………… (362)
后记……………………………………………………………… (407)

绪　论

0.1　研究背景与意义

0.1.1　研究背景

企业社会责任（Corporate Social Responsibility，CSR）的概念由英国学者 Sheldon（1924）提出，经过近百年的深入探索与实践，已经形成了非常成熟的思想理论体系，深刻影响着企业的行为选择与社会的可持续发展。在现代市场经济中，企业社会责任已然成为世界范围内普遍认可的企业行为准则（McWilliams et al.，2006），是判断一个企业可持续发展能力和社会贡献度的重要标准。根据 KPMG（2017）的调查数据，发布企业社会责任报告已经成为世界各地大中型企业的行业惯例，约 75% 的被调查企业发布了企业社会责任报告；78% 全球收入最高的企业都在年度财务报告中整合财务与非财务信息；很多企业已经将企业社会责任活动与可持续发展目标联系起来。在国际竞争中，企业社会责任逐渐成为竞争的一大要素。近年来，欧盟通过应对塑料垃圾的策略，经合组织（OECD）发布适用于所有行业的供应链尽责管理指南，纽约证券交易所推出关于可持续发展目标的交易基金，国际铝协制定《可持续铝土矿开采指南》。这些都是对企业生产经营活动的约束，督促其在追求利润的同时考虑自身活动对环境、对社会产生的负面影响。当前，履行企业社会责任已成为企业实现可持续经营、社会经济实现可持续发展的重要保障。

对中国企业而言，经过多年发展，企业社会责任已经逐步成为企业生产经营的有机组成部分和重要战略之一。尤其是大型国有企业担负着越来越多的企业社会责任，起到了良好的示范引领作用。培育具有全球竞争力的世界一流企业，是党的十九大对国有企业提出的要求，而履行企业社会责任则是建立世界一流企业的必然选择。但是，从整体上看，我国企业主动承担社会责任的意识目前仍处于初步发展阶段，离发达经济体还有不小的差距。

党的十九大指出，“中国经济由高速增长阶段转向高质量发展阶段”。对于国民经济的细胞——企业而言，高质量发展是今后相当长的一段时期内企业发展和转型的主导目标。要实现企业的高质量发展，发展观念需要转变，增长模式需要转变，发展动力需要转变，资源配置方式亦需要转变。具体到企业社会责任，在企业高质量发展的时代背景下，一方面企业社会责任强调要树立可持续发展理念，推进产品技术创新，协调利益相关者关系，保护生态环境，使企业发展成果惠及利益相关者。这些充分体现了“创新、协调、绿色、开放、共享”的发展理念，履行好企业社会责任可成为践行新发展理念的有效途径。另一方面，企业社会责任本身也要破除当前的粗放式发展模式，实现高质量发展，以自身的高质量发展推动企业整体层面的高质量发展。因此，在新时代高质量发展时代背景下，强调高质量的企业社会责任履行，对实现企业高质量发展具有重要的现实意义。

那么，如何有效地激励企业履行社会责任，实现其高质量发展呢？要解决这个问题，就必须解决如何治理的问题，而要实现激励与约束相兼容的高效治理就必须全面深入地揭示企业社会责任的效应，深剖内在的逻辑机理。企业社会责任发展至今，虽然学界基本上肯定企业社会责任的积极作用，但是仍然有不少研究表明企业社会责任未必会达到预期目标。由此可见，企业社会责任效应的发挥会受到一定条件的限制。同时，企业社会责任涉及各个方面，利益相关者已经成为企业社会责任研究的重要视角和纬度。例如，Carroll（1979）认为企业社会责任理念与组织利益相关者之间自然存在契合。Russo 和 Perrini（2010）认为应从利益相关者角度对大型企业的企业社会责任进行剖析。Li（2017）认为企业履行社会责任会对利益相关者产生一定的影响，影响其对企业的支持程度。大量学者认为从利益相关者角度研究企业社会责任存在显著价值。从利益相关者理论提出至今，越来越多的学者从该角度研究了企业社会责任对利益相关者的影响。但是，现有研究往往局限于企业社会责任某个维度的效应，如对企业绩效、消费者，对员工、生态环境等，且多为实证研究，将各类效应纳入同一个分析框架的系统性理论研究较少。而如果缺乏对全部利益相关者效应的深入解析，那么也就难以建立兼顾全部利益相关者的高效治理框架，高质量发展也就无从谈起。因此，从整体上看，企业社会责任效应和治理的系统性、整合性、集成性研究仍有进一步推进的空间。

基于此，本书将从利益相关者视角进一步深化企业社会责任的内涵与构成，划分四类企业社会责任，并通过构建寡头垄断模型，揭示各类企业社会责任对利润、消费者、员工、竞争对手以及其他利益相关者的效应，阐明内在的逻辑机理，并进行实证检验。在此基础上，构建企业社会责任多中心治理制度框架，提出促进企业社会责任高质量发展的对策建议。

0.1.2 研究意义

本书从利益相关者视角深入探索企业社会责任的效应与治理问题，实现了规范研究与实证研究、定性研究与定量研究的有机融合，具有积极的理论与实践意义，具体如下。

（1）理论意义。

第一，从利益相关者视角构建企业社会责任系统的研究框架。深入把握企业社会责任的利益相关者属性，并在此基础上构建企业社会责任“内涵—构成—效应—机理—治理—对策”的系统研究框架，在企业社会责任多重效应、企业社会责任最优水平、多元协同治理等层面推进现有研究，既有利于丰富和发展现有的企业社会责任理论，实现其规范与实证研究的进一步有机融合，也有助于拓展利益相关者理论在企业社会责任问题上的应用视野。

第二，推进基于寡头垄断模型的企业社会责任研究。当前有大量基于寡头垄断模型探索企业社会责任决策及其效应的研究，但多局限于某个具体目标（例如，利润最大化），且模型设计多数体现的是对消费者利益的兼顾，而对其他利益相关者涉及较少，且在最优企业社会责任水平等方面有待进一步研究。本书从利益相关者视角划分了员工友好型、消费者友好型、行业友好型和其他利益相关者友好型四类企业社会责任，分别探索四类企业社会责任产生的效应及内在机理，考虑的限制性因素更多，更能够兼顾各类利益相关者，得出的结论更加贴合实际，有利于拓展寡头垄断模型在企业社会责任领域的研究视野并促进其中国化应用。

第三，促进多中心治理理论与其 IAD 框架在企业社会责任问题上的中国本土化应用。将奥斯特罗姆的多中心治理理论及其 IAD 框架应用于中国企业社会责任的多元协同治理，拓展相关的强制类、市场类、引导类和自愿类政策工具，有利于拓展多中心治理理论及其 IAD 框架的理论视野，探索中国企业社会责任治理的特色之路。

（2）实践意义。

第一，以高效治理促进中国企业社会责任高质量发展。在揭示企业社会责任多重效应与内在机理的基础上，打造高效的多中心协同治理机制，破除企业社会责任高质量发展的内在障碍，有助于提高企业社会责任治理效能，形成对企业科学有效的内外部约束，促进中国企业社会责任高质量发展，进而助力企业的高质量发展，也利于推进对新时代经济高质量发展的理论内涵、精神实质与实现路径的探索。

第二，提升企业核心竞争力，助力培育世界一流企业。企业社会责任作为评判世界一流企业的重要维度，目前是中国企业的一大短板。本书致力于探索最符合国情的企业社会责任模式，为企业的社会责任决策提供有价值的借鉴，有助于企业实施合理的企业社会责任，增强自身的国际竞争力，进而有助于世界一流企业的培育。

第三，促进习近平新时代中国特色社会主义市场经济下的共享共赢实践。从利益相关者视角探索企业社会责任问题，理论与实证研究始终坚持共享共赢的新发展理念。这实质上是在习近平新时代中国特色社会主义市场经济下，从企业经营战略和目标入手，探索实现企业改革开放成果共建共享共赢的有益尝试，对缓解利益相关者冲突、维护社会和谐稳定、协调社会经济与生态环境保护的关系、实现可持续协调发展具有一定的实践意义。

0.2 文献综述

本部分将从利益相关者视角对企业社会责任的内涵、构成及度量，企业社会责任的效应与机理，企业社会责任的治理等问题展开系统综述，为利益相关者视角下企业社会责任的效应及治理研究奠定坚实的文献基础。

0.2.1 企业社会责任的内涵、构成及度量

（1）企业社会责任的提出。

企业社会责任概念最早由英国学者 Sheldon（1924）提出，他认为“企业不能把追求股东利益最大化作为自己唯一存在的目的，还必须最大限度地增进除股东外所有其他利益相关者的利益”。此后，学界针对企业社会责任开展了广泛而深入的研究，文献十分丰富。起初，企业社会责任与商人的社会责任没有明确区分，后期得到了不断明确（Bowen，1953）。随着研究的不断推进，学界开始将商人的社会责任逐步演化为企业社会责任，研究视野开始从宏观逐步向微观转变，内涵不断扩展。同时，对员

工、消费者、政府、环境及社区等其他利益相关者效应的研究愈加丰富，成为该领域的前沿问题。

（2）企业社会责任的内涵。

目前，关于企业社会责任内涵的界定未有统一的标准：狭义的定义，认为企业社会责任是为了实现利润最大化（Friedman，2007）；中义的定义，认为企业除了对股东负有经济责任之外，还应当对其利益相关者（员工、股东、顾客等）承担一定的社会责任（Freeman，1984；Epstein，1987）；广义的定义，认为企业社会责任是企业对社会成员负有的责任（Epstein，1987；Robbins，1991；Koher and Lee，2005）。Robbins（1991）认为企业社会责任不同于社会义务，其涉及更广泛的内容而不仅仅是经济和法律责任。刘继峰和吕家毅（2004）提出企业在创造财富并带动经济发展的同时也造成了一系列负面影响，伴随着这种负面影响的逐渐扩大，企业社会责任问题出现。Kotler 和 Lee（2008）认为“企业社会责任是旨在通过参与或支持志愿服务或以道德为导向的实践，为慈善活动家或慈善性质的社会目标做出贡献”。

从总体趋势来看，学者们对企业社会责任的定义随着社会经济和企业的发展而不断变化。不同时期关注的侧重点不同，所赋予的企业社会责任的内涵也不尽相同。学者们普遍认为企业要关注与其直接或间接相关的各类利益相关者，不仅包括股东、员工、消费者，还包括政府、社区、工会、行业协会、社会公众利益群体、媒体等。在此基础上，本书将进一步从利益相关者视角丰富和完善企业社会责任的内涵。

（3）企业社会责任的构成。

关于企业社会责任构成的研究，国外学者开始得较早，理论层面的研究也较为成熟，国内学者大多在国外研究基础上进行拓展和延伸，本书梳理如下。

美国经济发展委员会（1971）提出“三个中心圈”模型：将企业社会责任分为内圈、中圈和外圈，形象描述了企业社会责任内容涵盖范围从基本经济责任到无形社会责任的逐步拓展。与此种界定方式相类似的还有Carroll（1979）提出的“金字塔”模型，同样由经济责任出发，涵盖法律责任、道德责任等更广泛的社会责任；同时，该模型体现出不同类型责任占比问题，即从经济责任依次向上递减，呈金字塔形状。此外，还有 Wood 的三原则模型等。陈承和王宗军（2013）基于广义资本视角，构建了企业社会责任的五个维度。程雪莲等（2018）基于 Carroll 的金字塔模型和利益相关者理论开展了问卷调查，发现国内对于企业社会责任内容占比的排序依次是慈善责任、道德责任、经济责任和法律责任。这与 Carroll 的金字塔模型呈现出完全相反的结构。朱晓娟和李铭（2020）认为企业社会责任包括自觉承担社会责任和扩大社会责任影响力两个方面。学界在企业社会责任的内容界定上存在差异，这源于学者们想要通过模型阐释的观点不同，突出的内容各异。但是，学者们在企业应当承担经济责任、法律责任等基本责任问题上已经达成共识。总体来看，国内对企业社会责任内容的界定与国外有很大差异，甚至出现了完全相反的观点。国外学者对企业社会责任内容的界定呈现出分层递进的特点，而国内研究更加倾向于慈善捐赠和道德责任。

目前，关于企业社会责任构成的研究已经非常丰富，但是从利益相关者视角界定企业社会责任构成的研究并不是很多。围绕这一问题，本书将在已有研究基础上实现进一步的推进，从利益相关者视角全面构建企业社会责任的内容体系。

（4）企业社会责任的度量。

随着社会各界对企业社会责任愈加重视，度量问题成为该领域研究的重要方向。国外相关研究较早，国内则大多借鉴国外经验，结合国情和研究需要进行本土化改进与应用。

目前，国际上对企业社会责任评价的方法主要包括声誉指数法、内容分析法以及利益相关方法等。不同的衡量方法各有优缺点。其中，声誉指数法出现较早，如 CEP 指数、财富声誉指数等。声誉指数法通过相关专家或权威人士的主观评价衡量企业社会责任（Cochran and Wood，1984；Sturdivant and Ginter，1977；Makni et al.，2009）。评价标准具有很强的主观性和不确定性。评价结果会因为专家或者行业的不同而出现较大差异。内容分析法则是通过企业披露的各种信息制定客观的评价方式（Bowman and Haire，1975；Abbott and Monsen，1979）。与声誉指数法相比，衡量方法更加客观合理。但是，由于企业自身披露信息的真实性难以保证，评价结果可能会失去意义。与之相比，利益相关评价方法更为合理全面，并逐步成为主流方法，如 KLD 指数、索尼菲尔德法（Waddock and Graves，1997）。利益相关方法从企业利益相关者评价的角度对企业社会责任予以衡量。这种方式综合考虑多个角度，增强了评价的客观性和可信度。但是，此方法需要以庞大的数据作为支撑。随着研究的不断丰富和完善，国内外对于企业社会责任的度量更加倾向于采用综合性指标，如 DJSI 指数、FTSE4Good 指数、GRI 指数等（赵畅等，2012）。

目前，国外的企业社会责任评价指数较多，而不同的指标侧重点有所不同，考察方式各异，主要有《财富》100 强责任排名指数、DJSI 指数、

FTSE4Good 指数、UN Global Compact 指数、WBCSD 指数、BITC 企业责任指数、GRI 指数、KMPG CSRReporting 指数、ISO14001 指数等。

国内对企业社会责任的评价开始较晚，主要指标有中国 100 强社会责任指数、和讯网企业社会责任评分、润灵环球责任评级、南方周末企业社会责任榜、金蜜蜂奖评选等。其中，和讯网企业社会责任评分和润灵环球责任评级是两大主要的企业社会责任评价指数。和讯网企业社会责任评分采用利益相关方法，针对股东、员工、供应商等五项利益相关者设立指标进行全面评价。和讯网企业社会责任评分作为利益相关方法的典型代表，能够从企业社会责任的受众出发细化评价方式，给予企业社会责任以较为客观公正的评价，也因此被学者们广泛采用（李玲，2011；孙芝慧，2016；乔虹，2017；胡其昊和朱雨诺，2020；冯晓晴等，2020；闵志慧和何艳敏，2021；张宏和罗兰英，2021；余官胜等，2021；郑景丽等，2021）。具体而言，徐莉萍等（2020）采用了和讯网社会责任评分数据，研究了企业社会责任对债券融资成本的影响。段军山和庄旭东（2020）研究了企业社会责任对创新投入的影响机制，所采用的数据来源于和讯网的《2010～2017 年上市公司社会责任报告》。

而环润灵球责任评级主要包括 ESG 评级（环境、社会责任、治理）、企业社会责任报告评级、社会责任投资者服务等多方面。目前，润灵环球责任评级在我国资本市场的相关研究中使用较多，学者们通常将润灵环球责任评级作为 A 股上市公司企业社会责任数据的主要来源（刘计含和王建琼，2016；罗正英等，2018；刘姝雯等，2019；徐辉和周孝华，2019，韦院英和胡川，2021）。冯锋和张燕南（2020）实证检验了企业社会责任对两类公司绩效指标的影响，其中企业社会责任数据来源于润灵环球企业社会责任评级。类似地，荆龙姣（2020）选用上市公司中包含在 2016～2018 年润灵环球社会责任报告评级数据库中的企业作为研究样本。谭文双等（2021）以润灵环球数据研究了社会责任信息披露、媒体关注与企业绩效三者的关系。李丹（2021）通过润灵环球 MCT 社会责任报告评价体系分析了高管变更、团队稳定性与企业社会责任的相关关系。

除了上述两大主要的企业社会责任评价指标之外，我国学者所采用的企业社会责任评价指标还包括基于问卷调查数据构建的指标、新华社公布的 2018 年"改革开放 40 年百名杰出民营企业家"名单、企业是否入选国内外主流新闻媒体、非政府组织等公开授予的企业社会责任奖项以及精准扶贫项目支出额等（陈银飞等，2018；张正勇和邓博夫，2018；王小东和邓康一，2019；李江等，2020；陈旭和哈今华，2021）。例如，文雯等（2021）以上市公司对精准扶贫项目的年度投资额与当年度营业收入之比度量企业社会责任水平，并剖析了CEO境外留居对企业社会责任的影响。陈煦江和刘婷婷（2021）根据肖红军等（2016）撰写的《中国上市公司社会责任能力成熟度报告》中的上市公司社会责任能力成熟度指数来度量企业社会责任。沈奇泰松和蔡宁（2021）以浙江省2017年度“平安浙江”考评体系中的企业社会责任工作成效作为数据来源，分析了地方政府在推动企业社会责任中的机制和条件。

纵观这些研究方法，由于不同国家企业发展状况和所处环境不同，评价方法各异，而科学的企业社会责任测度应根据具体企业和地区特点因地制宜。和讯网的企业社会责任评分充分考虑了各类利益相关者，与本书研究视角相符。因此，本书拟采用其企业社会责任的评分作为实证研究重要的数据来源。

0.2.2 利益相关者视角下企业社会责任的效应及其机理

通过对现有文献的梳理，本书梳理了企业社会责任对利益相关者的效应框架（见图0-1），并以此框架为基础从利益相关者视角对企业社会责任的各类效应进行综述。

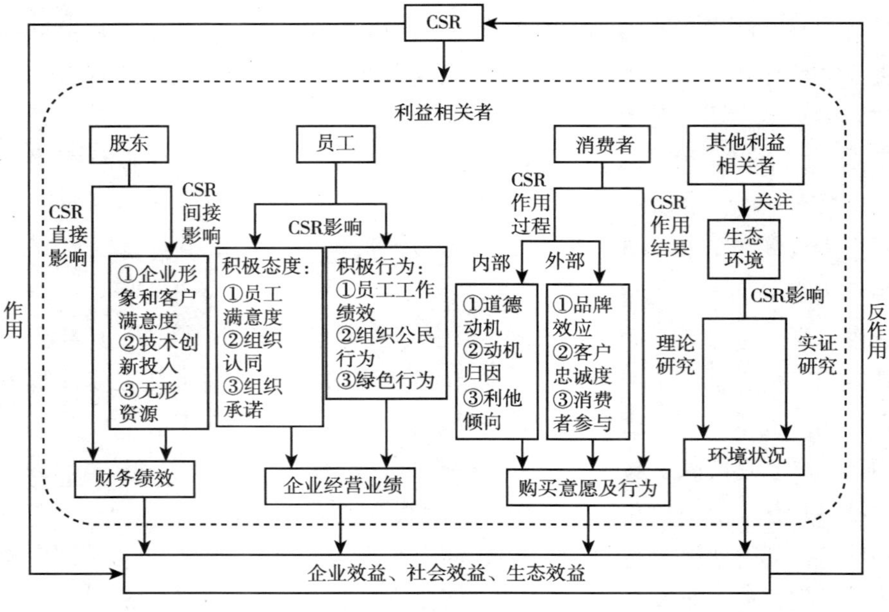

图0-1 企业社会责任对利益相关者影响机制的主要研究框架

资料来源：根据相关文献整理。

（1）企业社会责任对股东的效应及其机理。

企业重视股东利益既是责任也是自身发展的需要。股东作为股份公司的出资人，是企业存在和发展的基础条件。企业有责任和义务维护股东权益。从企业公共关系的角度来看，维护股东的合法权益也是实现企业长期稳定发展的需要。企业社会责任对股东的效应主要体现在股东的利益和财富上。对于股东财富的衡量评价主要分为两类：一类是将股东利益作为指标进行直接研究（Iyanar and Prasad，2018；Nguyen et al.，2020）；另一类是以企业财务绩效作为股东利益的衡量指标，将公司利益等同于股东利益（Chen et al.，2018；Khan et al.，2019；Brower and Dacin，2020；Gangi et al.，2020；Surroca et al.，2020）。本书采用后一种衡量方式，将企业财务绩效作为衡量指标，从直接和间接两个方面综述企业社会责任对股东的效应机制。

①企业社会责任对股东的直接效应。

企业社会责任与财务绩效的直接关系大致分为三类——正相关、不确定关系、负相关，本书按照上述三类进行梳理，如表0－1所示。

表0－1　　企业社会责任与股东直接关系的主要研究

关系分类	主要研究角度	主要观点	代表性文献
正相关	从企业社会责任某方面出发（环境、慈善、员工福利等），研究其与财务绩效之间的关系；对企业社会责任和财务绩效进行整体分析	企业社会责任的履行可以降低成本、吸引资金，增加财务绩效	Russo 和 Fouts（1997） Guenster 等（2011） Flammer（2015） Brower 和 Dacin（2020） Awaysheh 等（2020）
不确定关系	企业社会责任与财务绩效回归分析；企业社会责任与托宾Q值衡量的市场价值	企业社会责任与财务绩效的关系具有不确定性：企业社会责任在某些情况下与财务绩效呈正相关，但也有可能呈负相关	Soana（2011） Sheikh（2018） Lin 等（2020） Surroca 等（2020）
负相关	企业社会责任披露与股东利益；企业社会责任行为与每股净收益；企业社会责任绿色行为与企业价值	企业履行社会责任会增加成本费用，降低经济效益，损害股东利益	Chen 等（2018） Zhang 等（2020）

资料来源：根据相关文献整理。

一是正相关的观点。这类观点根据研究范围的不同又可分为整体和局部企业社会责任两个方面。在局部企业社会责任的研究中，学者们主要研究环境、慈善、员工福利等方面的企业社会责任对财务绩效的效应（如 Rahman et al. , 2020; Gangi et al. ; 2020; Shirasu and Kawakita, 2020; Ramzan et al. , 2021)。孙建强和吴晓梦（2019）通过对企业社会责任漂绿行为的分析，发现企业社会责任能够为企业创造价值并与企业利益息息相关。王化中和李超（2019）认为企业积极承担社会责任能够提升财务绩效，在长期可改善企业的财务状况。李砾（2020）发现企业对消费者、社区等承担的社会责任与财务绩效之间具有正相关关系。在整体企业社会责任与财务绩效的研究方面，Brower 和 Dacin（2020）认为早期采用企业社会责任绩效的公司更有可能实现更高的公司盈利和股市估值。Awaysheh 等（2020）以同行企业间对比的方式分析了企业社会责任与财务绩效的关系，认为企业社会责任在长期会提升企业估值。Brotons 和 Sansalvador（2020）通过 IQNet SR10 社会责任体系认证定义企业社会责任，运用模糊方法证明了企业社会责任认证可以增加企业价值。钟鹏等（2021）发现内部控制质量在企业社会责任信息的披露质量与财务绩效的正相关关系中发挥中介作用。考虑到时间滞后效应，郑培等（2020）认为当期企业社会责任与财务绩效的正相关性不显著，而滞后一期的企业社会责任则能显著提升当期的财务绩效。杨姗姗（2020）从公司治理角度出发，认为企业社会责任与财务绩效的正相关性受到董事会规模、机构投资者持股比例的正向调节。齐殿伟等（2020）认为企业文化在企业社会责任对财务绩效的正效应中有强化作用。为了解决模型内生性带来的结果偏误，Liu 等（2020）通过 Heckman－2SLS 模型消除了内生性问题，并证实了两者的正相关关系。

二是不确定关系。有些学者认为不能简单地通过数据得到企业社会责任和财务绩效的广义相关关系，即企业社会责任与财务绩效之间存在不确定关系。Lin 等（2020）采用创新的阈值估计技术评估了企业社会责任对企业财务绩效的效应，发现企业社会责任和财务绩效之间呈倒“V”形关系。Sheikh（2018）在对 2003～2015 年面板数据的研究中发现，企业社会责任与行业调整后的托宾 Q 值所衡量的企业市场价值正相关，但这种关系会受到产品市场竞争和产品流动性的影响。Surroca 等（2020）发现制度框架会对企业社会责任与财务绩效之间的关系产生效应，当体制环境可以通过市场安排解决经济主体之间的协调问题时，企业社会责任能够为股东创造价值。

三是负相关。也有学者认为企业社会责任会增加公司的运营成本，损害股东的利益。随着全球对经济和环境可持续性的日益关注，Chen 等（2018）在对上海和深圳证券交易所的研究中发现，强制企业社会责任披露会改变企业行为，并以牺牲股东利益为代价产生了正外部性。Zhang 等

（2020）认为企业社会责任对每股净收益有显著的滞后效应，同时绿色行为产生的外部成本对企业产生负面效应，降低了企业在短期内的核心竞争力。

企业社会责任对股东的效应主要分为以上三个方面，大部分学者支持正相关的观点，但学界对此尚未形成定论。Huang 等（2020）认为现有研究在企业社会责任与财务绩效的关系方面未形成一致结论，其主要原因是忽略了研究中的宏观经济波动对结果造成的影响，而在剔除宏观经济因素后，两者存在显著正相关关系。此外，学者们选择的衡量指标不同、侧重方向不同，考虑的前提假设和因素不同，数据选择不同，最终的结果也不尽相同。因此，越来越多的学者注重间接关系的研究，而不再仅仅局限于广义上的相关性。

②企业社会责任对股东的间接效应。

除了直接效应外，有学者认为中介与调节机制会导致企业社会责任对财务绩效直接效应的结果不可信。其原因在于，忽略中介与调节因素会高估企业社会责任对财务绩效的效应。

一是企业形象和客户满意度。良好的企业形象会从各方面降低企业成本，减少融资难度，提高企业竞争力，实现一定的品牌效应，而客户满意度则通过满足消费者需求，实现企业利益。部分学者认为在企业社会责任与财务绩效之间不存在直接关系，是企业形象和客户满意度在两者中起中介作用（Galbreath and Shum，2012）。Ali 等（2020）认为企业形象和客户满意度在一定程度上起到了中介作用：企业社会责任会通过树立良好的企业形象降低企业成本，进而提升企业的财务绩效。

二是技术创新投入。技术创新投入的调节作用表现在：企业社会责任会影响企业的创新能力，而企业技术创新投入则作为中介因素影响了企业的财务绩效（Hull and Rothenberg，2008）。陈可喜和张畅（2018）指出企业社会责任能够同研发投入一起，对财务绩效托宾 Q 值产生积极影响。王正军和谢晓（2020）的研究表明，研发投入在企业社会责任对财务绩效的效应中起正向调节作用，这种调节作用表现在研发投入与内部利益相关者责任的一致性方面。Rahman 等（2020）发现环境绩效与市场份额之间存在正相关关系，而这种关系受到企业创新水平的积极调节：企业创新意识水平越高，环境绩效对市场份额的效应就越大。Yu 等（2020）在对 2015 ~ 2017 年 657 家上市制造业中小企业的均衡面板数据研究中发现，一定程度的投资研发和良好的区域创新环境的营造对中小企业履行企业社会责任来说必不可少。

三是无形资源。有学者指出，如果在针对两者相关性的研究中缺乏对无形资源这一调节因素的考虑，那么研究结果可能存在一定的偏差（Surroca et al.，2010；Muñoz et al.，2015）。在最新研究中，部分学者对无形资源中的智力资本进行研究，证明智力资本在企业社会责任与财务绩效间发挥了中介作用（Jain et al.，2017）。Khan 等（2019）以巴基斯坦为研究对象，发现企业持续竞争优势在企业社会责任与企业绩效之间起到了中介作用。

综上所述，企业社会责任对财务绩效的效应研究尚未形成一致性结论。越来越多的学者开始关注两者关系中的中介因素，而不再仅仅局限于相关性的研究。未来应更多地围绕效应机制中的中介因素开展研究，并不断拓展研究角度和考虑因素，以便更好地贴合现实，解决现实问题。

（2）企业社会责任对员工的效应及其机理。

员工是企业活动的主要参与者，对企业经营活动起到了至关重要的作用，其行为将直接影响企业的产出状况。企业社会责任是影响员工行为的因素之一。因而，剖析员工对企业社会责任的反应有助于解释企业社会责任对企业的潜在效应，并阐明其对员工负责的过程（Bauman and Skitka，2012）。大多数研究认为企业社会责任与员工的积极态度和积极行为正相关（Rupp and Mallory，2015；Jie and Hasan，2018；Su and Swanson，2019；Wang et al.，2020）。

本书在梳理文献的过程中发现，针对企业社会责任与员工层面的研究大致可分为两大类：积极效应和消极效应。考虑到消极效应的研究相对较少，本书着重针对前者进行梳理。为了进一步细化分类方式，更好地体现最新的研究方向和侧重点，本书参考 Gond 等（2017）的分类方式，将分类细化为态度和行为两个方面。企业社会责任对员工的效应机制如图 0－2 所示，企业社会责任对员工态度的效应可能在一定条件下改变员工行为，进而影响企业的经营发展状况。但是，并没有统一的观点认为积极的态度一定会表现在最终行为上，因此，本书认为应该将态度和行为分开考虑。

①企业社会责任对员工积极态度的效应。

企业社会责任对员工积极态度的效应主要集中在员工满意度、组织认同、组织承诺三个方面，涉及的相关理论主要有社会认同理论、社会交换理论、社会情绪选择理论、敬业度理论等，如表 0－2 所示。

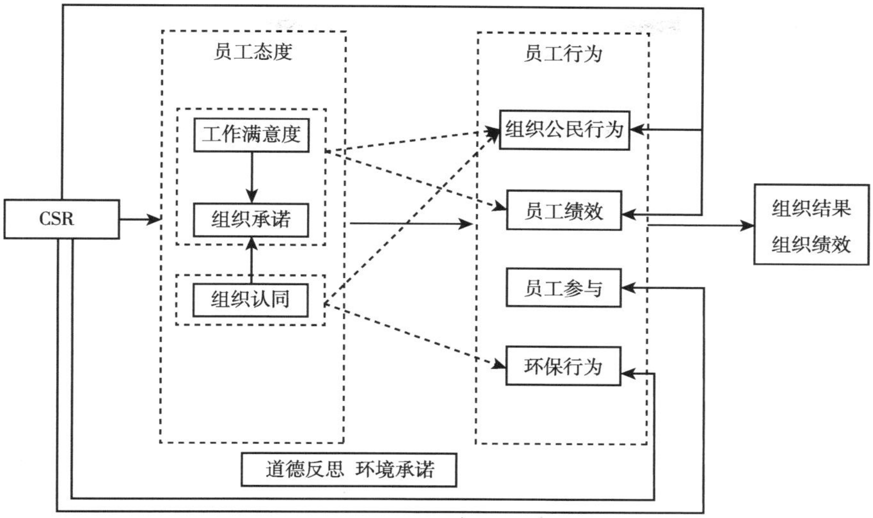

图 0－2　企业社会责任对员工的效应机制

资料来源：根据相关文献整理。

表 0－2　企业社会责任对员工积极态度的效应

积极态度	考虑因素	相关理论	主要观点	代表性文献
员工满意度	组织形象、员工年龄、财务必要性、社会驱动、国际认证标准遵守、员工志愿服务	社会情绪选择理论	企业社会责任能够对工作满意度产生正效应，因为它满足了人们对存在价值的需求，并为人们提供了一种归属感	Locke（1976） Bauman 和 Skitka（2012） Barakat 等（2016） Wisse 等（2018）
组织认同	工作满意度	社会认同理论、社会交换理论、自我提升理论	企业社会责任会让员工在这种心理基础上（契约和责任感、依赖感）表现出对组织活动尽心尽力的行为结果。	O'Reilly 和 Chatman（1986） John 等（2019） Kong 等（2019） Su 和 Swanson（2019）
组织承诺	工作满意度、组织信任、品牌形象、员工敬业度、员工参与、程序和分配公平	敬业度理论、社会交换理论和社会认同理论、承诺信任理论	企业社会责任与组织承诺之间存在正相关关系，表现为员工的一种不得不留在组织中的心理现象	Becker（1960） Yang 和 Lee（2016） Hofman 和 Newman（2014） Kim 等（2018）

资料来源：根据相关文献整理。

一是员工满意度。员工满意度表现为员工对工作经历的正面评价和由此产生的愉快情绪以及对工作的情感依恋（Locke，1976）。企业社会责任有助于提高工作满意度，原因在于企业社会责任能满足人们对存在价值的需求，并让员工产生归属感（Bauman and Skitka，2012）。在知识经济时代，人才竞争日益激烈，提高员工忠诚度和保持有效竞争力已经成为企业关注的重要问题（Archimi et al.，2018）。部分学者认为员工满意度与企业社会责任之间存在多重效应。考虑到企业社会责任维度的差异，Jie和Hasan（2018）论证了不同维度（层面）下企业社会责任对员工工作满意度的促进作用。付非和赵迎欢（2017）通过SEM检验证明了员工友好型企业社会责任对员工工作满意度产生正效应。考虑到年龄因素对两者关系的效应，Shauki（2011）认为老年人对企业社会责任的关注比年轻人更强烈。在此基础上，Wisse等（2018）的研究表明，企业社会责任对年长员工的工作满意度效应更为显著，因为企业社会责任实践解决了人们在未来时间观念下降时所优先考虑的情绪需求和目标问题。但年龄并不是绝对的效应，Appiah（2019）指出，在美国酒店行业中，无论员工的性别或年龄如何，更多地参与企业社会责任都预示着更高的员工工作满意度。谢玉华等（2020）认为内外部企业社会责任可以显著提升员工的工作意义，而组织支持感和组织自豪感在两者之间起到了中介作用。

二是组织认同。从情感激励的角度看，组织认同是当员工认同企业的价值观、行为准则和管理理念时所产生的依赖感和归属感（O'Reilly and Chatman，1986）。目前，学者们普遍认为企业社会责任对组织认同的效应有两种：第一种是企业社会责任直接作用于员工的组织认同，两者呈正相关关系。第二种是组织认同充当了企业社会责任效应的中介因素。总体来说，两种影响的侧重点有所不同，有研究认为这两种影响同时存在。Gond等（2017）指出个人对企业社会责任反应的基本机制是社会认同和组织认同机制。有学者对组织认同是否在企业社会责任效应中起中介作用进行了验证（John et al.，2019；Kong et al.，2019）。Su和Swanson（2019）探讨了企业社会责任如何影响酒店员工的社会幸福感和绿色参与行为，发现企业社会责任会对组织认同和绿色行为产生直接效应，而组织认同也会对绿色行为产生直接效应。王哲和张爱卿（2019）基于组织认同和社会交换理论，提出企业社会责任对组织认同产生正向效应，而组织认同可以正向调节企业社会责任与员工反生产行为的相关关系。可见，组织认同既可能是结果，也可能是中介因素。

三是组织承诺。组织承诺是指随着对组织的单向投入不断增加，员工会产生一种不得不留在组织中的心理现象（Becker，1960）。与先前梳理类似，企业社会责任对组织承诺的效应也分为直接和间接两类，区别在于结果变量和中介因素的选择上。一方面，部分学者关注于两者间的直接关系，认为企业社会责任会在一定条件下对组织承诺产生积极效应，即两者呈正相关关系（Hofman and Newman，2014；Yang and Lee，2016）；另一方面，有学者研究了两者关系间的中介效应，主要包括组织信任、组织认同、品牌形象、员工敬业度和员工参与等（Gupta，2017；Kong et al.，2019）。Kim 等（2018）等围绕员工和企业社会责任的内在机制展开研究，发现工作意义和感知组织支持是企业社会责任和组织承诺之间的中介变量。Lu 等（2020）基于敬业度理论、社会交换理论和社会认同理论，指出企业社会责任活动对组织承诺有显著的正向效应，工作满意度、程序公平和分配公平是两者关系的中介变量。

②企业社会责任对员工积极行为的效应。

企业社会责任会对员工行为产生一定的效应，具体表现在员工工作绩效、组织公民行为、绿色行为等方面（见表 0－3）。

表 0－3　　企业社会责任对员工积极行为的效应

积极行为	主要效应	相关理论	主要观点	代表性文献
员工工作绩效	组织认同、工作满意度、组织公平、心理安全	社会认同理论、自我归类理论、组织认同理论	员工的企业社会责任感知与工作绩效之间存在正相关关系。积极的企业社会责任感知会在一定条件下转化为员工绩效	Shin 等（2016） Korschun 等（2013） Farooq 等（2014） Asante 等（2019）
组织公民行为	工作满意度、组织信任、道德价值观、组织承诺、组织认同	社会学习理论、社会交换理论	企业社会责任会在一定条件下对组织公民行为产生积极效应，员工会倾向于将企业标准内化为其行为标准	Farid 等（2019） Newman 等（2015） Nguyen 等（2017） Butcher（2019）
绿色行为	组织信任、组织认同、道德反思、环境承诺	社会信息加工理论、社会信息处理理论	在某种情况下，企业社会责任计划的实施会促进员工后续的绿色行为参与，二者显著正相关	Su 和 Swanson（2019） Suganthi（2019） Afsar 和 Umrani（2020）

资料来源：根据相关文献整理。

一是员工工作绩效。企业社会责任能够激发员工的工作热情和责任感，让员工产生正向感知，并在一定条件下转化为员工的积极行为，而员工绩效是行为表现的一个方面。员工绩效是对员工工作质量和效果最直接的衡量方式，能够较为直观地反映企业社会责任对员工的效应。积极的企业社会责任通过构建企业与员工的责任共同体，提升员工绩效。大部分研究表明，员工的企业社会责任感知与工作绩效之间存在正相关关系（Korschun et al.，2013；Farooq et al.，2014）。俞欣等（2018）发现企业积极履行对员工的社会责任能够显著提高员工的工作效率。有学者从中介作用角度对二者关系进行了实证研究，其中中介因素主要包括组织认同、工作满意度、组织公平和自豪感等（Shin et al.，2016；Edwards and Kudret，2017；Sarfraz et al.，2018）。在最新研究中，Asante 等（2019）运用时滞技术和结构方程模型对工作动机模式的中介作用进行了分析，证实了员工对企业社会责任感知与绩效呈正相关关系。考虑到内部和外部企业社会责任的差异，Story 和 Castanheira（2019）发现工作满意度在内部企业社会责任感知与员工绩效之间起中介作用。Ahmad 等（2019）探讨了电信企业社会责任归因对员工创新绩效差异的效应，证实了两者的正相关关系。

二是组织公民行为。个体层面的企业社会责任已经成为企业社会责任一个重要的研究领域。组织公民行为作为未被契约明确规定的自觉个体行为，对组织功能的有效性产生积极的效应（Baumeister and Leary，1995）。大量研究表明，企业社会责任会对组织公民行为具有正向效应（Newman，2015；Kim and Lee，2015；Nguyen et al.，2017；何奎，2018）。考虑到国内外文化的差异，Wang 等（2020）发现国际连锁酒店企业社会责任的履行对中国本地员工的组织公民行为有正向影响。随后，学者们证实了两者之间存在中介因素。何奎（2018）认为组织承诺在企业社会责任对组织公民行为的正效应中起到了部分中介作用。考虑到对销售人员组织公民行为的研究不足问题，Castro – González 等（2019）证实了组织承诺作为两者关系的调节变量，对销售人员的组织公民行为产生效应。Farid 等（2019）基于社会交换理论，认为分配公平和程序公平在企业社会责任感知对组织公民行为的效应中起到正向调节作用。Cheema 等（2020）通过分析发现，组织认同和环境导向调节了企业社会责任感知对员工组织公民行为的积极效应。Supanti 和 Butcher（2019）将代际关系作为考虑因素纳入结构方程模型，在验证两者的正相关关系的同时，发现企业社会责任参与通过员工有价值的工作增强了“千禧一代”的组织公民行为。田虹和所丹妮（2020）基于计划行为理论，探究了环境变革型领导对环境组织公民行为的效应机制，发现其能够对环境组织公民行为产生积极效应，而环境利他关注在两者中发挥了中介作用。Vizcaíno 等（2020）在对不同行业的 246 名一线员工的研究中发现，员工满意度、管理者领导方式以及资源管理水平等均对企业社会责任与组织公民行为之间的正相关关系有积极的促进作用。

三是绿色行为。绿色行为是指员工以环境友好的方式开展工作，包括积极参与环保行动、合理有效地使用资源等（De Roeck and Farooq，2018）。当员工认为公司参与了环境友好项目时，员工更有可能表现出积极的环境行为（Raineri and Paillé，2016）。Su 和 Swanson（2019）发现企业社会责任既对员工绿色行为产生直接效应，又通过组织信任和认同对其产生间接效应。Afsar 和 Umrani（2020）认为道德反思、同事环保倡导和环境承诺在一定程度上调节了企业社会责任和员工环保行为之间的关系。Suganthi（2019）认为，企业社会责任与员工环保行为有显著的相关性，而绿色实践可以起到调节作用。

总体来看，学界普遍认为企业社会责任会对员工的态度和行为产生积极效应。这对本研究提供了有益的思路启示。

（3）企业社会责任对消费者的效应及其机理。

消费者作为消费行为的主要承担者，是企业收益的直接来源，其行为对企业的经营状况有直接效应。从消费者角度来看，企业社会责任对其产生的效应主要包括过程和结果两个方面。其中，过程是指企业社会责任对消费者行为的过程效应，包括品牌效应、动机归因、消费者道德等（如 Trautwein and Lindenmeier，2019；Chu and Chen，2019；Uhlig et al.，2020）。这些因素最终会反映到消费者行为上，即消费者的购买意向和购买行为（Lerro et al.，2018；Chu and Chen，2019；Contini et al.，2020；Uhlig et al.，2020）。本书将从上述两个方面进行综述。

①企业社会责任对消费者的作用过程。

企业社会责任对消费者的作用过程可分为内部和外部两个方面，如表 0－4 所示。

表 0－4　　企业社会责任对消费者作用过程的相关研究

分类	研究角度	考虑因素	主要观点	代表性文献
内部因素	道德动机	关怀价值观、产品偏好、利他主义	消费者的道德动机会对消费者选择和决策产生效应，企业的不负责任行为可能会造成消费者抵制情绪	Trautwein 和 Lindenmeier（2019） Lim 和 Shim（2019） Golob 等（2019）
	动机归因	利他倾向	动机归因是企业社会责任与消费者行为之间的中介因素。消费者会对利己主义做出消极反应	Ellen 等（2006） Groza 等（2011） 邓新明等（2016）

续表

分类	研究角度	考虑因素	主要观点	代表性文献
内部因素	利他倾向	亲社会行为	利他倾向越高的消费者越容易对企业社会责任做出积极反应	Carlo 和 Randall（2001），邓新明等（2016）
	企业社会责任－企业能力信念	企业社会责任行为和能力的信任程度	越认为企业社会责任与企业能力为对立关系的消费者，对企业产品的购买意向越弱	Sen 和 Bhattacharya（2001）邓新明等（2016）
外部因素	品牌效应：品牌态度、品牌认同、品牌偏好等	品牌道德、消费者感知	消费者对企业社会责任的感知产生了对品牌的信任和态度的效应，企业社会责任活动能够带来品牌效应，进而作用于消费者行为	Kang 和 Hustvedt（2014）Chu 和 Chen（2019）Ramesh 等（2019）Jeon 等（2020）
	客户忠诚度	消费者参与、客户满意度	企业社会责任倡议可以形成客户的满意度，进而作用于关系维护和客户忠诚	Shin 和 Thai（2015）Cuesta－Valiño 等（2019）Contini 等（2020）
	消费者参与	企业社会责任认证信息的提供、社交媒体信息、品牌整合	企业社会责任信息的传播能够让消费者更加准确地了解企业社会责任行为，社交媒体在信息传播中发挥着日益重要的作用	DeMagistris 等（2015）Nam 和 Hwang（2019）Chu 和 Chen（2019）

资料来源：根据相关文献整理。

一是内部因素。内部因素是指企业社会责任对消费者行为的过程效应中，与消费者自身特征相关的因素。Uhlig 等（2020）将效应分为心理、个人、社会、文化、社会地位五个方面，其中心理、个人和文化方面可以归为内在的行为动机和效应。

道德动机。有研究认为消费者的道德动机会影响消费者的选择和决策。Trautwein 和 Lindenmeier（2019）通过构建消费者抵制企业不负责任行为的双渠道模型，发现企业的不负责任行为会让部分消费者产生抵制情绪。Lim 和 Shim（2019）根据道德基础理论，认为个性化道德基础会通过责备、归因和愤怒形成消费者抵制意愿。Golob 等（2019）基于价值信念规范理论的模型，发现消费者对他人利益的关注会影响消费者对企业社会责任的观念。此外，Kim 和 Park（2020）认为企业社会责任行为会让消费者产生感激之情和对企业的信任，当该公司出现产品质量问题时，可以有效减少因产品质量问题所带来的消费者负面情绪的扩散。

动机归因。有研究发现，动机归因是企业社会责任与消费者行为之间的中介因素。Ellen 等（2006）证实了消费者会对利己主义倾向的工作做出消极反应，并通过归因改变其购买意向。动机归因在企业社会责任与消费者行为之间起到了一定的中介作用（Groza et al.，2011；邓新明等，2016）。总体来看，动机归因是消费者从自身或其他利益相关者角度出发，判断企业社会责任是否有益于自己或他人，并结合判断做出反应。而这也就解释了具有社会目的性的企业社会责任为何能够产生积极效应。

利他倾向。考虑到消费者的认知会影响归因过程，部分学者对利他倾向与企业社会责任间的关系进行了研究。利他倾向越高的消费者越容易将企业社会责任往好的方面考虑，并对此做出积极反应。邓新明等（2016）发现利他倾向越高的消费者越容易在感知到企业的社会责任活动时，将企业的动机归于公共服务和社会利益。

企业社会责任—企业能力信念。企业社会责任—企业能力信念的概念最早由 Sen 和 Bhattacharya（2001）提出。他们认为根据消费者对企业社会责任行为和能力的信任程度，可以将消费者分为高信任和低信任两大类，而不同类型的消费者对不同质量产品的购买意愿不同。刘小平等（2020）探讨了不同社交媒体背景下企业社会责任—企业能力信念对消费者参与企业社会责任意愿的影响，发现低企业社会责任—企业能力信念的消费者的参与意愿更高。

二是外部因素。具体包括以下方面。

品牌效应。品牌效应是指企业社会责任会影响企业的品牌形象，如消费者品牌态度、品牌认同感、品牌偏好等。消费者对品牌透明度和社会责任的感知会对品牌信任和态度产生直接效应，对口碑传播和品牌购买意愿产生间接效应（Kang and Hustvedt，2014）。刘宏宇（2018）基于联结网络理论，认为社会责任沟通的匹配信息会对品牌态度产生直接效应。樊帅等（2019）基于自我决定理论，发现“虚拟企业社会责任共创”以增加消费者参与的方式，对消费者态度产生正效应。在最新研究中，Chu 和 Chen（2019）证实了品牌认同在消费者企业社会责任参与和行为意愿中起中介作用。van Prooijen 和 Bartels（2019）认为较高的品牌道德会让消费者产生较高的品牌认同感。Jeon 等（2020）研究了共享单车行业企业社会责任行为对品牌的效应，证实了消费者企业社会责任感知对品牌态度、品牌认同感有积极效应。Cha 等（2016）认为企业社会责任强化了消费者品牌认同感，进而提高了消费者对品牌的忠诚度。朱永明等（2019）认为企业可以通过社会责任来获得消费者认同，增加品牌资产，其中感知的企业社会责任质量、消费者异质性起到正向中介和调节作用。田敏等（2019）发现正面的企业社会责任信息可以让消费者产生正向感知，提升品牌认同感。孙小丽（2019）对食品行业的企业社会责任进行了研究，认为企业积极承担对消费者的社会责任才能更好地建立消费者的品牌认同感。田敏等（2020）发现品牌在参与企业社会责任活动的方式对消费者响应的作用机制中起中介作用。李江等（2020）从情感迁移理论出发研究了企业社会责任对消费者品牌评价的作用机制，发现企业社会责任对消费者品牌评价产生积极效应，而企业家代言人在两者之间起到了中介作用，同时企业家政治关联度起正向调节作用。

客户忠诚度。Shin 和 Thai（2015）发现企业社会责任倡议可以提升客户满意度，并影响关系维护和客户忠诚。沈鹏熠和万德敏（2019）认为企业社会责任对顾客忠诚度产生正效应，其中企业声誉和顾客认同在两者中起中介作用。Cuesta – Valiño 等（2019）通过构建偏最小二乘结构方程模型，发现企业社会责任对消费者忠诚度有积极效应。Contini 等（2020）认为，企业应该优先考虑企业社会责任工作，实现企业社会责任与消费者忠诚度的良性循环。

消费者参与。企业社会责任信息的传播能够让消费者更加准确地了解企业社会责任行为，从而对积极的行为做出正面响应。De Magistris 等（2015）发现企业社会责任认证信息的提供能激发消费者的购买意愿，从而产生购买行为。Nam 和 Hwang（2019）发现消费者主要通过说服型知识形成积极的态度，增加参与创造共享价值的意愿。Chuah 等（2020）认为企业社会责任通过品牌整合和自我成因，对可持续的客户参与行为产生间接效应。

此外，社交媒体在消费者参与方面也具有一定的作用。社交媒体提高了信息共享和个人自我概念构建的便捷化程度，成为消费者参与企业社会责任相关活动的有效沟通渠道（Reilly and Hynan，2014；Chu and Chen，2019；Grover et al.，2019）。Herrero 和 Martínez（2020）的研究表明，社交网站通过用户参与的方式传播信息，在形成企业的电子口碑的同时，对企业声誉和未来业务产生效应。Khan 和 Sukhotu（2020）发现积极的媒体形象会提高顾客的正面感知。可见，企业社会责任可以通过信息公开、消费者参与等方式，形成良好的企业形象和声誉，并在一定条件下转化为消费者的积极行为。

②企业社会责任对消费者的作用结果。

企业社会责任的作用结果表现为消费者响应（Consumer Response），

包括内部响应和外部响应，即购买意愿和企业评价。消费者作为社会再生产的最后环节——消费的主要承担者，其购买意愿和购买行为是企业社会责任功能的最终体现。从这个观点来看，企业评价也只是产生消费者行为效应的一个中间因素。因此，本书将从消费者购买意愿出发，围绕企业社会责任对消费者作用结果的研究进行综述。到 21 世纪初，有学者研究发现，企业履行社会责任会增加消费者的购买意愿（Brown and Dacin，1997；Bhattacharya and Sen，2004）。随后，学界开展了企业社会责任对消费者购买意愿的效应研究。

企业社会责任对消费者购买意愿的效应研究呈现出以下特点。

第一，从整体到局部，从一般到特殊。研究领域、范围的细化突出强调了区域、行业差异对研究结果的效应。吴定玉和辛雅洁（2018）基于理性行为理论，发现消费者友好型社会责任中的产品质量、消费者权益保护和企业服务能够对消费者购买意愿产生显著正效应。李岚（2018）通过对消费者性别、职业等特征的分析，认为消费者的职业、收入水平和性别对企业社会责任购买行为具有显著效应。Lerro 等（2018）发现意大利消费者对企业社会责任表现出明显的偏好意愿，消费者愿意支付更高的价格来弥补企业因为履行社会责任而增加的成本。Chu 和 Chen（2019）发现在社交媒体中的企业社会责任活动对消费者购买意愿具有显著效应。Contini 等（2020）的研究表明，由于不同地区或国家的消费者关注重点不同，跨国公司需要不断调整企业社会责任策略。Vo 和 Arato（2020）发现，与资本主义经济体相比，社会主义国家更注重与社区的积极互动。

第二，从短期到长期，将时间跨度作为效应研究的考虑因素。到目前为止，大多数研究没有考虑时间跨度的效应，即便是最新研究也是如此（Ferreira et al.，2010；Nam and Hwang，2019；Ramesh et al.，2019）。对此，Uhlig 等（2020）将企业与消费者之间的长期关系作为研究内容，通过横断面描述和定量分析，发现缺乏慈善行为的企业在与消费者建立长期关系时会存在更多的障碍。这说明企业社会责任对消费者购买意愿的效应具有长期性。

第三，更加注重对新兴市场不同企业社会责任维度的研究。早在 21 世纪初，有学者开始关注不同维度的企业社会责任与购买意愿的关系（Mohr and Webb，2005），但针对发展中国家的研究较少。随着全球化发展，学者们开始将目光转向新兴市场。这对企业社会责任战略的制定具有进一步的指导意义。曾铭和魏远竹（2018）基于福建、江西、陕西三省的问卷调查数据，证实消费者对企业社会责任的满意度对购买意愿产生正效应。Uhlig 等（2020）对巴西的 544 位消费者进行研究，发现在企业社会责任的四个维度（慈善、法律、组织和伦理）中，只有慈善维度的企业社会责任与消费者购买意愿正相关。魏华和万辉（2020）通过构建网络零售企业社会责任对消费者购买意愿的影响机制模型，发现了两者之间并不存在直接的促进作用，企业社会责任通过感知质量和风险对消费者购买意愿产生间接效应。

第四，对于消费者购买意愿和购买行为的研究成为一个新方向。对于购买意愿和购买行为的关系，部分学者认为购买意愿与购买行为并不能直接等同，企业社会责任对于购买意愿的效应也并不一定完全反映在消费者购买行为上。因此，探究企业社会责任、消费者购买意愿、购买行为三者之间的关系十分必要。虽然理性行为理论指出意愿能够有效预测行为，但是现有研究表明，消费者意愿与购买行为之间存在巨大差距，因而无法将两者等同。对此，龙贤义等（2020）发现消费者的购买意愿能够对企业社会责任与购买行为之间的关系起到部分中介作用，但是企业社会责任对于购买意愿的促进作用并不完全能够反映在购买行为上。

通过上述梳理可以看出，企业社会责任对消费者的效应机制是学界关注的重点问题。随着研究的进一步推进，学者们不再关注两者是否有相关性，转而研究不同维度企业社会责任在不同条件下对消费者行为产生效应的机制。这也是未来研究所要继续关注的重点问题之一。

（4）企业社会责任对其他利益相关者的效应及其机理。

①企业社会责任对生态环境的效应及其机理。

随着全球生态环境问题的日益严峻，环境保护成为社会各界广泛关注的重要话题。相较于股东、员工、消费者，其他利益相关者与企业间往往不存在那么直接、紧密的利益关联。企业社会责任对其他利益相关者的效应重点体现为对其所密切关注的、与其切身利益相关的生态环境的效应。伴随着全球经济的到来和新型工业化的快速发展，先进的科学技术和大型机械工业的生产方式开始打破人与自然和谐共生的格局，而企业对此负有不可推卸的责任（Gu et al.，2016）。同时，环境绩效作为评价企业持续发展能力的重要指标，对企业经营和长远发展有重要意义。从现有研究来看，企业社会责任对生态环境效应的研究集中于企业社会责任对企业价值和环境状况的效应（Amaeshi et al.，2016；Chen et al.，2018；Wielewska，2019）。

一是企业社会责任对生态环境效应的理论研究。学者们从不同角度阐明了企业对生态环境负有的责任。Liu（2013）认为企业具有保护环境的责任。Perez 等（2019）提出企业作为社会的一个职能部门，在使用社会资源创造利润的同时也要承担相应的社会责任，包括企业的生态责任。Gu 等（2016）提出“天人合一”的儒家生态伦理与企业环境责任相结合的方式可以有效解决当代社会的生态环境危机。Hałasik 和 Kulczycka（2016）的研究表明，企业社会责任是推动企业创新和污染治理的有效途径。Wang 等（2016）发现发达国家的企业被赋予了更高的环境保护责任和期望。Zhang 等（2017）认为企业社会责任强调企业应将保护环境思想贯穿于整个供应链，并以切实的方式为社会福利做出贡献。张磊（2019）提出农村小微企业应积极承担保护生态环境和安全生产的责任，在实现保护环境的同时提高自身竞争力。阿布都合力·阿布拉（2017）认为企业履行生态环境责任能够实现经济与环境的和谐发展。

二是企业社会责任对生态环境效应的实证研究。学者们关于企业环境责任与环境状况关系的研究，如表 0－5 所示。

表 0－5　企业社会责任对生态环境效应实证研究

代表学者	研究角度	指标选取	研究发现
Amaeshi 等（2016）	企业社会责任战略价值与环境责任	环保资金分配、销售和人力投资资金额等	资源的有效利用对环境保护、社会发展产生了积极效应。俄罗斯商界意识到企业社会责任的战略价值，但却没有给予环境责任以足够的重视
Li（2017）	森林企业可持续性与生态环境	森林行业企业社会责任报告水平	在企业全球化和利益相关者冲突的压力下，森林企业的可持续性与生态环境密切相关
Chen 等（2018）	企业社会责任披露与环境状况	企业盈利能力（市值等）、环境指标（二氧化硫等）	信息披露有助于降低城市工业废水和二氧化硫水平
Wielewska（2019）	企业亲生态行为与企业竞争力	问卷调查相关数据	企业在为自然环境做出贡献的同时也取得了可衡量的利益。同时，企业的亲生态因素与企业竞争力之间存在显著的相关关系
Li 和 Wu（2020）	企业社会责任社会效应与负面环境事件水平	联合国全球契约（UNGC）	私人企业的社会效应显著降低了负面的环境、社会和治理事件的水平
杨冬云和谢杨（2019）	企业社会责任与环境绩效	环境绩效、社会责任信息披露质量	企业社会责任对环境绩效有显著的正效应，拥有较高的企业社会责任信息披露质量可以提升环境绩效

资料来源：根据相关文献整理。

总体而言，履行企业社会责任特别是环境责任，会对生态环境产生积极效应。但是大部分研究表明，企业在产生正的外部性的同时也会付出相应的代价，而这又与企业的经营目标相违背。本书认为，如何实现企业与生态环境协调发展，如何解释企业社会责任与企业长远发展的相关性，以及如何更好地利用企业社会责任解决环境问题是该领域需要关注的重点。

②企业社会责任对社区的效应及其机理。

企业作为社区权利结构的一部分，对社区发展负有不可忽视的责任（张桂蓉，2011）。从利益相关者理论来看，社区是企业的重要利益相关者之一，与企业之间相互作用（邵兴全和胡业勋，2018）。一方面，企业社会责任对社区治理发挥积极作用，表现在经济发展、社会和谐和生态平衡等各个方面（Appiah，2019；Luning，2012；Uduji and Okolo - Obasi，2018；Uduji et al.，2019；Rowe et al.，2018；Rela et al.，2020a）。Kapelus（2002）认为企业社会责任能有效促进当地社区发展，并且发现企业制定企业社会责任战略时会将企业与当地社会的关系作为重要考虑因素。Kang和 Chung（2014）在对矿山复垦公司的战略性企业社会责任的研究中发现，企业社会责任有助于提高社区文化、教育、环境和福利水平，促进社区可持续发展。Banks 等（2016）通过社区发展的视角研究了企业在社会责任上采取的举措，认为企业社会责任需要为当地发展做出贡献。McLennan 和 Banks（2019）的研究表明，企业社会责任可以对社区的长期发展产生深远影响。Degie 和 Kebede（2019）研究了 LG 公司在埃塞俄比亚的社区发展项目，证实了企业社会责任可以促进社区发展、缩小发展中国家政府差距、满足当地社区的社会治理需要。Sun 等（2019）的研究发现，企业社会责任改善了社区教育、卫生保健、环境和就业状况，为企业社会责任可持续框架的建立和社区可持续发展机制的完善提供新思路。Rela 等（2020b）采用偏最小二乘—结构方程模型（PLS - SEM），证明了企业社会责任对社区恢复力有重要的积极影响，主要体现在社区集体效能、行动力和适应性等方面。Rahmawati 等（2019）的研究表明，企业社会责任对社会产生的影响是积极的，并且受到政府和利益相关方的影响。另一方面，社区对企业社会责任也有影响，体现在企业社会责任战略制定、实施和规划等（Imbun，2007；Hatipoglu et al.，2019；Kim et al.，2013；McLennan and Banks，2019；Pasaribu et al.，2020）。Hoi 等（2016）通过对 1997 ~2009 年来自 3688 家企业数据的分析，发现社区资本可以促进积极的企业社会责任活动，抑制消极的企业社会责任活动，并且对非股东利益相关者产生了正向的溢出效应。Wu 等（2016）通过对 20 年的样本的研究，发现宗教信仰在促进企业承担社会责任方面发挥重要作用，丰富了利益相关者理论。Gursoy 等（2019）研究目的地企业社会责任对社区情感（社会满意度和社区承诺）的影响，通过经济、社会和环境等维度的全面分析，认为企业应该根据社区动态、包括居民在内的利益相关方对企业社会责任的期望进行合理规划。

总之，在企业社会责任对社区的效应研究方面，学者们普遍认同企业社会责任会对社区发展产生积极效应，可通过一系列战略的实施最终实现企业和社区的共同发展。目前，关于企业社会责任对社区效应的研究仍有较大的拓展空间，企业社会责任通过何种机制对社区产生效应，如何发挥企业社会责任在社区发展中的积极作用等问题仍然是未来需要继续关注的重点。

0.2.3 利益相关者视角下的企业社会责任治理

随着企业社会责任履行过程中的"寻租""伪社会"责任、合谋等一系列异化行为的出现，如何实施企业社会责任治理成为学界研究的重点问题。本书将从公司内部治理、企业社会责任治理的横向发展与纵向延伸两个方面进行综述。

一方面，公司内部治理与企业社会责任。

部分学者从公司内部治理角度出发，探究公司内部治理要素与企业社会责任的相关关系，进而提出企业社会责任的内部治理路径。这些研究主要围绕企业社会责任披露，公司内部治理结构中董事会、监事会和管理层等展开。

（1）董事会对企业社会责任的影响。

董事会作为企业的决策机构，其行为和决策必然会对企业社会责任产生影响。学者们试图通过对董事会行为和特征的研究，找到提高企业社会责任披露的有效方法，进而激励和监督企业更好地履行社会责任。

有研究认为，董事会规模、董事会独立性、女性董事职位等因素对企业社会责任披露有显著影响（Lagasio and Cucar，2019；Fuente et al.，2017；Jain and Zaman，2020）。Liu 和 Zhang（2017）以 2008 ~ 2014 年中国上市的重污染企业为研究对象，证实了董事人数与社会责任信息披露水平呈正相关。Jain 和 Zaman（2020）运用系统广义矩量法和动态面板模型进行分析并得出了一致结论。Lagasio 和 Cucari（2019）认为，董事会独立性、董事会规模和女性董事职位显著提高了环境、社会和治理的披露水平。丁小花等（2018）认为，董事中女性占比越高，企业社会责任披露水平越高。

靳小翠和郑宝红（2020）从自恋心理特质出发，研究了董事长的自恋性与企业社会责任之间的关系。他们认为虽然自恋特质能够促进企业承担社会责任，但由于自恋的作用，董事长倾向于承担“过度”的社会责任，因而对自恋型董事长进行约束可以缓解企业社会责任“过度”问题。此外，通过增加董事会薪酬、机构持股和女性股东数量等方式，管理者可以充分发挥董事会在促进企业社会责任中的作用（Jain and Zaman，2020；Uyar et al.，2020）。

但是，有部分学者认为董事会并不一定始终在企业社会责任中发挥积极作用。在董事会会议次数方面，Lagasio 和 Cucari（2019）发现董事会会议次数对企业的自愿披露意愿没有显著影响。董事会规模过大容易出现“搭便车”问题，表现在经营效率低下、缺乏决策有效性，以及对企业社会责任漠不关心等方面，不利于企业履行社会责任和披露相关信息（Liu and Zhang，2017）。

（2）监事会对企业社会责任的影响。

监事会作为公司的监督、评级部门，可通过对董事和高管的监督，维护股东和公司权益，推动企业实现良好发展和长远目标。Liu 和 Zhang（2017）指出，董事会可以强有力地监督股东和高级管理人员的行为，推动企业社会责任的履行。在专设委员会方面，Fuente 等（2017）重点关注了企业社会责任“全球报告倡议”准则的应用，发现公司在可持续方面的透明度与特定企业社会责任委员会的创立直接相关。Adnan 等（2018）认为企业社会责任委员会的存在确保了企业社会责任报告的质量和水平。陆旸等（2018）以中国 2014～2016 年上市企业相关数据为样本，得到结果认为监事会规模越大越有利于企业社会责任的履行。综上所述，管理者可以通过扩大监事会规模、增加监事会会议次数等方式，促进企业积极履行社会责任。

（3）经理层对企业社会责任的影响。

高管持股比、高管薪酬、高管个人特征（如学历背景、性别等）会显著影响企业社会责任水平。通过对经理层的激励，管理人员会更好地服务于企业和利益相关者，更加重视社会责任并提高信息披露水平。García－Sánchez 等（2019）发现首席执行官的能力和内部社会责任导向的治理机制在提高企业内部社会责任绩效方面具有很强的互补性。Liu 和 Zhang（2017）的研究表明，提高高管持股比例并与高管激励相适应可以让高管更加关注企业的长期发展。文雯和宋建波（2017）基于高阶梯队理论，发现高管的海外背景可以促进企业社会责任水平的提升。

另一方面，企业社会责任治理的横向发展与纵向延伸。

随着研究的不断深入，企业社会责任治理呈现出横向发展（企业社会责任异化行为治理）与纵向延伸两方面特点，主要体现在治理维度的拓展和治理机制的演变。本书将从企业社会责任治理的横向发展和纵向延伸两个方面进行概述。

（1）企业社会责任治理的横向发展：异化行为治理。

第一，企业社会责任缺失信息披露治理。企业社会责任缺失是指没有按照既定要求履行社会责任，并产生一系列负面影响的企业行为（胡其昊和朱雨诺，2020）。企业社会责任缺失行为会对利益相关者产生不良影响，造成利益相关者的抵制情绪。通过企业社会责任信息披露，利益相关者能够对企业社会责任缺失行为有更全面的了解，进而通过抵触等实际行动对缺失行为进行惩罚和约束，实现企业社会责任治理的目的，因此强制披露企业社会责任信息对企业社会责任行为治理尤为重要（刘文纲，2015）。要解决企业社会责任缺失行为需要解决好信息不对称问题，构建公开透明的监督体系，尽可能减少企业社会责任缺失行为。刘非菲（2015）认为要强制企业对企业社会责任缺失信息进行披露，避免自愿披露造成的信息不对称问题，建立统一的披露标准，便于企业间差距和问题的可视化，并通过组建专业审计团队提高披露信息的有效性。

第二，企业社会责任寻租行为治理。企业为了实现既定的企业社会责任目标，以社会责任之名向权利主体行贿以获取经济利益，这类行为被称为企业社会责任寻租（陶林，2018）。在我国经济转轨时期，政府干预所造成的企业社会责任寻租问题尤为严重，特殊制度的制定为寻租行为提供了制度依据（李玲，2011）。李四海等（2015）基于“新政治经济学寻租理论”，发现我国企业社会责任履行过程中存在较为明显的寻租倾向，而激烈的市场竞争则会加剧这种倾向。对此，学者们基于社会发展状况和特征，针对如何有效治理企业社会责任寻租行为开展研究。治理对策主要有减少政府干预和加强监督两大方面。黎文靖（2011）认为管理者应该推动企业社会责任报告由政府主导型向投资者、债权人需求主导型转变，建立更加完善的评价体系，着力解决企业社会责任报告可信度和认知度不高的问题。在加强监督方面，张晓盈和杨榛（2017）发现民营企业存在假借企业社会责任之名进行政商权钱交易的问题，而信息披露的加强可以抑制这种寻租行为。肖红军和张哲（2016）构建了“企业社会责任寻租的社会网络治理框架”，认为通过“租金竞争机制”可抑制企业社会责任寻租；租金源于信息不对称，应该从源头解决利益的非一致性问题，避免合谋寻租行为。

第三，伪社会责任行为治理。企业伪社会责任是指企业通过伪装表现出来的一种对社会负责任的行为（文雯和宋建波，2017）。目前，企业伪社会责任已经成为国内外普遍存在的现象。伪社会责任行为的滋生会对个人和社会产生恶劣影响，严重威胁经济社会的协调可持续发展。纵观学界对伪社会责任行为治理的已有研究，学者们主要从压力、动机、机会等方面提出解决对策，认为治理的根本措施是尽可能减少或消除企业产生伪社会责任行为的机会和空间（曾珍香等，2019）。肖红军等（2013）提出应该通过内外部监督尽可能减少企业伪社会责任行为的可能性。赵红丹等（2018）认为伪社会责任行为治理的根本在于事前治理，通过建立自我监督以及政府等社会主体联合监督的方式，尽可能实现监督的有效性。此外，有学者认为企业伪社会责任产生的一个重要原因是政府和社会给予企业社会责任行为以过度预期，从而使企业不得不通过伪社会责任达到这种预期水平。张忠民（2016）认为应该充分发挥政府和社会的导向作用，设置合理的企业社会责任预期，避免压力过度引发负面行为。除了动机和压力两个方面治理措施之外，肖红军等（2013）基于 PORE 模型，认为要着力解决企业推脱责任的行为和伪社会责任行为问题，增加企业伪社会责任行为的曝光度。

（2）企业社会责任治理的纵向延伸：治理模式的演变。

第一，政府型治理模式。从各国企业社会责任治理历程来看，政府在早期治理中发挥了重要作用。相关研究主要从政府单一主体出发，探究如何更好地发挥政府的监督管理作用，规范和治理企业社会责任行为。有学者提出企业社会责任治理实际上是不同主体之间的博弈。宁亚春和罗之仁（2010）通过构建政企博弈模型，分析了政府执行力和偏好与企业社会责任治理的关系，提出政府是企业社会责任异化行为治理的关键和核心。谭晖（2016）认为企业社会责任的外部政府监督是政企博弈，政府应该加强监督、加大惩罚力度。有学者认为，随着社会主体对经济活动参与程度的逐渐增强，以政府为核心的治理模式弊端日益突出，表现为监督不到位、政府监管失效、企业责任意识缺乏等（张炳雷，2011）。

第二，供应链社会责任治理模式。随着企业社会责任履行的主体从企业向供应链转变，企业社会责任行为的主体从企业变为企业群，因而围绕供应链社会责任治理问题的研究也随之产生（陈远高，2015）。供应链管理思想源于一种集体模式下的竞争方式的转变，即由企业间竞争转向产业链间竞争。而供应链社会责任治理主要指对供应链上相关企业的企业社会责任行为进行监督、管理和激励。

20 世纪 90 年代，学界开始出现供应链社会责任治理的相关研究。随后，学者们从不同的理论框架入手丰富和发展了治理体系。起初，供应链社会责任治理主要采用供应链核心企业控制并制定相关规则制度、其他企业执行的方式。随着供应链社会责任治理的逐步推进，依靠核心企业管理的传统模式的弊端日益突出。对此，学者们展开了对协同治理机制的探索。部分学者认为可以通过对非核心企业的治理实现供应链社会责任治理的良性循环。例如，Kogg 和 Mont（2012）发现供应链社会责任治理需要实现选择与跨组织管理的有机结合。杜刚和魏宁（2014）运用“Shapley 值法”对供应商的社会责任行为激励模式进行研究，提出应该从供应链上其他供应商入手，通过激励供应商的企业社会责任行为实现双赢。Ağan 等（2016）认为供应链社会责任治理既需要发挥核心企业的作用，也需要对供应链上的企业进行环境绩效评估，并采取一定的激励措施。

随着相关研究的不断推进，越来越多的学者提出了基于多元主体共同治理的供应链社会责任治理模式。吴定玉（2013）基于利益相关者理论提出了“供应链企业社会责任共同治理模式”，认为供应链社会责任治理应该以供应链的核心企业提出、其他企业参与的方式制定相关战略，构建包含企业、政府以及其他组织机构在内的管理体系。刘文纲（2015）认为管理者主要通过“供应链准入管理机制”“利益分配机制”“沟通信任机制”“绩效考评与监督机制”以及“技术知识转移机制”五个机制对供应链上的合作企业进行监督管理与评价激励。李文君和王海兵（2017）提出以企业内部管理的方式实现供应链上其他企业的调整和优化，构建“协同共生能力的内部控制网络”。曾珍香等（2019）基于“复杂适应系统”理论，提出“供应链社会责任协同治理机制”，认为应该通过政府和社会力量进行监督和管理，并运用“关系协调机制”“协同运作机制”进行内部调节和治理。为了弥补相关研究中考察维度的不足，李金华和黄光于（2019）基于利益相关者理论，从评估、监督、协助和激励四个角度出发，认为供应链社会责任治理应重视核心企业的监督与协助作用，完善评估体系，实现供应链企业之间的协调配合和优势互补。此外，Eriksson 和 Svensson（2015）认为应该通过合资企业和治理计划促使责任边界与影响边界一致，改善整个供应链活动。Rahim（2017）针对成衣行业的全球供应链，提出了基于自我监督与多行为者参与监督相协调的新型治理方式。

目前学界对供应链社会责任治理主体的研究正从一元向多元转变，差异主要体现在多元社会主体的结合方式、参与机制以及治理机制间协调配合等方面。

第三，平台经济背景下的社会责任治理。在“互联网+”深入发展的背景下，平台型企业社会责任应运而生。随着平台型企业社会责任履行过程中异化行为的出现，平台型企业社会责任治理成为学界研究的新方向。平台型企业社会责任治理是指以“互联网+”为背景，在平台经济特点下所形成的治理共同体，旨在充分发挥多主体参与的作用，构建全方位的治理网络，实现企业社会责任可持续性的良态发展（浮婷和王欣，2019）。

从现有研究来看，现阶段治理的碎片化是制约平台型企业社会责任治理有效性的重要问题（浮婷和王欣，2019）。对此，王勇和冯骅（2017）根据平台经济监管体系并结合平台经济特征，提出应当以平台经济的私人监管为主，政府的公共监管为辅；阳镇和许英杰（2017）在明确平台型企业价值生态系统中治理要素的基础上，设计了面向平台型企业的社会责任分类治理机制及社会责任治理的政策工具。阳镇和许英杰（2018）以“成员网络节点”和“成员联结密度”为依据，构建了平台企业社会责任“分类治理机制”，认为对于“成员网络节点”和“成员联结密度”都比较小的平台，应该逐步构建内部约束机制，加强相关治理理论的学习。肖红军和李平（2019）发现，基于“全景式治理”，以分层和跨层治理为核心，最终实现“跨生态位互治与网络化共治”的治理模式可以有效解决传统治理模式中存在的问题。肖红军和阳镇（2020）基于不同的利益共同体（商业利益共同体、社会利益共同体），提出了相应的治理方式：对于商业利益共同体来说，治理者要以平台型企业为主导，实现从商业型向责任型的平台转化，推动要素公平合理流动，而对于社会利益共同体来说，则要充分调动社会中的各因素，推动构建平台型企业社会责任共同体。阳镇等（2020）在明确平台型企业双元属性的基础上创新治理载体、治理主体、治理过程和治理范式，以实现新冠肺炎疫情防控和社会责任治理创新。但是，如何推动平台型企业社会责任治理的多方协同治理是有待进一步研究的重要内容（朱文忠和尚亚博，2020）。

综上所述，学者们在关注公司内部治理与企业社会责任的同时，不断拓展研究范围和视角，实现了企业社会责任治理的横向拓展和纵向延伸。在企业社会责任治理模式方面，研究主要经历了政府主导型治理、供应链社会责任治理、平台经济背景下的社会责任治理三个阶段。由于社会结构、背景以及经济活动参与主体的变化，治理主体实现了从简单到复杂、从一元到多元的转变。企业社会责任治理呈现出利益相关者的显著趋势，通过利益相关者实施多元协同治理是企业社会责任治理研究需要关注的重点。

0.2.4 总结

通过对现有文献的梳理，可以发现企业社会责任研究呈现出明显的多学科交叉趋势，研究领域更加多元化、具体化，既有宏观研究，亦有微观研究，理论研究与实证研究均取得了积极的进展，成果十分丰硕，且利益相关者是企业社会责任研究的一大主线。这些成果对本研究具有积极的启示意义。在现有研究的基础上，本书在以下几个方面进行了推进，实现了一定的突破和创新。

第一，从利益相关者层面进一步推进企业社会责任内涵和构成的研究。在已有研究中，从利益相关者视角对企业社会责任进行划分的研究不是很多，系统性有待提升，而本书拟从利益相关者的视角更加全面深入地诠释何为企业社会责任，揭示其构成。

第二，从利益相关者层面推进企业社会责任的效应与内在机理的研究。目前关于企业社会责任效应和内在机理的研究多为实证研究，多源于对现实企业的深度考察与思考，相关文献十分丰富，具有积极的实践价值。除此之外，还有大量基于严密数理推导的理论研究，但是与实证研究相比相对不足，而且多数假设十分严格，没有充分体现各类利益相关者。实际上，纵观现有基于模型的理论文献，对于企业社会责任的假设多拘泥于消费者友好型，其他利益相关者没有充分涉及。此外，企业社会责任的动机、最优企业社会责任水平等问题涉及较少。而本成果基于寡头垄断模型与序贯博弈，构建了一套系统的理论分析框架，从利益相关者视角划分企业社会责任类型，并全面揭示各类企业社会责任的效用及内在机理，并通过实证分析进行验证。

第三，从利益相关者视角推进企业社会责任多元协同治理的研究。已有研究体现出企业社会治理的多元协同治理理念。本书对现有研究思想进行整合，借鉴奥斯特罗姆的多中心治理理论，构建涵盖全部利益相关者的企业社会责任多中心协同治理机制，实现对现有治理研究的有机整合和推进。

0.3 主要研究内容

本书从利益相关者视角构建了企业社会责任效应和治理的系统框架，

开展了深入的理论与实证研究。具体来说，本书主要有四个方面的内容。

第一部分，绪论。梳理企业社会责任效应与治理的相关研究，确定本书的研究框架。兼顾利益相关者是企业社会责任的题中之意，在此理念下，本部分在深入阐述研究背景的基础上，提出本书的研究问题，并指出其学术和应用价值；详细评述学界关于企业社会责任效应及治理的相关文献，为本书研究奠定坚实的文献基础，在此过程中，找出现有研究存在的若干不足，如缺乏利益相关者视角下的企业社会责任分类、关于企业社会责任效应的理论研究在设计上存在优化空间、最优企业社会责任水平探索不足、涵盖全部利益相关者的企业社会责任多元协同治理有待进一步健全等；根据现有文献存在的不足，指出本书的研究框架，详细阐述本书的研究方法、思路与创新之处。

第二部分，基本分析、演变历程与现状（第 1 章、第 2 章与第 3 章）。从利益相关者视角划分企业社会责任，并梳理中国企业社会责任的发展历程及其治理现状。本部分揭示利益相关者和企业社会责任之间的内在关联，从利益相关者视角出发，将企业社会责任划分为员工友好型、消费者友好型、行业友好型和其他利益相关者友好型，阐述企业社会责任对各类利益相关者所产生的效应（第 1 章）；从利益相关者视角梳理中国企业社会责任的演变历程，总结内在规律，并详细剖析目前中国企业社会责任的发展及治理现状，指出存在的突出问题（第 2 章、第 3 章）。

第三部分，利益相关者视角下企业社会责任的效应及其机理：理论与实证（第 4 章、第 5 章、第 6 章、第 7 章与第 8 章）。该部分主要是利益相关者视角下企业社会责任的多重效应与内在机理分析。从理论上，基于对企业社会责任的四重划分，分别构建符合各类企业社会责任特征的寡头垄断模型，将不同类型的企业社会责任行为模型化，通过多阶段序贯博弈分析，分别考察员工友好型（第 4 章）、消费者友好型（第 5 章）、行业友好型（第 6 章）、其他利益相关者友好型（第 7 章）企业社会责任对各类利益相关者的效应与内在机理。具体而言，一方面，通过逆向归纳求解子博弈完美纳什均衡，揭示均衡状态下不同类型企业社会责任对企业、员工、消费者、行业、环境与社区等利益相关者福利的效应，从资源配置、资源共享、市场敏感度、技术创新、企业重组等多个视角揭示不同企业社会责任产生各类效应的内在机理，并基于利润最大化和社会福利最大化两个目标，探索最优的企业社会责任水平；另一方面，揭示影响各种类型企业社会责任效应的各类因素，包括产品差异化、企业生产技术、市场结构、企业所有权性质、员工行为特征、政府规制政策等，并剖析如何通过优化这些因素，最大限度地发挥各类企业社会责任的最优正面效应。从实证上，构建面板数据模型，考察各类企业社会责任对各类利益相关者的影响。首先，揭示各类企业社会责任对企业绩效的影响，然后分析各类企业社会责任对体现兼顾利益相关者水平的品牌价值的影响，实现对理论部分的实证检验（第 8 章）。

第四部分，中国企业社会责任的多中心治理体系构建与对策（第 9 章、第 10 章、第 11 章）。在借鉴国外有益经验的基础上，设计中国企业社会责任多中心治理体系与政策框架。在以上理论与实证研究的基础上，着重解决如何设计兼顾利益相关者的多元协同治理体系，促进中国企业社会责任高质量发展。本部分从政府治理、社会治理和企业治理三个方面，总结概括美国、欧洲、日本等发达国家和地区企业社会治理的实践，从中梳理出对中国企业社会责任高质量发展有益的思路和启示，指出利益相关者协同治理是保障企业社会责任有效履行的必要手段（第 9 章）；基于奥斯特罗姆的多中心治理理论，集成以上理论与实证研究成果，构建包含政府、企业、员工、消费者、行业和其他利益相关者在内的多中心治理体系，详细阐述各利益主体在治理体系中扮演的角色和功能，应用于平台型企业，构建中国企业社会责任多中心治理的 IAD 框架，并设计对应的治理绩效评价指标体系，对中国企业社会责任治理效率进行科学测度（第 10 章）；基于构建的多中心治理体系，从政府、企业、行业和其他利益相关者层面提出促进中国企业社会责任治理效率提升、实现高质量发展的多层次对策建议（第 11 章）。

0.4 研究方法与研究思路

0.4.1 研究方法

本书主要采用了文献计量、规范研究和实证研究相结合、分层抽样调查与案例研究相结合等研究方法。具体而言，表现在以下几个方面。

第一，文献计量法。以 Endnote 作为文献检索工具，在 Web of Science 和 Cnki 检索企业社会责任相关文献，综合采用文献计量法和内容分析法，综述利益相关者视角下企业社会责任效应和治理的研究进展，分析企业社会责任效应与治理相关文献的分布结构、数量关系与演变规律。

第二，规范研究与实证研究相结合。本书运用动态博弈法，构建由企业和其他利益相关者组成的混合寡占模型，通过逆向归纳并结合计算机仿真模拟与运算，剖析利益相关者的最优策略组合及效应，揭示不同类型企业社会责任对利益相关者产生的效应与实现的微观机理；构建面板数据模型，实证分析各类企业社会责任对企业绩效及品牌价值的影响并揭示其内在机制，并将结果与理论分析结果相结合，判断理论假说，进行逻辑检验一致性检验；采用三阶段 DEA 模型动态测度中国企业社会责任治理效率；借鉴奥斯特罗姆多中心治理思想，运用 IAD 框架进行治理情景分析并设计共享制造多元协同治理体系，并在此基础上设计提高中国企业社会责任治理效率的多层次对策。

第三，调查研究与案例研究相结合。围绕为何履行企业社会责任、如何履行、效果如何与如何治理等问题，设计完善的调研计划，对目标群体发放调查问卷，对全国五市的企业进行实地调研，对搜集的数据进行统计分析处理，剖析中国企业社会责任现状。同时，通过文献查阅，对杜邦、英特尔、海尔等经典案例进行系统梳理与分析，并选择一批行业内在企业社会责任方面表现优异的标杆企业，开展深入的案例研究。

除以上方法外，本书还采用了逻辑分析、比较分析、归纳总结、目标分析等多种方法，并注重多种方法的交叉和综合运用。

0.4.2 研究思路

本书的研究思路是在对现有文献进行系统梳理的基础上，提炼出利益相关者视角下企业社会责任的效应与治理这一科学问题，企业社会责任的利益相关者属性是贯穿全书的逻辑主线。在此基础上，从利益相关者视角对企业社会责任进行划分，并对中国企业社会责任发展的现状进行系统阐述，为全书奠定理论框架和现实基础。随后，根据四类企业社会责任分类，通过对寡头垄断模型的应用与改进，运用博弈论揭示各类企业社会责任对利益相关者的效应与内在逻辑。为了印证理论部分结论的现实适用性，对中国企业社会责任的效应进行实证分析，实现理论研究与实证研究的有机统一。随后，为了将研究结果应用于中国企业社会责任治理实践，对国外企业社会责任的有益经验进行提取和吸纳，基于多中心治理理论探索利益相关者视角下中国企业社会责任多中心治理体系的构建，并在此基础上科学测度中国企业社会责任治理效率，为对策研制提供依据。最后，整合以上研究成果，研制促进中国企业社会责任多中心治理体系高效运行的保障性对策。本书具体的技术路线如图 0 – 3 所示。

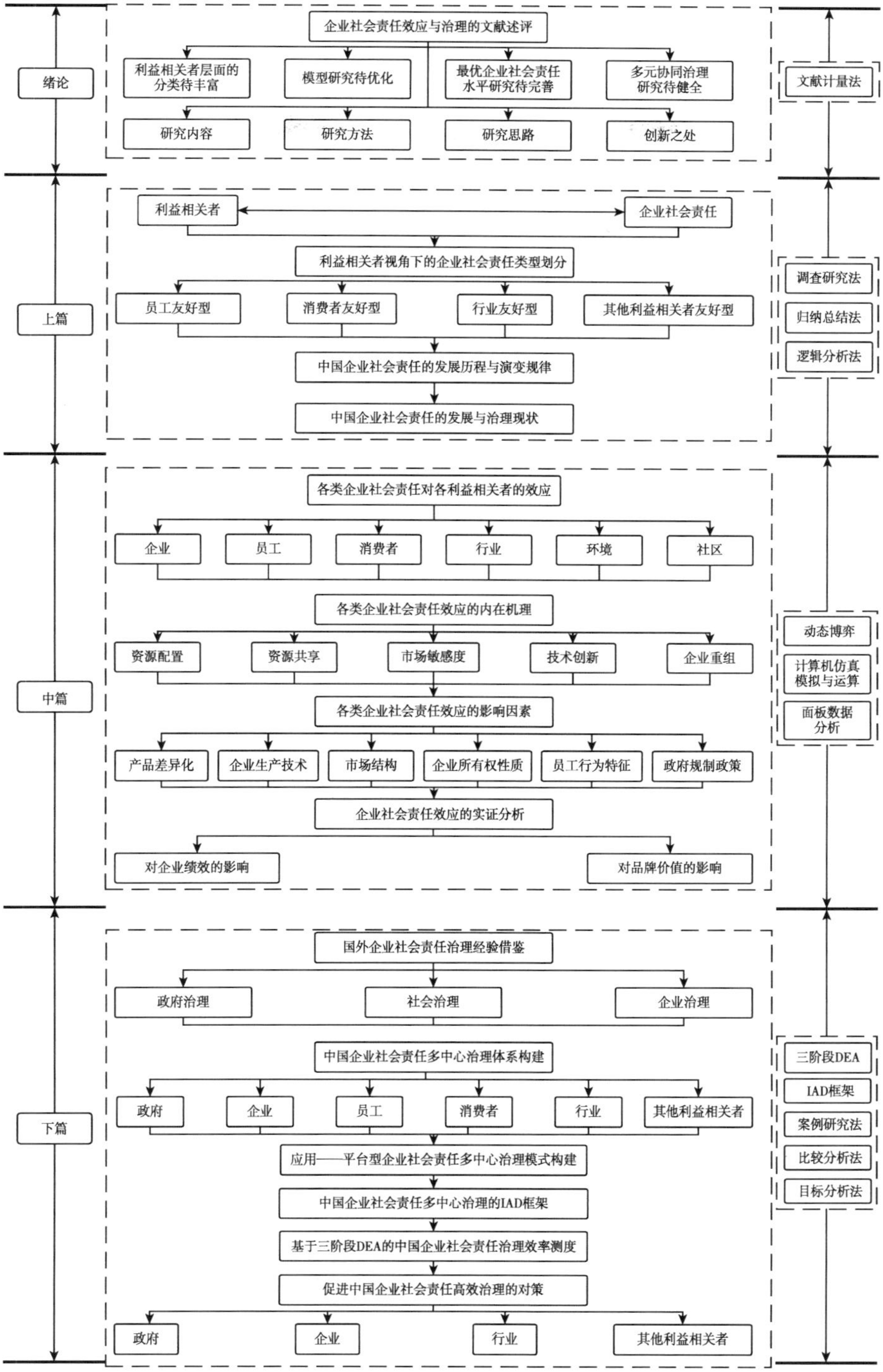

图 0－3　本书的研究思路

资料来源：笔者自行设计。

0.5 本书的创新之处

本书具有如下创新之处。

第一，研究思路的创新。本书秉承新发展理念，以企业社会责任高质量发展问题为导向，借鉴并整合产业组织、博弈论、企业管理、多中心治理等多元理论，从利益相关者视角建构“类型划分—效应—治理—对策”的研究框架，并应用于中国企业社会责任的理论与政策探索，彰显研究思路的时代性与前瞻性。

第二，研究观点的创新。本书认为，新时代中国企业社会责任应以实现利益相关者可持续的共享共赢为目标，构建公平与效率兼容的价值分配体系，惠及不同的利益相关者，助力企业实现高质量发展，而非仅追求短期利益；高效能的企业社会责任多元协同治理体系应充分发挥中国制度的显著优势，实现政府治理、市场治理和主体治理的有机融合，总结“中国经验”，开辟中国企业社会责任的特色发展之路。

第三，研究方法的创新。本书问题导向的方法选择特色鲜明，交叉融合西方经济学、企业管理学与公共管理学等多学科方法，重点采用动态博弈、面板数据模型、三阶段 DEA 与 IAD 框架，结合文献计量、分层抽样和案例研究等，技术方法颇具创新性并做了相应改进与拓展，对中国企业社会责任治理有较强解释力与适用性。其主要表现在：对现有企业社会责任博弈模型进行了显著的改进与优化，并促进其本土化应用，探索了不同类型企业社会责任的最优水平；将多中心治理理论及其 IAD 框架融合应用于中国企业社会责任多中心治理体系的构建中。

上 篇

基本分析、演变历程与现状

第1章　利益相关者视角下企业社会责任的基本分析

本章从利益相关者视角对企业社会责任相关问题进行基本分析，具体包括利益相关者与企业社会责任的关联、利益相关者视角下企业社会责任的内涵及划分、企业社会责任对利益相关者的效应等。

1.1　利益相关者与企业社会责任

1.1.1　利益相关者理论概述

在利益相关者理论提出以前，企业生产运营追求“股东至上”，引发了一系列的外部性行为，进而引起了人们的反思。20世纪60年代，利益相关者理论逐步形成，进入20世纪80年代以后其影响迅速扩大，极大地冲击了“股东至上”的观念，并开始影响公司治理模式的选择与企业管理方式的转变。考虑到利益相关者对企业的特殊作用，学界把企业看作各个利益相关者相互联系、相互作用构成的有机系统，认为任何利益相关者退出该系统，都会造成企业生存发展危机，所以企业需要对系统中的所有利益相关者负责，维护利益相关者的合法权益，保持系统的协调稳定，实现企业的长远可持续发展。

对利益相关者理论的理解可以从两个方面把握：一方面，企业的生产发展依赖于各个利益相关者，资本、人力、市场都源于不同的利益相关者。因此，利益相关者有权利向企业索取相应的利益，而企业也有满足利益相关者利益的责任。不同资源对企业的依赖和重要程度不同，因此企业对各个利益相关者履行社会责任的程度不同。另一方面，利益相关者理论规范了企业与利益相关者之间正式或非正式的权利与义务，认为企业与利益相关者缔结了一种双边契约关系，利益相关者通过契约向企业提供资源和索取利益，企业则对其履行社会责任。

关于利益相关者的定义。Penrose（1959）提出了“企业是人力资产和人际关系的集合”的观念，为利益相关者理论的提出奠定了思想基础。斯坦福大学研究所（1963）首次对利益相关者进行定义，认为“利益相关者是这样一些团体，没有其支持，组织就不可能生存。”此后，随着利益相关者理论的不断推进，学者们从不同的理论视角对利益相关者的内涵进行解析，使人们对利益相关者的理解不断深入（Freeman，1984）。

关于利益相关者的分类，学界致力于从多角度、多维度对利益相关者进行分类，文献十分丰富。对此，本部分进行了以下梳理，如表1－1所示。

表1－1　利益相关者的分类方式

代表学者	主要观点
Freeman（1984）	从所有权、经济依赖性和社会利益将利益相关者分为：对企业拥有所有权的利益相关者（经理、董事等），与企业在经济上有依赖关系的利益相关者（供应商、债权人、消费者等）以及企业在社会利益上有关系的利益相关者（特殊群体、政府领导人和媒体等）
Frederick（1988）	将利益相关者分为直接利益相关者和间接利益相关者，直接利益相关者是与企业发生市场关系的利益相关者（股东、员工、债权人等），间接利益相关者是与企业发生非市场关系的利益相关者（政府、媒体等）
Charkham（1992）	将利益相关者分为两种：契约型利益相关者（股东、员工、供应商、经销商等）和公益型利益相关者（人数众多的消费者、监管者、政府部门、媒体、社区等）
Carroll（1993）	提出两种分类方法，第一种是按利益相关者与企业关系的正式性分为直接利益相关者和间接利益相关者，前者是基于契约和法律对企业具有利益索取权的个人或群体，而后者是基于与企业有非正式关系的利益团体。第二种是将利益相关者分为核心利益相关者、战略利益相关者和环境利益相关者
Clarkson（1995）	按照利益相关者在企业经济中承担的风险种类，分为自愿型利益相关者（自愿进行物质资本和非物质资本投资，自愿承担企业给自己带来风险的群体）和非自愿利益相关者（被动承担企业给自己带来风险的群体）。他还根据利益相关者与企业的紧密程度，将其分为主要利益相关者和次要利益相关者

资料来源：根据相关文献整理。

借鉴上述的利益相关者分类，可将利益相关者按照与企业经济效益相关度分为内部利益相关者、外部利益相关者和边缘利益相关者。内部利益相关者是与企业经济效益高度相关的企业内部的个人或群体，包括股东、董事、员工等；外部利益相关者是企业在经济上有依赖关系的企业外部的个人或群体，包括供应商、债权人、消费者等；边缘利益相关者是与企业经济联系较弱，但受企业影响或影响企业的个人或群体，包括环保组织、政府、媒体等（见图1－1）。

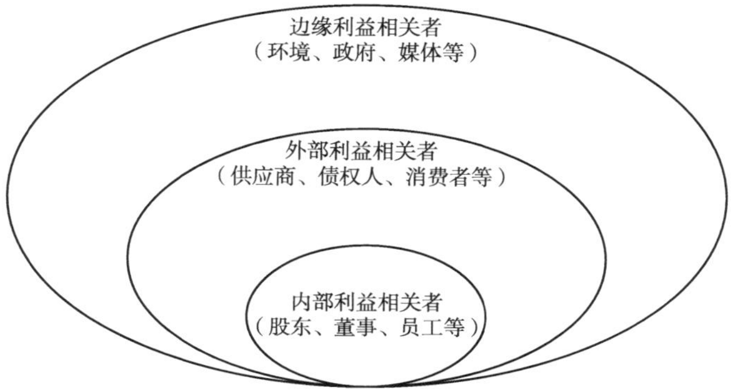

图1－1 企业经济效益相关度视角下的利益相关者划分

资料来源：笔者自行设计。

利益相关者理论对企业社会责任研究做出重大贡献，主要体现在：第一，利益相关者理论冲击和修正了“股东至上”的原则，阐明了企业对利益相关者履行社会责任的必要性与合理性；第二，利益相关者理论明确了企业社会责任的对象，即企业要对具体的利益相关者负责，而不是空泛的“社会”；第三，利益相关者的引入，使原先企业社会责任模糊的内容有了明确的定义，即合乎道德和法律的利益相关者的期望成为企业社会责任的正式内容；第四，依据利益相关者较为准确地界定了社会责任的范围，防止其边界无限扩大；第五，为企业社会责任的衡量提供依据，为企业履行社会责任提供了战略引导。

总之，利益相关者理论的引入促使企业社会责任的履行和实现有了更为坚实的理论基石。从利益相关者角度出发，可以进一步明确企业社会责任的内涵，实现企业社会责任效应的多维度分析；揭示企业履行企业社会责任的动因、对象和内容；通过衡量企业社会责任对各利益相关者的效应，探索兼顾效率与公平、科学的企业社会责任治理机制。

1.1.2 企业社会责任与利益相关者间的内在逻辑

企业社会责任与利益相关者之间密不可分。纵观企业社会责任的理论与实践发展历程，可以发现企业社会责任的发展主要体现在对各类利益相关者的兼顾上。随着时代的发展，企业的社会责任感越来越强，一方面，惠及的利益相关者范围不断扩大，由员工、消费者逐步扩大到生态环境与社区，履行企业社会责任的企业越来越多，履行企业社会责任已成为很多大型尤其是跨国公司重要的企业战略；另一方面，惠及的力度越来越大，企业承担社会责任所付出的成本水涨船高，对社会的回报也就越来越多，促进了整个社会经济的和谐稳定和可持续发展。总体来看，企业社会责任与利益相关者之间具有以下内在逻辑关系。

第一，企业社会责任的内涵、效应和治理与利益相关者密切相关。企业社会责任自提出以来，对其内涵、效应和治理的研究就紧紧围绕利益相关者，而责任就是对各类利益相关者的责任。从企业社会责任内涵层面看，学者们普遍认同企业除了对股东负有经济责任之外，还应当对员工、顾客、环境等承担一定的社会责任，这充分体现了企业的利益相关者属性。从企业社会责任效应层面看，企业社会责任的效应通过利益相关者体现。企业社会责任通过一定的体制机制对利益相关者产生影响，他们之间也存在着复杂的相互作用关系。例如，企业社会责任会对企业利润产生直接或间接效应，其中，间接效应体现在企业社会责任通过影响消费者、员工等利益相关者，改变市场需求，并最终影响企业利润。从企业社会责任治理层面来看，无论是最初的政府主导型社会责任治理还是供应链社会责任治理，以及后来的多元协同治理机制，都体现了利益相关者在企业社会责任治理中的作用。兼顾利益相关者、实现利益相关者之间的协调、缓解冲突、实现共赢，是企业社会责任治理研究的重要出发点和落脚点。

第二，充分关注各类利益相关者，是提高企业社会责任质量、实现其高质量发展的内在要求。企业是我国高质量发展的承载主体，实现企业高质量发展对整个国民经济的高质量发展具有重要意义，而企业社会责任的高质量发展是企业高质量发展的重要内容。企业社会责任高质量发展是指企业履行社会责任的质量大幅提高，在社会责任的完成程度上从规模扩张向结构的优化转变，履行社会责任时从基本要素投入向创新要素投入转换，从社会责任资金投入增长转换到追求消费者、员工等不同利益主体的效益、社会文明程度、生态环境的全面改善。可见，企业社会责任高质量发展将实现利益相关者共享共赢作为目标之一。从员工层面看，企业社会责任高质量发展离不开员工，没有高效的员工激励机制，就难以激发企业高质量发展的内生动力。因此，高质量发展必然强调对员工的价值关注，保障员工权利，坚决避免对员工合法权益的侵害。就消费者角度而言，货真价实是企业经营的基本责任和生存发展的信誉基础，企业社会责任高质量发展必然要求企业诚信经营，千方百计维护消费者权益，不断向市场提供满足市场需求的高质量产品。对行业而言，没有一个成熟的行业环境，企业的高质量发展也就无从谈起。规范、强大的行业力量是企业在激烈的国内外市场竞争中所不可或缺的支撑，因此企业发展不可忽视行业的整体发展，要有大局意识，在行业中与其他竞争企业和合作企业建立起稳固、持续与健康的竞争与协作环境。对政府而言，企业社会责任的高质量发展是企业在党和政府领导下承担起自己应尽的社会责任，既是对政府职能的有益补充，也利于提升企业声誉和可持续发展能力。对环境和社区而言，从经济学的视角来看，只要企业的行为对其他主体产生外部性，那么这些主体就是利益相关者，企业就必须兼顾。否则，企业的高质量发展就会大打折扣。因此，企业的生产经营活动必须顾及周边的生态环境，做好环保工作，在筛选项目时严格进行绿色评估和绿色产品开发，在生产过程中尽量选择污染小、易净化的材料和工艺，提高对废弃物的处理水平和资源回收利用率。同时，对所在社区要履行社会责任，树立良好的企业形象。

总之，企业社会责任高质量发展需要综合考虑各个利益主体，实现各方利益相关者权益的协同提升。

1.2 利益相关者视角下企业社会责任的内涵及四重划分

1.2.1 利益相关者视角下企业社会责任的内涵

目前，学界对企业社会责任内涵的界定各有不同，但在企业应当承担除经济责任之外的其他社会责任方面已经达成共识。综合已有的研究成果，结合本书的研究主题，本书认为企业社会责任是指企业作为社会经济活动的重要主体，对在生产经营的过程中自身行为所涉及的各类利益相关者，一方面要弥补自身外部性行为对利益相关者造成的不良影响；另一方面要积极回馈对自身发展产生积极影响的利益相关者，通过制定恰当的策略对利益相关者产生积极影响。利益相关者除了股东之外，还包括企业员工、消费者、行业竞争对手和合作伙伴，生态环境和社区等，只要企业的生产经营行为影响了某类主体，或从某类主体中受益，那这类主体就是利益相关者。

企业社会责任不能仅仅通过慈善和社会捐助实现，更不能将其等同于道德慈善行为。企业除了应当承担经济责任、法律责任等基本社会责任之外，应当更多地致力于提升社会福利水平，为人类社会创造福祉，实现全社会的协调有序发展。当然，对于企业社会责任内涵的界定应当充分考虑时代特征，结合不同社会背景调整侧重点。

1.2.2 利益相关者视角下企业社会责任的四重划分

企业生存发展依赖于各个利益相关者，应关注各个利益相关者，这也就意味着：企业履行社会责任的动机是满足和平衡各个利益相关者的利益以实现企业的生存发展；企业履行社会责任的对象是利益相关者；所产生的社会责任效应的影响主体也是利益相关者。

基于此，借鉴 Carroll（1979）的企业社会责任层次划分思想，根据利益相关者与企业的紧密程度，将企业社会责任划分为四个层次，由低到高依次为员工友好型社会责任、消费者友好型社会责任、行业友好型社会责任与其他利益相关者友好型社会责任。较高层次社会责任的履行往往建立在较低层次社会责任得到较好履行的基础上，而较低层次的企业社会责任是基础，在企业全部社会责任中占据较高比重，基础性作用明显。因此，可将四个层次的企业社会责任画成金字塔形图，如图 1－2 所示。

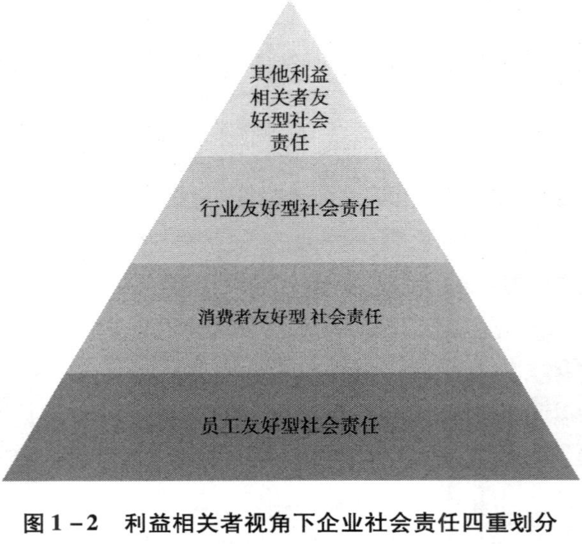

图 1－2 利益相关者视角下企业社会责任四重划分

资料来源：笔者自行设计。

在这里股东友好没有被作为一种类型，原因在于虽然股东是最大的利益相关者，但是本研究中的企业社会责任更多的是强调其他利益相关者，且股东利益一直以来都得到了最大的保障，所以此处没有纳入股东友好型企业社会责任。

第一层是员工友好型企业社会责任。员工友好型企业社会责任是指企业要充分认识到员工的价值，积极承担对员工应尽的责任和义务，保障员工合法权益，切实避免企业行为对员工利益的损害，并通过一系列措施如增加培训、员工持股、增加工资等提高员工福利水平，激发员工对企业的认同感和工作积极性，进而提升企业的竞争优势。员工是与企业存在紧密联系的利益相关者，履行好这一层面的社会责任能够激励员工努力工作，有助于提高企业的经营绩效，为履行更高层次社会责任奠定基础，所以也是较为基础的社会责任。例如，南方电网长期致力于员工友好型社会责任的履行：升级职工之家，改善一线员工工作条件，推动建家工作向文化建家拓展，建成移动 App“南网 e 家”；2018 年全年 11 个单位获全国模范职工之家（小家）；建立健全系统完整的人力资源制度体系，修订印发五项与劳动、人事和收入分配相关的管理制度，规范职工代表大会制度，全年社会保险覆盖率 100%，员工参加工会比例 100%。

第二层是消费者友好型企业社会责任。这是指企业秉持合法诚信经营理念，保障消费者权益，积极公开社会责任信息，缓解与消费者之间的信息不对称问题，通过企业社会责任保障和维护消费者权益，提高消费者的满意度和忠诚度，形成品牌竞争力。“顾客是上帝”，企业要想开拓市场、获得良好的经营收益，就需要生产能够很好地满足消费者需求的产品，并努力维护好消费者权益，否则消费者会选择“用脚投票”，转向其他企业的产品。消费者是否满意直接关系到企业产品的销售量和价格，因此是企业十分注重的利益相关者。如果得不到消费者认可，那么高质量发展也就无从谈起。现实中，大量企业履行企业社会责任的目的就是获得消费者的青睐，进而扩大产品市场、提高产品价格，获取更多的利润。

第三层是行业友好型企业社会责任。行业友好型企业社会责任是企业积极承担在行业发展过程中的行业责任。一方面，在横向市场竞争中，坚持信息公开透明化，保证公平正当竞争，树立良好的发展标杆，同时能够通过资源共享、技术转让等方式带动整个行业的可持续发展；另一方面，履行纵向供应链社会责任，兼顾上下游企业的利益，推动供应链社会责任治理机制的建立健全，实现整个供应链的完善和有序运行。该层次社会责任属于较高层次的社会责任，是对企业的更高要求，因此该层次的社会责任在企业全部社会责任中所占比重相对较低。

第四层是其他利益相关者友好型社会责任。这是指企业在进行决策时，充分考虑生态环境和社区发展等其他利益相关者，秉承绿色健康发展理念，积极参与社区建设活动，自觉承担在环境治理中应尽的责任和义务，努力实现人与自然和谐发展，增强企业自身的可持续发展能力和水平，推动构建生产发展、生活富裕、生态良好的社会发展新格局。此种社会责任建立在前三种社会责任基础之上，是在较高层面上对企业提出的要求，所以是最高层次的企业社会责任，在企业全部社会责任中所占比重最低。例如，美团作为新一代互联网企业，秉承绿色发展理念，坚持创新驱动高质量发展，为构建和谐社会、促进就业、精准扶贫做出了突出贡献。2017 年 7 月，美团发布首个外卖行业环境保护行动“青山计划”，联合中华环境保护基金会设立“青山公益基金”，号召餐饮企业加入公益行动，运用筹集的善款推动种植生态友好的经济作物，助力脱贫攻坚战，并于 2019 年成功入选“民企社会责任优秀案例”。

以上层次分类较为全面地覆盖了各类利益相关者，越高层次的企业社会责任兼顾的利益相关者范围越广。在现实市场经济中，不同企业承担的社会责任类型存在差异，反映了不同企业承担的社会责任层次和水平。企业社会责任层次越高，企业兼顾的利益相关者与企业的直接关联度越低。承担越多类型的企业社会责任，意味着企业社会责任的层次和水平越高。但需要指出的是，这一层次分类并非适用于所有企业，对于不同行业不同类型的企业，其社会责任层次类型存在一定的差异。以环境友好型企业社会责任为例，对不直接破坏环境的企业而言，其生产经营行为与环境关联度不高，履行环境友好型企业社会责任属于较高层次的企业社会责任行为，但是对资源型企业而言，其主要生产经营行为与环境密切相关，因此此类社会责任是其必须履行的基础性社会责任。

1.3　企业社会责任对利益相关者的效应

关于企业社会责任效应的定义。田虹（2007）认为“企业社会责任效应包括企业社会责任的效果（社会效果和企业效果）和社会责任反应两个方面”。与田虹的“企业社会责任效应都是正效应”的观点不同，本书中的企业社会责任效应包括正效应、负效应以及不确定效应等，是企业履行社会责任对各个利益相关者所产生的各类效果和反应。本节将探讨企业社会责任在实施过程中对各类利益相关者会产生何种效应，为后续的博弈模型设计提供理论前提。

1.3.1　企业社会责任对股东的效应

股东作为股份公司的出资人，是决定企业经营状况和发展能力的关键所在。研究企业社会责任对股东的效应及其机制是更好地激励企业履行社会责任的必然要求。在已有研究的基础上，本书将从直接效应和间接效应两个方面对企业社会责任对股东的作用进行阐述，旨在进一步明确企业社会责任的作用机制，厘清企业社会责任与股东之间的关系。考虑到股东追求的主要是利润，企业社会责任对股东的效应与利润具有一致性，因此本部分从企业利润入手阐述企业社会责任的效应及其机制。

在直接效应方面，企业社会责任会直接影响企业利润，但是并不一定产生正向效应。具体来说，企业积极履行社会责任可能会改善企业的经济状况，获得更好的企业声誉，营造良好的融资环境，提高企业的盈利能力和市场估值，实现企业财务绩效的增长。但是，由于市场环境复杂多变，企业社会责任的效应具有一定的不确定性，即企业社会责任可能会在一定条件下提高利润，而在另一种情况下降低利润，这主要与市场竞争、产品灵动性以及制度体制等因素相关。从短期来看，企业社会责任会增加企业经营成本，而企业很难从企业社会责任中获得实质性回报，这就使得企业社会责任的履行可能会降低财务绩效。总体来看，企业社会责任对利润的直接效应表现出以下特点：第一，企业社会责任会增加短期生产成本，降低企业收益率，对财务绩效产生负面效应；第二，企业社会责任良好的企业在长期表现出更大的竞争优势、更大的市场空间、更有利的融资环境、更丰富的市场资源等，会对利润产生积极效应；第三，复杂的市场环境让企业社会责任对企业利润的效应具有不确定性，不能认为履行企业社会责任一定会增加或降低企业利润。

在间接效应方面，主要表现在中介因素的作用方面。首先，积极履行社会责任的企业能够树立良好的企业形象，形成自己的品牌效应，减少融资难度，提高企业竞争力，并最终体现在财务绩效的提升。其次，考虑到消费者是企业利润的直接来源，企业社会责任可以提升消费者满意度，增加消费者购买产品的可能性，从而在市场竞争中保持自己的优势地位，创造更大的市场价值。再次，创新作为企业生存发展的直接动力，决定了企业持续发展能力和市场竞争能力。企业社会责任可以提高企业的创新能力和意识，企业的创新意识越高越可能在市场中抢占发展契机，保持技术的优势和不可替代性，最终获得更大的市场份额。最后，人力资本作为企业的重要无形资源之一，在保持企业的竞争能力方面发挥了至关重要的作用。积极的企业社会责任行为可以通过影响人力资本形成企业的竞争优势，提高生产效率，降低运营成本，获得更多的市场份额，并提高企业的财务绩效水平。

总之，企业社会责任对股东的效应具有多重性。考虑到复杂的市场环境和影响因素，企业社会责任对企业利润的影响并非仅仅影响企业成本，更多的是通过影响企业的创新能力、生产效率、技术研发以及企业形象等方面，进而通过影响成本和收益而影响企业利润。

1.3.2 企业社会责任对员工的效应

员工作为企业生产经营活动的主要参与者和管理者，是企业得以正常运转的基础和核心，其行为将直接影响企业的产出状况和盈利能力。员工友好型企业社会责任是企业社会责任的重要内容。企业通过承担对员工应尽的责任和义务，激发员工的认同感和工作积极性，提升员工工作效率，增强企业竞争优势。基于已有研究，本部分从员工态度和行为两个方面阐述企业社会责任对员工的效应及其作用机理。考虑到员工行为的复杂性，员工的积极态度并不一定能够转化为积极行为。因此，本书将态度和行为分开考虑。

第一，企业社会责任利于员工对企业的积极态度的形成。企业社会责任对员工积极态度的效应主要表现在员工满意度、组织认同、组织承诺、组织信任等方面。首先，企业社会责任能够提高员工满意度。具体而言，基于社会情绪选择理论，积极履行企业社会责任能够树立良好的组织形象，满足员工创造价值的需求，形成其对组织的认同感和归属感，表现为对工作的正面评价、工作中的愉快情绪以及对工作的情感依恋。其次，企业社会责任能够提升员工的组织认同感。良好的企业社会责任可以营造良好的组织形象，增强员工的满意度，让其在积极的心理感知的基础上，形成对企业的价值观、行为准则和管理理念的认同感。最后，基于敬业度理论、社会交换理论等，企业社会责任会对员工的组织承诺产生正向效应。考虑到员工对企业的满意度、认同感的不断增加，员工更加愿意投入组织中并创造一定的价值，而随着投入的不断增加，员工逐渐产生了一种不得不留在组织中的心理现象，即员工的组织承诺。总体来看，员工的主要积极态度——员工满意度、组织认同以及组织承诺之间并非相互独立的：员工满意度的提高可以增强组织认同感，让员工更加认同企业的决策和价值观，并在一定条件下增加对企业的投入，表现为员工敬业度的提高，并由此形成组织承诺——对组织的依赖感。因此，员工作为复杂的行为主体，其不同态度之间往往不存在单一的相关关系。各种积极态度之间会相互联系、相互影响。

第二，企业社会责任利于激发员工的积极行为。员工的积极行为可以根据行为角色的不同分为员工角色内行为和角色外行为两类。在角色内行为方面，企业社会责任能够推动员工的角色内积极行为，主要表现在员工工作绩效、生产效率、离职率以及信息不对称方面。首先，良好的企业社会责任让员工形成积极态度，如组织认同、工作满意度等，激发员工的工作积极性、增强责任感，进而提高员工的工作绩效。其次，企业履行对员工的社会责任，如为员工创造良好的工作环境、增加工作时间的弹性、改善员工的福利待遇、给予员工一定的企业管理参与权等，能够提高员工的工作积极性，激励员工不断提高生产效率。再次，有助于降低员工离职率，减少员工变动和人才流失所造成的损失，也有助于提高人才培养的质量，吸引人才、留住人才。这些都利于让企业在市场竞争中保持自身优势。最后，减少员工对企业认知的信息不对称。企业社会责任的履行能够通过信息公开透明化等方式，传播企业文化、价值观念，让求职者和现有员工获取更多的企业信息，促成企业与员工价值观的趋同，增强其对企业的认同感和归属感，避免信息不对称造成的人员流失。

在角色外行为方面，员工能够对积极的社会责任产生正向感知，在认同企业行为标准的同时，将其内化为自己的行为准则。角色外行为主要体现在组织民众行为和绿色行为方面。在组织民众行为方面，基于社会交换理论和社会学习理论，企业社会责任通过组织承诺、组织信任等积极的员工态度，增强员工的社会责任感，以企业的道德价值观引导员工行为，进而增强其组织民众行为。在绿色行为方面，基于社会信息加工理论、社会信息处理理论，企业积极参与环境友好项目、承担环境责任，能够帮助员工增强环保意识，通过道德反思、同事的环保倡导以及环境承诺，对员工的绿色行为产生正效应。总之，角色外行为体现的是企业社会责任对员工行为的潜在效应。企业积极的社会责任行为在获得员工认同感的同时，也在逐渐影响着员工的价值观念，增强员工的社会责任意识，让员工能够在没有外部约束的情况下自觉承担社会责任，践行绿色可持续的发展理念。

1.3.3 企业社会责任对消费者的效应

消费者是企业利润的直接来源，在企业生产经营中起到了至关重要的作用。因此，企业需要高度重视消费者行为，通过积极履行社会责任，保障消费者权益，提高消费者认同感和满意度，增强品牌竞争力，实现企业高质量发展。企业社会责任对消费者的效应大致可分为三个阶段：第一阶段，企业社会责任作用于消费者的内部感知；第二阶段，消费者的内部感知行为外化，体现为消费者参与、品牌效应、客户忠诚度等；第三阶段，消费者的感知及外化转变为消费者行为，即购买意向和购买行为。从整体来看，三个阶段一脉相承、层层递进，在向下一个阶段过渡时往往依赖于一定的消费者特征和条件，这使不同的消费者群体的阶段特征和行为选择存在差异。

第一阶段，企业社会责任对消费者的内部感知产生效应。内部感知是指受消费者个人特征影响的内在行为动机，包括道德动机、动机归因、利他倾向以及企业社会责任——企业能力信念。首先，消费者会对感知到的企业社会责任行为进行判断，并通过责备、归因和愤怒对企业的不负责任行为进行抵制，表现为抵触情绪以及产品抵制意愿，并可能改变消费者的行为和选择。其次，消费者会对感知到的企业社会责任进行动机归因，判断企业社会责任是致力于维护利益相关者权益、提高社会福利水平，还是仅仅作为提高企业声誉和影响力、创造企业利润的手段和工具。事实上，企业履行社会责任的动机是复杂的。对此，消费者会根据特定标准进行判断，如果企业的利己动机占据主导地位，消费者会表现出抵制和谴责行为，以此作为企业“伪社会”责任行为的回应。再次，基于社会心理学中亲社会行为的研究，部分消费者会基于减轻他人痛苦而表现出符合社会期待并有益于他人的倾向。基于利他倾向的消费者会考虑企业履行社会责任是否能够为公众和社会做出贡献，并以此做出正面或负面感知。最后，基于企业社会责任——企业能力信念，考虑到企业资源的有限性，消费者会认为企业社会责任与企业能力相矛盾：企业将更多的资源投入社会责任方面，会影响企业生产产品的质量。此时，企业社会责任会对消费者感知产生负面效应。

第二阶段，消费者的内部感知行为外化，体现在消费者参与、品牌效应、客户忠诚度等方面。在品牌效应方面，企业社会责任会通过消费者感知到的品牌透明度，对品牌的信任和态度产生效应，进而改变消费者传播积极口碑和购买该品牌的意愿。具体来说，企业社会责任可以帮助企业营造良好的品牌形象，让消费者产生较高的品牌认同感，提高其对品牌的忠诚度，并可能在一定条件下对消费者行为产生效应。在客户忠诚度方面，企业社会责任可以影响客户的满意度，并对客户关系维护和客户忠诚度产生效应。积极的企业社会责任行为会提高消费者的满意度，表现在倾向于同该企业合作、购买该企业产品等方面，这有利于企业通过改善和维护消费者关系，提高消费者忠诚度，构建稳定的消费者群体。在消费者参与方面，企业社会责任信息的传播能够让消费者更加准确地了解企业社会责任行为，减少企业与消费者之间的信息不对称，增强消费者的参与程度，提高消费者对企业的认同感，并在一定条件下推动消费者忠诚行为的形成。通过社交媒体实现信息共享是消费者参与企业社会责任相关活动的有效沟通渠道，有助于形成企业的电子口碑，影响企业声誉和未来业务。在此过程中，企业社会责任的宣传活动也有助于增强消费者对社会事业的感知度，促使消费者改变自身行为。例如，企业从事环保公益事业，有助于增强消费者的环保意识、强化消费者环保行为。因此，企业社会责任不仅对消费者参与有正向效应，而且对消费者从事公益事业、树立社会责任意识有正向引导作用。

第三阶段，企业社会责任对消费者购买意愿和购买行为的效应。企业社会责任的最终效应体现在消费者的购买意愿和行为上。具体来说，对企业社会责任有明显偏好意愿的消费者愿意支付更高的价格来弥补企业的生产成本，而具有外部性的企业社会责任行为能够通过提高消费者认同感、满意度等，增强消费者购买意愿。消费者选择是一个比较权衡的过程，虽然价格仍是消费者选择的决定性因素，但是在部分情况下，其会权衡价格与企业社会责任的重要性。

总之，企业社会责任对消费者效应的三个阶段体现了由内而外、由浅入深的过程。消费者作为复杂的行为个体，其行为和动机具有一定的不确定性，不同的选择偏好所表现出的行为也大有不同。一方面，不能将企业社会责任效应的三个阶段割裂开来；另一方面，三个阶段的顺序也并非固定的。

1.3.4 企业社会责任对行业的效应

行业是“从事国民经济中同性质的生产或其他经济社会的经营单位或者个体的组织结构体系”，行业的发展状况与企业命运息息相关。一个具有良好发展前景的行业能够为企业带来更多的发展机遇和发展空间，推动其实现技术升级和产业转型。同时，企业作为行业的有机组成部分，对行业发展也负有一定的责任。因此，企业需要积极承担推动行业发展的责任，通过信息和资源共享等方式，积极参与社会责任治理行动，构建行业内协调有序的企业社会责任新格局，实现行业的持续健康发展。企业社会责任对行业发展的效应主要体现在两个方面：一方面，企业社会责任对行业的横向效应，即带动同行业的健康发展；另一方面，企业社会责任对行业的纵向效应，即实现供应链的协调有序运行和供应链上各企业间的合作共赢。

第一，企业社会责任利于促进同行业的持续健康发展。企业对行业发展的社会责任主要体现在信息公开、公平竞争、资源共享、技术转让等方面。一方面，企业通过信息公开透明化，切实避免违法违规行为，坚持同行业企业间的公平正当竞争，积极树立良好的企业形象，引导行业内其他企业转变发展观念，构建公平健康发展格局，最终实现整个行业的可持续健康发展；另一方面，企业积极履行企业社会责任，通过资源共享、技术转让等方式淘汰落后技术，带动整个行业的转型升级，积极引导行业企业实现协同发展。通过资源共享的方式，可以充分调动同行业资源，提高资源的利用效率，共同降低生产成本，实现企业间协同发展，增强行业竞争力和可持续发展能力。

第二，企业社会责任利于推动实现供应链的协调有序运行。企业社会责任的纵向效应主要体现在：一是通过积极履行企业社会责任，可以促进供应链上各企业紧密联系、相互配合，以协调统一的供应链管理模式，提高供应链的整体效率，降低总成本，实现上下游企业间的合作共赢，以供应链间竞争的方式增强供应链的整体竞争能力，更好地实现上下游企业的协同发展。二是在供应链上积极履行企业社会责任能够有效激发供应链上各企业的社会责任意识，有效发挥供应链的协调联动作用，充分利用供应链利益共同体实现对上下游企业社会责任状况的有效监督，通过协同治理方式，发挥上下游企业的独特优势，以企业间优势互补实现供应链社会责任治理的良好有序发展。

1.3.5 企业社会责任对其他利益相关者的效应

（1）企业社会责任对生态环境的效应。

生态环境是企业生产和可持续发展所依赖的物质条件，是企业不可忽视的利益相关者。在工业化的过程中，人们不重视资源环境的保护，对自然资源进行掠夺式的开发，造成了严重的资源枯竭、气候变化和环境污染问题，严重影响了社会经济的健康可持续发展。企业的生产资料源于自然，而生产过程中排放的污水、废气等又回归自然。对此，企业应要承担起对环境的社会责任。

具体而言，企业社会责任对环境的效应主要体现在两个方面。

第一，从发展理念上看，企业社会责任有助于树立正确的发展观。企业社会责任的履行利于企业认识到环境保护、绿色发展的重要性，树立正确的资源观，进而在企业生产经营过程中秉承绿色健康的发展理念，担负起环境保护的责任，在企业战略制定时有机纳入环境保护目标。企业积极承担环境责任利于从源头上治理污染问题，缓解自然资源使用不当所引发的环境危机，提高自然资源的利用效率，避免自然资源的过度开发引发子孙后代的生存发展危机。只有企业真正意识到环境保护的重要性，落实环境治理过程中的各项责任，以正确的发展观制订企业发展战略，才能真正解决环境污染屡禁不止的难题，推动实现企业的良性健康发展。

第二，从企业行为上看，企业社会责任利于企业实现绿色发展。通过内外部各类正式与非正式的制度性企业社会责任约束，可以对企业形成强有力的内外部成本和收益压力，进而促进企业切实落实节能减排要求，大力发展循环经济和绿色经济，形成低投入、低消耗、低排放和高效率的高质量节约模式。以绿色发展理念指导企业战略的制订，适应社会发展新要求，掌握发展的主动权，保持绿色健康发展新优势，实现企业从高速发展向高质量发展的转型升级。此外，还有利于企业大力发展清洁生产技术，努力降低资源消耗率，提高资源利用率，生产更多的环境友好型产品。从现阶段的发展趋势来看，全球环境治理问题已成为社会各界关注的重点，如何利用新一轮发展契机，掌握发展的主动权显得尤为重要。在全球环境污染问题日益严重的今天，环境友好型产品无疑是未来企业发展的趋势和潮流，其将增强企业产品的竞争优势，在保护生态环境的同时实现企业的经济目标。

总之，企业积极履行环境责任能够推动人与自然的协调发展，在保护和改善生态环境的同时，实现企业由高速发展向高质量发展的转变。但是，应当注意到，企业在承担环境责任的同时需要付出巨大的代价，技术的转型升级意味着前期巨额资金的投入，而责任的履行却难以在短期内取得明显成效，这与企业追求利润最大化的目标相违背。因此，企业在环境责任履行方面存在较大的不确定性。当其与企业的经济目标相冲突时，大部分企业可能会选择利益而非环境。

（2）企业社会责任对社区的效应。

社区通常被定义为一群有着共同目标的人为了满足某些需求而相互依赖，聚集在某一个领域里所形成的一个生活上相互关联、定期互动的大集体。社区是社会有机体最基本的内容，是宏观社会的缩影。团队中所有成员都有共同的期望，并从这些期望中承担责任。而社区发展（Community Development，CD）是指社区与外部组织（包括政府、非政府组织、中小企业和跨国公司等）或公司合作开展的活动，为个人和群体赋予权力，并为其提供所需要的技能，以改变他们自己的社区。社区发展强调社区的自力更生，以及对短期和长期目标的创造力。政府、非政府组织常常是社区发展的重要参与者，但在社区管理中，往往会出现政府管控能力有限、社区领袖职能模糊等一系列问题，许多被寄予厚望的社区任务并没有完成。此时，如果有企业参与其中，则会对社区管理起到积极作用。企业在社区中积极履行社会责任可以提高企业声誉，扩大企业影响，是实现利润最大化目标的重要手段。同时，企业社会责任在 CD 建设中，也会对社区的发展带来重要影响，实现双赢。

第一，社区友好型企业社会责任可以与社区共同承担工业化带来的不良影响。目前，我国正处于工业化快速推进阶段，这一阶段容易引发资源的过度开采、经济发展粗放、产业结构不合理等一系列问题。企业积极承担对社区的社会责任，有利于与社区共同承担社会责任、减少不良影响。

第二，社区友好型企业社会责任可以加深企业与社区间的联系。以湖北天门市金田纺织有限公司与东湖村为例。天门金田纺织有限公司坐落于天门市东湖村。成立初期，金田公司与东湖村民因占地问题互生隔阂，之后企业对领导班子进行了调整，该公司主动承担社区责任，不仅对东湖村农业生产提供指导、修建农村道路，还与东湖村合资开办酒店；东湖村村民也主动为金田有限公司创造良好生产环境，组织帮助公司进行货物搬运、治安巡逻。最终，金田有限公司与东湖村互利互助，实现双赢，进一步密切了双方之间的合作关系。

第三，社区友好型企业社会责任有利于人才的引进。有学者通过定性研究证实，企业社会责任的承担有利于树立良好的企业形象，对人才的引进具有正向促进作用。例如，宋鸿和程刚（2012）对武汉市参与海尔集团、柳工集团等多家知名集团校园招聘会的高校学生开展问卷调查，通过定性研究发现企业社会责任的承担有利于企业对求职者或者潜在求职者形成较大吸引力。

第四，社区友好型企业社会责任有利于环境保护。目前，不少企业在追求经济利益的同时主动参与环保、慈善等项目，如“蚂蚁森林”，用户只要参与步行、地铁出行等低碳行为，便可以种植虚拟树苗，树苗长大后，公益组则在乌兰察布、巴彦淖尔等西北地区种植实体树苗。该公益项目既引导了用户低碳出行，同时也改善了西北部生态环境。2019 年 9 月 19 日，中国“蚂蚁森林”项目获联合国“地球卫士奖”，其在履行社会责任、助力绿色发展的同时也进一步提高了自身知名度，实现了双赢。又如百事集团，耗资 2 亿元人民币在内蒙古等地建立种植基地，开发土豆种植项目，在取得利润的同时改善了沙漠环境，对生态环境建设具有积极促进作用。

第五，社区友好型企业社会责任有利于维持企业与社区关系的可持续发展。企业社会责任的履行，可促使企业与社区间的联系更加紧密。在这一进程中，企业参与社区发展，推动社区建设；社区发展为企业创造良好的生产环境，提高企业声誉、影响力，实现双赢，进而实现长期战略发展目标。

第六，社区友好型企业社会责任有助于解决部分地区贫困问题。例如，正大集团在西北等贫困地区推广标准化种植、养殖，将大量优质种子、种苗、饲料提供给农民，同时向农民提供优质的管理模式。目前，已有26万农民参与标准养殖，按照正大标准建设养殖基地。正大集团的这一行动不仅缓解了地区贫困，还推动了中国畜牧业养殖水平。又如宝洁公司，1996年宝洁公司与中国青基会开展合作，是中国青基会重要的公益战略合作伙伴。截至目前，宝洁公司在中国28个省份援建宝洁希望小学超过200所，并提供后续扶持、捐赠配套设施，中国农村贫困地区累计超过15万名农村儿童和4000名乡村教师因宝洁的捐赠而受益。

第七，社区友好型企业社会责任有助于为其他公共组织收集数据。大数据在企业战略布局、发展规划中起到了重要作用，目前大数据已成功应用于各项领域。在企业履行某一社会责任时，如消除贫困、推动地区产业发展转型时，使用大数据可以为社会责任的履行提供极大便利，因此企业会投入一定人力、资本收集各项数据，进而为其他公共组织减轻了收集数据的工作量。

第八，社区友好型企业社会责任有助于企业实现可持续发展。传统观点认为，企业以盈利为主要目的，企业履行社会责任会增加不必要成本。但是多年的实践证明，企业承担相应社会责任，从整体上看有利于提高企业竞争力，进而带动技术进步、经济增长。其原因在于，虽然企业社会责任的履行需要短期内投入大量人力、资本，但在长期内对于企业的发展却具有正向促进作用。首先，企业在社区内履行社会责任，有利于为企业的发展提供良好的环境基础；其次，企业社会责任的履行有利于提高自身的声誉，为人才的吸引、社会知名度的提高带来便利，这是一种无形的宣传；再次，企业对员工、消费者权利的关注，有利于调节消费者、员工、企业三方关系，对外可以保证产品销售的顺利进行，对内可以激发员工生产积极性，带来更大的经济收益；最后，履行社会责任可以帮助企业在发展时避免“短视”行为，既不会以牺牲社区环境为代价进行发展，也不会进行资源浪费式、粗放式发展，而是依靠技术进步、产业转型谋求长足发展。从长期来看，这有利于实现技术进步、增加产品竞争力，为企业带来更多的经济效益。

第2章　新中国企业社会责任的历史沿革及演变规律

随着我国社会主义经济制度的逐步建立健全、经济体制的稳步转轨，我国企业飞速发展，取得了举世瞩目的成就。在此过程中，企业社会责任也不断发展演变，大体可划分为六个不同阶段，呈现出五大发展规律。

2.1　新中国企业社会责任发展的历史沿革

中国企业社会责任发展阶段与经济发展阶段密切相关。基于我国经济发展与企业社会责任发展中的一些重要时间节点，即1956年底我国初步确立社会主义基本制度、1978年改革开放、1992年开始建立社会主义市场经济体制、2006年施行新《公司法》、2013年全面深化改革，可将中国企业社会责任划分为六个发展阶段（见图2-1）：萌芽阶段、混淆错位阶段、分化探索阶段、意识觉醒阶段、快速发展阶段、规范深化阶段。

2.1.1　萌芽阶段（1949~1956年）

新中国成立初期时，由于长期战乱，国民经济遭到了严重摧残破坏，大量工矿企业倒闭，工农业生产明显萎缩，产量锐减。与历史最高年份相比，1949年重工业减少70%以上，轻工业减少30%以上。同时，西方资本主义阵营在经济上对我国实行封锁和禁运，进一步加剧了我国物资匮乏的状况。仅新中国成立的前几个月内，全国就先后刮起4次涨价风，粮食、棉纱、五金、日化等基本生活物资价格快速上涨。

这一时期我国有五种不同性质的经济成分：一是国营经济，具有社会主义性质，控制着国民经济命脉；二是合作社经济，具有半社会主义性质；三是个体经济，所占比例最高；四是私人资本主义经济，不具有社会

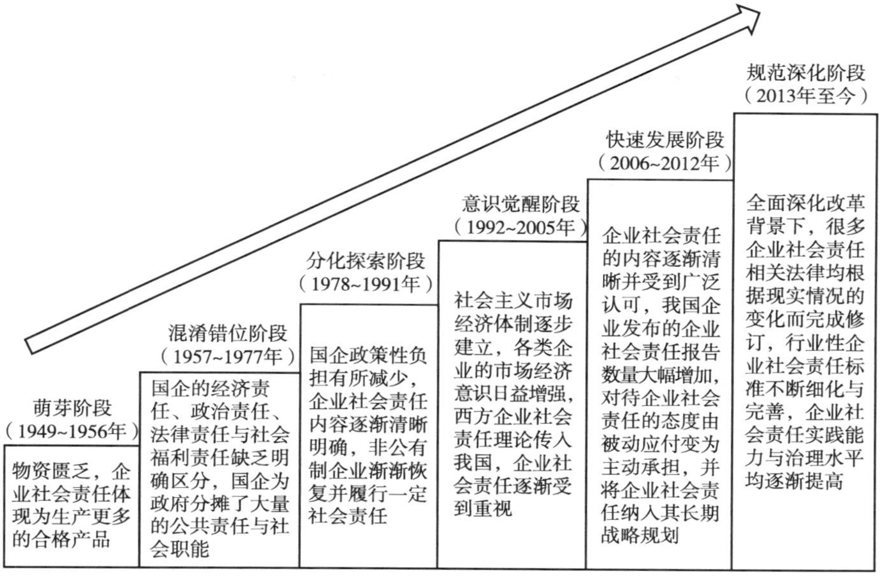

图 2－1　中国企业社会责任发展阶段划分

资料来源：笔者自行设计。

主义性质，是以生产资料私有为基础、以追求利润最大化为目的的资本主义经济，主要是民族工商业；五是国家资本主义经济，即国家与私人资本合作的、具有社会主义因素的经济成分。由于物资严重匮乏，这一时期企业社会责任主要体现为生产更多的合格产品以保障人民的基本生活与生产需要。因此，虽然私人资本主义经济有剥削工人、不利于社会主义的一面，但国家并没有急于消灭这种经济成分，而是积极发挥其增加物资供应、利于国计民生的作用。然而，有些资本主义工商企业也暴露出了其唯利是图的本性，为获取更多利润而偷工减料、投机倒把，带来了很多消极负面的后果。

从企业社会责任角度来看，私人资本主义企业虽然对其股东履行了一定的经济责任，即为资本家带来了丰厚的利润，但对工人的剥削较为严重，资产阶级与工人阶级的矛盾仍然存在，对工人未能较好履行相应的责任。同时，私人资本主义企业所生产的产品更容易出现质量问题，所以针对消费者的社会责任履行情况很差。总体来看，相对于国营企业、国家资本主义企业，私人资本主义企业的社会责任履行状况难以令人满意，因此 1953～1956 年我国采取和平赎买方式对资本主义工商业进行社会主义改造是合理的，可归为有效的企业社会责任治理。

2.1.2 混淆错位阶段（1957～1977年）

“三大改造”结束后，我国形成了结构单一的社会主义公有制经济格局，国有经济居主体地位，拥有绝对优势。国营企业成为经济社会中资源配置的主要组织载体，国营企业的原材料由国家统一调拨，生产指标由国家下达，产品销售由国家统一安排，职工由国家统一分配，工资也由国家统一规定。政府直接管理国营企业，并借助国营企业直接配置社会资源，国营企业是政府部门的延伸或附属机构。同时，国营企业不仅拥有机器厂房，往往还设立食堂、职工住房、附属医院、商店、附属学校、托儿所与娱乐场所等，为职工提供餐饮、住宿、休闲娱乐、医疗、子女教育、养老等基本生活的各方面服务，实际上是一种“从摇篮到坟墓”的全方位福利保障。国营企业是兼具生产、社会管理、社会保障等多种功能的“社区单位”，是一个“小社会”，所以国营企业承担了很多社会性负担，这也就是很多学者所说的“企业办社会”现象。

因此，这一时期国营企业不仅具有经济属性，还具有社会属性、政治属性，政府与市场、市场与社会间的边界模糊，“政企不分”“企社不分”的现象普遍存在。也形成了“单位制社会”，即国营企业就是社会，社会也被压缩入国营企业中，个人的经济需求与社会需求都是通过企业来满足。国营企业是政府实现对社会经济全面深入管理的工具。企业、政府、社会的三重合一是计划经济的基本特征。

在社会主义计划经济体制下，国营企业并非单纯的企业组织，而是“三位一体”的综合体，这种组织形式在当时的现实背景下具有其合理性。由于当时我国经济发展落后，人口众多，物资短缺，人均资源占有量很低，国营企业的“单位制社会”组织方式有效解决了大量职工就业问题，国营企业的“大包办”也解决了职工的吃、穿、住、行等基本生活需求问题，职工相当于拥有了“铁饭碗”，所以国营企业的员工层面的社会责任履行情况较好。由于政府广泛而深入地介入国营企业的生产经营活动，生产足够数量、合格质量的产品不仅是经济责任，还是行政指令，所以国营企业的产品质量能够很好地满足消费者需求，甚至有“一流的产品，三流的包装”的说法，国营企业的消费者层面的社会责任履行情况同样较好。为快速推进工业化，政府积极整合十分有限的经济资源，建立了大量国营企业，充分发挥社会主义国家集中力量办大事的制度优势，我国工业化确实得到较快推进，重工业发展尤为迅速，快速建立了齐全的工业体系。然而，国营企业不以盈利为目的，而是服从国家生产计划，并且国营企业机构臃肿、人员冗余，缺乏竞争压力，“吃大锅饭”、平均主义在一定程度上也是广泛存在的问题，结果导致国营企业缺乏活力、经济效率低下，所以国营企业股东层面的经济责任履行情况相对较差。

总之，这一时期我国企业承担了过多社会性负担，看似企业承担了很多社会责任，但并不是真正意义上的企业社会责任，本应该由政府建立的社会保障体系，却由国营企业通过提供“一揽子”社会福利而承担。国营企业对外部利益相关者的责任内容与边界并不清晰，国营企业的经济责任、政治责任、法律责任与社会福利责任缺乏明确区分，国营企业为政府分摊了大量的公共责任与社会职能，因此企业社会责任处于不合理的混淆错位状态。

2.1.3　分化探索阶段（1978 ~ 1991 年）

针对传统计划经济体制下国营企业缺乏活力与效率问题，党的十一届三中全会提出“让企业有更多的经营管理自主权，调整国家与企业的责权利关系”，自此拉开了国企改革的帷幕。1979 年 7 月，国务院出台文件《关于扩大国营工业企业经营管理自主权的若干规定》，随后选择若干企业进行扩大自主经营权试点。1984 年，党的十二届三中全会提出建立“有计划的商品经济”，建立计划内与计划外的商品价格双轨制，标志着我国正式开始推动经济体制改革；同时，大会正式提出“所有权和经营权可以适当分开”，要求进一步深化企业经营机制的改革，提出增强企业活力是整个经济体制改革的中心环节。

政府以“放权让利”为重点推进国营企业改革。具体而言，政府将国营企业的经营权下放，扩大企业的自主权，允许企业经营者根据市场需求的变化做出相应的生产经营决策。同时，政府将从国营企业收缴的利润让一部分给企业，以激发其积极性。此后，政府又推行“利改税”，即将国营企业上缴利润改为上缴所得税，税率可以通过立法确定，因此重塑了企业与政府间的法律关系，有效地促进了政企分开，推动国营企业成为独立的市场主体。此外，政府还推出了承包经营责任制、租赁制、股份制等国企改革新举措，促进国企树立与增强“经济责任”意识，也提高了国企的经济效益。总之，改革开放初期，国营企业的政策性负担有所减少，企业社会责任内容有了清晰的趋势，股东层面的社会责任履行情况相对于上一阶段逐渐好转。

这一阶段，私营经济与个体经济也从传统计划经济体制下濒临消亡的境地渐渐恢复。国务院及其直属部门出台的《中华人民共和国私营企业暂行条例》《关于进一步促进个体私营经济发展的若干意见》等一系列政策文件，为民营企业的发展提供了有力的政策支持，营造了良好的市场环境，也在一定程度上明确了民营企业缴纳一定额度税款、合法合规经营等社会责任。总体来看，这一时期民营企业处于初创期、起步阶段，社会责任履行能力较差，所关注的主要是为股东带来丰厚利润回报、对政府依法纳税等经济责任，而这一时期民营企业在消费者、员工、社区、生态环境等方面的社会责任较为缺失。

2.1.4 意识觉醒阶段（1992～2005年）

1992年，党的十四大提出我国经济体制改革的目标是建立社会主义市场经济体制。党的十四届三中全会提出要建立“产权清晰、权责明确、政企分开、管理科学”的现代企业制度。国有企业改革进入了一个崭新阶段。一方面，灵活采用改组、兼并、租赁、承包等多种方式加快国有小企业改革；另一方面，通过兼并、规范破产、剥离社会性负担、减员增效等方式，对国有大中型企业实行现代企业制度改革，明确国有企业的责任与权利，形成优胜劣汰的竞争机制，促使国有企业真正成为适应市场经济的自主经营、自负盈亏的市场主体。随着大量国有中小企业从不具竞争优势的领域中退出，国企公司制改革推进、法人治理结构的完善，以及政府机构改革与职能转变，国企政治责任与经济责任进一步分离，新型政企关系初步形成。这一时期，随着我国经济体制转轨，摆脱国企生产经营困境、提高国有企业的活力与经济效率成为最受关注的议题；国企追逐利润最大化的经济责任意识空前强烈，很多国企甚至将提高利润作为唯一的企业责任目标，国有企业股东层面的社会责任履行情况较好，主要表现为国企资产总额、产值、利润总额、纳税总额均大幅增长。随着国企向政府移交学校、医院等附属机构，以及去社会化的推进，国企对其职工不再负有无限责任，国企的员工层面社会责任相对弱化。总的来看，这一时期国企的社会责任定位仍处于模糊状态，甚至被定义为政府参与经济、干预经济的手段与工具。

党的十五大确立了“公有制为主体、多种所有制经济共同发展”作为一项基本经济制度确。2004年修订的《宪法》以国家最高法律的形式确认了非公有制经济的市场地位与法律地位，并明确规定“公民的合法的私有财产不受侵犯”。2005年，国务院出台了《关于鼓励支持和引导个体私营等非公有制经济发展的若干意见》。这一时期民营企业的重要性逐渐得到认可，地位得到确立并受到坚实的法律制度保障，民营企业发展的体制机制障碍不断破除，市场环境和法律环境逐步改善，民营企业迎来了空前的发展机遇，实现了如雨后春笋般地快速发展，企业社会责任的履行能力不断增强，具体体现在经济价值创造能力、吸纳就业人数、纳税总额、创新绩效等方面。

这一阶段，我国社会主义市场经济体制建立并逐步完善，各类企业的竞争、效益、质量等市场经济意识日益增强。被西方学界与企业界广泛接受的企业社会责任理论传入我国，企业社会责任逐渐被视为企业竞争战略的一个重要组成部分，现代意义上的企业社会责任意识开始觉醒。例如，1995 年 10 月，一些民营企业家联合发起并成立了中国光彩事业促进会，成员主要是民营企业，主要采取项目投资的形式，即“造血式”扶贫，追求社会效益与经济效益相结合，以解决西部等落后地区的贫困问题，该促进会“义利兼顾、以义为先”的理念明显体现出了民营企业家的社会责任感。虽然我国企业的社会责任意识觉醒，但发展并不平衡，企业的经济责任意识大幅增强，企业逐利的本性开始回归并空前增强，一些企业开始过度追逐利润。总体看来，我国企业股东层面的社会责任履行情况较好，员工层面社会责任的履行状况也逐渐改善，但是消费者、生态环境方面的社会责任履行情况较差，食品安全问题、环境污染问题突出。

2.1.5 快速发展阶段（2006 ~ 2012 年）

2006 年 1 月修订并开始施行的《公司法》第五条明确要求“公司从事经营活动，必须遵守法律、行政法规，遵守社会公德、商业道德，诚实守信，接受政府和社会公众的监督，承担社会责任”，这是我国首次以法律形式明确企业的社会责任履行义务；同年召开的党的十六届六中全会审议通过了《关于构建社会主义和谐社会若干重大问题的决定》，倡导企业通过社会责任的履行参与和谐社会构建。2006 年，国家电网公司发布了中国本土企业第一份企业社会责任报告。上述三个重要事件在我国企业社会责任发展进程中具有标志性意义，我国企业社会责任也迎来了新的发展阶段，所以很多学者将 2006 年称为中国企业社会责任元年。

2006 年 9 月 25 日，深圳证券交易所正式颁布实施《上市公司社会责任指引》，文件对上市公司社会责任的内涵进行解释说明。2007 年 3 月 15 日，阳光发展有限公司公布了我国首份上市公司社会责任报告书。2008 年 1 月，国务院国资委下发文件《关于中央企业履行社会责任的指导意见》，要求央企增强社会责任意识、积极履行社会责任。2008 年 5 月 14 日，上海证券交易所发布了关于加强上市公司社会责任承担工作的通知和

《上市公司环境信息披露指引》，倡导上市公司发布社会责任报告，披露环境保护信息，积极承担社会责任，促进社会、环境和经济可持续发展。同时，还提出了与企业社会责任相关且很有意义的一个新概念“每股社会贡献值”，以反映公司为社会（企业的各类利益相关者）创造的每股增值额。自 2009 年 8 月开始，深交所与上交所正式开始编制社会责任指数，并通过实时行情库发布，以促使上市公司积极履行社会责任，并为投资者提供投资标的。

这一阶段，在经历迷失期、觉醒期、片面发展期之后，我国企业社会责任迎来了快速发展期，企业社会责任的内容逐渐清晰，并且受到广泛认可。我国企业发布的企业社会责任报告数量大幅增加，企业对待企业社会责任的态度也出现了积极而明显的转变，即由被动应付变为主动承担，很多企业已将企业社会责任纳入其长期战略规划之中，通过协调处理社会责任履行与企业绩效提高间的关系，努力使两者相互促进，从而实现企业与社会的共赢发展。国有企业社会责任取得了十分显著的发展，一方面，股东层面的社会责任履行情况不断改善，国企的盈利面不断扩大，利润总额明显增加；另一方面，国有企业被认为是社会大系统的重要组成部分，其社会属性不断增强，逐渐内嵌于社会之中，成为兼具经济与社会功能的现代企业，国有企业的社会价值创造能力快速增强，成为我国解决“社会失灵”问题的重要参与者。对于民营企业而言，2007 年我国通过了《物权法》，首次以国家法律的形式明确规定对公有财产和私有财产给予平等保护；2009 年国务院发布文件《关于进一步促进中小企业发展的若干意见》，这为民营企业的发展提供了有力的法律保障与政策支持。这一时期，我国经济保持了高速增长，我国民营企业股东层面的社会责任履行情况也普遍较好，很多民营企业在社会公益与慈善方面都有令人称道的表现，如众多民营企业在汶川大地震后积极捐款捐物，支援抗震救灾和灾后重建，其中民营企业加多宝集团捐款 1 亿元，是捐款数额最高的企业。

2.1.6 规范深化阶段（2013 年至今）

随着我国经济步入新常态，国民经济和社会发展也进入全面深化改革阶段。2015 年 9 月，《中共中央 国务院关于深化国有企业改革的指导意见》发布，这是新时期国企深化改革的纲领性文件和顶层设计，文件首次将我国国有企业明确划分为三类：一是公益类国企，二是主业处于充分竞争行业和领域的商业类国企，三是主业处于重要行业和关键领域的商业类国企。2015 年 12 月，国资委、财政部、发改委联合发布《关于国有企业功能界定与分类的指导意见》。此后分类改革、分类施策成为国企改革的重要思路。国企分类改革也意味着国有企业本质上兼具经济功能与社会功能，只是不同类型的国企在经济属性与社会属性方面的侧重点有一定差异，分类改革也使国有企业社会责任的内容边界更加清晰，国企也与其各类利益相关者逐渐形成了共生演化系统。

这一时期，我国企业社会责任治理相关制度安排日渐完善。《中共中央关于全面推进依法治国若干重大问题的决定》首次将企业社会责任提升至国家战略层次，《安全生产法》《食品安全法》《环境保护法》等企业社会责任相关法律均根据现实情况的变化而完成修订。企业社会责任指南本土化进程加快，不少行业性企业社会责任标准不断细化与完善，国企与民企对自身功能角色定位均更加清晰明确，企业社会责任实践能力与治理水平均逐渐提高。

2013 年 11 月，党的十八届三中全会通过的《中共中央关于全面深化改革若干重大问题的决定》明确指出，国家保护各种所有制经济产权和合法利益，2015 年 9 月，国务院印发《关于国有企业发展混合所有制经济的意见》，明确指出国企发展混合所有制经济有助于实现各种所有制资本取长补短、相互促进、共同发展，夯实社会主义基本经济制度的微观基础。2017 年 10 月，党的十九大报告明确提出，全面实施市场准入负面清单制度，清理废除妨碍统一市场和公平竞争的各种规定和做法，支持民营企业发展，激发各类市场主体活力。这些文件的出台有助于消除民营企业的市场准入壁垒与所有制歧视，为民营企业营造更加优越的发展环境，民营企业的社会责任表现愈加突出，成为国民经济的重要力量。据统计，2019 年，我国民营企业从业人员达 2.28 亿人，贡献了全国 50% 以上的税收、60% 以上的国内生产总值，吸纳了 70% 以上的农村转移劳动力，提供了 80% 的城镇就业岗位、90% 的新增就业岗位。

伴随着民营企业的快速发展，民营企业逐渐成为推动我国产业技术创新、产业转型升级的主要动力来源，在近些年出现的 5G、大数据、人工智能等新经济中，华为、腾讯、百度等民营企业发挥出了积极的推动作用，作出了重要贡献。在救灾、扶贫、教育、社会救济等社会公益慈善以及生态环境保护方面，民营企业作出的贡献也与日俱增。2019 年，我国民营企业慈善捐赠金额达 475.12 亿元，占我国企业慈善捐赠总额的 51.01%，是我国慈善捐赠的第一大来源。中国企业慈善公益论坛组委会连同多家单位共同发布的《2019 中国企业慈善公益 500 强》榜单显示，前 5 家企业中有 4 家为民营企业；“2019 中国十大最受尊敬企业”榜单中的前4名分别为万向、恒大、百度、腾讯，均为民营企业。

2.2 新中国企业社会责任的演变规律

我国企业社会责任在70多年的发展过程中，明显呈现出以下五大演变规律，如图2-2所示。

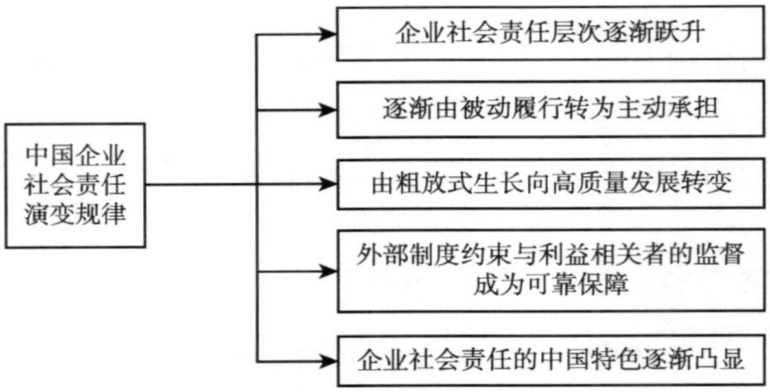

图2-2 中国企业社会责任的主要演变规律

资料来源：笔者自行设计。

2.2.1 企业社会责任层次逐渐跃升

从整体上来看，我国企业社会责任按照股东友好型社会责任——员工友好型社会责任——消费者友好型社会责任与行业友好型社会责任——其他利益相关者友好型社会责任的顺序，逐渐由低层次向高层次跃升。

在我国改革开放初期，即企业社会责任的分化探索阶段，我国企业多数为国有企业，计划经济体制下的管理模式导致国有企业难以适应商品经济发展要求，不少企业经济效益低下，甚至严重亏损，当务之急是提高企业经济效益，所以此时期我国企业主要履行的是股东友好型社会责任。随着我国建立市场经济体制，很多企业的逐利意识被大大激发出来，出现了一系列违法违规问题，严重影响了企业的健康发展。例如，某些产业链上的外国客户开始对我国企业进行社会责任验厂，员工权益得不到保障的企业将失去外贸订单。在内外部压力之下，我国很多企业的社会责任意识开始觉醒，注重履行员工层面的社会责任，我国企业社会责任逐渐跃升到了第二层次，即员工友好型社会责任。在过去，少数企业为了谋取高额利润，严重侵害了消费者权益；同时，很多行业出现恶性竞争问题，严重破坏了市场秩序，价格战盛行，还有些企业仿制知名产品、冒充知名品牌。

随着消费者维权意识增强，政府监管愈加严格，媒体曝光力度持续加大，例如，每年3月15日中央电视台都会曝光一批涉嫌制假的企业，企业的违法收益减少而成本却明显增大，促使很多企业开始认真履行消费者、行业层面的社会责任，我国产品质量整体上有了大幅提升，不正当竞争行为也显著减少，此时我国企业社会责任逐渐跃升到了第三层次，即消费者友好型社会责任、行业友好型社会责任。

随着我国经济快速发展，经济总量增大，长期的粗放型经济增长导致了严重的环境污染问题。对此，我国将生态文明建设纳入社会主义现代化建设总体布局，环境保护制度日趋严格，尤其是党的十八大之后，企业越来越注重节能减排，努力开展污染防治，保护生态环境；同时，不少富有责任感的先锋企业积极协助脱贫攻坚，积极资助教育事业（“希望工程”等）发展，热心参与社会公益慈善活动，特别是在重大灾害事件发生后，众多企业都能够积极捐款捐物，这表明很多企业开始认真履行其他各类利益相关者层面的社会责任，这属于企业社会责任规范深化阶段，可见我国企业社会责任已经逐渐跃升到了第四层次，即其他利益相关者友好型社会责任。

2.2.2 逐渐由被动履行转为主动承担

我国企业履行社会责任，特别是员工友好型社会责任、消费者友好型社会责任、行业友好型社会责任、其他利益相关者友好型社会责任，最初主要是出于外部压力，属于被动履行。具体而言，随着消费者、员工维权意识增强，媒体监督力度增大，企业社会责任相关法律法规的完善，以及跨国公司对我国企业施加社会责任验厂压力，很多企业开始注重企业社会责任，开始注意提高员工福利待遇，保障生产安全，改善工作环境，提高产品质量。随着“卖方市场”逐渐转变为“买方市场”，公众普遍对企业抱有较高期望，希望企业在解决环境与社会问题中能够有所作为，作出相应的贡献。

在此背景下，积极履行对股东、员工、消费者、供应商、社区、公众利益群体等利益相关者的社会责任，维护各类利益相关者的权益，有助于赢得公众的认可、信任、偏好，塑造良好的企业形象，赢得竞争优势，增强企业的软实力与竞争力，应对发展中的压力，化解内外部风险，从而实现企业的可持续发展。因此，越来越多的企业放弃短浅目光与短期利益，开始主动承担社会责任，关注各类利益相关者的权益，实现各方利益均衡。并加强社会沟通，与各利益相关者结成利益共同体，实现价值共创共享。很多企业主动将社会责任理念融入企业文化之中，纳入企业长期发展战略规划，视之为竞争力的重要来源。一些企业在互联网电子商务平台销售产品时，往往采取慈善公益市场营销模式，即“喝一瓶水，捐一分钱”“买一本书，捐五分钱”，这也是企业履行社会责任的积极性、主动性提高的具体表现。

“取之于社会、回馈于社会”的观念得到企业界广泛认同，积极履行社会责任，回报社会、造福人民，也成为很多企业的主动选择与自觉行动。企业的发展离不开社会的支持，将经济效益与社会效益相结合，塑造良好的企业公民形象，成为不少企业的发展理念。

不少先锋企业通过积极主动履行社会责任而获益颇丰，也为其他企业树立了良好榜样，形成了示范效应，带动更多企业主动履行社会责任。一个典型的例子就是海尔集团，积极主动履行社会责任给海尔集团带来了丰厚回报。海尔冰箱、洗衣机入选国家质检总局评定的首批中国世界名牌。2008 年 6 月，海尔位列《福布斯》“全球最具声望大企业 600 强”的第 13 位，创中国企业最高排名。2008 年 7 月，海尔连续五年位列《亚洲华尔街日报》“中国内地企业综合领导力”排行榜榜首。2013 年 10 月，海尔连续 12 年蝉联“中国最有价值品牌”排行榜榜首。目前，海尔已入围《财富》世界 500 强，成为全球大型家电第一品牌，跻身世界级品牌行列。

2.2.3 由粗放式生长向高质量发展转变

我国很多企业一开始只是将企业社会责任理解为企业的公益慈善行为，就是捐钱捐物，结果资金使用效益低，影响了企业社会公益捐助的积极性。此外，也有不少企业盲目出钱出力去履行社会责任，虽然出手阔绰，但没有很好地结合自身的能力、优势，也缺乏合适的方式与途径，效果不佳，挫伤了企业持续履行社会责任的积极性。

随着不断的实践探索，越来越多的企业结合自身的核心能力与优势，有侧重点地履行相应社会责任，而非盲目跟风地参与各类社会责任活动。很多企业在履行社会责任之前，向专业机构进行企业社会责任方面的战略咨询，科学评估社会责任项目产生的影响，采取合理有效的社会责任实践模式，并且越来越多的企业在履行社会责任时以针对性项目为载体，不断提高履责资源的投入产出效率。有的企业建立自己的慈善基金会，以对履责资源进行专业、高效管理，并且逐渐使用科学合理的工具与方法，定期对社会责任履行绩效进行全面、精确的评价，及时总结前期社会责任实践中存在的问题，并据此调整优化下一阶段社会责任实践的目标、模式，逐步实现精益管理。

总的来看，越来越多的企业与利益相关者逐渐实现互利共赢，并能积极贯彻共享发展等新发展理念，采取共享价值式企业社会责任范式，从而使社会责任履行与企业价值提高有机互促，实现企业与各利益相关者间的价值共创共享，进而实现企业社会责任的高质量发展。

2.2.4 外部制度约束与利益相关者的监督成为可靠保障

由企业社会责任在我国的发展历程不难发现，我国企业社会责任履行水平的提高与外部制度约束趋紧、利益相关者监督强化密不可分。企业社会责任相关法律法规的完善、供应链上的外国客户的验厂压力、行业社会责任标准的制定、社会公众利益群体的维权与监督、政府的倡议与要求有效推动了我国企业社会责任的履行。当外部制度环境不完善、公众利益组织力量薄弱时，企业对员工权益、消费者权益保障程度较低，对环境保护与社会公益慈善也给予较少的关注。随着我国企业社会责任相关法律法规、行业标准不断健全，工会、消费者协会、媒体、环保组织等社会组织力量的增强，我国企业社会责任履行程度和质量均不断提高，企业社会责任层次不断跃升。

具体而言，20 世纪 90 年代，越来越多的跨国公司要求中国供应商在工作环境以及员工工资、安全、健康等方面达到生产行为守则的相关标准。从国内来看，我国制定并实施的《安全生产法》《劳动法》《职业病防治法》等相关法律法规对劳动者的合法权益进行了明确的保护。当时我国很多企业确实存在一些损害劳工权益的突出问题，跨国公司验厂压力、工会维权压力、法律法规的严格要求有效推动了我国企业履行员工层面的社会责任，强制加班现象有所减少，员工工资待遇不断提高，安全生产防护措施逐渐完善，工作环境逐渐改善。

对于不法企业制假售假、以次充好的问题，《消费者权益保护法》《产品质量法》《食品安全法》等相关法律法规出台并付诸实施，我国消费者协会也发布《良好企业保护消费者利益社会责任导则》，强大的外部压力促使我国绝大多数企业能够严格履行消费者层面的社会责任，我国重大产品质量安全事故越来越少，更多企业致力于改善消费者体验，消费者满意度逐渐提高。

我国市场秩序曾比较混乱，恶性竞争、不正当竞争问题较为突出。对此，政府相关部门逐渐加强市场监管力度，《反不正当竞争法》《反垄断法》《价格法》《广告法》《侵权责任法》《专利法》等相关法律不断出台，《CSC9000T 管理体系总则及细则（2005）》《中国工业企业及工业协会社会责任指南》《中国林产业工业企业社会责任报告编写指南》《中国电子信息行业社会责任指南》等行业性企业社会责任标准与规范也逐渐出台，这对企业行为形成了强有力的外部约束，我国多数企业开始认真履行行业层面的社会责任，各类不正当违法竞争行为明显减少。

对于环境污染问题，一方面，《环境保护法》《水污染防治法》《大气污染防治法》《环境影响评价法》《清洁生产促进法》等环保相关法律法规不断出台，特别是党的十八大之后，将生态文明建设提到了一个新高度；另一方面，随着我国社会公众的环保意识逐渐增强，社会组织尤其是新闻媒体对环境污染的监督力度不断加大。这些都对企业形成了强有力的外部约束，促使企业空前重视履行生态环境层面的社会责任，生态环境质量也得到了积极改善。

2.2.5　企业社会责任的中国特色逐渐凸显

企业社会责任具有文化性、地域性、阶段性和道德性，通常受到社会制度、文化传统的显著影响，并具有鲜明的时代烙印。在社会主义现代化建设，特别是40多年的改革开放历程中，我国企业社会责任的中国特色逐渐凸显。

第一，中国企业社会责任的驱动因素更加多样。改革开放初期，很多企业的主要目标是创收、致富，驱动因素单一。随着经济收入增加和企业的发展壮大，越来越多的企业开始考虑企业与社会、国家间的关系，“穷则独善其身，达则兼济天下”“四海一家，天下为公”“四海之内皆兄弟”等优秀传统文化和思想对我国企业家的经营理念产生显著的影响。很多富有家国情怀的企业家产生“实业报国”的思想，深感国家与人民是一个命运共同体，个人命运与国家命运休戚相关、荣辱与共，企业不仅要履行好针对企业员工、消费者的责任，还要履行好针对国家和民族的责任。另外，“天人合一”通常是中国人追求的最高思想境界，这种思想观念也促使不少企业更加注重在企业发展过程中加强生态环境保护，追求企业与社会、生态环境的协调、统一。一些企业更是将企业社会责任意识根植于企业制度与企业文化。例如，《华为基本法》第七条规定：“华为以产业报国和科教兴国为己任，以公司的发展为所在社区做出贡献。为伟大祖国的繁荣昌盛，为中华民族的振兴，为自己和家人的幸福而不懈奋斗。”

第二，中国企业社会责任的独特内涵越来越丰富。我国企业社会责任不断发展，内涵不断丰富，除了西方发达国家常见的内容外，还包括自身独特内容，并且日益丰富。例如，我国企业注重服务于国家重大发展战略，可称为国家责任。我国是社会主义国家，企业的一个显著特征是能够积极贯彻党和国家的路线、方针、政策。对于民营企业而言，为了响应国家对“老、少、边、穷”地区的支持政策，一些民营企业家主动联合发起了“光彩事业”，倡导民营企业去欠发达地区培训人才、开展项目投资，以缩小地区间发展差距，促进共同富裕。为促进贫困人口脱贫，全面建成小康社会，一些民营企业联合起来发起了“万企帮万村”行动。整体来看，民营企业在救灾、“一带一路”建设、扶贫、乡村振兴等方面的企业社会责任表现愈加突出。

国有企业在履行社会责任上担当的是“排头兵”，在贯彻创新、协调、绿色、开放、共享等新发展理念等方面的作用愈加突出。我国拥有大量国有企业，由于国有企业属于国家所有或控股，因此能够更加充分地体现国家意志，彰显中国特色。一是国有企业承担突出的政治责任。国有企业是社会主义制度建立和发展的重要物质基础，肩负着为国家应对政治风险、突发事件、重大经济风险提供可靠支持的政治使命。二是国有企业承担更多经济责任。国有企业是社会主义公有制的主要实现形式，设立国有企业并不仅仅是为了纠正“市场失灵”。社会主义市场经济条件下的国有企业是国民经济的主导力量，掌握着国民经济命脉，是国家宏观调控的重要工具，也是推动经济快速发展、维持国民经济平衡与稳定的重要支撑力量，承担着重大经济技术研发、参与国际竞争的重任，同时还要实现国有资产的保值增值。在西部大开发、创新型国家建设、节能减排、脱贫攻坚、供给侧结构性改革等过程中国有企业均发挥着不可替代的作用。

第三，政府在引导企业履行社会责任并为其营造良好的外部环境和条件方面的独特作用不可替代。从国际实践来看，企业社会责任的有效履行离不开社会基础、政府支持和各类社会运动的推动。而在我国，缺乏深厚的社会基础和规范的社会运动，且社会主义市场经济体制尚不够完善，因此我国政府在企业社会责任履行中一直发挥着不可替代的引导和推动作用。从中央政府部门层面来看，国务院国资委、工信部、卫生部、生态环境部、安监总局等，均发文推动企业社会责任履行。从地方政府层面来看，北京、上海、浙江、江苏、山东等地区纷纷建立企业社会责任标准或评价体系，并将企业社会责任履行绩效与其所能获得的政策待遇挂钩，从不同维度为企业履行社会责任营造良好的制度环境和外部条件，以有效引导企业履行社会责任。

第3章　改革开放以来中国企业社会责任的发展及治理现状

改革开放以来，我国企业社会责任的发展与治理取得了积极的成效，值得肯定，但同时也存在一系列问题，需要给予充分的重视，采取有针对性措施予以解决，从而推动我国企业社会责任的高质量发展。

3.1　中国企业社会责任的发展及治理成绩

改革开放以来，我国企业不断成长壮大，其企业社会责任的发展和治理也取得了显著成绩，主要体现在以下六个方面，如图3－1所示。

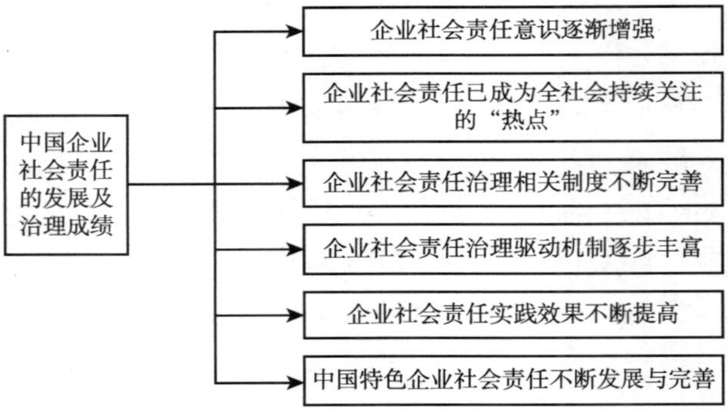

图3－1　中国企业社会责任的主要治理成绩

资料来源：笔者自行设计。

3.1.1　企业社会责任意识逐渐增强

在改革开放初期，企业社会责任普遍被理解为创造更多的利润，解决职工就业问题，为社会带来更多GDP，这种企业社会责任理念与认知有其现实原因。当时很多国有企业还延续计划经济体制下的管理模式，难以适应商品经济发展要求，经济效益低下、亏损严重，再加上当时我国经济落后，多数居民温饱问题尚未解决，亟须快速发展经济、提高人民生活水平，所以这一阶段能够扩大生产规模、带来更多利润的企业被认为很好地履行了社会责任。随着西方现代企业社会责任理念传入我国，很多人将企业社会责任理解为做社会公益慈善、维护劳工权益。随着环境污染愈加突出，越来越多的企业被要求减少污染物排放、保护生态环境，环境保护逐步成为企业社会责任的内容。

企业在关注财务绩效的同时，对各利益相关者的关注程度与日俱增，企业社会责任的内涵与外延均得到了明显丰富与延伸。很多企业对待企业社会责任的态度，由社会舆论监督下的被动接受，渐渐转向为提升企业价值、实现可持续发展而主动实施。承担社会责任逐渐被很多企业提升到企业战略管理的层面，被认为能够提高企业的社会资本与软实力、增强企业的核心竞争力。越来越多的企业认识到积极履行社会责任，有助于帮助企业在社会公众中树立负责任的良好形象，提高企业的市场开拓能力，赢得忠实的消费者群，提高企业的产品销售量与市场占有率，为企业带来新的发展机遇。一个典型的例子是加多宝集团，在 2008 年汶川大地震之后，积极捐款，以 1 亿元捐款额位列榜首，经媒体广泛宣传，加多宝集团赢得了良好的市场声誉，促进了产品的销售，使加多宝同年销售收入达 120 亿元，同比增长 30 亿元。企业的社会责任意识不断增强，逐渐认识到积极承担企业社会责任虽然短期内会增加企业的财务成本，但有助于赢得消费者信任，树立良好的品牌形象，转化为企业的无形资产，从而利于增加企业的竞争优势，为企业带来长期持续的收益。

3.1.2 企业社会责任已成为全社会持续关注的“热点”

随着社会经济的不断发展，我国愈加重视企业社会责任。我国环境污染与破坏问题一度十分严重，特别是空气污染，引起了社会公众对环境保护的空前重视。党的十八大以来，生态文明建设受到我国政府前所未有的重视。习近平总书记多次强调“绿水青山就是金山银山”“用最严格制度最严密法治保护生态环境”。企业是环境保护的重要主体，随着公民意识的不断增强，更多的人自发主动地监督企业社会责任履行情况，特别是自媒体十分发达的当下。行业协会、工会、消费者协会、环保组织等各类社会组织不断增多，截至 2021 年 2 月，我国各级民政部门登记的社会组织总数已突破 90 万，这有助于形成强大的外部压力，确保企业高效履责。近年来，自然之友、中华环保联合会、中华环保基金会、清水同盟、大海环保公社、自然景象环境保护协会等民间公益环保组织对企业的环境保护责任履行情况保持高度关注，并开展愈加有效的监督。2011 年 8 月，自然之友、重庆市绿色志愿者联合会因云南曲靖铬渣污染将涉事企业诉至法院，这是我国首起由社会组织提起的环境民事公益诉讼案。此后我国环境公益诉讼案件不断增多并往往胜诉，有力地促进了企业履行环保责任。一个典型的例子是江苏省泰州市环保联合会起诉泰兴锦汇化工有限公司等 6 家企业。6 家被告企业由于在 2012 年 1 月至 2013 年 2 月不当处理生产中产生的 2.5 万余吨盐酸、硫酸等危险废弃物，导致水体严重污染，被判赔偿环境修复费 1.6 亿余元，被称为“天价”环境公益诉讼案。越来越多的新闻媒体开始重视企业社会责任问题，为提高相关新闻报道的专业性，一些媒体纷纷成立企业社会责任专门研究机构，负责深入研究我国企业社会责任、策划相关专题报道与搭建企业社会责任交流平台。例如，《南方周末》设立中国企业社会责任研究中心，《财新传媒》设立了企业社会责任事业部。同时，很多媒体充分发挥其信息传播方面的优势，每年举办企业社会责任会议或论坛，并颁发相关荣誉奖项，有效促进了企业社会责任相关经验与理念的交流和传播，并激励更多企业重视并积极履行社会责任，如表 3 – 1 所示。

表 3 – 1　　媒体发起的企业社会责任会议与奖项

年度会议或论坛	发起单位	榜单或奖项
人民企业社会责任高峰论坛暨人民企业社会责任奖颁奖典礼	人民网	年度企业奖、年度扶贫奖、年度环保奖等
中国企业社会责任国际论坛	《可持续发展经济导刊》杂志社、金蜜蜂智库	年度“金蜜蜂企业社会责任 · 中国榜”，领袖型企业、成长型企业、永续发展、员工关爱、生态文明、客户至上、和谐贡献、优秀扶贫实践等奖项
中国企业社会责任峰会暨中国企业社会责任公益盛典	新华网、中国社科院经济学部企业社会责任研究中心	特别贡献奖、杰出企业奖、公益慈善奖、绿色环保奖、扶贫奖等
第一财经 · 善商业论坛	上海第一财经传媒有限公司	年度“第一财经 · 中国企业社会责任榜”，责任典范奖、环境生态贡献奖、创新驱动贡献奖、公益实践贡献奖、精准扶贫贡献奖等
中国企业社会责任年会	《南方周末》报社	年度“中国企业社会责任榜”，年度典范责任企业、年度绿色发展企业、年度新锐责任企业等

续表

年度会议或论坛	发起单位	榜单或奖项
中国企业社会责任卓越奖颁奖典礼	《公益时报》报社	年度卓越企业、卓越项目、优秀企业、优秀项目
中国公益年会		年度中国公益企业
中国慈善榜发布会		年度十大慈善企业奖、十大慈善项目奖
中国企业公民论坛暨中国优秀企业公民颁奖盛典	《21世纪经济报道》报社	年度“中国企业公民评选综合榜”、“中国企业公民评选单项榜”，年度优秀企业社会责任项目
界面臻善年会	上海报业集团·界面新闻	年度臻善企业大奖
行动者联盟公益盛典	凤凰网	年度十大公益企业奖、十大公益项目奖
中国企业慈善公益论坛	中国企业慈善公益论坛组委会、《企业观察报》社、《市场观察》杂志社	年度“中国企业慈善公益500强”“中国十大最受尊敬企业”“中国企业扶贫100强”
企业社会责任荣誉盛典	《新周刊》杂志社	年度美丽乡村贡献、公益伙伴、企业社会创新等奖项

资料来源：根据相关资料整理所得。

为回应社会公众关切，越来越多的企业发布企业社会责任报告。近年来，我国企业社会责任报告发布数量稳步提高，由2012年的1006份增长到2018年的2097份，并且企业社会责任报告的整体质量不断提高，定量分析逐渐增多，报告也越来越多地采用“综合性社会责任报告+专题报告+区域报告”这一更加科学规范的新模式。

总体来看，上至国家决策层、各政府部门，下到消费者、媒体、社会公众、利益组织等，愈发关注、重视企业社会责任问题，从而逐渐对企业履行社会责任形成了广泛的社会舆论压力。例如，在几次重大自然灾害时期，在我国经营的部分跨国公司的零捐助或低捐助“丑闻”被众多媒体曝光，甚至有网友搜集整理这些低捐助的企业信息，编发了“铁公鸡排行榜”，这些都有助于形成强有力的社会公众监督压力，促使企业履行应尽的社会责任。

3.1.3　企业社会责任治理相关制度不断完善

第一，政府制定了一系列企业社会责任方面的指导性政策文件。从中央政府层面来看，2006年10月，中共十六届六中全会审议通过的《中共中央关于构建社会主义和谐社会若干重大问题的决定》明确提出，要“增强公民、企业、各种组织的社会责任”。2008 年 1 月，国务院国资委印发文件《关于中央企业履行社会责任的指导意见》，该政策文件在中国企业社会责任发展进程中具有里程碑意义。2011 年 7 月，民政部发布《中国慈善事业发展指导纲要（2011～2015 年）》，有助于企业更加规范地履行社会公益慈善层面的社会责任。2012 年 4 月，商务部等七部门联合印发文件《中国境外企业文化建设若干意见》，要求中国企业在境外要积极履行社会责任，造福当地人民，树立中国企业负责任的国际形象，以实现中国企业在境外的健康可持续发展。2013 年，党的十八届三中全会通过的文件《中共中央关于全面深化改革若干重大问题的决定》指出，承担社会责任是进一步深化国有企业改革的一个重点。2014 年，党的十八届四中全会通过的文件《中共中央关于全面推进依法治国若干重大问题的决定》要求：“加强企业社会责任立法。”2017 年，党的十九大报告倡导企业在“精准扶贫”、环境保护等方面积极履行社会责任。总体来看，企业社会责任已被纳入我国治国理政的框架之中。从地方政府层面来看，2007 年 7 月，上海市浦东新区政府发布《浦东新区推进企业履行社会责任的若干意见》，这是我国地方政府发布的首份关于企业社会责任方面的政策文件。2008 年浙江省发布《浙江省人民政府关于推动企业履行社会责任的若干意见》《浙江省企业社会责任指导守则（试行）》，以引导本地企业诚信经营，注重环保和社会公益；同年，上海市发布《上海市企业社会责任地方标准》，以便于对上海本地企业的社会责任履行情况进行评估。2014 年 1 月，山东省发布《企业社会责任指标体系》《企业社会责任报告编写指南》，在全国率先通过指标体系指导企业履行社会责任，并规范企业社会责任报告的编写。深圳市 2015 年发布一系列文件，具有很强的创新性与可操作性，倡导本地企业积极参与企业社会责任评价活动，将企业划分为不同等级，等级较高的企业将会获得政府提供的更加便利的服务和更加优惠的待遇。此外，北京市、上海市、河北省、江苏省也陆续发布了本地企业社会责任履行的指导性文件。

第二，企业社会责任相关立法逐步完善。2005 年之前，我国法律虽然没有直接出现“社会责任”字样，但体现出了企业应该履行相应社会责任的思想，例如，1993 年制定的《消费者权益保护法》确认了消费者的权利，是我国法律首次明确地对企业的经营行为进行规范。1994 年实施的《劳动法》对劳动者的合法权益进行保护。1999 年实施的《公益事业捐赠法》规范了捐赠受赠行为，促进了我国企业积极参与公益活动。1999 年出台的《证券法》对证券发行与交易行为进行规范，有助于保护投资者的合法权益。2005 年实施的《公司法》明确规定“公司从事经营活动，必须承担社会责任”，在我国法律中首次出现了“社会责任”字样。2006 年实施的《企业会计准则》指出，企业在发行债券、股票时有责任披露企业相关信息，以保护债权人、投资者的权益。2012 年颁布的《劳动合同法》规定企业在裁员中应承担社会责任。2014 年出台的《环保法》要求企业重视环境保护社会责任，积极保护与改善生态环境，防治污染，以保障社会公众健康与经济社会的可持续发展。2016 年实施的《慈善法》鼓励企业积极参与公益慈善事业，规范慈善活动，保护参与者的合法权益，畅通企业的行善途径。2017 年颁布的《企业所得税法》规定企业捐赠按照当年利润 12% 的比例进行税前扣除，超出利润 12% 的部分可以“三年结转”，有效减轻了捐赠企业的税收负担，提高了企业参与慈善活动的积极性。

第三，社会组织、行业协会等制定了企业社会责任的标准与规范。为促进我国纺织业对外贸易，增强行业的国际竞争力，推动我国纺织业可持续发展，2005 年中国纺织工业联合会发布《CSC9000T 管理体系总则及细则（2005）》，这是我国首个行业性企业社会责任管理体系。2007 年中国消费者协会发布《良好企业保护消费者利益社会责任导则》，为充分维护消费者权益，倡导企业努力履行价格表示清晰明确、产品可靠使用安全、售后服务方便快捷、化解纠纷及时公正、尊重人格保护隐私等十项社会责任。2006 年深交所发布《深圳证券交易所上市公司社会责任指引》、2008 年上交所发布《上海证券交易所上市公司环境信息披露指引》，倡导上市公司履行社会全面发展、自然环境保护、股东等方面的社会责任。2008 年中国工业经济联合会发布《中国工业企业及工业协会社会责任指南》，要求中国工业企业积极主动履行社会责任，并明确了社会责任体系、主要内容与报告编制等。2010 年，国际标准化组织在日内瓦向全球正式发布了社会责任指南标准（ISO 26000），中国全程参与了 ISO 26000 的制定。2011 ~ 2013 年，中国林业、队伍承包工程行业以及电子信息行业，分别出台了行业企业社会责任指引或指南，对各行业的企业社会责任行为提供了指导。2015 年 6 月，GB/T 36000—2015《社会责任指南》、GB/T 36001—2015《社会责任报告编写指南》和 GB/T 36002—2015《社会责任绩效分类指引》发布。此后，“36000”成为中国社会责任国家标准的代指与简称。

3.1.4 企业社会责任治理驱动机制逐步丰富

从企业社会责任推进主体来看，在传统计划经济体制下，即企业社会责任混淆错位阶段，推动企业履行社会责任并对履责行为进行治理的主要是政府、国有企业；而在分化探索阶段，推进主体主要是政府、国有企业、民营企业、工会；在意识觉醒阶段，企业社会责任的推进主体不仅包括政府、国有企业、民营企业、工会、消费者协会等国内主体，还包括产业链上的客户；在快速发展阶段，企业社会责任推进主体不仅包括上一阶段的各主体，还包括行业协会，很多行业出台了本行业的企业社会责任标准或指南；在规范深化阶段，企业社会责任的推进主体空前丰富，包括政府、国有企业、民营企业、工会、消费者协会、行业协会、证券交易所、媒体、社会公众利益组织、国际组织等。

从企业社会责任履行的驱动力来源来看，计划经济体制下的国企是政府部门的延伸，受政府直接管理，承担了政府很多社会职能，国有企业履行社会责任的驱动力主要是政府的行政指令。而在改革开放初期，国有企业承担的过度社会责任开始分化，政府与企业间的关系逐渐变得相对清晰，企业履行社会责任的驱动力不仅包括政府行政指令，还包括实现利润最大化的自利主义动机。在企业社会责任意识觉醒阶段，由于劳工、消费者权益日益受到广泛关注，企业履行社会责任的驱动力既包括实现利润最大化的自利主义动机，也包括工会、消费者协会、国外客户的压力。在企业社会责任快速发展阶段，法律法规、行业社会责任标准等外部制度供给不断强化，企业履行社会责任不仅是为了回应外部压力，还作为一种提高企业竞争力、实现可持续发展的战略选择。在规范深化阶段，企业履行社会责任是为了更好地顾及各利益相关者的利益，追求企业价值最大化，由单纯的利润创造驱动转向综合价值创造驱动。

3.1.5 企业社会责任实践效果不断提高

我国企业社会责任不仅在理念与制度层面取得了重大进步，实践效果持续提升。相当一部分企业充分认识到了企业社会责任的重要性，研制了专门的企业社会责任发展规划，将企业社会责任有机融入企业整体战略。有些企业立足本行业特点与本企业现实情况，将社会责任与本企业核心业务相结合，积极创新社会责任价值创造方式。也有企业高度重视履行针对各类利益相关者的社会责任，全面推进社会责任治理，例如，重视工会建设、改善消费者体验、更好地服务供应链合作伙伴、加强生态环境保护与污染防治、推进社区发展。总体来看，我国企业社会责任实践在“质”与“量”上均实现了巨大进步，我国企业社会责任整体发展水平得到明显提升。

2020 年 5 月，《人民日报》发布了年度《中国企业社会责任领先指数 60 强》榜单，在计算企业社会责任领先指数时选取 6 大能力性评价指标

（一级指标）与综合认可度评价指标，能力性指标下设13个二级指标、34个三级指标，从而构成“6+X”的评价指标体系。6大能力性评价指标如下：一是国家贡献，衡量企业对国家与区域重大政策的响应程度和在社会公益慈善中的贡献；二是社会贡献，衡量企业在促进就业、消费者保护、性别平等方面的贡献；三是经济贡献，从纳税额、税务评级等角度衡量企业在推动经济发展中的贡献；四是环境贡献，根据环保合规情况衡量企业在促进环境发展方面的贡献；五是行业贡献，从科技创新、公平竞争、标准制定等角度衡量企业在促进行业发展方面的贡献；六是公司治理贡献，衡量企业在公司治理规范、员工权益保障等方面的贡献。企业社会责任领先指数得分与具体排名如表3-2所示，上榜国有企业与民营企业数量之比约为1.2∶1，企业社会责任领先指数平均得分之比为1.008∶1。考虑到国有企业数量远小于民营企业数量，所以国有企业社会责任履行情况相对较好，在整个中国企业社会责任实践中起到了先锋引领作用，同时我国民营企业上榜数量与平均得分与国有企业较为接近，这说明我国民营企业的社会责任已然成为整个企业社会责任体系中的重要一环，不可忽视。

表3-2　　中国企业社会责任领先指数60强

排名	企业	指数	类型	排名	企业	指数	类型
1	腾讯	147.57	民企	2	中国石化	145.37	国企
3	恒大	144.81	民企	4	京东	143.30	民企
5	华润	139.18	国企	6	阿里巴巴	138.77	民企
7	国家电网	138.64	国企	8	碧桂园	138.39	民企
9	中国工商银行	137.87	国企	10	华为	137.56	民企
11	中国建筑	137.56	国企	12	中国平安	137.21	民企
13	中国石油	135.98	国企	14	中国移动	134.57	国企
15	伊利	130.31	民企	16	中国建设银行	130.05	国企
17	茅台	129.54	国企	18	中国人寿	127.25	国企
19	招商银行	127.06	国企	20	格力	125.04	国企
21	中国农业银行	124.37	国企	22	万达	123.43	民企
23	美的	123.18	民企	24	万科	121.78	国企
25	中粮	120.31	国企	26	顺丰速运	120.27	民企
27	中国宝武	119.74	国企	28	五粮液	119.64	国企
29	中国电信	119.19	国企	30	中国一汽	118.90	国企
31	中国民生银行	117.30	民企	32	字节跳动	116.89	民企
33	中国邮政	116.29	国企	34	上汽集团	115.46	国企

续表

排名	企业	指数	类型	排名	企业	指数	类型
35	蒙牛	115.03	国企	36	百度	114.36	民企
37	格兰仕	113.64	民企	38	南方电网	112.50	国企
39	泸州老窖	111.78	国企	40	福耀集团	110.35	民企
41	中国人保	109.28	国企	42	苏宁	109.22	民企
43	海尔	109.12	国企	44	快手	109.11	民企
45	保利发展	109.00	国企	46	中国联通	108.82	国企
47	复星	108.62	民企	48	美团	107.79	民企
49	融创	107.50	民企	50	好未来	104.75	民企
51	太平洋保险	104.55	国企	52	中国电建	103.77	民企
53	中国铁建	103.67	国企	54	华夏幸福	103.01	民企
55	中国太平	102.60	国企	56	比亚迪	102.32	民企
57	国药集团	102.20	国企	58	吉利控股集团	101.65	民企
59	红豆集团	100.76	民企	60	劲牌	100.55	民企

数据来源：人民网。

2019 年 8 月，国资委与社科院共同发布的《中央企业社会责任蓝皮书（2019）》显示，央企的社会责任管理更加体系化、制度化，80% 的央企成立了专门的社会责任领导机构，即社会责任工作委员会或领导小组。97% 的央企设立了社会责任主管部门，64% 的央企将社会责任关键指标纳入部门年度工作绩效考核体系。另外，在脱贫攻坚方面，央企也积极履行相应社会责任，累计投入和引进各类资金超过千亿元，有效补齐了一些贫困县的基础设施短板，促进了产业扶贫，显著增强了贫困县的“造血”功能与经济发展内生动力，定点帮扶的 246 个国家扶贫开发工作重点县全部脱贫摘帽，承担行业主管部门、地方党委政府安排的 1.2 万个各类扶贫点任务全部完成。

很多民营企业也积极利用自身产业技术优势开展更加新颖、有效的社会责任实践活动，并建立了体系化、规范化的社会责任管理体系，实现了对产品质量的有效控制和对员工权益更加有效的保护。整体看来，民营企业的社会责任发展水平得到显著提升。一个典型的例子就是腾讯公司，为更好地履行社会责任，公司 2007 年成立了腾讯公益慈善基金会，基金会成立初期往往只是进行简单的捐钱捐物，以帮助贫困乡村地区经济与教育发展，虽然耗资不菲但未能取得良好的社会责任实践效果，未能真正持久地改善贫困地区人们的生活。自 2009 年开始，腾讯逐渐放弃了单纯的给予型公益活动，而是以具有针对性的项目为载体，在贫困乡村捐建校舍，建设多媒体教室，组织乡村教师到教育发达地区交流培训，以提升当地教育水平。社会责任实践效果虽然有所提升，但腾讯的表现并不突出，原因在于这些事情其他企业也完全能够做到，腾讯没有比较优势。为进一步提升社会责任实践效果，腾讯充分发挥自身产业技术优势，建立了侗族大歌生态博物馆以便于保护铜关村的传统文化，并增加了本村的旅游吸引力，腾讯地图还为博物馆制作了详细的专门街景地图。腾讯还帮助铜关村建立了村级公众号和微信群，便利了本村的对外宣传与村委的事务通知。此外，腾讯还将香禾糯、有机黑米、雀舌茶等当地特色优质农产品放入拍拍微店进行展示与销售，并将利润直接返还给一线生产者，增加了本地贫困村民的收入。

3.1.6 中国特色企业社会责任不断发展与完善

正如前所述，我国企业社会责任包含独特的内涵，改革开放后，企业社会责任的中国特色愈发凸显，凸显国家责任，在服务国家发展战略方面取得了显著的成就。作为社会主义国家，集体主义原则在我国众多领域均得到广泛认同，我国企业在党的正确领导下，容易形成合力，集中力量办大事，因此我国在重大工程建设、重大科技攻关、脱贫攻坚、抢险救灾中往往能够有举世瞩目的表现。我国企业所拥有的这种独特的使命担当精神，充分体现了社会主义制度的优越性。在脱贫攻坚方面，以央企为例，“十三五”期间中央企业累计投入帮扶资金近千亿元，派出各类扶贫干部一万余名，援建产业扶贫项目 8000 余个，扶持乡村龙头企业与合作社超过 3300 个，带动投资 147 亿元；培训贫困地区技术人员共计 27. 97 万名，帮助贫困劳动力转移就业累计 10. 44 万名。同时，中央企业不断加强贫困地区电力、供水、通讯、交通等重要基础设施建设，有效缓解了贫困群众长期以来的“吃水难、用电难、行路难”等基本生活问题。就民营企业而言，截至 2020 年 6 月底，参与“万企帮万村”精准扶贫行动的民营企业达 10. 95 万家，精准帮扶 12. 71 万个村；累计产业投资 915. 92 亿元，公益捐助合计 152. 16 亿元，安置贫困人口就业 79. 9 万人，开展技能培训累计 116. 33 万人。在“一带一路”建设方面，2013 ~ 2020 年，中国企业积极响应“走出去”战略，在“一带一路”沿线国家直接投资累计超过 1200 亿美元，促进“人类命运共同体”的构建，并在沿线国家积极履行社会责任，显著增加了企业的美誉度，也提高了我国的国际形象。在应对新冠肺炎疫情的战斗中，国有企业与民营企业纷纷捐钱捐物，充分发挥自身优势，以有效抗击疫情。2020 年 5 月，胡润研究院等单位联合发布的

《2020中国企业社会责任白皮书》显示，中国企业为抗击新冠肺炎疫情自觉大量捐助，累计捐助217亿元（数据截至2020年3月10日），捐助金额超过1亿元的企业达44家，中国企业具体捐助的情况如表3－3所示。

表3－3　　　　中国企业抗击新冠肺炎疫情捐助情况

捐助金额（亿元）	0.1～0.2	0.2～0.5	0.5～1	1～10	高于10
企业数量（个）	274	147	41	39	5

数据来源：《2020中国企业社会责任白皮书》。

在抗击新冠肺炎疫情的过程中，国有企业尤其是中央企业的社会责任履行情况值得称赞。广大国有企业积极主动贯彻执行党和政府的决策部署和统一指挥，充分发挥自身优势，竭尽所能服务抗疫一线。为尽快建成医院医治患者，建筑企业全力筹集人员和建筑设备，矿业企业竭力保障建设物资供应，电力企业确保不间断充足供电，石油化工企业免费提供燃油与润滑油，电信企业极速建设5G基站，最终10天建成火神山医院、7天建成雷神山医院。公用企业、粮油企业、蔬果肉类企业、日用品企业高效率地提供各类生活物资，满足人民基本生活需要，为抗击疫情提供可靠的"后勤保障"，在特殊时期有效稳定了人心。相关企业快速增加机器设备，提高产能，扩大口罩、防护服、体温检测仪、消毒剂等防疫物资的产量，避免市场价格上涨。同时，相关医药企业紧急研制出多种高效检测试剂，攻坚克难，研发疫苗，并提出和改进重症患者的医疗方案。各类企业积极履行社会责任，形成合力，才创造了我国的抗疫奇迹。除此之外，我国大量国有企业位于产业链上游，率先复工复产，切实维护了我国产业链、供应链稳定；很多国有企业通过产供销一体化机制，降低水电气价格、过路费、房租、邮电资费等，为下游中小企业提供帮助，以使其顺利渡过难关。习近平总书记指出，在抗疫复工过程中，国有企业战一线、保供应、抓先机，切实展现了国企速度、国企担当和国企作为，成为经济承压、复苏、发展的中流砥柱！2020年我国成为全球唯一实现经济正增长的主要经济体，这与我国企业尤其是国有企业积极履行中国特色企业社会责任密不可分。

3.2　中国企业社会责任发展及治理存在的问题

3.2.1　社会责任理念认知有待进一步深化

虽然我国企业社会责任理念逐步深化，但目前依然存在不少对社会责任的认知偏差，主要体现在以下几点。

第一，把履行社会责任仅仅理解为慈善公益捐款和做好人好事。仍有部分企业对社会责任的理解较为肤浅、片面，认为企业社会责任就是支持公益事业，认为慈善捐款就是履行社会责任的全部内容，所以有些企业出现了令人费解的两面性：一方面，在出现灾害时“慷慨解囊”，大量捐钱捐物；另一方面，为了获取高额利润，存在侵犯员工、消费者权益，破坏生态环境的行为。最新的社会责任国际标准 ISO 26000 指出：“社会责任是组织通过透明和道德的行为，为其决策和活动对社会和环境的影响而承担的责任。”一般认为，透明和道德的行为是指企业等组织遵守适用的法律和国际惯常的行为规范，顾及各利益相关方的关切，并努力为社会的可持续发展作出应有的贡献。由此可见，企业社会责任是企业为其运营对社会和环境的影响而承担的责任。若将企业社会责任理解为单纯的公益捐助，很有可能会导致企业将资源投向其不擅长的业务和领域，进而影响企业的社会价值创造能力，导致资源配置扭曲。

第二，部分企业认为企业社会责任是额外负担，履行企业社会责任会加重企业的经济负担，仅是为了回应外部压力而不得已为之。这类企业对社会责任内涵的理解过于狭窄，认为企业就是一个经济组织，实现利润最大化、缴纳税收、促进经济发展就是自身的社会责任，其他都与自己无关，即便被迫改善员工工作环境、慈善捐款、节能减排，也仅仅是为了回应工会、社会舆论、政府的压力而已。不少企业仍然将盈利视为企业的第一要务，将纳税视为社会责任的全部内容，而忽视了对其他利益相关者利益的考量，所以很容易在发展过程中迷失自我。

第三，认为履行社会责任是专属大企业的行为。这种认知偏差属于典型的短视表现，在很多中小型企业中十分常见，一项涉及不同地区不同行业的 4500 多名企业高级经营管理人员的问卷调查显示，40.8% 的受调查者认为承担社会责任是企业发展到一定规模、一定阶段后才需做的事，是大企业才应承担的责任。这类观点没有认识到企业社会责任是贯穿于企业生存发展整个过程中的，也没有充分认识到履行社会责任能够塑造良好的企业形象，赢得消费者的信任与青睐，有助于企业做大做强、实现可持续发展。

第四，认为企业社会责任是发达国家为发展中国家设置的新的非关税贸易壁垒。很多发达国家的进口商在向发展中国家进口产品时，往往要求验厂，只有严格保护劳工权益和生态环境的企业才能出口，而发达国家在这些方面很有优势，发展中国家却往往处于不利地位，这导致很多企业对社会责任产生了误解，以为企业社会责任是发达国家遏制发展中国家企业发展的手段。

3.2.2 企业社会责任异化行为亟待治理

我国企业社会责任在过去的几十年里整体上取得了巨大进步，但实践中仍然出现了种种异化行为，需要引起警惕并进行治理。

第一，“口是心非、言行不一、阳奉阴违”的伪企业社会责任现象客观存在。一些企业虽然在公开宣传中承诺履行各种社会责任，展示自己的负责任形象，将自己履行的社会责任无限夸大并大力宣传，但在具体的社会责任实践中大打折扣，承诺与落实不匹配。

第二，一些企业将社会责任当作公关的一种方式，为了挽回自己的声誉，履行社会责任也只是为了自己偷税漏税、压榨员工、坑害消费者、污染破坏环境等劣迹斑斑的行为“漂绿”。这类企业将社会责任视为“被利用的一件华丽外衣”，当作一种公关手段。

第三，有些企业将社会责任视为“作秀”“包装”的工具。不少企业履行社会责任，如大额捐款，也仅仅当作“形象工程”、品牌传播和自我宣传的一种高级营销手段，在公益活动中“见缝插针”地为自己打广告，以获得广告效应。这类社会责任履行完全由“工具理性（instrumental reason）”驱动。

第四，“报告中心论”。很多企业将社会责任工作的重心放在企业社会责任报告的编写、发布与宣传上，社会责任实践工作缺乏亮点，而报告越来越长，“颜值”越来越高，并且“报喜不报忧”，即只报告成绩，不披露或少披露受到的处罚等负面信息。这种片面性的报告的实际价值也受到了越来越多的质疑。

3.2.3 企业社会责任发展不平衡不充分

我国企业社会责任发展的不平衡性主要表现为国有企业的社会责任发展水平较高，民营企业、外资企业相对较低；大企业的社会责任发展水平较高，中小企业相对较低；不同行业的企业社会责任发展水平也存在明显差异。我国企业社会责任发展的不充分主要表现为企业社会责任整体发展水平偏低。2019 年 11 月，中国社会科学院发布了《企业社会责任蓝皮书：中国企业社会责任研究报告（2019）》（以下简称《蓝皮书》），《蓝皮书》显示：2019 年，中国企业 300 强社会责任发展指数仅为 32.7 分，整体上仍然处于起步者阶段；接近一半的企业的社会责任发展指数低于 20

分，即处于“旁观”状态；不同行业的企业社会责任发展水平存在明显的异质性，电力、银行、特种设备行业的社会责任发展指数得分相对较高，日化行业的社会责任发展指数在10个重点行业中最低。

不同企业关于社会责任的理念认知存在显著差异，部分先锋企业已经能够与各利益相关者实现价值共创共享，也取得了良好的实践效果。但我国大量中小企业的社会责任履行状况难以令人满意。目前，我国中小企业的数量已超过3000万家，90%以上处于竞争激烈的大众市场，这些行业往往进入门槛很低，企业数量众多，竞争异常激烈，价格战频发。我国中小企业平均生命周期短，存活率不高。在巨大的生存压力和挑战下，众多中小企业的首要目标是实现利润最大化，避免经营亏损和被市场淘汰。这使中小企业的逐利意识十分强烈，仅能履行最基本、最底层的社会责任，所以中小企业，特别是中小民营企业的社会责任缺失问题比较严重。

3.2.4 企业社会责任实践模式待创新

目前我国绝大多数企业的履责资源投入方式比较粗放，未能进行精益管理，社会责任实践效果不够理想，真正采取合理有效的社会责任实践模式的企业只是极少数先锋企业。多数企业往往只是通过捐钱捐物，或组织员工参加公益活动，进行简单的人力、资金、实物等社会责任履责资源的投入，虽然多数企业在具体的生产经营中十分重视提高投入产出比，但是在企业社会责任履责资源投入方面，却重投入、轻产出。很多企业在社会责任实践时，往往没有向专业机构进行咨询，没有全面评估社会责任项目对各利益相关者的影响或其产生的经济效应、社会效应、环境效应。同时，企业往往也没有使用合适的工具与方法，定期对社会责任履行绩效进行全面、科学、精确的评价，也没能及时总结上一阶段社会责任实践中存在的问题，并以此调整优化下一阶段的社会责任实践模式，这制约了企业社会责任履行绩效的提升。

3.2.5 企业社会责任法律法规需要加强

第一，企业社会责任治理相关法律法规相对笼统，不够细化、具体，可操作性不强。《公司法》等法律的出台虽然实现了对企业社会责任的法律规范，但往往只是原则性的规定，至于应承担的社会责任的具体内容并未作出明确的规定，所以在实践中往往缺乏可操作性。

第二，我国尚未颁布企业社会责任方面的专门法律，立法工作较为滞后。党的十八届四中全会提出把“加强企业社会责任立法”作为“加强重点领域立法”的一个重要内容。虽然企业社会责任对于实现经济、社会、生态环境的可持续发展具有重要意义，并日益受到社会各界的重视，但我国至今仍未有企业社会责任方面的专项法律，以及规范企业社会责任行为的专项法规，当前立法滞后的现状与企业社会责任的重要性不对称。关于企业社会责任方面的规范性法律条文往往散见于《公司法》《消费者权益保护法》《产品质量法》《劳动法》《妇女权益保障法》《环境保护法》等诸多法律中，过于分散，亟须加强企业社会责任方面立法，形成系统、完整的企业社会责任专门法律体系。

第三，企业社会责任方面法律法规相关规定较为松散，法律约束不够严格。目前我国很多法律法规条文只是原则性规定或仅仅是道德层面的呼吁，缺乏强制性，导致我国企业社会责任履行整体上还处于自愿阶段，例如，《公司法》仅仅规定公司从事经营活动应承担社会责任，在很大程度上只是倡导性的，至于对未承担相应社会责任的企业如何处罚，并未作出明确规定，导致法律约束力大打折扣。健全的、严格的法律制度是企业履行社会责任的重要推力，严格、完善的法律能够显著提高企业社会责任履行程度。例如，很多跨国公司在不同国家的社会责任履行程度存在明显差异，往往在发达国家其社会责任履行程度较高，积极参与节能减排、环境保护，一旦产品出现质量问题或其他潜在风险，很快就大量召回，以较高的标准赔偿消费者损失；相反，在众多发展中国家，这些跨国公司却并不热衷于环境保护，即便产品出现问题，发展中国家也不在召回之列，并且以较低的标准赔偿消费者的损失。究其原因，发达国家在消费者权益保障、环境保护方面的法律十分健全且较为严格，而发展中国家则存在诸多不足。

3.2.6　企业社会责任治理机构设置不健全

第一，缺乏政府层面的专门的、权威的企业社会责任管理机构，难以系统、高效地推进企业社会责任相关政策的落实。在中央政府层面缺乏权威的企业社会责任主管机构或领导结构，在地方政府层面也缺乏相应的企业社会责任管理机构，很多地方缺少完整系统的企业社会责任发展规划，也就难以高效引导企业履行社会责任并对企业社会责任履行情况进行科学评估，这些都影响了对企业社会责任的精益管理。

第二，专门管理行业企业社会责任的机构或部门不健全。同一行业内的企业基本情况较为接近，设立行业社会责任管理机构有助于按照本行业特定的社会责任管理标准，对行业内的企业进行社会责任评估，为本行业内的企业提供社会责任方面的咨询服务，组织开展本行业企业社会责任交流会，从而提升行业社会责任发展水平。然而，由于缺乏相应的运行经费和相关专业人才，很多行业尚未建立专门的、有效的企业社会责任管理机构，特别是地区行业社会责任管理机构，这不利于我国企业社会责任治理水平与实践水平的提升。

第三，我国很多企业并没有建立专门的社会责任管理机构。高效的社会责任实践离不开专门的机构组织保障。我国大部分企业缺乏专门的企业社会责任管理部门，导致有限的企业履责资源没有得到充分利用，绩效不高，与各类利益相关者间也缺乏有效的沟通交流。对于实施现代企业制度的企业而言，多数未在董事会下设立专门的社会责任委员会，导致企业缺少权威的社会责任管理部门，不利于增强企业社会责任意识，导致企业社会责任相关实践与管理缺乏有效监督。还有很多企业认为自身企业规模太小，因而未设立社会责任管理部门，甚至没有专人负责企业社会责任相关工作。但实际上，中小企业可以采用与相关部门合署办公的方式加强企业社会责任管理。

3.2.7 企业社会责任激励机制不完善

企业社会责任履行的激励机制能够有效激励企业自觉履行社会责任，目前我国仍有很多企业社会责任意识不强，社会责任理念仍停留在较低层次，因此激励机制至关重要。虽然政府会将企业的慈善捐款按照一定比率进行所得税抵免，即给予税收优惠，但具体政策的操作性不强，企业获得税收减免优惠待遇的程序较为烦琐，条件较为苛刻，有效的企业社会责任激励机制尚未建立。

一是企业社会责任相关税收激励机制不完善。当前我国仅对公益性捐赠实行抵扣所得税制度，但优惠力度较小，而当企业较好地履行其他类型社会责任时却难以享受税收优惠待遇。也就是说，企业社会责任相关税收优惠待遇的覆盖面过小，并且享受税收政策优惠的相关手续也较为复杂，很难发挥出税收优惠政策在激励企业履行社会责任中的重要作用。二是融资支持方面的企业社会责任优惠政策不够。当前很多企业均面临融资困难，如果政府能够对社会责任履行情况较好的企业给予贷款担保、财政贴息，引导政策性银行优先提供利率优惠的贷款，则不仅能够有效降低企业的融资成本，进一步提高企业履行社会责任的积极性，还能形成良好的示范效应，激励更多企业积极履行社会责任。三是缺乏行政审批、市场准入方面的企业社会责任优惠政策。对企业社会责任履行情况较好的企业提供行政审批、市场准入方面的政策倾斜，能够有效激励企业积极履行社会责任。然而，当前该方面的优惠待遇不多。四是在政府采购、政府工程项目支持方面企业社会责任激励机制不够完善。目前我国深圳等少数发达地区初步建立了政府采购方面的企业社会责任激励机制，但实施范围有限。因此，政府应在其他地区进一步推广此类激励机制，并加入政府工程项目支持层面企业社会责任优惠政策待遇，从而完善这一激励机制。五是企业社会责任宣传表彰机制不健全。目前，很多地区政府的企业社会责任相关部门或机构尚未调研评估当地企业的社会责任状况，也未对社会责任履行情况较好的企业进行有效的宣传报道与公开表彰。

3.2.8 企业社会责任监督约束机制待健全

监督机制是企业履行社会责任的重要保障，当前我国企业社会责任相关监督机制仍不健全，主要表现在以下四个方面。

第一，企业社会责任信息披露制度不健全。目前我国很多企业的社会责任相关信息披露尚不到位，每年发布社会责任报告的企业数量不足3000个，而我国现有注册企业数量接近3000万个，换言之，平均大约一万家企业才有一家企业发布社会责任报告。我国法律法规关于企业社会责任相关信息的披露不完善，造成企业与社会公众间的信息不对称，因而亟待政府修改和完善企业强制信息披露的相关法律法规。同时，相较于西方发达国家，我国尚未建立起来企业、媒体、社会公益组织、公众等共同参与的立体的、全方位的高效企业社会责任信息披露体系，企业社会责任相关信息披露程度偏低，媒体、社会公益组织、公众在企业社会责任信息披露中的作用未发挥到位。

第二，企业社会责任评价体系与处罚机制不完善。制定企业社会责任评价体系是建立企业社会责任监督约束机制的有效举措。当前我国缺乏针对不同行业的具体特点而制定的科学的、权威的企业社会责任评价体系。对于履责不利的企业，尤其是未尽到针对员工、消费者、生态环境等基本责任的企业，理应给予相应的处罚，并且借助媒体进行充分曝光，形成负激励效应，有效约束企业的不端行为。但是，目前我国这种处罚约束机制不够完善，导致不少企业利用信息不对称实施机会主义行为，没有履行好自己的企业社会责任。

第三，政府对企业社会责任履行缺乏有力监管。政府作为社会公众利益的代表，有义务监督企业履行社会责任，但政府部门往往在该方面未能尽职尽责，存在监督不力问题。有些地方政府盲目发展经济，过度看重GDP，对企业损害利益相关者权益的行为没有进行及时有效地惩治，其原因在于，担心治理会影响企业利润、新企业设立、招商引资。政府执法不严导致那些不认真履行社会责任的企业获得相对竞争优势，从而造成“劣币驱逐良币”，导致企业履行企业社会责任的动力不足。

第四，社会组织力量相对弱小，社会监督机制有待完善。通过与西方发达国家的企业社会责任履行状况进行比较分析后不难发现，消费者协会、工会、环境保护组织、媒体等非政府组织在促进企业履行社会责任过程中发挥了有力的监督作用。相比较而言，我国企业社会责任的社会监督机制还存在很多问题。首先，我国自发性监督组织力量薄弱，工会、消费者协会、行业协会、环保组织等社会组织的实力、影响力都较为弱小，不足以对企业履行社会责任形成有效监督。其次，员工、消费者等利益相关者维权意识淡薄、维权能力偏弱。由于法律知识不足、法律意识不强、维权程序烦琐且成本高昂，一些员工和消费者在权益受到侵犯时，常常保持沉默，在一定程度上助长了企业不履责的情形。

3.3　中小企业社会责任调查研究——以全国五市为例

现有研究更倾向于关注大企业的社会责任，而相对忽视（规模以下）中小企业的社会责任。事实上，中小企业早已成为国民经济发展的重要力量。与大型企业相比，中小企业扎根于基层，同基层联系更密切。因此，亟待中小企业在基层建设中承担起社会责任。基于此，为了深化对中国企业社会责任现状的研究，本部分选取中国部分典型中小企业作为研究对象，运用多元调查研究法对其社会责任发展和治理现状进行调研。

3.3.1　研究设计

在对以上中国企业社会责任发展和治理现状进行整体梳理的基础上，本部分聚焦中小企业，开展了全国五市的中小企业社会责任实地调研。本次调查的主要对象为我国五个地级城市（广东省东莞市、浙江省金华市、山东省潍坊市、河北省石家庄市、黑龙江省哈尔滨市）的当地（规模以下）中小企业、地方政府以及基层的员工、消费者等群体。本次调研以访谈为主，辅之问卷调查。访谈分为对中小企业的访谈和基层政府的访谈两部分，问卷调查分为员工调查问卷和大众调查问卷两部分。

（1）企业访谈。

从企业分布的地域来看，调研对象遍布东北地区、北方地区、长三角地区和珠三角地区；从企业所从事的行业来看，涉及农林牧渔业、传统制造业、交通运输业、食品餐饮业、批发业、零售业等不同领域。从企业的所在地来看，企业均匀地分布在乡镇、县、市级，取样分布合理。本研究从法律道德、产品服务和质量管理、诚实守信、企业社会责任管理、环境保护、和谐社区、消费者权益、员工权益、企业承担社会责任的压力与动力、企业社会责任履行领域共 10 方面展开访谈。

（2）基层政府访谈。

访谈从政府对当地中小企业履行社会责任的评价、政府针对企业社会责任问题出台相关政策、政府开展的中小企业承担社会责任引导培训工作、政府对中小企业承担社会责任的愿景等多维度展开。

（3）调研问卷。

本次调研共发放 2000 份调查问卷，其中大众问卷主要面向社区居民，员工问卷则主要面向所访谈企业的员工。

根据研究目的和文献资料自行设计问卷，大众问卷包括两部分，第一部分为人口学资料，包括大众的性别、年龄、学历、所在社区、所在单位。第二部分为大众对于中小企业社会责任情况的问卷：包括是否了解企业社会责任，分为不了解、一般了解、很了解和特别了解 4 个等级；对社区周边企业履行社会责任水平评价如何，分为非常差、比较差、一般、比较好和非常好 5 个等级；所在社区是否受到过周边中小企业物质资助，分为没有、非常少、一般、经常和总是 5 个等级；所在社区周边交通是否受到中小企业影响、中小企业施工时是否给社区带来不便、社区周边水污染或空气污染是否与中小企业相关、中小企业是否进行了一定程度的环境治理或污染防治、周边企业是否存在虚假宣传问题等 6 个条目，分为没有、偶尔、一般、经常和总是 5 个等级；社区居民是否主要就职于周边中小企业、所在社区周边中小企业是否在社区招工、中小企业是否参与了社区环境治理、疫情期间是否受到周边中小企业的帮助、中小企业是否设有图书馆等文化场所、中小企业是否组织过文艺演出活动、中小企业是否参与了社区志愿服务工作、中小企业是否为社区内老年人提供过医疗便利、中小企业是否为社区提供医疗服务、中小企业是否参与了矛盾调节、中小企业对节能产品和清洁能源的介绍或宣讲等 11 个条目，分为没有、较少、一般、较多和很多 5 个等级；中小企业污染环境的程度如何，分为没有、较轻、一般、较重、严重 5 个等级；一个多选题：最希望社区周边的企业在哪些方面积极履行社会责任，选项包括就业、医疗卫生、教育、基础设施、帮助弱势人群、生态环境及其他。

本次调研共收集1004份大众问卷，其中有效问卷964份，有效率96.02%，数据基于对全国五个省市的调研，我们用SPSS对问卷进行信度和效度分析。结果表明，基于标准化项的克隆巴赫系数为0.880 >0.5，说明大众问卷信度检验合格，可靠性高；KMO系数为0.627，巴特利球形检验的显著性为0.000，可以认为问卷具有良好的结构效度。

员工问卷包括两部分，第一部分为人口学资料，包括员工的性别、年龄、学历、所在企业名称、所在行业类型、工种、月工资水平。第二部分为员工对于中小企业社会责任情况的问卷：包括企业是否侵犯了合理的休息休假权力、是否存在女性歧视、是否与企业签订劳动合同、对企业现行加班情况及加班费感到满意、是否有由于长期工作而造成的职业病、企业是否对职业病进行了补偿5个条目，分为是、否2个选项；对工作环境是否满意，分为很不满意、不太满意、一般、比较满意和特别满意5个等级；企业是否为员工解决住房问题，分为没有、宿舍、公寓和住房补贴4个等级；企业是否提供就餐补助，分为没有、餐费补助200元及以下、200~500元、500元及以上5个等级；企业签订的劳动是否合同合理合法，分为合理、不合理、没注意3个等级；是否受到了企业的不公正待遇，分为是、否、没感觉3个等级；每周平均工作时长，分为40小时及以下、40~50小时、50~60小时、60~70小时和70小时及以上5个等级；加班情况如何，分为从不加班、一周1~2次、一周3~4次、一周4~7次和天天加班5个等级；平均每天的加班时长，分为一小时、两小时、三小时、四小时和四小时以上5个等级；企业是否按时发放工资，分为是、偶尔拖欠、经常拖欠3个等级；企业是否提供了“三险”及以上保险，分为是、否，但提供了部分保险、没有提供保险3个等级；所处工作环境是否有童工，分为是、否、不清楚3个等级；所在企业是否经常开展员工培训，分为无、较少、一般、较多、很多5个等级；是否能从员工培训中增长知识并运用到实际生产中，分为几乎不能、很少部分、一般、很多部分、基本都能5个等级；是否有子女，分为无子女、有子女2个选项；企业是否解决了子女上学问题，分为是、部分、否3个等级；企业是否提供了定期的体检，分为是、否、不定期3个等级；企业提供的定期体检的频率，分为半年一次、一年一次、两年一次、两年以上一次4个等级；员工认为所在企业的凝聚力如何，分为非常差、比较差、一般、比较好、非常好5个等级。

本次调研共收集993份员工问卷，其中有效问卷963份，有效率96.9%。通过信度和效度分析，发现基于标准化项的克隆巴赫系数为

0.553 >0.5，说明该问卷信度检验合格，可靠性高；KMO 系数为 0.745，巴特利球形检验的显著性为 0.000，表明问卷具有良好的结构效度。

3.3.2 中小企业社会责任现状分析

基于调查研究结果，本部分从上述员工、消费者、社区、政府、企业五个维度梳理中小企业的社会责任发展现状。

（1）员工层面的现状分析。

从员工层面来看，中小企业社会责任呈现出简单化、片面化倾向。企业能够较好地履行员工友好型社会责任，但是对于较高层次的企业社会责任关注不足，如员工自身能力的培养、员工福利水平的提升等。

首先，在基础企业社会责任方面，中小企业履责状况好坏不一。在涉及发放员工薪资、员工休息休假权利、签订劳工合同等基础企业社会责任方面，大多数企业能够较好地履行应尽之责。但是，仍有部分中小企业在这方面的履行情况欠佳，例如，部分中小企业偶尔或经常拖欠工资的情况占 34.89%。在定期体检方面，1/4 的中小企业不给员工提供定期体检，13% 的中小企业虽然会提供体检，但是体检不定期，缺乏科学、完善的体检体系。从体检频率来看，大部分中小企业能够提供一年一次的体检，鲜有企业能够提供半年一次的体检。另外，将近 40% 的员工患有职业病，且超过一半的员工无法得到企业的赔偿。此外，28.71% 的员工认为休假权利没有得到保障。在工作时长及加班情况方面，部分中小企业未能严格执行八小时工作制。且绝大多数基层员工都有加班经历，而企业所提供的加班薪酬却不尽如人意。在签订劳工合同方面，也有少部分中小企业未完全履行应尽的法律义务。

其次，在较高层次的企业社会责任方面，中小企业的履责意愿普遍不强，履行能力较差。较高层次的企业社会责任应包括提供住房、就餐补助、保险、子女入学等其他额外福利以及保证就业性别平等。目前，少有中小企业能够及时履行该层次的社会责任。经调研发现，约有 1/4 的企业没有为员工解决住房问题，20% 的中小企业未能向员工提供就餐补助。在员工子女入学方面，仅有 38.86% 的员工认为企业为子女入学提供了帮助。此外，部分中小企业还存在岗位歧视、性别不平等问题，调查结果显示，有 19% 的调查对象表示存在性别不平等现象。当然，在中小企业履责能力不足的情况下，大部分中小企业能够给企业提供较为满意的工作环境，经调研发现，将近 60% 的员工对中小企业所提供的工作环境表示比较满意或者特别满意，而仅有约 10% 的员工表示不太满意或者很不满意。

最后，在更高层次的企业社会责任方面，中小企业的履行情况普遍呈现表面化、形式化的特点。更高层次的企业社会责任在员工层面主要表现为企业对员工的人力资本投资，包括专业技能培训等，以及企业在提高员工的归属感和认同感方面的努力。从调研结果来看，中小企业普遍忽视了对员工的人力资本投资，且提供的员工技能培训大多停留在表面，难以真正帮助员工取得实质性提升。经调查，有超过一半的员工认为很难从企业培训中心获得实质性提升和帮助。在企业凝聚力方面，尚有11.51%的员工认为企业的凝聚力比较差。可见，中小企业普遍忽视了对于员工可持续发展能力的培养，更无法让员工产生对企业的归属感和认同感。

（2）消费者层面的现状分析。

此处涉及消费者方面的企业社会责任主要包括产品质量、应对突发事件、企业服务水平、企业营销策略以及消费者社会责任意识五个方面。

一是中小企业在一定程度上能够保证产品安全，保障消费者合法权益。通过企业访谈发现，中小企业在产品安全方面能够主动承担基本责任，如提供产品安全使用说明书、安全检测标识等。当然，不同行业中小企业在承担产品安全方面的社会责任时有不同的侧重点。例如，小型餐饮企业注重食品安全问题，因而无论是在食材选购、食品加工还是食材运输等方面都按照市场设定的安全标准严格执行。而金融企业则会提醒客户注意理财风险、谨慎投资。此外，农产品销售企业表示会在食品包装上印刷“QS”“无公害产品”“绿色食品”等标志，仪器和药品企业会在高压设备上粘贴标识以提醒使用安全，新建成的实验室会主动悬挂制定好的安全须知和安全守则等。可见，不同行业中小企业能够在一定程度上保证产品安全，并通过信息标识、说明书等方式向消费者传递安全信息，降低厂商与消费者之间的信息不对称，充分保障了消费者的合法权益。

二是中小企业在应对突发事件时（如消费者投诉、生产事故等）缺乏具体措施。经调查发现，4/5的受访企业表示企业内部从未出现过产品质量问题和安全事故，缺乏突发事件处理预案，仅有1家受访企业给出了比较完善的处理方案。可见，基层中小企业普遍忽视了应对突发事件的解决方案的重要性。

三是中小企业更加注重售前服务，而忽视售后服务的时间效率。在售前，大部分受访企业表示会通过口头宣传的方式向消费者提供相关产品信息。同时，还会通过设立微信群、公开的客服电话等方式向消费者介绍产品以及解答消费者的购买疑虑。但是，大多数中小企业对售后服务不够重视，尤其是对于消费者售后服务的时间周期问题，大多数受访企业没能给出明确答复，多数企业表示周期存在较大的不确定性。在消费者隐私保护方面，中小企业在主观上一致表示会保护消费者的隐私安全，不会向任何机构贩卖个人信息。

四是中小企业在营销策略上往往存在虚假宣传的问题。在问卷调查中，有 68.15% 的居民表示遇到过企业虚假宣传问题，其中有 36% 的居民表示经常看到企业为了增加产品销售量而进行的虚假宣传。然而，在企业访谈中，中小企业一致表示不存在虚假宣传的行为。可见，消费者和中小企业在对企业社会责任的评价方面存在不一致性。因此，需要从多维度、多方面综合衡量企业社会责任的履行现状。

五是消费者对企业社会责任的认识受到年龄、学历等因素影响，大部分消费者对目前中小企业社会责任状况表示不太满意。首先，大多数消费者认为自己了解企业社会责任，且对中小企业社会责任状况不太满意。调查发现，仅有 5.19% 的居民表示自己不了解企业社会责任，而在了解企业社会责任的 94.81% 的居民中，有 53.14% 的居民表示对目前的履责状况不太满意。其次，31～40 岁的居民对于企业社会责任的了解程度普遍高于其他年龄段。据调查显示，对企业社会责任了解程度最低的是 10～20 岁的居民，其中表示不了解社会责任的占比高达 26.32%；而 31～40 岁的居民中仅有 1.2% 的调查对象表示不了解企业社会责任。最后，“千禧一代”（出生于 1984～1995 年）更愿意为企业社会责任买单。主要表现为“千禧一代”对于环保和社会责任的参与度和回应度较高，其中超过一半（51%）的“千禧一代”愿意去购买那些能够积极承担社会责任的企业所提供的商品和服务，并更愿意购买在包装上印有环保标识的产品。同时，49% 的“千禧一代”受访者表示愿意成为积极承担社会责任的企业的员工。另外，学历越高的消费者对企业社会责任的了解越深入。综上所述，目前我国基层消费者普遍了解了企业社会责任，其中青年群体以及高学历群体对企业社会责任的认识程度较高，而“千禧一代”则具有更高的社会责任感，更愿意为企业社会责任买单。

（3）社区层面的现状分析。

一是企业对社区存在多方面的影响，包括企业对社区的交通影响、企业施工对社区的影响、环境污染等。首先，据调查显示，大部分社区居民表示企业对社区的交通存在影响，其中影响频率是“一般”的占比最高；而仅有 15.04% 的居民表示没有影响。其次，大部分社区居民表示企业施工对社区的交通存在影响，其中，影响频率是“偶尔”的占比最高；而仅有 16.6% 的居民表示没有影响。此外，大部分社区居民认为企业对社区的环境污染相关度、污染程度较高，仅有 11.29% 的居民认为企业对社区没有环境污染。而在治理污染方面，超过 1/4 的居民表示中小企业没有对社区污染进行治理或者治理较少。同时，中小企业对污染治理程度一般，还有很大的提升空间。

二是中小企业在物资捐助、解决就业、医疗服务、志愿服务、文化娱乐等方面承担着一定的社会责任。首先，据调查显示，大部分社区居民表示在日常中小企业对社区的物质捐助“一般”或“经常”。此外，社区居民认为中小企业在疫情期间的“总是”资助物资的占比大约是日常的两倍，可见，中小企业在新冠肺炎疫情防控期间承担起了一定的捐助物资的社会责任。其次，在解决就业方面，将近 40% 的社区居民认为中小企业在社区的招工“较多”或“很多”。同时，超过 35% 的社区居民认为中小企业会“较多”或“很多”给老年人提高医疗服务，且“较多”为社区提供医疗基础设施的比例高达 34.44%。另外，将近 40% 的社区居民认为中小企业在社区的志愿服务“较多”或“很多”，并且超过 35% 的社区居民认为中小企业为社区提高的文化场所数量“较多”或“很多”。

三是社区对中小企业社会责任的需求呈多样化的特征。据调查显示，社区居民最希望中小企业履行基础设施方面的社会责任，占比高达 51.31%，其次是医疗卫生方面的社会责任，占比高达 50.47%。此外，居民希望中小企业履行的社会责任依次是帮助弱势群体、生态环境、教育、就业。

（4）政府层面的现状分析。

首先，基层政府对当地中小企业履行社会责任的评价为较差，认为企业履行社会责任的积极性不高。且各行业的中小企业社会责任状况存在差异，其中传统制造业、服务业领域的公司履行社会责任较多，物流业、餐饮业因规模小而履行社会责任较少。

其次，基层政府认为中小企业在履行社会责任方面普遍存在积极性不高、表面化、形式化等问题。其原因在于，一是中小企业自身发展能力受限，难以履行社会责任；二是基层中小企业未深入了解企业社会责任的内涵，在具体落实社会责任方面较为表面化和形式化；三是由于全社会对企业社会责任的关注度不够，尚未形成激励中小企业履行社会责任的社会风尚。

针对上述问题，目前政府从监督、激励和宣传三个方面提出解决方法，并且政府认为自己在治理中小企业社会方面表现良好。

在企业社会责任监督方面，经访谈发现，地方政府已通过媒体、互联网等公众平台不断增加市场透明度，并出台了相关政策对中小企业经营行为进行监管。同时，政府部门工作人员会定时、定期深入企业走访调研，倾听企业的意见和建议，并号召中小企业定期、多渠道开展履行社会责任的相关活动，如去养老院做义工等。此外，基层政府也及时通过官媒等途径对履责状况较好的中小企业予以宣传和表彰。

在企业社会责任激励方面，为推动中小企业积极履行社会责任，地方政府大多采取减税降费政策，并对积极履行社会责任的企业给予形式或实质的奖励。对于消极或不履行社会责任的企业，地方政府会进行不公开批评和安排政务人员与相关企业人员谈话等。此外，政府还积极利用互联网激励中小型企业履行社会责任。部分地方政府启动了网络申报系统，实现了企业社会责任建设评估网上申报、网上评估，加大了对中小企业的政策扶持力度，不断推进扶持中小微企业发展的各项政策落地落实。政府还出台了相关指导意见，为基层中小企业履行社会责任提供专业的指导和帮助。

在企业社会责任宣传方面，为引导和培训当地中小企业承担社会责任，部分地方政府通过线上和线下会议的形式组织企业进行政策法规、法律咨询、环保督察、安全生产等方面的培训，让中小企业能够有针对性、有侧重点地承担一定的社会责任。考虑到中小企业自身发展能力的限制，地方政府在鼓励企业履行社会责任的同时也充分发挥了官方媒体的宣传作用，帮助履责状况较好的中小企业扩大影响力，从而进一步激励企业增加企业社会责任投入，这种良性循环的方式推动企业社会责任的履行。同时，地方政府也坚持因地制宜，有效避免了企业因承担过重的社会责任而发展停滞的问题。

尽管政府已在企业社会责任方面做出努力，但是，所有被访谈政府都表示没有完全形成监督和管理中小企业社会责任的系统体系，还需要进一步建设和完善。此外，通过调研也发现了一些问题，例如，一些基层政府的宣传监督工作流于形式，并且政府开展的线上线下会议、培训对于激励企业履责的效果甚微，政府对于改进工作不予重视。

（5）企业层面的现状分析。

通过企业访谈发现，企业本身对自己的履责状况普遍持乐观态度，如大多数企业认为自己能够承担基本的员工、消费者层面的社会责任。但是，在上述对其他利益相关者的调查中却发现，中小企业存在责任缺失、产品售后服务不完善、虚假宣传等诸多问题。这种中小企业社会责任评价的不一致性主要体现在以下几个方面。

首先，企业对法律道德方面的社会责任履行状况普遍持乐观态度。经访谈发现，所有受访企业均一致表示在生产经营活动中严格遵守了本行业的法制法规。在反腐建设方面，所有受访企业每年都会进行财务审查，做到不逃税、不偷税，积极对反腐建设做出贡献。此外，部分企业还会组织全体党员、领导干部定时进行反腐倡廉学习。在营造企业内部的良好法治环境方面，有2/3的受访企业会在内部进行定期的法制宣传。可见，无论是反腐还是法制宣传，中小企业均认为自己能够承担基本的法律层面的社会责任。

其次，中小企业对企业社会责任的了解意愿不高、履行动力不足。在企业社会责任的认识方面，虽然全部受访企业均表示能够基本了解企业社会责任相关内容，但大多是通过政府组织和社会媒体等方式被动学习企业社会责任内容，而并非主动了解企业社会责任。此外，对于企业社会责任的信息公开问题，超过1/2的受访企业表示没有建立相关的企业社会责任信息披露机制，原因在于他们认为这对于基层的中小企业而言无足轻重。

最后，中小企业对污染物处理力度不够。经访谈发现，在污染处理投入方面，对于轻污染企业如餐饮、电子商务类企业，污染物处理投入占营业收入比例不足5%。虽然重污染企业如小型制造业企业等的污染处理投入占营业收入的5%~15%，但仍有部分企业会选择性忽视污染物处理而将其直接排放。中小企业给出的理由是目前消费者仍对相关产品价格较为敏感，而选择增加污染物处理投入则无疑增加了产品的生产成本，提高了产品价格，进而会降低中小企业在当地市场的竞争力，因此他们不愿承担在环境保护方面的更多责任。

3.3.3 中小企业社会责任存在的问题

通过上述对利益相关者视角下的中小企业社会责任现状梳理，本研究发现中小企业在履行社会责任中有积极的一面，但也存在诸多问题。对此，本研究基于利益相关者理论，从员工、消费者、政府以及企业角度揭示中小企业履责中存在的主要问题。

3.3.3.1 员工层面的问题

通过对员工层面中小企业社会责任现状的梳理，可以发现存在以下几点问题。

（1）劳动合同不规范、工资发放不及时。第一，中小企业对自身履责的意识不强、要求不高，认为只要签订劳动合同、发放工资就是在履行对员工的社会责任，而不管劳动合同是否规范、发放工资是否及时。第二，政府的部分行政监督缺失或流于形式。劳动合同不规范、欠薪问题虽已在各级政府引起一定程度的重视，但是在解决问题的过程中存在对基层实际情况了解不够深入、管理监督和处罚制度不够完善等问题，造成了行政监督的缺失、责任落实不到位，缺乏有效的治理。第三，受限于基层员工年龄普遍偏大、文化程度普遍较低、人员流动量大且复杂等客观因素，员工对维护自身合法权益关注度不够或认为维权门槛和成本过高，被迫放弃维权，这进一步助长了少数中小企业拖欠工资的行为。而政府在治理中小企业劳动合同不规范、工资发放不及时等问题时，对基层员工的法治普及和宣传工作还有待加强，给予员工维权的法律支持有待增加。第四，企业应急预案缺失和基层政府应对突发重大事件经验不足，缺乏企业—政府一体的联合互动的应对和治理机制。一旦重大事件（如疫情）突发，中小企业可能因资金不足无力支付工资；而基层政府因缺少相关经验无法及时出台相应政策，在解决中小企业生存问题和员工权益时存在一定滞后性。

（2）部分中小企业存在不定时加班问题，加班补贴制度有待进一步完善，一些基层员工的休息休假权利尚未得到有效保障。第一，一些中小企业未与员工签订正规合法的劳动合同，对与劳资关系相关的法律意识淡薄，存在对劳动者权益的侵害现象。第二，不少基层员工普遍法律意识淡薄、教育程度较低，缺乏维权意识和主动性。第三，由于中小企业生产作业、规模和组织架构的特性，正常劳动和超额劳动界限不清，往往易造成加班现象。第四，缺乏成熟的维权组织（如工会），劳动者权益保障待加强。

（3）少数中小企业对员工的身体健康状况重视不够。一方面，一些中小企业因规模较小、资金不足，缺乏组织统一体检的基础和对员工体检规范化的治理；另一方面，政府组织尚未充分发挥在“体检缺失”治理中的作用。因此，在员工体检方面，缺乏中小企业—政府—公共医疗“三位一体”的规范化和人性化的体检体系。

（4）部分员工患职业病风险高，但企业却缺乏相应的补偿和预防措施。第一，基层员工的工作环境（物理环境）存在隐患，且中小企业无视对工作环境的治理。第二，部分中小企业对职业病的关注度和预防措施不到位。同时，因缺少财力的支撑，部分中小企业很少会采取相应的预防和检查措施。

（5）员工的有效岗位培训缺失。第一，部分中小企业往往追求短期利益，而缺乏对员工长期的人力资本投资，因此，部分中小企业组织员工进行岗位培训的积极性不高或岗位培训流于形式。第二，由于基层中小企业工作相对简单重复枯燥、缺乏创造空间和职业晋升空间，因此员工接受培训的动力不足，缺乏主动提升岗位技能的积极性。

3.3.3.2 消费者层面的问题

（1）部分中小企业产品及服务安全、售后服务与虚假营销等问题较为严重。第一，部分中小企业为了节省成本，存在偷工减料的现象，影响了产品及服务的质量和安全。第二，部分中小企业缺乏长远的战略性眼光，忽视售后服务体系的建设。第三，中小企业的目标客户量较为稳定，大多为周边居民，回头率较高，所以部分中小企业往往缺乏“危机”意识，忽视售后服务和反馈机制。第四，由于市场竞争激烈，有的中小企业往往采取虚假营销手段以抢占市场份额，且这一行为没有得到有效的规制。

（2）消费者的维权意识薄弱、维权成本高。一方面，部分中小企业尚未建立消费者信息反馈渠道，消费者投诉无果；另一方面，当消费者的合法权益受到侵害时，成本最低的维权手段是向市场监管部门或消费者协会投诉、举报，而市场监管部门和消费者协会也只能对纠纷进行调解。如果调解不成，或处于优势地位的商家不接受调解，消费者则只能向法院起诉维权。但是，大多数消费者会在诉讼费用和产品消费损失之间权衡，最终选择放弃维权。

3.3.3.3 政府层面的问题

虽然政府为了促进中小企业履行社会责任采取了诸多监管和激励措施，但现阶段地方政府在政策执行过程中仍存在诸多问题，主要包括政府自身的监管体系不完善、政府政策实施效率不高以及政府对中小企业履行社会责任认识不足等。

（1）政府监督体系不完善。一是所有受访的政府工作人员均表示没有形成完善的监督和管理体系，特别是对于中小企业的监督还处于不断探索阶段。二是政府监管企业社会责任的相关部门界限模糊，存在部分监管重合和缺失问题。三是政府缺乏自身监督机制。就目前而言，部分地区政府表示会派专门的人员负责企业社会责任监督，但是却没有很好地监督负责该项工作的政府工作人员，因而可能造成监管过程中的寻租、设租行为，导致监管的无序和社会的低效率。

（2）政府的相关政策难以落地实施。部分地区政府会出台相关政策（如补贴、税收优惠等）以激励中小企业积极履行社会责任。虽然这些政策的初衷是好的，但是难以落地实施，政策效果甚微。

（3）政府自身对中小企业履行社会责任存在错误认识。一方面，在“经济增长是第一要义，企业社会责任往后排”的政府理念下，部分中小企业不自觉地追求经济利益，忽视履行社会责任；另一方面，政府将中小企业与大企业的社会责任等同化，导致部分中小企业懈于、怠于履行社会责任。

3.3.3.4　企业层面的问题

（1）部分中小企业社会责任意识淡薄。部分中小企业对企业社会责任的认识不充分、不到位。目前部分中小企业只是简单地认为企业社会责任就是遵纪守法、依法纳税等，而未认识到企业还应该承担对员工、消费者、环境、生态资源保护与合理利用等责任。

（2）部分中小企业履行社会责任的动力不足。第一，部分中小企业自身能力不足，受制于资源禀赋、生产规模、抗风险能力等因素，在履行社会责任方面缺乏动力。第二，部分中小企业履行社会责任的收益低，而成本高。一方面，大多数消费者对企业社会责任的感知能力低，他们是否购买该产品取决于价格、质量，而不会考虑该企业在社会责任方面的作为。因此，履行社会责任并不能一定会给中小企业带来较高的收益；另一方面，由于我国中小企业规模较小，资产有限，粗放式的经营管理使得企业效绩较低，风险抗击能力较弱，承担社会责任将面临巨大的成本。第三，政府和各方利益相关者对中小企业社会责任的要求较低，以及监督体系不完善，因而中小企业履行社会责任的外部压迫和激励不够。第四，部分中小企业短视行为严重，没有长远的战略目标，因而忽视承担社会责任所产生的中长期效益，没有履行社会责任的动力。

（3）部分中小企业履行社会责任深度不够。第一，企业社会责任的履行大多是迫于政府压力，只是被动地、浅显地、表面地履行社会责任。第二，盲目跟随竞争对手履行社会责任，而没有制定符合自身发展的企业社会责任战略。第三，很多企业将企业社会责任完全当作盈利和应付政府管理的手段，倾向于履行能够带来实际收益的社会责任。

中 篇

利益相关者视角下企业社会责任的效应及其机理：理论与实证

第4章　员工友好型企业社会责任的效应及其机理

员工是企业内部除股东之外另一个重要利益相关者，本章聚焦员工友好型企业社会责任所产生的效应及其内在机理，探索不同竞争环境下的最优企业社会责任水平，并揭示企业性质、资本效率、员工行为偏好等中介因素的作用。

4.1　问题的提出

员工是现代企业的有机组成部分，对企业治理具有重要影响。现代企业理论的重要观点之一在于剩余索取权和控制权的匹配，以此为思路，以Hart、Williamson、杨瑞龙为代表的中外学者对如何形成最优的所有权结构进行了有益探索，其中就涉及人力资本特性、作用，以及人力资本是否应该拥有企业所有权以及如何拥有等问题。现代企业理论关于人力资本的相关研究明确指出了人力资本的重要性，这对企业实施员工友好型企业社会责任有重要的借鉴价值。

GHM理论指出，最优所有权结构需要坚持的原则之一在于资产应该由谁拥有取决于谁的投资更重要、更具有边际生产力。人力资本高的人的投资比人力资本低的人更为重要，赋予这些人相应的所有权有助于激励他们投资，取得更好的边际生产力。根据这一思路，学者们在对人力资本特性分析的基础上探索了其在企业所有权中的地位和作用。例如，Williamson（1985）认为，资产专用性是企业所有权安排的重要来源。除了非人力资本之外，人力资本也具有专用性，都是企业准租金的来源。因此，人力资本应当拥有相应的企业所有权和治理权。杨瑞龙和周业安（1997，1998）认为，人力资本所有权是人力资本产权的必然结果，也是企业剩余的重要来源之一。Kelso和Adler（1958）认为，资本和劳动对企业生产经营都十分重要，应当建立员工持股制度，激发员工生产的积极性。在此基础上，Kelso 和 Hetter（1967）又提出了 ESOP（Employee Stock Ownership Plan）制度，即员工持股计划。总体来看，现代企业理论认为，单一强调土地、资金等非人力资本有损于非人力资本权益，人力资本和非人力资本有机融合是最优的所有权结构，这是现代企业制度创新的趋势之一。

关于如何实现人力与非人力资本的有效互融，现代企业理论提出了共同分享和共同治理两种方式。共同分享制度强调企业家、高科技人员等高存量人力资本应获取相应的所有权，并凭此获取收益，以此来推进企业创新与发展（周其仁，1996）。共同治理制度强调治理主体多元化，包括技术人员和生产者在内的人力资本所有权都可以参与公司治理，以此来实现剩余所有权与控制权的匹配（青木昌彦，1994）。

实施员工友好型企业社会责任，需要在企业决策中关注员工利益，也就是说将员工利益纳入企业决策之中，如给予员工相应的股权。一般观点认为，注重员工利益有助于缓解委托代理问题，激励员工努力工作，提高企业绩效。但学界在这一问题上存在争议。一种观点认为，由于"搭便车"、目标错位等问题，过于对员工友好未必会带来企业绩效的提升（Chang and Mayers，1992；Oyer，2004；Hochberg and Lindsey，2010；Kim and Ouimet，2014）。另一种观点认为，大量证据表明充分考虑员工利益可以对企业带来优化公司治理、增加财富、激励员工、投资与创新等诸多积极影响（Zabojnik，2014；Chang et al.，2015）。

与已有研究相比，本部分将员工利益纳入了企业决策，是对传统的企业社会责任函数设计的一种完善，同时将员工的效用函数有机纳入，便于全面揭示员工友好型企业社会责任对员工利益所产生的效应，探索最优的员工友好型企业社会责任水平。

基于以上分析，本部分将构建双寡头垄断模型，探索不同情境下员工友好型企业社会责任的效应及内在作用机理，考察不同主体员工友好型企业社会责任的最优水平。

4.2 模型构建

根据本部分的研究目标，构建双寡头垄断模型，探索国有企业员工友好型企业社会责任行为，具体假设如下：

假设 H4 - 1：存在一个双寡头垄断市场，分别是企业 1 与企业 2。双方围绕产量（q）进行古诺竞争。两家企业的类型包括：两家企业都为国有企业，一家国有企业和一家私有企业。市场需求函数 $p = a - q_i - q_j$，i、j 的取值为 1 或 2，而且 $i \neq j$。

假设 H4－2：国有企业实施员工友好型企业社会责任，这体现在国有企业追求社会福利和员工利益的加权平均数。为了简化分析，假设企业的目标追求社会福利和员工的双重目标，追求社会福利的比例为 β，追求员工利益的比例为 γ，可作为员工型企业社会责任水平，$\beta \geq 0$、$\gamma \geq 0$、$\beta + \gamma = 1$，即两者是此消彼长的关系。假设员工友好型企业社会责任的实施是为了追求社会福利最大化。产量决策由企业自行掌握，追求企业利益最大化，企业利益函数为社会福利函数和员工利益函数的加权平均数。

假设 H4－3：假设实施员工友好型企业社会责任，会增加员工的话语权，实现员工参与公司治理，为了反映员工参与治理对企业的影响，假设边际成本取决于国有资本效率和员工治理效率以及员工型企业社会责任水平，因此企业的边际成本为 $c = \beta b_1 + \gamma b_2$。$b_1$、$b_2$ 分别反映国有资本和员工治理效率的生产效率，值越高，意味着效率越低。履行员工友好型企业社会责任，会激发员工的工作积极性和生产效率，同时可以充分发挥一线骨干员工熟悉企业的信息和专业优势，优化企业的生产经营决策，抑制大股东和高管的机会主义行为，即可以多方面地提升企业效率。因此假设 $b_1 > b_2$，否则就没有必要改革。此时，社会福利函数 $sw = \pi_1 + \pi_2 + cs$，cs 代表消费者剩余，$cs = \frac{(q_1 + q_2)^2}{2}$。则 $SW^{ss}(\gamma) = (q_1 + q_2)\left(a - \frac{q_1}{2} - \frac{q_2}{2} - c\right)$。

假设 H4－4：员工所承载的组织知识性资产具有专用性特征，流动性弱，其国企员工身份感和企业认同感较强，实施员工友好型企业社会责任有助于工人阶级的主人翁作用更有效地发挥，更关注企业的长期可持续发展和社会责任，而不是过于追求短期高额利润。根据员工的这些行为特征，假设员工的利益函数 $U_i^S = dSW^{ss}(\gamma) + (1 - d)\pi_i$，i 的取值为 1 或 2。d 反映的是员工的企业和社会责任的倾向程度，$0 \leq d \leq 1$，值越大，表明员工越具有企业和社会责任感，越追求社会福利最大化；否则，则表明员工更倾向于利润目标。此时，根据假设 H4－1，可以进一步得出企业的利益函数为 $U_i = \beta SW^{ss}(\gamma) + \gamma[dSW^{ss}(\gamma) + (1 - d)\pi_i]$，i 的取值为 1 或 2。由其利益函数可见，国有企业追求两个目标：一是社会目标，即社会福利最大化，这是追求利润最大化的私有企业所不具备的特性和优势，这也是国有企业存在的重要依据；另一个是员工目标，即员工利益最大化。员工友好型企业社会责任水平决定着企业的目标倾向。β 越大或 γ 越小，企业越追求社会福利目标。与私有企业不同之处在于，私有企业实施企业社会责任追求的是企业利润和员工得益，且员工行为倾向中也更关注利润。

假设 H4 -5：国有企业的企业社会责任决策由政府掌握。政府与两家企业之间进行两阶段的动态序贯博弈。第一阶段，政府基于社会福利最大化确定员工友好型企业社会责任水平 γ；第二阶段，企业基于得益最大化目标决定各自的最优产量。

4.3 模型分析

4.3.1 两家国有企业情况下的博弈分析

基于两阶段的动态序贯博弈，本部分采取逆向归纳法来推导最优社会责任水平。

第一步，分析第二阶段的博弈。该阶段由两家国有企业之间的博弈构成，双方追求得益最大化即社会福利与利润加权平均数的最大化。

由$\frac{\partial U_i}{\partial q_i}=0$，即$\frac{\partial\{(1-\gamma)\omega+\gamma[d\omega+(1-d)\pi_i]\}}{\partial q_i}=0$可以得到两家企业实现得益最大化需要满足：

$$q_1=\frac{a-q_2-c}{\gamma+1-\gamma d} \tag{4.1}$$

$$q_2=\frac{a-q_1-c}{\gamma+1-\gamma d} \tag{4.2}$$

由式（4.1）、式（4.2）可以得两家企业经过古诺竞争后的均衡产量：

$$q_1=q_2=\frac{a-(1-\gamma)b_1-\gamma b_2}{\gamma+2-\gamma d} \tag{4.3}$$

第二步，再看第一阶段的博弈，将式（4.3）代入社会福利函数，可以得到：$SW^{ss}(\gamma)=\frac{2(a-b_1+\gamma b_1-\gamma b_2)^2(1+\gamma-\gamma d)}{(\gamma+2-\gamma d)^2}$。

政府基于社会福利函数最大化决定企业社会责任水平，由

$$\frac{\partial SW^{ss}(\gamma)}{\partial\gamma}=\frac{2(2+\gamma-\gamma d)^2[2(b_1-b_2)(a-b_1+\gamma b_1-\gamma b_2)(1+\gamma-\gamma d)+(1-d)(a-b_1+\gamma b_1-\gamma b_2)^2]}{(\gamma+2-\gamma d)^4}=0$$ 可

得到：

$$(1-d)(b_1-b_2)\gamma^2+6(b_1-b_2)\gamma-(1-d)(a-b_1)\gamma+\frac{4(b_1-b_2)}{1-d}=0 \tag{4.4}$$

根据式（4.4），对 $SW^{ss}(\gamma)$ 函数在 $\gamma\in[0, 1]$ 范围内的单调性进行分类讨论，可以得到以下结论：

如果 $0<\frac{a-b_1}{b_1-b_2}\leqslant\frac{(7-d)(1-d)+4}{(1-d)^2}$，即在国有资本效率低于员工治理且 a、d 一定的情况下，国有资本效率低于一定水平（b_1 大于一定的数值）或员工治理效率高于一定水平（b_2 小于一定的数值），使 $\frac{a-b_1}{b_1-b_2}$ 值足够小 $\left(\text{不大于}\frac{(7-d)(1-d)+4}{(1-d)^2}\right)$，则 $SW^{ss}(\gamma)$ 在 $\gamma\in[0, 1]$ 范围内单调递增。当 $\gamma=1$ 时，$SW^{ss}(\gamma)$ 有最大值，即 $SW^{ss}(\gamma)=\frac{2(a-b_2)^2(2-d)}{(3-d)^2}$，即应该实施完全的员工友好型企业社会责任。

命题 4-1：当 d 值足够大，满足 $0<\frac{a-b_1}{b_1-b_2}\leqslant\frac{(7-d)(1-d)+4}{(1-d)^2}$ 时，也就是企业的剩余所有权和控制权全部由员工掌握。

如果 $\frac{(7-d)(1-d)+4}{(1-d)^2}<\frac{a-b_1}{b_1-b_2}$，那么当 $\gamma^*=\frac{(1-d)(a-b_1)-6(b_1-b_2)-\sqrt{\Delta}}{2(1-d)(b_1-b_2)}$ 时，$SW^{ss}(\gamma)$ 有最大值，即 $SW^{ss}(\gamma)$

$$=\frac{2\left[\frac{3}{2}(a-b_1)+\frac{-6(b_1-b_2)-\sqrt{\Delta}}{2(1-d)}\right]^2\times\left[\frac{(1-d)(a-b_1)-\sqrt{\Delta}}{2(b_1-b_2)}-2\right]}{\left[\frac{(1-d)(a-b_1)-\sqrt{\Delta}}{2(b_1-b_2)}-1\right]^2}。$$

进行数据模拟，可以发现：

（1）在 a、b_1、d 不变的情况下，b_2 与 γ^* 负相关，即随着 b_2 越来越大，γ^* 越来越低，而且下降的幅度越来越小，直至降为 0；

（2）在 a、b_2、d 不变的情况下，b_1 与 γ^* 正相关，即随着 b_1 越来越大，γ^* 由 0 开始越来越大，且增幅越来越大，直至 1；

（3）在 a、b_1、b_2 不变的情况下，d 与 γ^* 正相关，即随着 d 越来越大，γ^* 越来越高，且增幅越来越大。当 b_1 与 b_2 差值小于一定水平时，随着 d 越来越小，γ^* 越来越低，最终降至 0，即员工不持股。

举例说明，假设 $a=10$、$d=0.1$、$b_1=2$，则符合条件的 b_2 范围 $1.3653281<b_2<2$，b_2与 γ^* 的关系见图 4-1，即负相关关系；

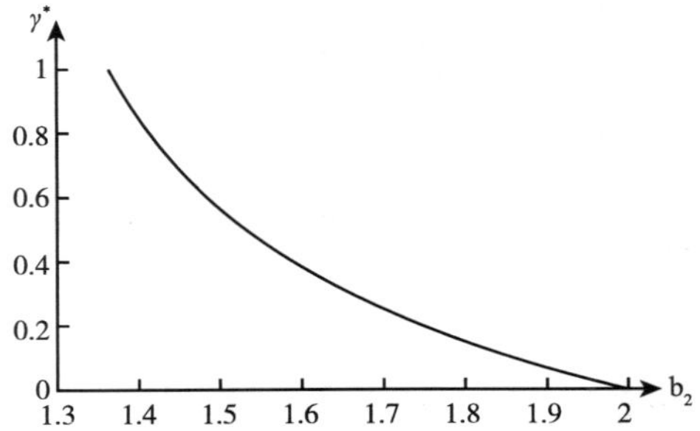

图 4-1　$a=10$、$d=0.1$、$b_1=2$ 时 b_2 与 γ^* 的关系

假设 $a=10$、$d=0.2$、$b_2=2$，b_1 范围 $2<b_2<2.507936508$，b_1 与 γ^* 的关系见图 4-2，即正相关关系；

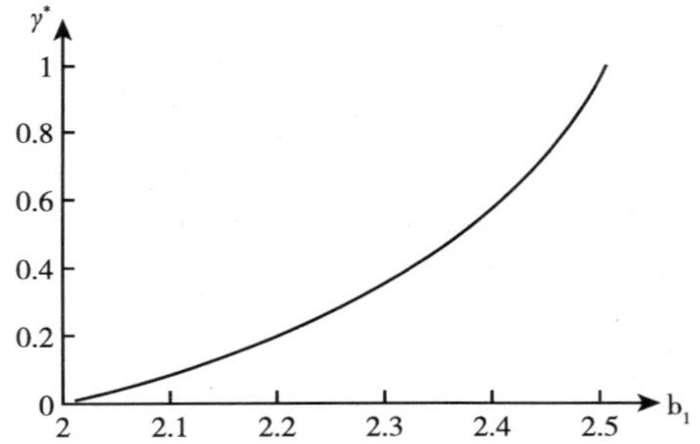

图 4-2　$a=10$、$d=0.2$、$b_2=2$ 时 b_1 与 γ^* 的关系

假设 $a=10$、$b_1=2$、$b_2=1.9$，d 范围 $0<d<0.74$，d 与 γ^* 的关系见图 4-3，即正相关关系；

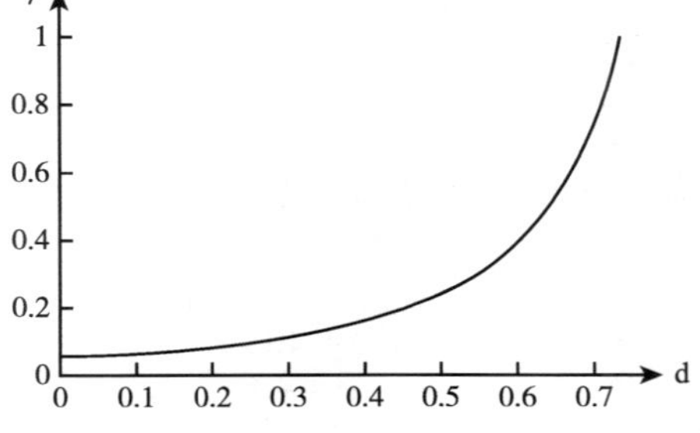

图 4-3　$a=10$、$b_1=2$、$b_2=1.9$ 时 d 与 γ^* 的关系

假设 $a=10$、$b_1=2$、$b_2=1.99$，d 与 γ^* 的关系见图 4－4，d 趋近于 0 时，γ^* 逐步降至为 0。

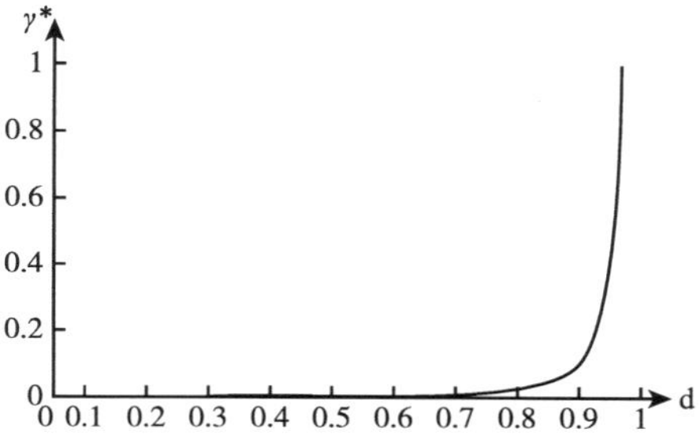

图 4－4　$a=10$、$b_1=2$、$b_2=1.99$ 时 d 与 γ^* 的关系

研究结果表明，政府应根据员工行为倾向和效率差距调整企业社会责任水平，以实现社会福利最大化。

当 $\gamma^*=\dfrac{(1-d)(a-b_1)-6(b_1-b_2)-\sqrt{\Delta}}{2(1-d)(b_1-b_2)}$，其中，$\dfrac{(7-d)(1-d)+4}{(1-d)^2}<\dfrac{a-b_1}{b_1-b_2}$，$(1-d)(a-b_1)>10(b_1-b_2)$，根据一阶和二阶条件可得：

$$\frac{\partial\gamma^*}{\partial b_1}=-\frac{(a-b_2)\left\{\sqrt{[(a-b_1)(d-1)+10(b_1-b_2)][(a-b_1)(d-1)+2(b_1-b_2)]}+6(b_1-b_2)-(1-d)a+(b_1-d)\right\}}{2(b_1-b_2)\sqrt{[(a-b_1)(d-1)+10(b_1-b_2)][(a-b_1)(d-1)+2(b_1-b_2)]}}<0;$$

$$\frac{\partial\gamma^*}{\partial b_2}=\frac{(a-b_1)\left\{\sqrt{[(a-b_1)(d-1)+10(b_1-b_2)][(a-b_1)(d-1)+2(b_1-b_2)]}+6(b_1-b_2)-(1-d)a+(b_1-d)\right\}}{2(b_1-b_2)\sqrt{[(a-b_1)(d-1)+10(b_1-b_2)][(a-b_1)(d-1)+2(b_1-b_2)]}}>0;$$

$$\frac{\partial\gamma^*}{\partial d}=-\frac{\sqrt{[(a-b_1)(d-1)+10(b_1-b_2)][(a-b_1)(d-1)+2(b_1-b_2)]}+3d(a-b_1)-3(a-b_1)+10(b_1-b_2)}{\sqrt{[(a-b_1)(d-1)+10(b_1-b_2)][(a-b_1)(d-1)+2(b_1-b_2)]}(1-d)^2}>0;$$

$$\frac{\partial^2\gamma^*}{\partial d^2}=\frac{6\left\{\begin{array}{c}\frac{[(a-b_1)d-a+3b_1-2b_2][(a-b_1)d-a+11b_1-10b_2]}{\sqrt{[(a-b_1)(d-1)+10(b_1-b_2)][(a-b_1)(d-1)+2(b_1-b_2)]}}\\+(a-b_1)^3d^3-3(a-b_1)^2\left(a-\frac{17b_1}{3}+\frac{14b_2}{3}\right)d^2+3(a-b_1)\\(a-7b_1+6b_2)\left(a-\frac{13b_1}{3}+\frac{10b_2}{3}\right)d+\frac{425b_1^3}{3}+(-91a-334b_2)b_1^2\\+(17a^2+148ab_2+260b_2^2)b_1-\frac{200b_2^3}{3}-a^3-14a^2b_2-60ab_2^2\end{array}\right\}}{[(a-b_1)d-a+3b_1-2b_2](d-1)^3[(a-b_1)d-a+11b_1-10b_2]\sqrt{[(a-b_1)(d-1)+10(b_1-b_2)][(a-b_1)(d-1)+2(b_1-b_2)]}}>0;$$

$$\frac{\partial^2\gamma^*}{\partial b_1^2}=$$

$$\frac{(a-b_2)\left\{\begin{array}{c}\frac{[(a-b_1)(d-1)+10(b_1-b_2)][(a-b_1)(d-1)+2(b_1-b_2)]}{\sqrt{[(a-b_1)(d-1)+10(b_1-b_2)][(a-b_1)(d-1)+2(b_1-b_2)]}}\\+(-d^3+21d^2-131d+231)b^3+\Big[(3d^3-45d^2+165d\\-123)a-18b_2\left(d^2-\frac{38}{3}d+\frac{95}{3}\right)\Big]b_1^2-3[(d^2-8d+7)a\\-6db_2+26b_2][(d-1)a-6b_2]b_1+(d-1)^3a^3-\\18b_2(d-1)^2a^2+84b_2^2(d-1)a+8b_2^3(d-16)\end{array}\right\}}{[(a-b_1)(d-1)+10(b_1-b_2)][(a-b_1)(d-1)+2(b_1-b_2)](b_1-b_2)^3\sqrt{[(a-b_1)(d-1)+10(b_1-b_2)][(a-b_1)(d-1)+2(b_1-b_2)]}}>0;$$

$$\frac{\partial^2\gamma^*}{\partial b_2^2}=$$

$$\frac{(a-b_1)\left\{\begin{array}{c}\frac{[(a-b_1)(d-1)+10(b_1-b_2)][(a-b_1)(d-1)+2(b_1-b_2)]}{\sqrt{[(a-b_1)(d-1)+10(b_1-b_2)][(a-b_1)(d-1)+2(b_1-b_2)]}}\\+(-d^3+21d^2-123d+223)b_1^3+[(3d^3-45d^2+165d\\-123)a-18\left(d-\frac{13}{3}\right)(d-7)b_2]b_1^2+[-3(d-7)\\(d-1)^2a^2+36b_2(d-1)\left(d-\frac{17}{3}\right)a-84b_2^2\left(d-\frac{37}{7}\right)]b_1\\+(d-1)^3a^3-18b_2(d-1)^2a^2+84b_2^2(d-1)a-120b_2^3\end{array}\right\}}{[(a-b_1)(d-1)+10(b_1-b_2)][(a-b_1)(d-1)+2(b_1-b_2)](b_1-b_2)^3\sqrt{[(a-b_1)(d-1)+10(b_1-b_2)][(a-b_1)(d-1)+2(b_1-b_2)]}}>0。$$

命题 4 - 2：如果员工更追求利润（d 值小于一定的水平），满足 $\frac{(7-d)(1-d)+4}{(1-d)^2} < \frac{a-b_1}{b_1-b_2}$，则完全的、部分的、不实施企业社会责任都可能是最优的。员工治理效率越低（b_2 越大），则最优企业社会责任水平越低且降幅越来越小；国有资本效率越低（b_1 越大），员工行为越倾向于追求企业和社会责任（d 越大），最优企业社会责任水平越高且增幅越来越大。

以上两个命题表明，如果企业员工的行为过度倾向于利润，或员工治理的效率不尽如人意，则要制定一个比较低的企业社会责任水平，甚至是不实施。反之，则应该制定一个较高的企业社会责任水平，如果企业员工的企业和社会责任感很强，而且相对效率非常高，高社会责任水平甚至是完全的企业社会责任是最优的。

上述主张对中国等处于转型阶段国家的国有企业 ESOP 发展具有启示意义。首先，政府要严格限制员工友好型企业社会责任水平。在中国，员工持股总数不能超过公司总资本的30%。其根源在于防止国有企业员工过分追求个人利益的倾向。此外，目前的职工持股改革借鉴了国外的一些思路，而缺乏针对各个行业、企业的可行性措施，导致政策执行存在漏洞。因此，存在一些关于员工所有权的认知偏差。一些人认为员工持股这样的员工友好行为是从投机中获利的机会，一些人认为这会改善员工福利，一些人认为这是平均主义，还有一些人将员工持股等同于经营者持股。这些认知未准确把握员工持股的主要目的，会对员工的行为倾向产生负面影响。而员工持股计划的实施有助于扭转偏见，但需要一些时间。目前，企业社会责任水平的下限反映了政府在实施员工持股计划时的谨慎。这与命题4 - 2 的结果一致。其次，中国政府为国有企业提供了一定条件以促进员工治理。国有企业必须健全其治理结构，建立市场化的人员管理和收入分配机制。若这些条件未达到，员工治理的效率就无法得到保证，因此员工友好型企业社会责任水平应该相对较低，根据命题4 - 1，甚至可以降为零，这与现行政策相一致。最后，上述假设适用于国有企业占主导地位的行业，在我国深化职工持股制度改革、扩大试点范围等方面具有一定意义。

4.3.2 一家国有企业一家私有企业情况下的博弈分析

在中国的市场经济中，很多行业并非由国有企业完全主导，存在大量国有企业与私有企业都具有很强市场势力的行业，集中表现在竞争性行业。为了考察这类情况，现在改变原假设，假设企业 2 是私有企业，追求利润最大化，不考虑社会福利，边际成本为 $c_2 = b_2$，即其效率与员工治理一样，则其得益函数 $U_2^{sp} = \Pi_2$，其他假设与原假设一致。并假设国有企业实施员工友好型企业社会责任。

第一步，考察第二阶段的博弈。该阶段由一家国有企业和一家私有企业的博弈构成，前者追求社会福利与利润加权平均数的最大化，后者追求利润最大化，两者进行产量竞争。由 $\frac{\partial U_i^{sp}}{\partial q_i} = 0$ 可以得到均衡产量：

$$q_1 = \frac{a + c_2 - 2c_1}{2\gamma - 2\gamma d + 1} \tag{4.5}$$

$$q_2 = \frac{ar(1-d) - (1 + \gamma - \gamma d)c_2 + c_1}{2\gamma - 2\gamma d + 1} \tag{4.6}$$

其中，$c_1 = \beta b_1 + \gamma b_2 = (1-\gamma)b_1 + \gamma b_2, c_2 = b_2$。

第二步，分析第一阶段博弈，将式（4.5）、式（4.6）代入社会福利函数 $SW^{sp}(\gamma) = \pi_1 + \pi_2 + CS = \left(a - \frac{q_1}{2} - \frac{q_2}{2}\right)(q_1 + q_2) - (c_1q_1 + c_2q_2)$，可以求得：

$$SW^{sp}(\gamma) = \frac{\begin{gathered}8m(b_1 - b_2)^2\gamma^3 + \{3m^2a^2 - 2mna - n^2 + 4(b_1 - b_2)^2 \\ -4m[4b_1{}^2 + 2b_2{}^2 - 6b_1b_2 + mb_2(a - b_2) - a(b_1 - b_2)]\}\gamma^2 \\ + \{4ma^2 - 2ab_1m - 2b_1n - 2[4b_1{}^2 + 2b_2{}^2 - 6b_1b_2 \\ + mb_2(a - b_2) - a(b_1 - b_2)] - 4m(ab_1 + 2b_1b_2 - 2b_1{}^2 \\ - b_2{}^2)\}\gamma + (a^2 + 3b_1{}^2 - 2ab_1 - 4b_1b_2 + 2b_2{}^2)\end{gathered}}{2(2\gamma m + 1)^2} \tag{4.7}$$

其中，$m = 1 - d$，$n = (1+m)b_2 - b_1$。根据 $SW^{sp}(\gamma)$ 的表达式，运用 MATLAB 2016 软件进行的立体和截面模拟，可以发现：

（1）在 a、b_1、d 不变的情况下，如果 b_2 足够大，$SW^{sp}(\gamma)$ 是增函数，即完全的企业社会责任是最优的；如果大于一定值，则在［0，1］内是先增加后降低的倒“U”形关系，部分的企业社会责任是最优的，且随着 b_2 越来越大，企业社会责任最优水平越来越低。

（2）在 a、b_2、d 不变的情况下，如果 b_1 足够大，$SW^{sp}(\gamma)$ 是增函数，即完全由员工治理是最优的。否则，$SW^{sp}(\gamma)$ 在［0，1］内是先增加后降低的倒“U”形关系，随着 b_1 越来越小，最优企业社会责任水平越来越低。

（3）在 a、b_1、b_2 不变的情况下，如果 d 足够大，$SW^{sp}(\gamma)$ 是增函数，即完全由员工治理最优。否则，$SW^{sp}(\gamma)$ 在［0，1］内是先增加后降低的倒“U”形关系，随着 d 越来越小，最优企业社会责任水平越来越低。

举例说明，当 a = 10、d = 0.1、b_2 = 2 时，$SW^{sp}(\gamma)$ 与 γ 的关系如图 4－5 的曲线 1（Curve 1）所示；当 a = 10、b_1 = 2、b_2 = 1.8 时，$SW^{sp}(\gamma)$ 与 γ 的关系如图 4－5 的曲线 2（Curve 2）所示；当 a = 10、d = 0.2、b_1 = 2 时，$SW^{sp}(\gamma)$ 与 γ 的关系如图 4－5 的曲线 3（Curve 3）所示。

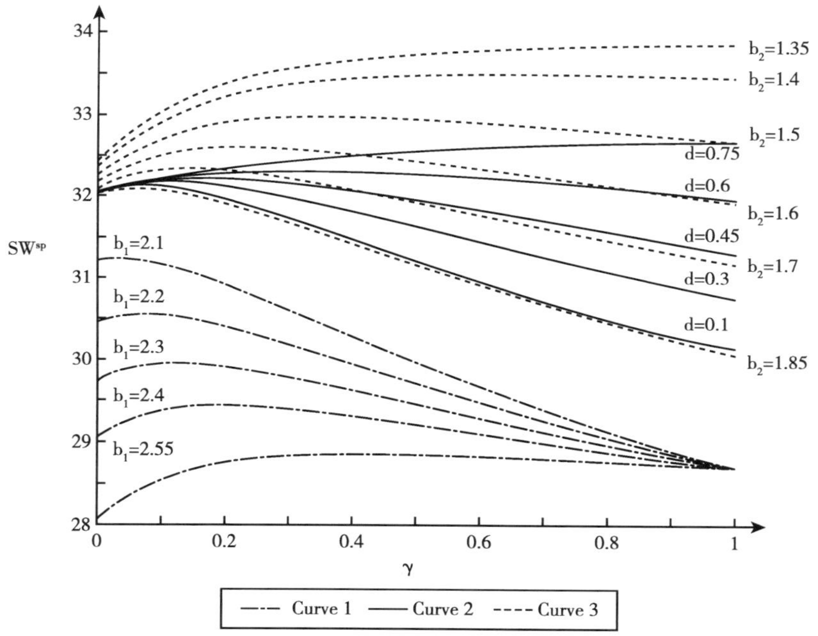

图 4－5　$SW^{sp}(\gamma)$ 与 γ 的关系

命题 4－3：当双寡头垄断市场是由国有企业和私有企业组成时，企业社会责任水平对社会福利产生影响，并受到国有资本和员工治理效率及员工行为倾向的影响。如果员工治理效率高到一定水平，或国有资本效率低到一定水平，或员工行为非常倾向于企业和社会责任，则企业应当完全由员工治理，否则员工部分治理是最优的；员工治理效率越低，国有资本效率越高，员工行为越倾向于利润，则最优企业社会责任水平越低。

命题 4－3 表明，在一个由国有企业与私有企业组成的寡头垄断市场中，国有企业有必要实施员工友好型企业社会责任，具体的水平需要根据企业不同性质资本效率和员工行为倾向灵活把握，部分甚至完全由员工治理都可能是满足社会福利最大化的最优选择。可以发现，与前面由国有企业组成的寡头垄断市场相比，员工友好型企业社会责任具有必然性。这表明，在充分竞争性行业，国有企业更有必要重视员工利益，这也是政府选择主业处于充分竞争行业和领域的商业类企业作为国有企业员工持股计划试点对象的原因之一。另外，员工的行为倾向和效率对最优企业社会责任水平的影响与前一种情况相同，也意味着方案的制定要因地制宜、审慎实施。

4.4 结　　论

通过分析可以发现，最优员工友好型企业社会责任水平是一个动态变量，受竞争主体类型、股权效率和员工行为倾向的影响。在两个国有企业组成的双头垄断市场中，如果员工表现出强烈的企业责任感和社会责任感，那么完全的企业社会责任策略是最优的；否则，不实施或部分实施是最好的选择。国有资本的效率越低，员工治理的效率越高，或者说员工越倾向于关注企业利润，则企业社会责任最优水平越高。在一个由国有企业和一个私营企业组成的双头垄断市场中，部分和全部员工治理都有可能是最优的；员工治理的效率越低，国有资本的效率越高，员工越倾向于关注企业利润，企业社会责任水平的最优水平越低。这些结论表明，员工友好型企业社会责任必须根据不同的条件进行调整，并非所有企业都适用。

因此，应在特定情况下采用员工持股计划等员工友好型企业社会责任策略。鼓励不同类型、不同行业的国有企业根据自身业绩、现有资本结构和员工条件实施。此外，应该更好地推广员工友好型企业社会责任，并让公众了解其重要性。同时，要培养员工的责任感，完善治理机制，更好地平衡不同群体的利益。最后，完善相关法律法规，推进职工持股立法，调整政府监管。一个健康的法律环境可以确保员工友好型企业社会责任行为公平、公正和有效地执行。这些政策对于我国及其他国家国有企业公司治理具有一定的现实意义。

第5章　消费者友好型企业社会责任的效应及其机理

消费者是企业生产经营过程中不可忽视的重要利益相关者。本章考察消费者友好型企业社会责任对产能选择、资源共享等企业生产行为的影响，并全面揭示其对各类均衡结果的效应，进而为企业和政府提供有价值的策略依据。

5.1　产能选择与消费者友好型企业社会责任

5.1.1　问题的提出

产能选择是企业重要的生产经营决策，影响着企业资源的优化配置效率。如果产能选择不合理，出现了过度的产能过剩或产能不足，那么将增加企业成本，降低企业收益。在企业选择产能的过程中，企业的社会责任是重要的影响因素。企业社会责任通过对效用函数的影响，在企业的生产经营决策中发挥着重要的作用。一些文献分析了企业社会责任对企业各类决策（如研发决策、价格决策、产量决策、环保决策）的影响，进一步地分析了对企业绩效、消费者行为及社会福利的影响。关于企业产能选择，相当一部分学者通过双寡头垄断模型的设计，分析了不同情境下的产能决策以及产能的作用和影响因素（Dagdeviren，2016）。产能与产量是否均衡是学者们研究的重要内容。Wen 和 Sasaki（2001）认为，在双寡头垄断竞争均衡状态下，会出现企业产能过剩问题。然而，Tomaru 等（2011）等学者利用不同的混合寡占模型得出了相反的结论，认为企业不一定会出现产能过剩，在一定条件下反而会出现产能不足。

纵观已有文献，现有研究存在以下问题：第一，较少考察企业社会责任和产能选择之间的关系。Nakamura（2014）的双寡头垄断模型虽然考虑了产品差异化，但是假设只有一家企业有社会责任，而且没有揭示企业社会责任和产品差异化对产能选择的影响。第二，有的研究虽然考察了两家企业都具有社会责任的情况，但是要么没有考虑到产能决策，要么没有考虑到产品差异化。对于这些不足，本部分将进行弥补。第三，现有文献多局限于一个或两个寡头市场的分析，本部分将考察古诺、斯塔克尔伯格和价格领导者三种市场环境下的市场均衡结果，以及企业社会责任对社会福利和产能过剩的影响，并进行对比分析以揭示寡头竞争类型的作用，并基于社会福利最大化找出不同寡头竞争类型的界限，以回答：不同寡头垄断模式会产生什么影响？这个问题，对于塑造有效的市场结构具有一定的意义。

有基于此，本部分将通过构建将企业社会责任纳入产能选择之中的双寡头垄断模型，考察企业社会责任会对产能选择，进而对社会福利产生何种影响。本章分别将产品差异化和市场竞争类型纳入，分别考察产品差异化与市场竞争类型对产能选择和社会福利的影响，同时分析企业社会责任与产品差异化或市场竞争类型间的相互作用，进而揭示消费型企业社会责任的多重效应与中介机制。

5.1.2 模型构建

假设存在一个没有外部企业进入的双寡头垄断市场，由企业 1 和企业 2 组成。竞争类型分为围绕产量的古诺竞争和围绕价格的伯川德竞争。市场需求函数为 $p_i = a - q_i - rq_j$，$i \neq j$，i、j = 1 或 2，r 为产品同质化程度，且 $r \in (0, 1]$，r 越小，产品差异越大。

企业进行产能和产量两种决策。为了体现出产能与产量的差对企业生产运营的影响，我们参照 Vives（1986），假设企业的成本函数为 $c_i = (x_i - q_i)^2 + mq_i$，其中，m 为常数，$x_i$ 为产能。由成本函数可知，产能产量如果不相等，就会给企业造成额外的损失。我们将 $x_i - q_i$ 定义为产能过剩程度，如果大于 0 则意味着存在产能过剩，一些产能出现闲置，造成了损失；如果小于 0，则意味着产能过剩程度为负，存在产能不足，会导致企业现有产能的高负荷运转等问题，同样也会产生额外成本。企业利润函数为 $\pi_i = p_i q_i - c_i$。

将企业社会责任纳入企业效用函数，则企业效用由利润（π_i）和消费者福利（cs）所构成，即 $u_i = \pi_i + \alpha cs$（Matsumura and Ogawa，2014；Chen、Liu and Qin，2019；Li and Zhou，2019），其中，α 为企业社会责任水平，且 $\alpha \in [0, 1]$。将社会总福利定义为 $sw = \pi_1 + \pi_2 + cs$。

在以上假设下，两家企业进行两阶段序贯博弈：

第一阶段，两家企业根据效用最大化原则确定企业的产能水平，即x_1、x_2。

第二阶段，两家企业围绕产量进行古诺竞争、斯塔克尔伯格竞争，或围绕价格进行价格领导者竞争，确定最优的产量或价格。

5.1.3 产品差异化、产能选择与消费者友好型企业社会责任

考察存在产品差异化条件下，古诺和斯塔克尔伯格竞争下的市场结果，揭示产品差异化、企业社会责任对产能选择，进而对各类市场结果的影响。

5.1.3.1 古诺竞争均衡分析

第一步，考察第二阶段博弈，根据效用最大化原则，两家企业的产量决策需要满足：$\frac{\partial u_1}{\partial q_1}=0$，$\frac{\partial u_2}{\partial q_2}=0$，进而得到均衡产量：

$$q_1^c=\frac{\alpha[(-a+m-2x_2)r+a-m+2x_1]+(a-m+2x_2)r-4a+4m-8x_1}{\alpha^2r^2-2\alpha r^2-\alpha^2+r^2+8\alpha-16} \tag{5.1}$$

$$q_2^c=\frac{\alpha[(-a+m-2x_1)r+a-m+2x_2]+(a-m+2x_1)r-4a+4m-8x_2}{\alpha^2r^2-2\alpha r^2-\alpha^2+r^2+8\alpha-16} \tag{5.2}$$

第二步，考察第一阶段博弈，将式（5.1）、式（5.2）代入企业效用函数，效用最大化要保证产能满足：$\frac{\partial u_1}{\partial x_1}=0$，$\frac{\partial u_2}{\partial x_2}=0$，得到均衡产能，进一步得到均衡产量。

$$x^c=x_1^c=x_2^c=\frac{(a-m)[16+\alpha^2(r+1)+\alpha(-r-8)]}{(r-1)(r+1)^2\alpha^3+(-3r^3-6r^2+7r+10)\alpha^2+(3r^3+9r^2-22r-32)\alpha-r^3-4r^2+16r+32} \tag{5.3}$$

$$q^c=q_1^c=q_2^c=\frac{-(a-m)[(r-1)\alpha-r+4][(r+1)\alpha-r-4]}{(r-1)(r+1)^2\alpha^3+(-3r^3-6r^2+7r+10)\alpha^2+(3r^3+9r^2-22r-32)\alpha-r^3-4r^2+16r+32} \tag{5.4}$$

引理5-1：古诺竞争均衡状态下的产能过剩程度、企业利润、企业效用、消费者剩余、社会福利分别为：

$$x^c-q^c=\frac{r(a-m)[(r+1)\alpha-r](\alpha-1)}{(r-1)(r+1)^2\alpha^3+(-3r^3-6r^2+7r+10)\alpha^2+(3r^3+9r^2-22r-32)\alpha-r^3-4r^2+16r+32}$$

$$\pi^c=\pi_1^c=\pi_2^c=-\frac{\begin{aligned}&(a-m)^2[(r-1)^2(r+1)^3\alpha^5+(-4r^5-6r^4+20r^3+25r^2\\&-14r-17)\alpha^4+(6r^5+14r^4-66r^3-108r^2+78r+112)\alpha^3\\&+(-4r^5-16r^4+80r^3+213r^2-208r-352)\alpha^2+(r^5+9r^4\\&-32r^3-192r^2+224r+512)\alpha-2r^4+64r^2-256]\end{aligned}}{\begin{aligned}&[(r+1)^2(r-1)\alpha^3+(-3r^3-6r^2+7r+10)\alpha^2+\\&(3r^3+9r^2-22r-32)\alpha-r^3-4r^2+16r+32]^2\end{aligned}}$$

$$u^c=u_1^c=u_2^c=\frac{\begin{aligned}&2(a-m)^2\left[\left(r^4-\frac{5}{2}r^2-r+\frac{1}{2}\right)\alpha^4\right.\\&+(-4r^4+21r^2+9r-8)\alpha^3+\left(6r^4-\frac{133}{2}r^2-24r+48\right)\alpha^2\\&\left.+(-4r^4+80r^2+16r-128)\alpha+r^4-32r^2+128\right]\end{aligned}}{\begin{aligned}&[(r+1)^2(r-1)\alpha^3+(-3r^3-6r^2+7r+10)\alpha^2+\\&(3r^3+9r^2-22r-32)\alpha-r^3-4r^2+16r+32]^2\end{aligned}}$$

$$cs^c=\frac{[(\alpha-1)r+\alpha-4]^2(a-m)^2[(\alpha-1)r-\alpha+4]^2(r+1)}{\begin{aligned}&[(\alpha-1)^3r^3+(\alpha-4)(\alpha-1)^2r^2+(-\alpha^3\\&+7\alpha^2-22\alpha+16)r-(\alpha-2)(\alpha-4)^2]^2\end{aligned}}$$

$$sw^c=-\frac{\begin{aligned}&2(a-m)^2\left[(r-1)^2(r+1)^3\alpha^5-\frac{9}{2}\left(r^3-\frac{5}{9}r^2-\frac{41}{9}r+\frac{35}{9}\right)\right.\\&(r+1)^2\alpha^4+(8r^5+16r^4-76r^3-118r^2+86r+120)\alpha^3+(-7r^5\\&-19r^4+113r^3+246r^2-256r-400)\alpha^2+(3r^5+11r^4-72r^3\\&\left.-232r^2+352r+640)\alpha-384-128r-\frac{5}{2}r^4+80r^2+16r^3-\frac{1}{2}r^5\right]\end{aligned}}{\begin{aligned}&[(r+1)^2(r-1)\alpha^3+(-3r^3-6r^2+7r+10)\alpha^2\\&+(3r^3+9r^2-22r-32)\alpha-r^3-4r^2+16r+32]^2\end{aligned}}$$

分析均衡条件下的产能过剩情况，通过分析可得：

推论5-1：在古诺竞争下，产能过剩和不足都可能存在，当 $\alpha>\frac{r}{r+1}$ 时，$x^c-q^c<0$，存在产能不足；当 $\alpha\leqslant\frac{r}{r+1}$ 时，$x^c-q^c\geqslant0$，存在产能过剩。

各均衡结果由常数 a、m 和变量 α、r 决定。a、m 为常数，不会影响均衡结果的正负以及各变量对均衡结果的影响，故假设 $a-m=1$。为了分析企业社会责任及产品差异化对产能过剩程度和社会福利的影响，需要考察 q^c 与 u^c 的正负情况。很容易推出 $q^c>0$ 与 $u^c>0$，因此可以进一步探索企业社会责任（α）和产品异质性（r）对均衡产量产能过剩程度（x^c-q^c）、社会总福利［$sw^c(\alpha, r)$］的影响。

（1）企业社会责任、产品差异化对产能的影响。

分析 α、r 对 x^c-q^c 的影响，可以得到：

$$\frac{\partial(x^c-q^c)}{\partial\alpha}=-\frac{\begin{array}{c}r[(r-1)(r+1)^3\alpha^4+(-4r^4-6r^3+2r^2+6r+2)\alpha^3\\+(6r^4+6r^3+2r^2+24r+22)\alpha^2+(-4r^4-2r^3\\-10r^2-76r-64)\alpha+r^4+6r^2+48r+32]\end{array}}{\begin{array}{c}[(r-1)(r+1)^2\alpha^3+(-3r^3-6r^2+7r+10)\alpha^2\\+(3r^3+9r^2-22r-32)\alpha-r^3-4r^2+16r+32]^2\end{array}} \tag{5.5}$$

$$\frac{\partial(x^c-q^c)}{\partial r}=-\frac{\begin{array}{c}[(r^2+1)(r+1)^2\alpha^4+(-4r^4-6r^3-14r^2-22r-10)\alpha^3\\+(6r^4+6r^3+38r^2+84r+32)\alpha^2+(-4r^4-2r^3\\-42r^2-128r-32)\alpha+r^4+16r^2+64r](\alpha-1)\end{array}}{\begin{array}{c}[(r-1)(r+1)^2\alpha^3+(-3r^3-6r^2+7r+10)\alpha^2\\+(3r^3+9r^2-22r-32)\alpha-r^3-4r^2+16r+32]^2\end{array}} \tag{5.6}$$

可见，式（5.5）、式（5.6）受 α 与 r 的影响，通过推导可得：

命题 5－1：企业社会责任对产能的影响：对于不同的 r，都存在一个 $0<\alpha^*<1$。当 $\alpha<\alpha^*$ 时，$\frac{\partial(x^c-q^c)}{\partial\alpha}<0$；当 $\alpha\geqslant\alpha^*$ 时，$\frac{\partial(x^c-q^c)}{\partial\alpha}\geqslant0$，且 $\frac{\partial\alpha^*}{\partial r}>0$（见图 5－1）。

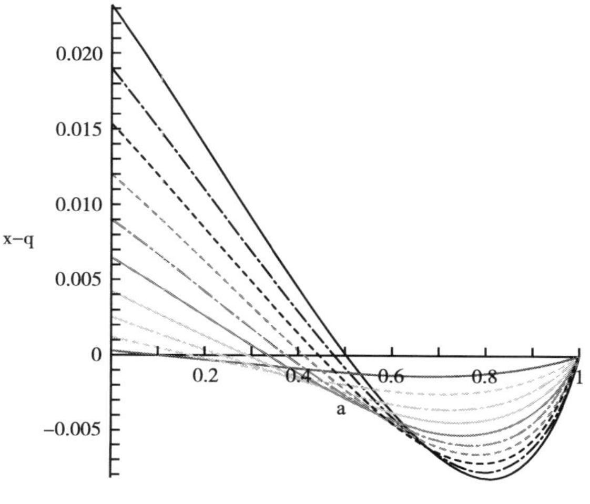

图 5－1　古诺竞争下 α 与 x^c-q^c

注：左起由下向上曲线对应的 r 值分别为：0.1、0.2、0.3、0.4、0.5、0.6、0.7、0.8、0.9、1。

产品差异化对产能的影响：当 $\alpha=0$ 时，$\frac{\partial(x^c-q^c)}{\partial r}>0$；当 $0<\alpha\leqslant 1$ 时，存在一个 $\alpha^{**}\in(0.686,\ 0.689)$；当 $0<\alpha\leqslant\alpha^{**}$ 时，随着 r 的不断增加，$\frac{\partial(x^c-q^c)}{\partial r}<0\rightarrow>0$；当 $\alpha>\alpha^{**}$ 时，$\frac{\partial(x^c-q^c)}{\partial r}<0$（见图 5－2）。

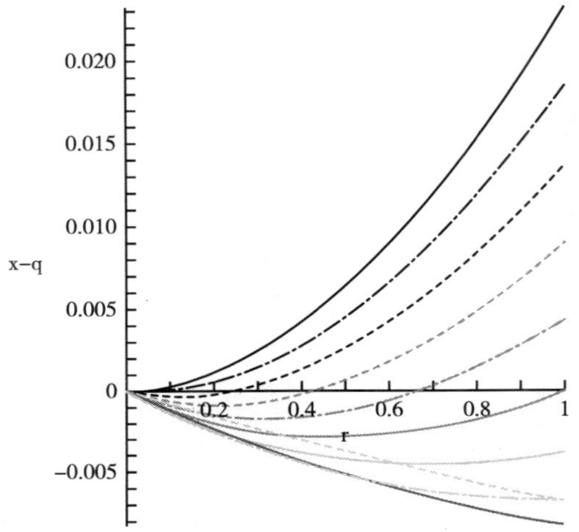

图 5－2　古诺竞争下 r 与 x^c-q^c

注：由上向下曲线对应的 α 值分别为：0、0.1、0.2、0.3、0.4、0.5、0.6、0.7、0.8、0.9、1。

命题 5－1 表明，企业社会责任水平与产能过剩程度间表现为先负相关后正相关的关系。随着产品同质性的增加，拐点对应的社会责任水平越来越高。在存在产能过剩的情况下，产品差异越小，社会责任水平越低，产能过剩越严重。当企业没有任何社会责任时，产品差异化与产能过剩程度负相关。如果具有社会责任但低于一定水平，随着产品差异化的增加，则产能过剩程度先增后减；如果高于这一水平，则产品差异化与产能过剩程度正相关。

（2）企业社会责任、产品差异化对社会福利的影响。

通过运算，可以得到：

$$\frac{\partial sw^c}{\partial \alpha}=\frac{\begin{aligned}&2((r+1)^4(r-1)^3\alpha^6-5(r+1)^3(r-1)\left(r^3-\frac{7}{5}r^2-\frac{21}{5}r+\frac{21}{5}\right)\alpha^5\\&+10(r+1)^2(r-1)\left(r^4-\frac{7}{10}r^3-11r^2-\frac{9}{10}r+18\right)\alpha^4+(-10r^7\\&-2r^6+202r^5+312r^4-758r^3-954r^2+722r+800)\alpha^3+(5r^7\\&+3r^6-149r^5-481r^4+1152r^3+1702r^2-1704r-1920)\alpha^2\\&+(-r^7-3r^6+43r^5+377r^4-738r^3-1376r^2+2016r+2304)\alpha\\&+r^6-r^5-114r^4+104r^3+672r^2-640r-1024)[(r+1)\alpha-r-4]\end{aligned}}{\begin{aligned}&[(r+1)^2(r-1)\alpha^3+(-3r^3-6r^2+7r+10)\alpha^2+\\&(3r^3+9r^2-22r-32)\alpha-r^3-4r^2+16r+32]^3\end{aligned}} \tag{5.7}$$

$$\frac{\partial sw^c}{\partial r}=\frac{\begin{aligned}&2[(r+1)\alpha-r-4]\left[(r-1)^3(r+1)^3\alpha^7+\left(\frac{41}{2}-\frac{13}{2}r^6+2r^5\right.\right.\\&\left.+\frac{83}{2}r^4+8r^3-\frac{95}{2}r^2-2r\right)\alpha^6+(18r^6-9r^5-192r^4-70r^3+318r^2\\&+39r-184)\alpha^5+\left(934-\frac{55}{2}r^6+15r^5+441r^4+312r^3-\frac{2423}{2}r^2\right.\\&\left.-251r\right)\alpha^4+(25r^6-10r^5-569r^4-708r^3+2772r^2+678r\\&-2856)\alpha^3+\left(5152-\frac{27}{2}r^6+\frac{843}{2}r^4+832r^3-3474r^2-816r\right)\alpha^2\\&+(4r^6+3r^5-168r^4-486r^3+2152r^2+608r-4992)\alpha\\&\left.+2048-\frac{1}{2}r^6-r^5+28r^4+112r^3-512r^2-256r\right]\end{aligned}}{\begin{aligned}&[(r+1)^2(r-1)\alpha^3+(-3r^3-6r^2+7r+10)\alpha^2\\&+(3r^3+9r^2-22r-32)\alpha-r^3-4r^2+16r+32]^3\end{aligned}}<0 \tag{5.8}$$

根据式（5.7）、式（5.8），通过推导可得：

命题 5－2：α 对 $sw^c(\alpha, r)$ 存在一个 $0<\alpha^{***}<1$。当 $\alpha<\alpha^{***}$ 时，$\frac{\partial sw^c}{\partial \alpha}>0$；当 $\alpha \geqslant \alpha^{***}$ 时，$\frac{\partial sw^c}{\partial \alpha} \leqslant 0$，且 $\frac{\partial \alpha^{***}}{\partial r}<0$（见图 5－3）。r 对 $sw^c(\alpha, r)$ 的影响为：$\frac{\partial sw^c}{\partial r}<0$（见图 5－4）。

由命题 5－2 可见，无论 r 取何值，随着企业社会责任水平的不断提高，社会福利是先增后减。随着产品同质性的不断增加，拐点对应的社会责任水平越来越低。可见，提高企业社会责任水平未必会增进社会福利，

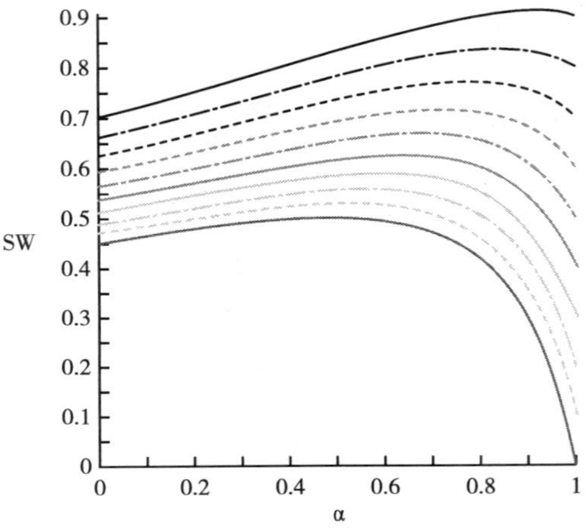

图 5-3　古诺竞争下 α 与 sw^c

注：由上向下曲线对应的 r 的值分别为：0.1、0.2、0.3、0.4、0.5、0.6、0.7、0.8、0.9、1。

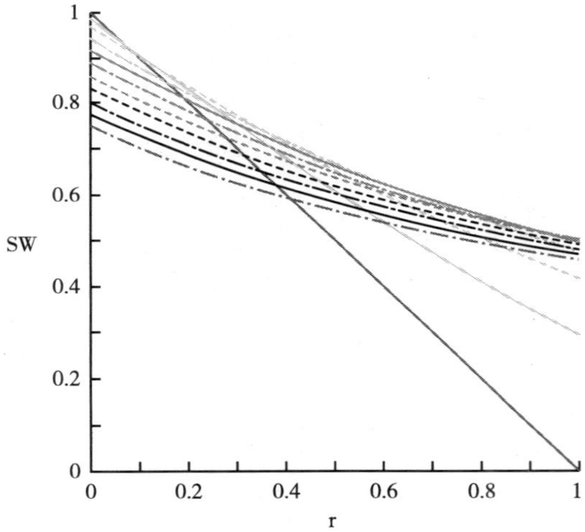

图 5-4　古诺竞争下 r 与 sw^c

注：左起由下向上曲线对应 α 值分别为：0、0.1、0.2、0.3、0.4、0.5、0.6、0.7、0.8、0.9、1。

这与人们对社会责任的普遍认识存在冲突。其原因在于，虽然提高企业社会责任水平有助于提高产量$\left(\frac{\partial q^c}{\partial \alpha}>0\right)$从而增加消费者剩余，但是可能会导致产能失衡、利润下降，进而造成社会总福利的下降。此外，社会福利与产品差异化正相关，意味着提高产品差异化有助于提升社会福利，这就解释了为何要鼓励企业加大产品技术创新，走差异化发展之路。

5.1.3.2　伯川德竞争均衡分析

第一步，考察第二阶段博弈，两家企业的价格决策需要满足一阶条件：$\frac{\partial u_i}{\partial p_i}=0$，可得到均衡价格：

$$p_1^b=\frac{\{a(\alpha-1)^2r^4-(\alpha-1)(a-m+2x_2)r^3+[-2a\alpha^2+(9a+m-2x_1)\alpha-7a-2m+4x_1]r^2+(\alpha-3)(a-m+2x_2)r+(\alpha-4)(\alpha a-3a-m+2x_1)\}}{\{(\alpha-1)r^2+r-\alpha+4)[(\alpha-1)r^2-r-\alpha+4]} \tag{5.9}$$

$$p_2^b=\frac{[a(\alpha-1)^2r^4-(\alpha-1)(a-m+2x_1)r^3+[-2a\alpha^2+(9a+m-2x_2]\alpha-7a-2m+4x_2]r^2+(\alpha-3)(a-m+2x_1)r+(\alpha-4)(\alpha a-3a-m+2x_2)\}}{((\alpha-1)r^2+r-\alpha+4)((\alpha-1)r^2-r-\alpha+4)} \tag{5.10}$$

第二步，考察企业的产能决策，将式（5.9）、式（5.10）代入企业效用函数，需要满足：$\frac{\partial u_i}{\partial x_i}=0$，可得均衡产能，进一步得到均衡价格、均衡产量。

$$x^b=x_1^b=x_2^b=\frac{2(a-m)\left[(\alpha-1)^2r^4+\left(\frac{1}{2}\alpha^2-\frac{1}{2}\alpha\right)r^3+\left(-\frac{3}{2}\alpha^2+7\alpha-6\right)r^2+\left(-\frac{1}{2}\alpha^2+\frac{3}{2}\alpha\right)r+\frac{(\alpha-4)^2}{2}\right]}{(\alpha-1)^3r^6+(\alpha-1)^2r^5+(-3\alpha^3+14\alpha^2-20\alpha+9)r^4-4\left(\alpha-\frac{3}{2}\right)^2r^3+(3\alpha^3-21\alpha^2+45\alpha-28)r^2+(3\alpha^2-14\alpha+16)r-(\alpha-2)(\alpha-4)^2} \tag{5.11}$$

$$p^b=p_1^b=p_2^b=\frac{\{a(\alpha-1)^3r^6+m(\alpha-1)^2r^5-3(\alpha-1)\left[a\alpha^2+\left(-\frac{10a}{3}-\frac{m}{3}\right)\alpha+\frac{8a}{3}+\frac{m}{3}\right]r^4+[(-2a-2m)\alpha^2+(2a+10m)\alpha-9m]r^3+[3a\alpha^3+(-19a-2m)\alpha^2+(35a+10m)\alpha-19a-9m]r^2+[(2a+m)\alpha^2+(-6a-8m)\alpha+16m]r-(\alpha-4)^2(a\alpha-a-m)\}}{(\alpha-1)^3r^6+(\alpha-1)^2r^5+(-3\alpha^3+14\alpha^2-20\alpha+9)r^4-4\left(\alpha-\frac{3}{2}\right)^2r^3+(3\alpha^3-21\alpha^2+45\alpha-28)r^2+(3\alpha^2-14\alpha+16)r-(\alpha-2)(\alpha-4)^2} \tag{5.12}$$

$$q^b = q_1^b = q_2^b = \frac{(a-m)[(\alpha-1)r^2+r-\alpha+4][(\alpha-1)r^2-r-\alpha+4]}{(\alpha-1)^3r^6+(\alpha-1)^2r^5+(-3\alpha^3+14\alpha^2-20\alpha+9)r^4 -4\left(\alpha-\frac{3}{2}\right)^2r^3+(3\alpha^3-21\alpha^2+45\alpha-28)r^2 +(3\alpha^2-14\alpha+16)r-(\alpha-2)(\alpha-4)^2} \tag{5.13}$$

引理 5-2：伯川德竞争下的均衡结果为：

$$x^b - q^b = \frac{[(\alpha-1)r^2-\alpha+3]r(a-m)[(\alpha-1)r+\alpha]}{(\alpha-1)^3r^6+(\alpha-1)^2r^5+(-3\alpha^3+14\alpha^2-20\alpha+9)r^4 -4\left(\alpha-\frac{3}{2}\right)^2r^3+(3\alpha^3-21\alpha^2+45\alpha-28)r^2+ (3\alpha^2-14\alpha+16)r-(\alpha-2)(\alpha-4)^2}$$

$$\pi^b = \pi_1^b = \pi_2^b = \frac{\left\{\left[(\alpha-1)^5r^{10}-5\left(\alpha^2-\frac{19}{5}\alpha+\frac{16}{5}\right)(\alpha-1)^3r^8 -4\alpha(\alpha-1)^3r^7+(10\alpha^5-91\alpha^4+302\alpha^3-471\alpha^2+351\alpha -101)r^6+(10\alpha^4-54\alpha^3+80\alpha^2-36\alpha)r5+(-10\alpha^5 +117\alpha^4-500\alpha^3+976\alpha^2-889\alpha+306)r^4+(-8\alpha^4 +64\alpha^3-156\alpha^2+104\alpha)r^3+(5\alpha^5-72\alpha^4+388\alpha^3 -965\alpha^2+1088\alpha-448)r^2+2\alpha(\alpha-3)(\alpha-4)^2r -(\alpha-1)(\alpha-4)^4\right](a-m)^2\right\}}{\left[(\alpha-1)^3r^6+(\alpha-1)^2r^5+(-3\alpha^3+14\alpha^2-20\alpha+9)r^4 -4\left(\alpha-\frac{3}{2}\right)^2r^3+(3\alpha^3-21\alpha^2+45\alpha-28)r^2+ (3\alpha^2-14\alpha+16)r-(\alpha-2)(\alpha-4)^2\right]^2}$$

$$u^b = u_1^b = u_2^b = \frac{\left\{\left[(\alpha-1)^5r^{10}+\alpha(\alpha-1)^4r^9-4\left(\alpha^2-\frac{9}{2}\alpha+4\right)(\alpha-1)^3r^8 -4\alpha\left(\alpha^2-4\alpha+\frac{7}{2}\right)(\alpha-1)^2r^7+(6\alpha^5-63\alpha^4+240\alpha^3 -415\alpha^2+333\alpha-101)r^6+(6\alpha^5-50\alpha^4+148\alpha^3-180\alpha^2 +77\alpha)r^5+(-4\alpha^5+57\alpha^4-298\alpha^3+716\alpha^2-776\alpha+306)r^4 +(-4\alpha^5+44\alpha^4-178\alpha^3+308\alpha^2-184\alpha)r^3+(\alpha^5- 20\alpha^4+146\alpha^3-501\alpha^2+800\alpha-448)r^2+\alpha(\alpha^2 -6\alpha+10)(\alpha-4)^2r+(\alpha-4)^4\right](a-m)^2\right\}}{\left[(\alpha-1)^3r^6+(\alpha-1)^2r^5+(-3\alpha^3+14\alpha^2-20\alpha+9)r^4 -4\left(\alpha-\frac{3}{2}\right)^2r^3+(3\alpha^3-21\alpha^2+45\alpha-28)r^2 +(3\alpha^2-14\alpha+16)r-(\alpha-2)(\alpha-4)^2\right]^2}$$

$$cs^b=\frac{\dfrac{(r+1)[(\alpha-1)r^2-r-\alpha+4]^2(a-m)^2}{[(\alpha-1)r^2+r-\alpha+4]^2}}{\begin{aligned}&[(\alpha-1)^3r^6+(\alpha-1)^2r^5+(-3\alpha^3+14\alpha^2-20\alpha\\&+9)r^4-4\left(\alpha-\frac{3}{2}\right)^2r^3+(3\alpha^3-21\alpha^2+45\alpha-28)r^2\\&+(3\alpha^2-14\alpha+16)r-(\alpha-2)(\alpha-4)^2]^2\end{aligned}}$$

$$sw^b=\frac{\begin{aligned}&\Big\{2\Big[(\alpha-1)^5r^{10}+\frac{(\alpha-1)^4r^9}{2}-5\left(\alpha^2-\frac{39}{10}\alpha+\frac{33}{10}\right)\\&(\alpha-1)^3r^8+(-6\alpha^4+26\alpha^3-43\alpha^2+32\alpha-9)r^7+\\&(10\alpha^5-93\alpha^4+316\alpha^3-502\alpha^2+379\alpha-110)r^6\\&+\left(181\alpha^2-166\alpha+13\alpha^4-84\alpha^3+\frac{113}{2}\right)r^5+\\&\left(-530\alpha^3+1077\alpha^2-1019\alpha-10\alpha^5+120\alpha^4+\frac{725}{2}\right)r^4\\&+(-10\alpha^4+90\alpha^3-277\alpha^2+336\alpha-144)r^3\\&+(5\alpha^5-74\alpha^4+414\alpha^3-1086\alpha^2+1320\alpha-592)r^2\\&+\frac{5(\alpha-4)^2\left(\alpha^2-4\alpha+\frac{16}{5}\right)r}{2}-(\alpha-4)^4\left(\alpha-\frac{3}{2}\right)\Big]\\&(a-m)^2\Big\}\end{aligned}}{\begin{aligned}&[(\alpha-1)^3r^6+(\alpha-1)^2r^5+(-3\alpha^3+14\alpha^2-20\alpha+9)r^4\\&-4\left(\alpha-\frac{3}{2}\right)^2r^3+(3\alpha^3-21\alpha^2+45\alpha-28)r^2\\&+(3\alpha^2-14\alpha+16)r-(\alpha-2)(\alpha-4)^2]^2\end{aligned}}$$

推论 5－2：在伯川德竞争均衡下，产能过剩和不足都可能存在，当 $\alpha>\frac{r}{r+1}$时，$x^b-q^b>0$；当 $\alpha\leqslant\frac{r}{r+1}$时，$x^c-q^c\leqslant0$。

与推论 5－1 相比，产能产量的均衡点是一样的，但除了均衡点之外两种模式下的产能产量差的正负情况相反，这体现出寡头垄断模式对产能过剩的影响。

由于 q^b与 $u^b>0$，因此可进一步分析 α、r 对产能过剩和社会福利的影响。

（1）企业社会责任、产品差异化对产能的影响。

分析 α 对产能过剩程度的影响，可以得到：

$$\frac{\partial(x^b - q^b)}{\partial \alpha} = -\frac{\begin{aligned}&\{r(r+1)[(\alpha-1)^4 r^8 + 2(\alpha-1)^3 r^7 + (-4\alpha^4 + 18\alpha^3 \\ &-28\alpha^2 + 18\alpha - 4)r^6 + (-6\alpha^3 + 26\alpha^2 - 32\alpha + 12)r^5 \\ &+ (6\alpha^4 - 30\alpha^3 + 36\alpha^2 - 11)r^4 + (6\alpha^3 - 34\alpha^2 + 54\alpha \\ &-26)r^3 + (-4\alpha^4 + 22\alpha^3 - 12\alpha^2 - 78\alpha + 78)r^2 + (-2\alpha^3 \\ &+ 14\alpha^2 - 28\alpha + 16)r + \alpha^4 - 6\alpha^3 - 2\alpha^2 + 64\alpha - 96]\}\end{aligned}}{\begin{aligned}&[(\alpha-1)^3 r^6 + (\alpha-1)^2 r^5 + (-3\alpha^3 + 14\alpha^2 - 20\alpha + 9)r^4 \\ &-4\left(\alpha - \frac{3}{2}\right)^2 r^3 + (3\alpha^3 - 21\alpha^2 + 45\alpha - 28)r^2 \\ &+ (3\alpha^2 - 14\alpha + 16)r - (\alpha-2)(\alpha-4)^2]^2\end{aligned}} \tag{5.14}$$

$$\frac{\partial(x^b - q^b)}{\partial r} = \frac{\begin{aligned}&[-2(\alpha-1)^5 r^9 - 3\left(\alpha + \frac{1}{3}\right)(\alpha-1)^4 r^8 + 4\left(\alpha^2 - \frac{9}{2}\alpha + 3\right) \\ &(\alpha-1)^3 r^7 + 8\alpha(\alpha-3)(\alpha-1)^3 r^6 + 2(\alpha^2 - 3\alpha - 1)(\alpha-1)^2 r^5 \\ &+ (-6\alpha^5 + 50\alpha^4 - 152\alpha^3 + 206\alpha^2 - 119\alpha + 21)r^4 + (-4\alpha^5 \\ &+ 46\alpha^4 - 198\alpha^3 + 394\alpha^2 - 362\alpha + 128)r^3 + (8\alpha^3 - 52\alpha^2 + 94\alpha \\ &-48)r^2 + 2(\alpha-1)(\alpha-2)(\alpha-3) \times (\alpha-4)^2 r + \alpha(\alpha-2) \\ &(\alpha-3)(\alpha-4)^2]\end{aligned}}{\begin{aligned}&[(\alpha-1)^3 r^6 + (\alpha-1)^2 r^5 + (-3\alpha^3 + 14\alpha^2 - 20\alpha + 9)r^4 \\ &-4\left(\alpha - \frac{3}{2}\right)^2 r^3 + (3\alpha^3 - 21\alpha^2 + 45\alpha - 28)r^2 \\ &+ (3\alpha^2 - 14\alpha + 16)r - (\alpha-2)(\alpha-4)^2]^2\end{aligned}} \tag{5.15}$$

命题 5 -3：α 对 $x^b - q^b$ 的影响：$\frac{\partial(x^b - q^b)}{\partial \alpha} > 0$（见图 5 -5）；

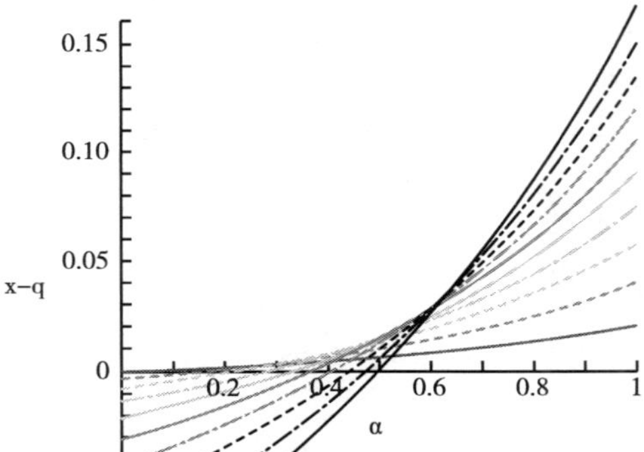

图 5 -5　伯川德竞争下 α 与 $x^b - q^b$

注：左起由上向下曲线对应的 r 值分别为：0.1、0.2、0.3、0.4、0.5、0.6、0.7、0.8、0.9、1。

r 对 $x^b - q^b$ 的影响：当 $\alpha = 0$ 时，$\frac{\partial(x^b - q^b)}{\partial r} < 0$；当 $0 < \alpha \leqslant 1$ 时，存在一个 $\alpha^{****} \in (0.638, 0.639)$；当 $0 < \alpha \leqslant \alpha^{****}$ 时，随着 r 的增加，$\frac{\partial(x^b - q^b)}{\partial r} > 0 \rightarrow < 0$；当 $\alpha^{****} < \alpha \leqslant 1$ 时，$\frac{\partial(x^b - q^b)}{\partial r} > 0$（见图 5-6）。

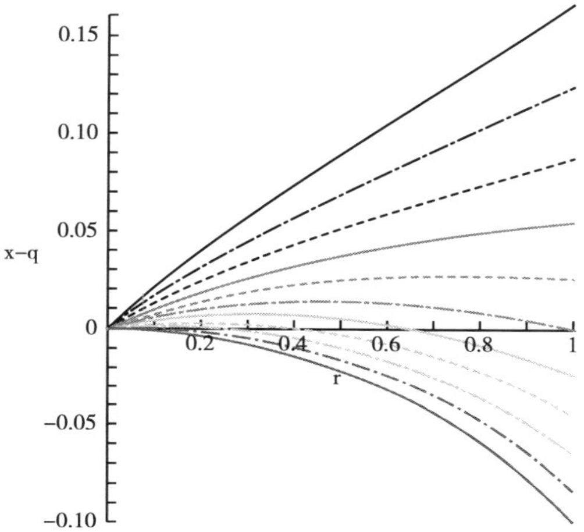

图 5-6 伯川德竞争下 r 与 $x^b - q^b$

注：由下向上曲线对应的 α 值分别为：0、0.1、0.2、0.3、0.4、0.5、0.6、0.7、0.8、0.9、1。

由命题 5-3 可见，产能过剩程度与企业社会责任正相关，意味着企业社会责任水平越高，越容易导致产能与产量之差增加，进而形成产能过剩或导致更为严重的产能过剩。这一结果与古诺竞争情形不同，企业社会责任水平与产能过剩之间的关系不再是由负相关转为正相关，而是单调的正相关。这意味着，寡头竞争类型对企业社会责任水平与产能过剩之间的关系存在影响。此外，随着产品差异化的不断加强，$\frac{\partial(x^b - q^b)}{\partial \alpha}$ 越来越小，即社会责任水平对社会福利的边际提升作用越来越低。

当企业没有承担任何企业社会责任时，产品差异化程度与产能过剩程度呈正相关关系。如果承担社会责任低于一定水平，则产品差异化与产能过剩程度呈先负相关后正相关的关系；如果高于这一水平，则产品差异化与产能过剩程度呈负相关的关系。与古诺竞争情形相比，产品差异化与产能过剩之间的关系相类似，但是企业社会责任水平的影响发生了变化。

（2）企业社会责任、产品差异化对社会福利的影响。

分析 α、r 对 $sw^b(\alpha, r)$ 的影响，可以得到：

$$
\frac{\partial sw^{b}}{\partial \alpha}=-\frac{\begin{array}{c}
\{2[(\alpha-1)r^{2}+r-\alpha+4)(r+1)((\alpha-1)^{6}r^{13}-\alpha(\alpha-1)^{5}r^{12}-6(\alpha-1)^{4}\\
\left(\alpha^{2}-4\alpha+\frac{10}{3}\right)r^{11}+6\left(\alpha^{3}-5\alpha^{2}+5\alpha-\frac{2}{3}\right)(\alpha-1)^{3}r^{10}+(15\alpha^{6}-152\alpha^{5}\\
+611\alpha^{4}-1242\alpha^{3}+1356\alpha^{2}-760\alpha+172)r^{9}+(-15\alpha^{6}+163\alpha^{5}-636\alpha^{4}\\
+1164\alpha^{3}-1076\alpha^{2}+478\alpha-78)r^{8}+(-20\alpha^{6}+248\alpha^{5}-1228\alpha^{4}+3092\alpha^{3}\\
-4150\alpha^{2}+2814\alpha-756)r^{7}+(20\alpha^{6}-272\alpha^{5}+1360\alpha^{4}-3228\alpha^{3}+3878\alpha^{2}\\
-\ +(15\alpha^{6}-222\alpha^{5}+1313\alpha^{4}-3980\alpha^{3}+6525\alpha^{2}-5422\alpha+1763)r^{5}\\
+(-15\alpha^{6}+243\alpha^{5}-1494\alpha^{4}+4474\alpha^{3}-6871\alpha^{2}+5109\alpha-1426)r^{4}\\
+(-6\alpha^{6}+104\alpha^{5}-716\alpha^{4}+2532\alpha^{3}-4924\alpha^{2}+5030\alpha-2040)r^{3}+(6\alpha^{6}\\
-112\alpha^{5}+822\alpha^{4}-3030\alpha^{3}+5862\alpha^{2}-5536\alpha+1952)r^{2}+(\alpha-2)\\
(\alpha-7)(\alpha^{2}-3\alpha+4)(\alpha-4)^{2}r-(\alpha-1)(\alpha-4)^{5}]\}
\end{array}}{\begin{array}{c}
[(\alpha-1)^{3}r^{6}+(\alpha-1)^{2}r^{5}+(-3\alpha^{3}+14\alpha^{2}-20\alpha+9)r^{4}-4\left(\alpha-\frac{3}{2}\right)^{2}r^{3}\\
+(3\alpha^{3}-21\alpha^{2}+45\alpha-28)r^{2}+(3\alpha^{2}-14\alpha+16)r-(\alpha-2)(\alpha-4)^{2}]^{3}
\end{array}}
\tag{5.16}
$$

$$
\frac{\partial sw^{b}}{\partial r}=-\frac{\begin{array}{c}
\{4[(\alpha-1)r^{2}+r-\alpha+4)\left((\alpha-1)^{7}r^{13}-\frac{(\alpha-1)^{6}r^{12}}{4}-6\left(\alpha^{2}-\frac{23}{6}\alpha+\frac{13}{4}\right)\right.\\
(\alpha-1)^{5}r^{11}+15\left(\alpha^{4}-\frac{124}{15}\alpha^{3}+\frac{114}{5}\alpha^{2}-\frac{157}{6}\alpha+\frac{323}{30}\right)(\alpha-1)^{3}r^{9}+\frac{73}{4}\left(\alpha^{4}-\right.\\
\left.\frac{434}{73}\alpha^{3}+\frac{829}{73}\alpha^{2}-\frac{660}{73}\alpha+\frac{193}{73}\right)(\alpha-1)^{2}r^{8}+\left(278\alpha^{6}-1521\alpha^{5}+4316\alpha^{4}-\right.\\
\left.6982\alpha^{3}+6515\alpha^{2}-\frac{6543}{2}\alpha-20\alpha^{7}+\frac{1371}{2}\right)r^{7}+\left(-21\alpha^{6}+236\alpha^{5}-\frac{2067}{2}\alpha^{4}\right.\\
\left.+2256\alpha^{3}-2624\alpha^{2}+1564\alpha-\frac{1511}{4}\right)r^{6}+\left(15\alpha^{7}-245\alpha^{6}+1591\alpha^{5}-5361\alpha^{4}\right.\\
\left.+10205\alpha^{3}-11077\alpha^{2}+6403\alpha-\frac{3061}{2}\right)r^{5}+\left(\frac{49}{4}\alpha^{6}-\frac{377}{2}\alpha^{5}+\frac{4521}{4}\alpha^{4}\right.\\
\left.-3353\alpha^{3}+\frac{20729}{4}\alpha^{2}-3995\alpha+1214\right)r^{4}+\left(-6\alpha^{7}+109\alpha^{6}-\frac{1617}{2}\alpha^{5}\right.\\
\left.+\frac{6345}{2}\alpha^{4}-7099\alpha^{3}+9031\alpha^{2}-6047\alpha+1656\right)r^{3}+\left(-\frac{11}{2}\alpha^{6}+100\alpha^{5}\right.\\
\left.-\frac{2869}{4}\alpha^{4}+2589\alpha^{3}-4949\alpha^{2}+4756\alpha-1792\right)r^{2}+\left(\alpha^{5}-11\alpha^{4}+49\alpha^{3}\right.\\
\left.-\frac{213}{2}\alpha^{2}+107\alpha-40\right)(\alpha-4)^{2}r+\frac{7}{4}(\alpha-2)^{2}\left(\alpha-\frac{16}{7}\right)(\alpha-4)^{3}]\}
\end{array}}{\begin{array}{c}
[(\alpha-1)^{3}r^{6}+(\alpha-1)^{2}r^{5}+(-3\alpha^{3}+14\alpha^{2}-20\alpha+9)r^{4}\\
-4\left(\alpha-\frac{3}{2}\right)^{2}r^{3}+(3\alpha^{3}-21\alpha^{2}+45\alpha-28)r^{2}\\
+(3\alpha^{2}-14\alpha+16)r-(\alpha-2)(\alpha-4)^{2}]^{3}
\end{array}}<0
\tag{5.17}
$$

根据式（5.16）、式（5.17），通过推导可得：

命题5－4：α 对 $sw^b(\alpha, r)$ 的影响：存在一个 $0<\alpha^{****}<1$，当 $\alpha<\alpha^{*****}$ 时，$\frac{\partial sw^b}{\partial \alpha}>0$；当 $\alpha \geqslant \alpha^{****}$ 时，$\frac{\partial sw^b}{\partial \alpha} \leqslant 0$，且 $\frac{\partial \alpha^{****}}{\partial r}<0$（见图5－7）。r 对 $sw^b(\alpha, r)$ 的影响：$\frac{\partial sw^b}{\partial r}<0$（见图5－8）。

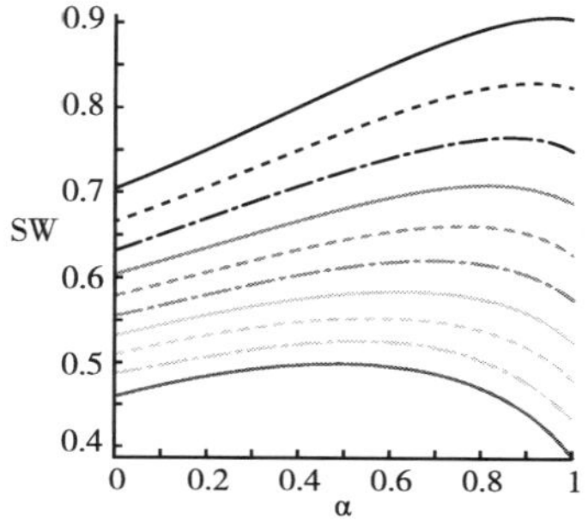

图5－7　伯川德竞争下 α 与 sw^b

注：左起由上向下曲线对应的 r 值分别为：0.1、0.2、0.3、0.4、0.5、0.6、0.7、0.8、0.9、1。

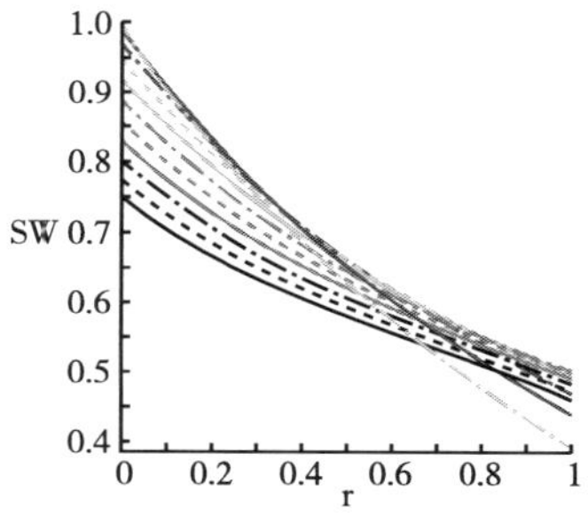

图5－8　伯川德竞争下 r 与 sw^b

注：左起由下向上曲线对应 α 值分别为：0、0.1、0.2、0.3、0.4、0.5、0.6、0.7、0.8、0.9、1。

由命题5－4可见，无论 r 取何值，随着社会责任水平的提升，企业社会责任水平与社会福利间呈先正相关后负相关的关系。随着产品同质性的不断增加，拐点对应的社会责任水平越来越低。其原因仍然在于，履行更高水平的社会责任虽然会增加消费者剩余，但会导致企业利润水平更大幅度地下降，进而导致总体社会福利下降。社会福利与产品差异化之间是正相关关系，意味着提高产品差异化有助于提升社会福利。这些结论与古诺竞争的情况一致。

5.1.3.3 两类市场模式比较分析

比较古诺和伯川德两种市场结构下的产能过剩程度与社会福利水平，令 $z_1 = x^c - q^c - (x^b - q^b)$，令 $z_2 = sw^c - sw^b$，可以得到：

$$z_1 = \frac{\begin{array}{c} r[(\alpha-1)^4 r^6 - (\alpha-2)(\alpha-1)^3 r^5 - 4\left(\alpha^2 - 4\alpha + \frac{13}{4}\right)(\alpha-1)^2 r^4 + (2\alpha^4 \\ - 18\alpha^3 + 57\alpha^2 - 69\alpha + 28) r^3 + (5\alpha^4 - 44\alpha^3 + 135\alpha^2 - 168\alpha + 72) r^2] \\ - (\alpha-1)(\alpha-4)^3 r - 2(\alpha-2)^2(\alpha-4)^2)[(\alpha-1)r + \alpha)] \end{array}}{\begin{array}{c} [(\alpha-1)^3 r^3 + (\alpha-4)(\alpha-1)^2 r^2 + (-\alpha^3 + 7\alpha^2 - 22\alpha + 16) r - (\alpha-2) \\ (\alpha-4)^2][(\alpha-1)^3 r^6 + (\alpha-1)^2 r^5 + (-3\alpha^3 + 14\alpha^2 - 20\alpha + 9) r^4 - 4\left(\alpha - \frac{3}{2}\right)^2 r^3 \\ + (3\alpha^3 - 21\alpha^2 + 45\alpha - 28) r^2 + (3\alpha^2 - 14\alpha + 16) r - (\alpha-2)(\alpha-4)^2] \end{array}} \tag{5.18}$$

$$z_2 = -\frac{\begin{array}{c} \{[2(\alpha-1)r + 2\alpha] r[(\alpha-1)^9 \left(\alpha - \frac{1}{2}\right) r^{15} + (\alpha-1)^8 \left(\alpha^2 - 3\alpha + \frac{5}{2}\right) r^{14} - 7(\alpha-1)^7 \\ \left(\alpha^3 - \frac{71}{14}\alpha^2 + \frac{121}{14}\alpha - \frac{22}{7}\right) r^{13} - 7(\alpha-1)^6 \left(\alpha^4 - \frac{50}{7}\alpha^3 + 21\alpha^2 - 29\alpha + \frac{109}{7}\right) r^{12} \\ + 21(\alpha-1)^5 \left(\alpha^5 - \frac{419}{42}\alpha^4 + \frac{824}{21}\alpha^3 - \frac{520}{7}\alpha^2 + 66\alpha - \frac{115}{6}\right) r^{11} + 21(\alpha-1)^4 \left(\alpha^6 - \frac{82}{7}\alpha^5 \right. \\ \left. + \frac{2465}{42}\alpha^4 - \frac{3370}{21}\alpha^3 + \frac{5326}{21}\alpha^2 - \frac{4531}{21}\alpha + \frac{3253}{42}\right) r^{10} - 35(\alpha-1)^3 \left(\alpha^7 - \frac{151}{10}\alpha^6 + \frac{6697}{70}\alpha^5 \right. \\ \left. - \frac{11528}{35}\alpha^4 + \frac{23162}{35}\alpha^3 - \frac{53629}{70}\alpha^2 + \frac{4607}{10}\alpha - \frac{3709}{35}\right) r^9 + (-35\alpha^{10} + 651\alpha^9 - 5418\alpha^8 + 26570\alpha^7 \\ - 84974\alpha^6 + 184763\alpha^5 - 275955\alpha^4 + 279137\alpha^3 - 182918\alpha^2 + 70119\alpha - 11940) r^8 + \left(35\alpha^{10} \right. \\ - \frac{1493}{2}\alpha^9 + \frac{13991}{2}\alpha^8 - 38012\alpha^7 + 132604\alpha^6 - 309400\alpha^5 + 486159\alpha^4 - 504223\alpha^3 + 327982\alpha^2 \\ \left. - 120026\alpha + 18632\right) r^7 + \left(35\alpha^{10} - 759\alpha^9 + \frac{14663}{2}\alpha^8 - 41612\alpha^7 + 153660\alpha^6 - 384783\alpha^5 \right. \\ \left. + 659626\alpha^4 - 763352\alpha^3 + 571422\alpha^2 - 250584\alpha + 49056\right) r^6 + \left(-21\alpha^{10} + \frac{1031}{2}\alpha^9 - 5578\alpha^8 \right. \\ \left. + 35132\alpha^7 - 142800\alpha^6 + 390738\alpha^5 - 724340\alpha^4 + 888122\alpha^3 - 679344\alpha^2 + 288176\alpha - 50560\right) r^5 \\ + (-21\alpha^{10} + 522\alpha^9 - 5776\alpha^8 + 37559\alpha^7 - 159069\alpha^6 + 457690\alpha^5 - 902542\alpha^4 + 1199472\alpha^3 \\ - 1026960\alpha^2 + 513152\alpha - 114432) r^4 + 7 \times (\alpha-4)^4 \left(\alpha^6 - \frac{163}{14}\alpha^5 + \frac{789}{14}\alpha^4 - \frac{1053}{7}\alpha^3 + \frac{1538}{7}\alpha^2 \right. \\ \left. - 154\alpha + \frac{264}{7}\right) r^3 + 7(\alpha-4)^3 \left(\alpha^7 - 16\alpha^6 + \frac{1535}{14}\alpha^5 - \frac{2958}{7}\alpha^4 + \frac{6866}{7}\alpha^3 - 1344\alpha^2 + \frac{6976}{7}\alpha \right. \\ \left. - \frac{2176}{7}\right) r^2 - (\alpha-4)^4 \left(\alpha^6 - \frac{29}{2}\alpha^5 + 87\alpha^4 - 278\alpha^3 + 512\alpha^2 - 464\alpha + 128\right) r - (\alpha-1) \\ (\alpha-2)(\alpha^2 - 4\alpha + 8)(\alpha-4)^6]\} \end{array}}{\begin{array}{c} [(\alpha-1)^3 r^6 + (\alpha-1)^2 r^5 + (-3\alpha^3 + 14\alpha^2 - 20\alpha + 9) r^4 - 4\left(\alpha - \frac{3}{2}\right)^2 r^3 + (3\alpha^3 - 21\alpha^2 \\ + 45\alpha - 28) r^2 + (3\alpha^2 - 14\alpha + 16) r - (\alpha-2)(\alpha-4)^2]^2 [(\alpha-1)^3 r^3 + (\alpha-4)(\alpha-1)^2 r^2 \\ + (-\alpha^3 + 7\alpha^2 - 22\alpha + 16) r - (\alpha-2) \times (\alpha-4)^2)^2] \end{array}} \tag{5.19}$$

根据式（5.18）、式（5.19），经分析可得：

命题5－5：当$\alpha>\frac{r}{r+1}$时，$z_1<0$，$z_2>0$；当$\alpha\leqslant\frac{r}{r+1}$时，$z_1\geqslant0$，$z_2\leqslant0$（见图5－9）。

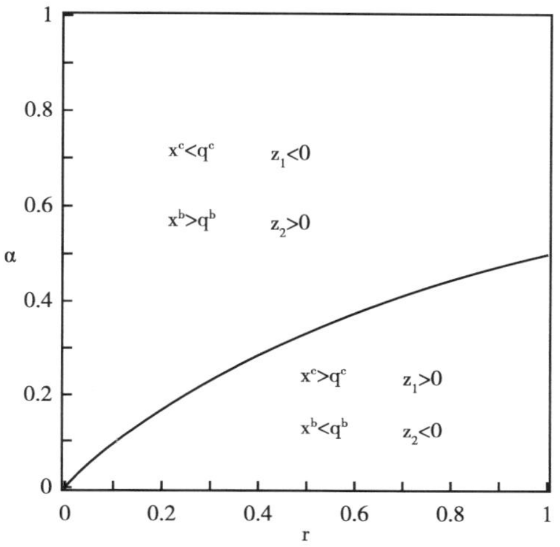

图5－9　均衡状态下两类模式的产能过剩与社会福利比较

由命题5－5可见，两类模式产能过剩与社会福利的分界点和产能产量均衡点是一样的。当社会责任水平与产品差异化间存在一个特定关系$\left(\alpha=\frac{r}{r+1}\right)$时，古诺竞争和伯川德竞争的产能过剩程度和社会福利相等。如果企业社会责任高于一定水平$\left(\alpha>\frac{r}{r+1}\right)$，则伯川德竞争下的产能过剩程度更高，社会福利水平更低，否则是古诺竞争的产能过剩程度更高以及社会福利更低。由此可见，产能过剩并不意味着社会福利的降低，因此不能为了去产能而去产能，去产能要旨在增进社会福利。

5.1.3.4　结论

本部分构建了考虑产品差异化和企业社会责任的企业产能决策模型，分别揭示了古诺和伯川德两类模式下的市场均衡结果，以及企业社会责任、产品差异化对产能过剩程度和社会福利的影响，并进行了对比分析。通过分析，得出以下结论：

第一，产能产量均衡只有在特定条件下才能实现，产能不足或过剩都会出现。研究表明，无论是古诺竞争还是伯川德竞争，只有当$\alpha=\frac{r}{r+1}$时，产能产量才能实现均衡。否则，会出现产能过剩或不足。两种模式在产能产量非均衡的情况下产能与产量差的符号相反。

第二，企业社会责任水平和产品差异化影响产能过剩。在古诺竞争下，当企业不承担任何企业社会责任时，产品差异化与产能过剩负相关。随着企业社会责任水平的不断提高，产能过剩程度先递减再递增。且随着产品同质性的增加，拐点对应的社会责任水平越来越高。如果具有较低水平的社会责任，则产品差异化与产能过剩程度是先正相关后负相关的关系；如果高于一定水平，则是正相关。在伯川德竞争下，企业社会责任水平与产能过剩程度正相关；产品差异化与产能过剩之间的关系与古诺竞争相类似，但是企业社会责任对产品差异化和产能过剩之间关系的影响发生了变化。

第三，企业社会责任水平和产品差异化影响社会福利。在古诺和伯川德竞争两种模式下，随着企业社会责任水平的不断提高，企业社会责任与社会福利间呈先正相关后负相关的关系；产品差异化与社会福利正相关。可见，追求企业社会责任并不能一定能提高社会福利。社会福利与产品差异化正相关，可以通过提高产品的差异化水平进而提升社会福利。但是，企业社会责任与社会总福利之间不完全是正相关关系，如果企业社会责任高于特定水平，则产能过剩程度更高，社会福利水平更低。处理产能过剩问题时，虽然需要企业提高社会责任，兼顾社会的承受力，通过不裁员、少裁员来保障民生，但同时也需要考虑企业的现实情况、整个社会的总福利水平，不能让企业失去市场活力。在应对产能过剩问题与社会总福利的关系时，同样应把握好企业履行社会责任的量度，既让企业履行好社会责任，也通过鼓励企业加大产品研发创新，走好差异化发展之路，实现各方都受益。

第四，存在一个分界点 $\alpha = \frac{r}{r+1}$，在该点古诺竞争和伯川德竞争的产能过剩程度和社会福利相等。如果 $\alpha > \frac{r}{r+1}$，则伯川德竞争下的产能过剩程度更高，社会福利水平更低，否则则是古诺竞争。

5.1.4 市场竞争类型、产能选择与消费者友好型企业社会责任

下面考察将市场竞争类型纳入模型分析。假设产品同质，考察古诺竞争、斯塔克尔伯格竞争和价格领导者竞争三类市场竞争类型下企业社会责任对产能选择，进而对各类均衡结果的影响及机理。三类市场分别用上标 c、s、p 来表示三类寡头垄断竞争下的均衡结果。反需求函数为 $p_i = a -$

q_i-q_j，$i\neq j$，i、$j=1$ 或 2。

5.1.4.1　古诺竞争分析

第一步，考察第二阶段博弈，根据效用最大化原则，两家企业的产量决策需要满足$\frac{\partial u_1}{\partial q_1}=0$ 与$\frac{\partial u_2}{\partial q_2}=0$，进而得到均衡产量：

$$q_1^c=\frac{(2x_1-2x_2)\alpha-3a+3m-8x_1+2x_2}{6\alpha-15} \tag{5.20}$$

$$q_2^c=\frac{(2x_2-2x_1)\alpha-3a+3m-8x_2+2x_1}{6\alpha-15} \tag{5.21}$$

第二步，考察第一阶段博弈，将式（5.20）、式（5.21）代入企业效用函数，效用最大化要保证产能满足$\frac{\partial u_1}{\partial x_1}=0$ 与$\frac{\partial u_2}{\partial x_2}=0$，得到均衡产能，并可进一步得到均衡产量：

$$x^c=x_1^c=x_2^c=\frac{(a-m)(2\alpha^2-9\alpha+16)}{8\alpha^2-42\alpha+43} \tag{5.22}$$

$$q^c=q_1^c=q_2^c=-\frac{3(a-m)(2\alpha-5)}{8\alpha^2-42\alpha+43} \tag{5.23}$$

引理 5-3：古诺竞争均衡状态下的产能过剩程度、企业利润、企业效用、消费者剩余、社会福利分别为：

$$x^c-q^c=\frac{(a-m)(2\alpha^2-3\alpha+1)}{8\alpha^2-42\alpha+43};$$

$$\pi^c=\pi_1^c=\pi_2^c=-\frac{4\left(\alpha-\frac{1}{2}\right)(a-m)^2\left(\alpha^3+\frac{19}{2}\alpha^2-67\alpha+97\right)}{(8\alpha^2-42\alpha+43)^2};$$

$$u^c=u_1^c=u_2^c=-\frac{4(a-m)^2\left(\alpha^4-9\alpha^3+\frac{73}{4}\alpha^2+18\alpha-\frac{97}{2}\right)}{(8\alpha^2-42\alpha+43)^2};$$

$$cs^c=\frac{18(a-m)^2(2\alpha-5)^2}{(8\alpha^2-42\alpha+43)^2};$$

$$sw^c=-\frac{2(a-m)^2(4\alpha^4+36\alpha^3-323\alpha^2+702\alpha-419)}{(8\alpha^2-42\alpha+43)^2}。$$

分析均衡条件下的产能过剩，可得：

推论 5-3：在古诺竞争下，产能过剩、不足和均衡都可能存在，当$0\leqslant\alpha\leqslant\frac{1}{2}$时，$x^c-q^c\geqslant0$；当$\frac{1}{2}<\alpha\leqslant1$ 时，$x^c-q^c\leqslant0$。

证明如下：

在 $\alpha \in [0, 1]$ 的前提下，令 $x^c - q^c = \frac{(2\alpha^2 - 3\alpha + 1)}{8\alpha^2 - 42\alpha + 43} = 0$，可以得到 $\alpha = \frac{1}{2}$ 或 1，进一步可以得到：当 $0 \leqslant \alpha \leqslant \frac{1}{2}$ 时，$x^c - q^c \geqslant 0$；当 $\frac{1}{2} < \alpha \leqslant 1$ 时，$x^c - q^c \leqslant 0$。

各均衡结果由常数 a、m 和变量 α 决定。a、m 为常数，不会影响均衡结果的正负以及各变量对均衡结果的影响，故假设 $a - m = 1$。为了分析企业社会责任对产能过剩和社会福利的影响，需要考察 q^c 与 u^c 的正负情况。很容易推出 $q^c > 0$ 与 $u^c > 0$，因此可以进一步探索企业社会责任（α）对均衡产量产能过剩程度（$x^c - q^c$）、社会福利［$sw^c(\alpha)$］的影响。

下面，分析 α 对 $x^c - q^c$、$sw^c(\alpha)$ 的影响，令 $\frac{\partial(x^c - q^c)}{\partial\alpha} = 0$，可得到 $\alpha = \frac{13}{10} - \frac{\sqrt{6}}{5}$，可以推出：当 $0 < \alpha < \frac{13}{10} - \frac{\sqrt{6}}{5}$ 时，$\frac{\partial(x^c - q^c)}{\partial\alpha} < 0$；当 $\alpha > \frac{13}{10} - \frac{\sqrt{6}}{5}$ 时，$\frac{\partial(x^c - q^c)}{\partial\alpha} > 0$。令 $\frac{\partial sw^c}{\partial\alpha} = \frac{1248\alpha^4 - 8688\alpha^3 + 24408\alpha^2 - 30228\alpha + 10020}{(8\alpha^2 - 42\alpha + 43)^3} = 0$，可得到 $\alpha = \frac{1}{2}$，可以推出：当 $0 < \alpha < \frac{1}{2}$ 时，$\frac{\partial sw^c}{\partial\alpha} > 0$；当 $\alpha > \frac{1}{2}$ 时，$\frac{\partial sw^c}{\partial\alpha} < 0$。

命题 5－6： α 对 $x^c - q^c$ 的影响：当 $0 < \alpha < \frac{13}{10} - \frac{\sqrt{6}}{5}$ 时，$\frac{\partial(x^c - q^c)}{\partial\alpha} < 0$；当 $\alpha \geqslant \frac{13}{10} - \frac{\sqrt{6}}{5}$ 时，$\frac{\partial(x^c - q^c)}{\partial\alpha} \geqslant 0$。α 对 $sw^c(\alpha)$ 的影响：当 $0 < \alpha < \frac{1}{2}$ 时，$\frac{\partial sw^c}{\partial\alpha} > 0$；当 $\alpha > \frac{1}{2}$ 时，$\frac{\partial sw^c}{\partial\alpha} < 0$。

命题 5－6 表明，企业社会责任对产能过剩和社会福利的影响取决于 a 的取值范围，企业社会责任水平与产能过剩程度间是先负相关后正相关的关系。如果企业具有社会责任但低于一定水平 $\left(\alpha \leqslant \frac{13}{10} - \frac{\sqrt{6}}{5}\right)$，随着企业社会责任水平的不断提高，则产能过剩程度持续减小；如果高于这一水平，随着企业社会责任水平的提升，则产能过剩程度不减反增。当 $\alpha = \frac{13}{10} - \frac{\sqrt{6}}{5}$ 时，产能与产量的差达到最小值，产能过剩程度最低且为负。可见，提升企业社会责任水平未必会减小产能过剩程度，但在存在产能过剩的情况下，社会责任水平越低，产能过剩越严重。产能过剩与产能不足都可能存在，当企业社会责任超过一定水平$\left(\frac{1}{2}<\alpha<1\right)$时，便会出现产能不足的情况。由此可见，除了产能过剩之外，产能不足作为产能产量失衡的另一种形式，也需要引起人们的重视。

此外，企业社会责任水平与社会福利间是先正相关后负相关的关系。如果企业具有社会责任但低于一定水平$\left(0<\alpha<\frac{1}{2}\right)$，则企业社会责任的增加将带来更多的社会福利；如果高于这一水平，随着企业社会责任水平继续提升，则社会福利不增反减。当$\alpha=\frac{1}{2}$时，社会福利最高。可见，提供企业社会责任水平未必会增进社会福利，这与人们对企业社会责任功能的普遍认识是冲突的。其原因在于，提高企业社会责任水平虽然有助于提高产量$\left(\frac{\partial q^c}{\partial\alpha}>0\right)$进而增加消费者剩余，但可能会导致产能失衡、利润下降，进而导致社会福利下降。

5.1.4.2 斯塔克尔伯格竞争

假设追随者为企业2。在第二阶段博弈，企业2产量决策需要满足一阶条件$\frac{\partial u_2}{\partial q_2}=0$，可得到企业2的反应函数：

$$q_2^s=\frac{-\alpha q_1-a+m+q_1-2x_2}{\alpha-4} \tag{5.24}$$

再考察领导者企业1的产量决策，将式（5.24）代入企业1的效用函数，需要满足：$\frac{\partial u_1}{\partial q_1}=0$，得到均衡产量：

$$q_1^s=\frac{(a-m+2x_1)\alpha^2+(-4a+4m-16x_1+8x_2)\alpha+12a-12m+32x_1-8x_2}{2\alpha^2-31\alpha+56} \tag{5.25}$$

$$q_2^s=\frac{(-a+m-2x_1)\alpha^2+(-a+m+10x_1-12x_2)\alpha+11a-11m-8x_1+30x_2}{2\alpha^2-31\alpha+56} \tag{5.26}$$

最后，考察企业的产能决策，需要满足$\frac{\partial u_i}{\partial x_i}=0$，可得均衡结果：

$$x_1^s=-\frac{2(a-m)\left(\alpha^4-\frac{27}{2}\alpha^3+39\alpha^2-82\alpha+96\right)}{14\alpha^3-181\alpha^2+590\alpha-504} \tag{5.27}$$

$$x_2^s=\frac{(a-m)(2\alpha^4-25\alpha^3+17\alpha^2+105\alpha-180)}{14\alpha^3-181\alpha^2+590\alpha-504} \tag{5.28}$$

$$q_1^s = -\frac{2(a-m)\left(\alpha^4 - \frac{27}{2}\alpha^3 + 39\alpha^2 - 82\alpha + 96\right)}{14\alpha^3 - 181\alpha^2 + 590\alpha - 504} \tag{5.29}$$

$$q_2^s = \frac{(a-m)(2\alpha^4 - 25\alpha^3 + 41\alpha^2 + 69\alpha - 168)}{14\alpha^3 - 181\alpha^2 + 590\alpha - 504} \tag{5.30}$$

引理 5－4： 斯塔克尔伯格竞争下的均衡结果为：

$x_1^s - q_1^s = 0$；

$x_2^s - q_2^s = -\frac{12(a-m)(2\alpha^2 - 3\alpha + 1)}{14\alpha^3 - 181\alpha^2 + 590\alpha - 504}$；

$$\pi_1^s = -\frac{24\left(\alpha^4 - \frac{27}{2}\alpha^3 + 39\alpha^2 - 82\alpha + 96\right)\left(\alpha^2 - \frac{23}{2}\alpha + 24\right)\left(\alpha - \frac{1}{2}\right)(a-m)^2}{(14\alpha^3 - 181\alpha^2 + 590\alpha - 504)^2};$$

$$\pi_2^s = \frac{3(4\alpha^6 - 96\alpha^5 + 753\alpha^4 - 2101\alpha^3 + 285\alpha^2 + 6984\alpha - 8016)(2\alpha - 1)(a-m)^2}{(14\alpha^3 - 181\alpha^2 + 590\alpha - 504)^2};$$

$$u_1^s = -\frac{(a-m)^2(44\alpha^7 - 1076\alpha^6 + 8775\alpha^5 - 27572\alpha^4 + 34379\alpha^3 - 27096\alpha^2 + 54720\alpha - 55296)}{2(14\alpha^3 - 181\alpha^2 + 590\alpha - 504)^2};$$

$$u_2^s = \frac{(a-m)^2(52\alpha^7 - 1324\alpha^6 + 11913\alpha^5 - 48412\alpha^4 + 96955\alpha^3 - 85662\alpha^2 + 8496\alpha - 48096)}{2(14\alpha^3 - 181\alpha^2 + 590\alpha - 504)^2};$$

$$cs^s = \frac{(2\alpha^3 - 37\alpha^2 + 233\alpha - 360)^2(a-m)^2}{2(14\alpha^3 - 181\alpha^2 + 590\alpha - 504)^2};$$

$$sw^s = \frac{(52\alpha^6 - 1612\alpha^5 + 18825\alpha^4 - 117964\alpha^3 + 357883\alpha^2 - 490176\alpha + 232992)(a-m)^2}{2(14\alpha^3 - 181\alpha^2 + 590\alpha - 504)^2}。$$

在 $\alpha \in [0, 1]$ 的前提下，令 $x_2^s - q_2^s = -\frac{12(2\alpha^2 - 3\alpha + 1)}{14\alpha^3 - 181\alpha^2 + 590\alpha - 504} = 0$，可得到 $\alpha = \frac{1}{2}$ 或 1，进一步可以得到：当 $0 \leqslant \alpha \leqslant \frac{1}{2}$ 时，$x_2^s - q_2^s \geqslant 0$；当 $\frac{1}{2} < \alpha \leqslant 1$ 时，$x_2^s - q_2^s \leqslant 0$。

推论 5－4： 在斯塔克尔伯格竞争下，领导者的产能过剩程度为 0，追随者产能过剩和不足都可能存在，当 $0 \leqslant \alpha \leqslant \frac{1}{2}$ 时，$x_2^s - q_2^s \geqslant 0$；当 $\frac{1}{2} < \alpha \leqslant 1$ 时，$x_2^s - q_2^s \leqslant 0$。

与推论 5－3 相比，追随者产能产量均衡时的企业社会责任水平是相同的，但领导者却不存在产能过剩，这体现出寡头垄断模式对产能过剩的影响。

由于 q^s、$u^s>0$，因此可以进一步探索 α 对 x^s-q^s、$sw^s(\alpha)$ 的影响。令 $\frac{\partial(x_2^s-q_2^s)}{\partial\alpha}=\frac{12(28\alpha^4-84\alpha^3-595\alpha^2+1654\alpha-922)}{(14\alpha^3-181\alpha^2+590\alpha-504)^2}=0$，可得到 $\alpha=\alpha^*\in(0.8190431,\ 0.8190432)$，可以推出：当 $0<\alpha<\alpha^*$ 时，$\frac{\partial(x_2^s-q_2^s)}{\partial\alpha}<0$；当 $\alpha>\alpha^*$ 时，$\frac{\partial(x_2^s-q_2^s)}{\partial\alpha}>0$。

令 $\frac{\partial sw^s}{\partial\alpha}=\frac{1872\alpha^7-56304\alpha^6+972000\alpha^5-7558596\alpha^4+28158003\alpha^3-53687664\alpha^2+48571992\alpha-13940928}{(14\alpha^3-181\alpha^2+590\alpha-504)^3}=0$，可得 $\alpha=\frac{1}{2}$，可以推出：当 $0<\alpha<\frac{1}{2}$ 时，$\frac{\partial sw^s}{\partial\alpha}>0$；当 $\alpha>\frac{1}{2}$ 时，$\frac{\partial sw^s}{\partial\alpha}<0$。

命题 5 -7：α 对 $x_2^s-q_2^s$ 的影响：存在一个 $\alpha^*\in(0.8190431,\ 0.8190432)$，当 $0\leqslant\alpha<\alpha^*$ 时，$\frac{\partial(x_2^s-q_2^s)}{\partial\alpha}<0$；当 $\alpha>\alpha^*$ 时，$\frac{\partial(x_2^s-q_2^s)}{\partial\alpha}>0$。α 对 $sw^s(\alpha)$ 的影响：当 $0\leqslant\alpha<\frac{1}{2}$ 时，$\frac{\partial sw^s}{\partial\alpha}>0$；当 $\alpha\geqslant\frac{1}{2}$ 时，$\frac{\partial sw^s}{\partial\alpha}<0$。

由命题 5 -7 可见，对追随者来说，企业社会责任水平与产能过剩之间是先负相关后正相关的关系，产能过剩与产能不足都可能存在，企业社会责任水平与社会福利间是先正相关后负相关的关系。这些结论与古诺竞争的情况一致。但是，对于领导者而言，不存在产能过剩，这是与命题 5.1 的不同之处。

5.1.4.3 价格领导者竞争

首先，考察第二阶段博弈，追随者（企业 2）是企业 1 所规定价格的接受者，根据 $MC_2=P$，可得到企业 2 的供给函数：

$$q_2^p(p)=\frac{p}{2}+x_2-\frac{m}{2} \tag{5.31}$$

其次，考察领导者企业 1 的行为。在任意一个给定的市场价格水平下，企业 1 所面临的市场需求量等于市场总需求量减去企业 2 所提供的产量，所以将式（5.31）代入总需求函数（$Q=a-p$），可得到企业 1 的需求函数，从而进一步得到企业 1 的反需求函数：

$$p_1^p(q_1)=\frac{2a-2x_2+m-2q_1}{3} \tag{5.32}$$

领导者企业 1 的边际收益函数为：

$$MR_1=\frac{2a-2x_2+m-4q_1}{3} \tag{5.33}$$

根据 $MR_1 = MC_1$ 确定最优产量，进而得到均衡产量，均衡价格：

$$q_1^P = \frac{3x_1 - m + a - x_2}{5} \tag{5.34}$$

$$q_2^P = \frac{4a + 11x_2 - 4m - 3x_1}{15} \tag{5.35}$$

$$p^P = \frac{8a - 8x_2 + 7m - 6x_1}{15} \tag{5.36}$$

最后，企业产能决策需要满足$\frac{\partial u_i}{\partial x_i} = 0$，可得：

$$x_1^P = -\frac{12(\alpha + 5)(a - m)}{64\alpha - 175} \tag{5.37}$$

$$x_2^P = -\frac{(47\alpha + 55)(a - m)}{64\alpha - 175} \tag{5.38}$$

$$q_1^P = \frac{15(\alpha - 4)(a - m)}{64\alpha - 175} \tag{5.39}$$

$$q_2^P = -\frac{15(\alpha + 5)(a - m)}{64\alpha - 175} \tag{5.40}$$

引理 5-5：价格领导者竞争下的均衡结果为：

$$x_1^P - q_1^P = -\frac{27(a - m)\alpha}{64\alpha - 175}, x_2^P - q_2^P = -\frac{4(a - m)(8\alpha - 5)}{64\alpha - 175};$$

$$\pi_1^P = \frac{3(77\alpha^2 - 1480\alpha + 800)(a - m)^2}{(64\alpha - 175)^2}, \pi_2^P = -\frac{8(8\alpha - 5)(31\alpha + 65)(a - m)^2}{(64\alpha - 175)^2};$$

$$u_1^P = \frac{3(154\alpha^2 + 3115\alpha + 1600)(a - m)^2}{2(64\alpha - 175)^2}, u_2^P = -\frac{(a - m)^2(3968\alpha^2 - 12385\alpha - 5200)}{2(64\alpha - 175)^2};$$

$$cs^P = \frac{18225(a - m)^2}{2(64\alpha - 175)^2}; sw^P = -\frac{(3506\alpha^2 + 14720\alpha - 28225)(a - m)^2}{2(64\alpha - 175)^2}。$$

推论 5-5：在价格领导者竞争下，产能过剩、不足和均衡三种情况都可能存在。对于企业 1，当 $\alpha = 0$ 时，$x_1^P - q_1^P = 0$；当 $\alpha > 0$ 时，$x_1^P - q_1^P > 0$。对于追随者，当 $0 \leqslant \alpha < \frac{5}{8}$时，$x_2^P - q_2^P < 0$；当$\frac{5}{8} \leqslant \alpha \leqslant 1$ 时，$x_2^P - q_2^P \geqslant 0$。

证明如下：

在 $\alpha \in [0, 1]$ 的前提下，令 $x_1^P - q_1^P = -\frac{27\alpha}{64\alpha - 175} = 0$，可得到 $\alpha = 0$，进一步可以得到：当 $\alpha > 0$，$x_1^P - q_1^P > 0$。

在 $\alpha \in [0, 1]$ 的前提下，令 $x_2^P - q_2^P = -\frac{4(a - m)(8\alpha - 5)}{64\alpha - 175} = 0$，可得到 $\alpha = \frac{5}{8}$，进一步可以得到：当$0 \leqslant \alpha < \frac{5}{8}$时，$x_2^P - q_2^P < 0$；当$\frac{5}{8} \leqslant \alpha \leqslant 1$ 时，$x_2^P - q_2^P \geqslant 0$。

令$\frac{\partial sw^{P}}{\partial \alpha}=\frac{1084590\alpha-518400}{(64\alpha-175)^{3}}=0$，可得到$\alpha=\frac{640}{1339}$，可以推出：当$0<\alpha<\frac{640}{1339}$时，$\frac{\partial sw^{P}}{\partial \alpha}>0$；当$\alpha>\frac{640}{1339}$时，$\frac{\partial sw^{P}}{\partial \alpha}<0$。

命题5－8：α对$x_1^P-q_1^P$的影响：当$0\leqslant\alpha\leqslant1$时，$\frac{\partial(x_1^P-q_1^P)}{\partial \alpha}>0$。$\alpha$对$x_2^P-q_2^P$的影响：当$0\leqslant\alpha\leqslant1$时，$\frac{\partial(x_2^P-q_2^P)}{\partial \alpha}>0$。$\alpha$对$sw^P(\alpha)$的影响：当$0<\alpha<\frac{640}{1339}$时，$\frac{\partial sw^{P}}{\partial \alpha}>0$；当$\alpha>\frac{640}{1339}$时，$\frac{\partial sw^{P}}{\partial \alpha}<0$。

命题5－8表明，对于领导者企业1，企业社会责任水平与产能过剩程度正相关。当企业1不具有社会责任时（$\alpha=0$），产能过剩程度为零。对于追随者企业2，企业社会责任水平与产能过剩程度正相关。如果企业承担的企业社会责任低于一定水平$\left(\alpha<\frac{5}{8}\right)$，则企业2将面临产能不足；如果高于这一水平，则企业2将面临产能过剩。同时，对于两家企业而言，社会责任越高，产能过剩越严重。这些结论与古诺、斯塔克尔伯格竞争下的情况具有一定差异。

此外，企业社会责任水平与社会福利之间先正相关后负相关。如果企业承担的企业社会责任低于一定水平$\left(\alpha<\frac{640}{1339}\right)$，随着企业社会责任的增加，则社会福利增加；如果高于这一水平，随着企业社会责任的继续提升，则社会福利不增反减。当$\alpha=\frac{640}{1339}$时，社会福利实现最大化。这些与古诺、斯塔克尔伯格竞争下的结论一致。

5.1.4.4　比较

比较古诺、斯塔克尔伯格以及价格领导者三种市场结构下的社会福利水平，令$z_1=sw^c-sw^s$，令$z_2=sw^c-sw^P$，$z_3=sw^s-sw^P$可以得到：

$$z_1=\frac{\begin{array}{c}-6464\alpha^{10}+190976\alpha^{9}-2221040\alpha^{8}+13788928\alpha^{7}\\-51724540\alpha^{6}+124156384\alpha^{5}-193734737\alpha^{4}\\+192923888\alpha^{3}-116176883\alpha^{2}+37874880\alpha-5071392\end{array}}{2(8\alpha^{2}-42\alpha+43)^{2}(14\alpha^{3}-181\alpha^{2}+590\alpha-504)^{2}}\tag{5.41}$$

$$z_2=\frac{\begin{array}{c}158848\alpha^{6}-1645376\alpha^{5}+4926104\alpha^{4}-2455400\alpha^{3}\\-6562150\alpha^{2}+5628580\alpha-860525\end{array}}{2(8\alpha^{2}-42\alpha+43)^{2}(64\alpha-175)^{2}}\tag{5.42}$$

$$z_3 = \frac{\begin{array}{c}900168\alpha^8 - 22650840\alpha^7 + 207454626\alpha^6 - 884055576\alpha^5 \\ + 1802316816\alpha^4 - 1485802656\alpha^3 + 56028903\alpha^2 \\ + 294426720\alpha - 34221600\end{array}}{2(14\alpha^3 - 181\alpha^2 + 590\alpha - 504)^2(64\alpha - 175)^2} \quad (5.43)$$

命题 5－9：当 $\alpha = \frac{1}{2}$ 或 1 时，$z_1 = 0$；当 $\alpha = \left[0, \frac{1}{2}\right) \cup \left(\frac{1}{2}, 1\right)$ 时，$z_1 < 0$（见图 5－10）。存在 $\alpha^{**} \in (0.2033823, 0.2033824)$ 与 $\alpha^{***} \in (0.6753954, 0.6753955)$，当 $\alpha = \alpha^{**}$，或 $\alpha = \alpha^{***}$ 时，$z_2 = 0$；当 $\alpha = [0, \alpha^{**}) \cup (\alpha^{***}, 1]$ 时，$z_2 < 0$；当 $\alpha = (\alpha^{**}, \alpha^{***})$ 时，$z_2 > 0$（见图 5－11）。存在 $\alpha^{****} \in (0.1211720, 0.1211721)$ 与 $\alpha^{*****} \in (0.6827805, 0.6827806)$，当 $\alpha = \alpha^{****}$，或 $\alpha = \alpha^{*****}$ 时，$z_3 = 0$；当 $\alpha = [0, \alpha^{****}) \cup (\alpha^{*****}, 1]$ 时，$z_3 < 0$；当 $\alpha = (\alpha^{****}, \alpha^{*****})$ 时，$z_3 > 0$（见图 5－12）。

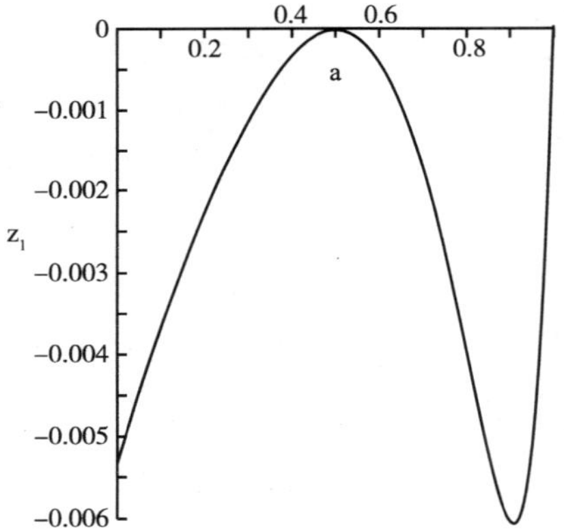

图 5－10　均衡状态下古诺竞争和斯塔克尔伯格竞争的社会福利比较

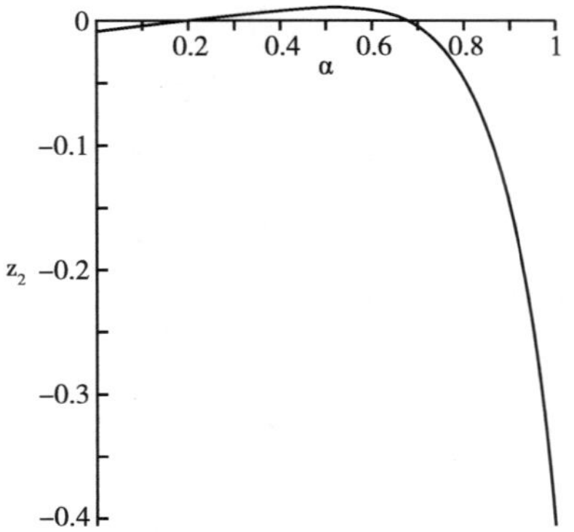

图 5－11　均衡状态下古诺竞争和价格领导者竞争的社会福利比较

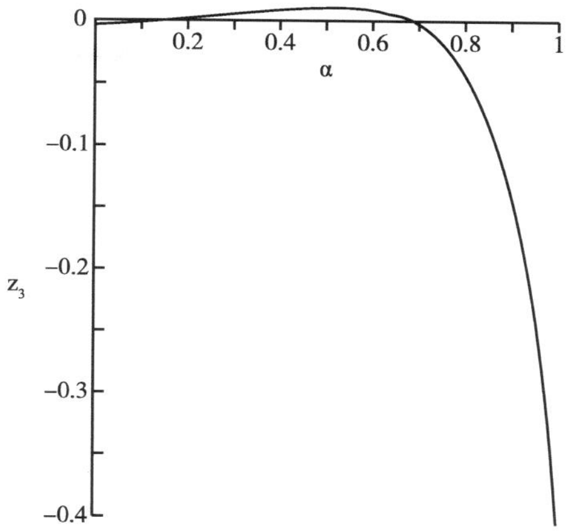

图 5－12　均衡状态下斯塔克尔伯格竞争和价格领导者竞争的社会福利比较

由命题 5－9 可见，企业社会责任水平关系着三类寡头垄断竞争下社会福利大小的对比。进一步地，可以发现：当 $0<\alpha<\alpha^{****}$ 时，$sw^p>sw^s>sw^c$；当 $\alpha^{****}<\alpha<\alpha^{**}$ 时，$sw^s>sw^p>sw^c$；当 $\alpha^{**}<\alpha<\frac{1}{2}$ 时，$sw^s>sw^c>sw^p$；当 $\frac{1}{2}<\alpha<\alpha^{***}$ 时，$sw^s>sw^c>sw^p$；当 $\alpha^{***}<\alpha<\alpha^{*****}$ 时，$sw^s>sw^p>sw^c$；当 $\alpha^{*****}<\alpha<1$ 时，$sw^p>sw^s>sw^c$。可见，寡头垄断竞争类型对社会福利具有影响，且这种影响受到了企业社会责任的影响。

再比较市场结构下的总产能过剩程度，令 $z_4=(x_1^c-q_1^c)+(x_2^c-q_2^c)-(x_1^s-q_1^s)-(x_2^s-q_2^s)$，令 $z_5=(x_1^c-q_1^c)+(x_2^c-q_2^c)-(x_1^p-q_1^p)-(x_2^p-q_2^p)$、$z_6=(x_1^s-q_1^s)+(x_2^s-q_2^s)-(x_1^p-q_1^p)-(x_2^p-q_2^p)$，可以得到：

$$z_4=\frac{2(2\alpha^2-3\alpha+1)(14\alpha^3-133\alpha^2+338\alpha-246)}{(8\alpha^2-42\alpha+43)(14\alpha^3-181\alpha^2+590\alpha-504)} \tag{5.44}$$

$$z_5=\frac{728\alpha^3-3722\alpha^2+4555\alpha-1210}{512\alpha^3-4088\alpha^2+10102\alpha-7525} \tag{5.45}$$

$$z_6=\frac{826\alpha^4-12495\alpha^3+44934\alpha^2-48604\alpha+12180}{896\alpha^4-14034\alpha^3+69435\alpha^2-135506\alpha+88200} \tag{5.46}$$

命题 5－10：当 $\alpha=\frac{1}{2}$，1 时，$z_4=0$；当 $\alpha=\left[0,\ \frac{1}{2}\right)$ 时，$z_4>0$；当 $\alpha=\left(\frac{1}{2},\ 1\right)$ 时，$z_4<0$（见图 5－13）。存在一个 $\alpha^{******}\in(0.3687241,\ 0.3687242)$，当 $\alpha=\alpha^{******}$ 时，$z_5=0$；当 $\alpha=[0,\ \alpha^{******})$ 时，$z_5>0$；当 $\alpha=(\alpha^{******},\ 1]$ 时，$z_5<0$（见图 5－14）。存在一个 $\alpha^{*******}\in$

(0.3570032, 0.3570033)，当 $\alpha=\alpha^{*******}$ 时，$z_6=0$；当 $\alpha=[0, \alpha^{*******})$ 时，$z_6>0$；当 $\alpha=(\alpha^{*******}, 1]$ 时，$z_6<0$（见图 5－15）。

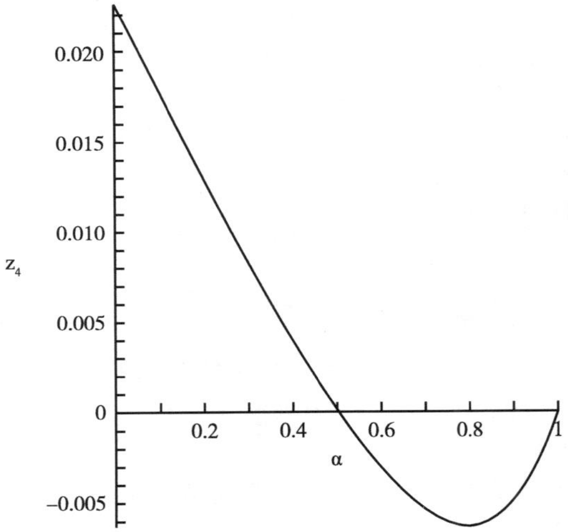

图 5－13 均衡状态下古诺竞争和斯塔克尔伯格竞争的总产能过剩程度比较

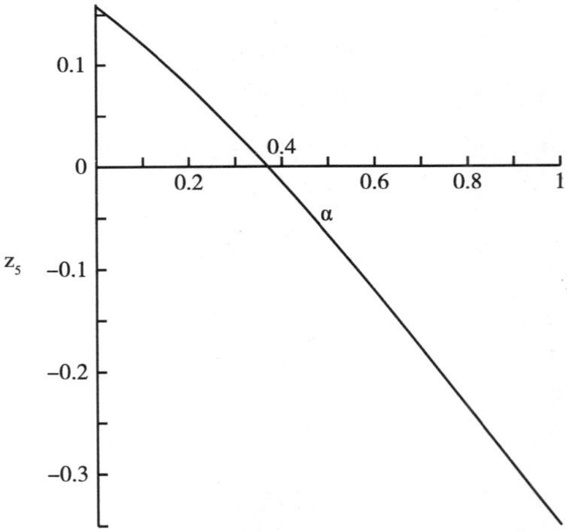

图 5－14 均衡状态下古诺竞争和价格领导者竞争的总产能过剩程度比较

由命题 5－10 可见，企业社会责任水平关系着三类寡头垄断竞争下产能过剩大小的对比。进一步地，可以发现：当 $0<\alpha<\alpha^{*******}$ 时，古诺竞争下的总产能过剩程度最高，价格领导者竞争下的总产能过剩程度最低。

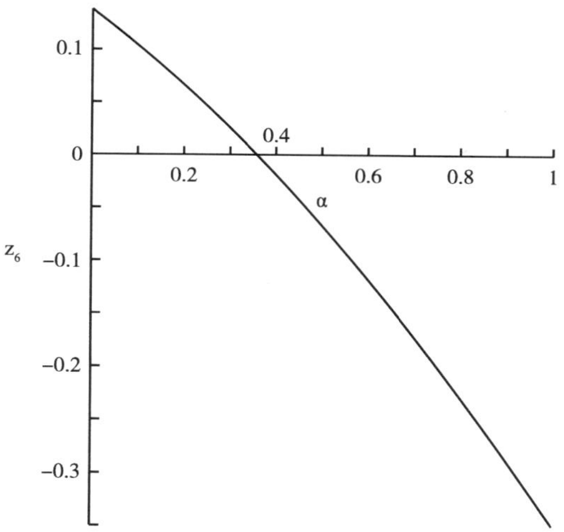

图 5-15　均衡状态下斯塔克尔伯格竞争和价格领导者竞争的总产能过剩程度比较

当 $\alpha^{*******}<\alpha<\alpha^{******}$ 时，古诺竞争下的总产能过剩程度最高，斯塔克尔伯格竞争下的总产能过剩程度最低。当 $\alpha^{******}<\alpha<\frac{1}{2}$ 时，价格领导者竞争下的总产能过剩最严重，斯塔克尔伯格竞争下的总产能过剩程度最轻。当 $\frac{1}{2}<\alpha<1$ 时，价格领导者竞争下的总产能过剩程度最高，古诺竞争下的总产能过剩程度最低。可见，寡头垄断竞争类型对产能过剩程度具有影响，且这种影响受到了企业社会责任的影响。

5.1.4.5　结论

本部分构建了考虑企业社会责任的企业产能决策模型，旨在揭示古诺、斯塔克尔伯格和价格领导者三类模式下的市场均衡结果以及企业社会责任对社会福利和产能过剩程度的影响，并进行了对比分析。通过分析，得出以下结论：

第一，在不同的企业社会责任水平和寡头竞争模式下，只有满足一定条件时，产能产量均衡才能实现。在古诺竞争下，当且仅当 $\alpha=\frac{1}{2}$ 或 1 时，产能产量才能实现均衡。否则，就会出现产能过剩或产能不足的情况。需要注意的是，在斯塔克尔伯格竞争下，领导者不存在产能过剩的情况；如果 $\alpha=\frac{1}{2}$ 或 1，追随者企业 2 的产能产量实现均衡。否则，则会出现产能过剩或产能不足。在价格领导者竞争下，只有当 $\alpha=0$ 时，领导者的产能产量才能实现均衡；对追随者而言，只有当 $\alpha=\frac{5}{8}$时，产能产量才能实现均衡。否则，则会出现产能过剩或产能不足。

第二，企业社会责任水平影响产能过剩。在古诺竞争下，随着企业社会责任水平的不断提高，企业社会责任与产能过剩程度间先负相关后正相关。在斯塔克尔伯格竞争下，追随者的企业社会责任水平与产能过剩之间的关系与古诺竞争情况下相一致，但领导者不会面临产能过剩，因而企业社会责任水平与产能过剩程度无关。在价格领导者竞争下，企业社会责任水平与产能过剩正相关。

第三，企业社会责任水平影响社会福利。在古诺、斯塔克尔伯格和价格领导者竞争三种模式下，随着企业社会责任水平的不断提高，企业社会责任与社会福利间都呈先正相关后负相关的关系。

第四，企业社会责任水平影响着三类寡头垄断模式下社会福利和产能过剩程度的比较。存在特定的社会责任水平，可以使三类寡头垄断模式下产能过剩程度和社会福利两两相等。

以上结论表明，企业社会责任对产能过剩和社会福利的影响是复杂的，受寡头垄断模式的影响。因此，企业社会责任决策应当与市场竞争结构相结合，不可盲目推动。为了增进社会福利，企业社会责任与市场竞争模式的选择都可以成为有效的政策工具。

5.2 生产资源共享与消费者友好型企业社会责任

5.2.1 问题的提出

生产资源共享是共享经济在生产制造领域的应用，是围绕生产制造各环节，运用共享理念将分散、闲置的生产资源集聚起来，弹性匹配、动态共享给需求方的生产资源配置模式（Guo and Wu，2018；Yan et al.，2019）。生产资源供给方与需求方可以通过生产资源共享实现对生产资源的共同使用，进而达到合理配置资源、提高生产资源利用率的目标。与传统治理生产资源失衡的方法不同，生产资源共享有助于实现生产资源在不同企业间的充分流动，提高生产资源配置效率。

在现有文献中，一些学者采用博弈论及各类算法、技术工具，通过剖析主体间的策略互动，揭示了不同情境下生产资源共享的内在机理，并进行了旨在提高资源配置效率的机制设计（Aloui and Jebsi，2016；Chen、Xie and Liu，2020）。目前研究呈现出逐步放宽假设，拓展博弈模型，考察更多情境，注重企业层面实际应用的趋势。本部分将沿用大量学者所采用的动态博弈法来设计生产资源共享模型。现有文献表明，共享制造对产量、价格、竞争强度、利润等存在多重影响（van Goeverden and Correia，2018）。一部分学者认为，共享制造有助于缓解生产资源失衡，增加企业绩效，提高资源配置效率。但也有学者认为，生产资源共享受限于一定的内外部条件，未必一定会产生积极效应（Chen、Wang and Chu，2020）。本部分也将考察生产资源共享对利润、消费者剩余和社会福利的作用，研究生产资源共享是否有助于提升社会福利。

生产资源共享作为企业重要的行为决策，会受到市场竞争类型、产品差异化、生产技术、企业数量、预算约束、谈判策略等多因素的影响。但在目前的研究中，虽然有研究将生产资源决策与企业社会责任相结合（Chen、Liu and Qin，2019），但少有研究将企业社会责任与生产资源共享相结合。关于企业社会责任的作用，多数学者认为企业社会责任有助于维护消费者权益，保护生态环境，减少企业行为的负外部性，进而有助于增加社会福利（Flammer，2018）。尽管有部分研究将企业社会责任与生产资源共享相结合，但是忽视了企业社会责任对生产资源共享的影响研究。对此，本部分拟将消费者友好型企业社会责任纳入生产资源共享的分析框架，一方面考察消费者友好型企业社会责任对企业产量、利润、消费者剩余和社会福利的影响，另一方面考察企业社会责任在生产资源共享中的作用。

5.2.2 模型构建

构建一个考虑消费者友好型企业社会责任的双寡头垄断模型。存在两家企业，分别为企业 1 与企业 2，围绕产量进行古诺竞争。两家企业的生产技术相同且产品是同质的，因此假设其反需求函数为 $p_i = a - q_i - q_j$。边际成本都为常数 c，$a > c > 0$，这样其利润函数为 $\pi_i = (p_i - c)q_i$。假设企业承担企业社会责任，其效用函数为 $U_i = \pi_i + \partial CS$，企业社会责任水平的取值范围为 $0 \leqslant \partial \leqslant 1$。社会福利函数 $SW = \pi_1 + \pi_2 + CS$，消费者剩余 $CS = \frac{(q_1 + q_2)^2}{2}$。企业的产量一方面取决于效用最大化的目标，另一方面取决于是否具有足够的生产资源。k_i 为企业 i 的生产资源上限，$i = 1$ 或 2，为既定的常数。如果生产资源充足，则企业的产量可以按照效用最大化标准进行生产；否则，只能在生产资源约束下进行生产，无法达到效用最大化的产量。

在以上假设下，分别考察两家企业皆生产资源充足（模型 AA）；一家企业生产资源不足、一家企业生产资源过剩且不进行共享（模型 IA）；一家企业生产资源不足、一家企业生产资源过剩并进行生产资源共享（模型 IS）三种情况，分别用上标 AA、IA、IS 表示三种情况下的均衡结果。比较三种情况下的 SW，并揭示企业社会责任对企业效用、消费者剩余及社会福利的影响。

5.2.3 模型分析

5.2.3.1 模型 AA

首先假设两家企业生产资源充足，按照企业效用最大化需要满足一阶条件：$\frac{\partial U_i}{\partial q_i}=0$，由此得到均衡产量：

$$q_1^{AA}=q_2^{AA}=\frac{(c-a)}{2\partial-3} \tag{5.47}$$

均衡产量（e^*）及两家企业的产量函数如图 5－16 所示。

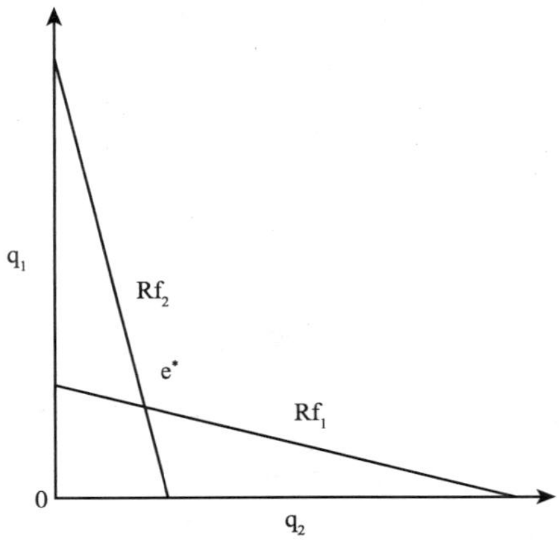

图 5－16 当两家企业有足够的生产资源力时，各自的产量函数及产量均衡点

$$q_2=\frac{(\partial-1)q_1+a-c}{2-\partial}(Rf_1);$$

$$q_1=\frac{(\partial-1)q_2+a-c}{2-\partial}(Rf_2)。$$

进一步地，得到两家企业的均衡利润、消费者剩余与社会福利，即引理 5 -6。

引理 5 -6：均衡条件下两家企业的利润、消费者剩余与社会福利为：

$$\pi_1^{AA}=\pi_2^{AA}=\frac{(1-2\partial)(a-c)^2}{(2\partial-3)^2},CS^{AA}=\frac{2(a-c)^2}{(2\partial-3)^2},SW^{AA}=\frac{4(a-c)^2(1-\partial)}{(2\partial-3)^2} \tag{5.48}$$

由式（5.47）、式（5.48）分析 ∂ 对产量、利润、消费者剩余及社会福利的影响，可以得到命题 5 - 11：

命题 5 -11：模型 AA 中 ∂ 对两家企业的均衡产量、利润、消费者剩余与社会福利的影响为：

$$\frac{\partial q_1^{AA}}{\partial\partial}=\frac{\partial q_2^{AA}}{\partial\partial}=\frac{2(a-c)}{(2\partial-3)^2}>0,\frac{\partial\pi_1^{AA}}{\partial\partial}=\frac{\partial\pi_2^{AA}}{\partial\partial}=\frac{2(a-c)^2(2\partial+1)}{(2\partial-3)^3}<0,\frac{\partial CS^{AA}}{\partial\partial}=-\frac{8(a-c)^2}{(2\partial-3)^3}>0,\frac{\partial SW^{AA}}{\partial\partial}=\frac{4(2\partial-1)(a-c)^2}{(2\partial-3)^3}>0。$$

由命题 5 - 11 可知，在两家企业都具有足够的生产资源力的情况下，均衡产量、消费者剩余与社会福利均与 ∂ 正相关。提高企业社会责任水平有助于增进 SW，此时应当鼓励企业承担更多的社会责任。

5.2.3.2　模型 IA

现在改变原假设，假设企业 1 存在生产资源不足，其生产资源 $k_1<\frac{(c-a)}{2\partial-3}$；企业 2 生产资源充足，存在过剩。如果不存在生产资源共享的话，那么企业 1 生产的天花板就是 k_1。根据效用最大化原则，求出双方的均衡产量为：

$$q_1^{IA}=k_1,q_2^{IA}=\frac{a-c-(1-\partial)k_1}{2-\partial} \tag{5.49}$$

与前一种情况比较。我们修正了图 5 - 16 中的产量函数和均衡点，企业 1 的产量遇到了天花板 k_1。我们可以发现 Rf_1 变成了一个分段函数，均衡点由 e^* 变化为 e^{**}，所以企业 1 的产出减少，而企业 2 的产出增加了。均衡产量（e^{**}）及两家企业的产量函数如图 5 - 17 所示。

$$q_1=\begin{cases}k_1,q_2\in\left[0,\dfrac{a-c-(2-\partial)k_1}{1-\partial}\right]\\ \dfrac{(\partial-1)q_2+a-c}{2-\partial},q_2\in\left[\dfrac{a-c-(2-\partial)k_1}{1-\partial},\infty\right]\end{cases}(Rf_2);$$

$$q_2=\frac{(\partial-1)q_1+a-c}{2-\partial}(Rf_1)。$$

引理 5 -7：均衡条件下两家企业的利润、CS 和 SW 为：

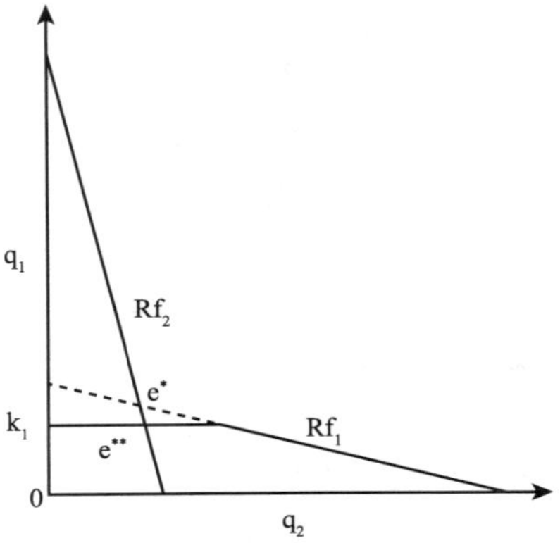

图 5-17　当一家企业没有足够的生产资源进行生产资源共享时，两家企业的产量函数及产量均衡点

$$\pi_1^{IA}=\frac{(k_1+(\partial-1)(a-c))k_1}{\partial-2},$$

$$\pi_2^{IA}=\frac{-[(a-c)(\partial-1)+k_1][a-c+(\partial-1)k_1]}{(\partial-2)^2},\qquad(5.50)$$

$$CS^{IA}=\frac{(k_1+a-c)^2}{2(\partial-2)^2},SW^{IA}=-\frac{(a-c-k_1)[(a-c)(2\partial-3)+k_1]}{2(\partial-2)^2}$$

由上述引理可知，均衡结果受企业社会责任水平 ∂ 的影响。通过考察 ∂ 与均衡产量、消费者剩余与社会福利之间的关系，可以得到命题 5-12。

命题 5-12：模型 IA 中 ∂ 对两家企业的均衡产量、利润、消费者剩余与社会福利的影响为：$\frac{\partial q_1^{IA}}{\partial\partial}=0$，$\frac{\partial q_2^{IA}}{\partial\partial}=\frac{k_1+a-c}{(\partial-2)^2}>0$，$\frac{\partial\pi_1^{IA}}{\partial\partial}=-\frac{(a-c+k_1)k_1}{(\partial-2)^2}<0$，$\frac{\partial\pi_2^{IA}}{\partial\partial}=\frac{\partial(a-c+k_1)^2}{(\partial-2)^3}<0$，$\frac{\partial CS^{IA}}{\partial\partial}=-\frac{(a-c+k_1)^2}{(\partial-2)^3}>0$，$\frac{\partial SW^{IA}}{\partial\partial}=\frac{(a-c+k_1)[(a-c)(\partial-1)+k_1]}{(\partial-2)^3}$。$\partial\in(0,\partial_1^*)$，$\frac{\partial SW^{IA}}{\partial\partial}>0$，反之$\frac{\partial SW^{IA}}{\partial\partial}<0$，且 $\partial_1^*=\frac{a-c-k_1}{a-c}\in(0,1)$。

由命题 5-12 可见，当一家企业存在生产资源约束而不进行生产资源共享时，企业社会责任水平与总产量、消费者剩余正相关，但与利润负相关。当企业社会责任水平较高时，其与社会福利负相关。与第一种情况相比，社会福利与企业社会责任的关系发生了变化，这表明当存在生产资源不足时，企业社会责任对社会福利的影响受到了生产资源约束的影响。社会责任水平越高，消费者剩余就越高，但由于企业总利润下降进而导致社会福利下降。

推论 5-6：比较模型 IA 与模型 AA 的均衡结果，可以得到如下结果：

$$q_1^{IA}-q_1^{AA}=k_1-\frac{a-c}{3-2\partial}<0,\ q_2^{IA}-q_2^{AA}=\frac{(1-\partial)[a-c-(3-2\partial)k_1]}{2\partial^2-7\partial+6}>0;$$

$$\pi_1^{IA}-\pi_1^{AA}=\frac{[a-c-(3-2\partial)k_1][2(a-c)\partial^2+(2k_1-5a+5c)\partial+2a-2c-3k_1]}{(\partial-2)(2\partial-3)^2},\ \exists\,\partial_2^*=-\frac{a-c-3k_1}{2k_1}\in$$

(0，1)，当 $\partial\in(0,\ \partial_2^*)$，$\pi_1^{IA}-\pi_1^{AA}<0$；当 $\partial\in(\partial_2^*,\ 1)$，$\pi_1^{IA}-\pi_1^{AA}>0$；

$$\pi_2^{IA}-\pi_2^{AA}=-\frac{[a-c-(3-2\partial)k_1][2(a-c)\partial^3+(2k_1-7a+7c)\partial^2+(9a-9c-5k_1)\partial-5a+5c-3k_1]}{(\partial-2)^2(2\partial-3)^2}>0;$$

$$CS^{IA}-CS^{AA}=\frac{(2\partial k_1+a-c-3k_1)[2(2a-2c+k_1)\partial-7a+7c-3k_1]}{2(\partial-2)^2(2\partial-3)^2}<0;$$

$$SW^{IA}-SW^{AA}=-\frac{[a-c-(3-2\partial)k_1][4(a-c)\partial^2+2(5c-5a+k_1)\partial+5a-5c-3k_1]}{2(\partial-2)^2(2\partial-3)^2},\ \exists\,\partial_3^*=-\frac{a-c-3k_1}{2k_1}\in$$

(0，1)，当 $\partial\in(0,\ \partial_3^*)$，$SW^{IA}-SW^{AA}<0$；当 $\partial\in(\partial_3^*,\ 1)$，$SW^{IA}-SW^{AA}>0$。

由推论 5-6 可知，当一家企业存在生产资源不足而不进行生产资源共享时，与生产资源充足时情况相比，生产资源充足企业产量增加、利润上升；生产资源不足的企业产量下降，其利润取决于企业社会责任水平，存在一个均衡的企业社会责任水平，当企业社会责任高于既定水平时，生产资源不足企业的利润增加，否则会减少；消费者剩余下降，而社会福利的变化取决于企业社会责任水平，存在一个均衡的企业社会责任水平，当企业社会责任高于既定水平时，社会福利增加，否则会下降。其经济学含义是生产资源不足会限制企业的产量，同时有利于其竞争对手。但是当生产资源不足时，企业的利润和整体的社会福利未必会真的下降，这取决于企业社会责任水平。由此可见，当一个企业面临生产资源不足时，对社会福利来讲未必是负面的。

5.2.3.3 模型 IS

再引入生产资源共享，假设企业 2 的生产资源非常充足，能够满足企业 1 的需要，并且愿意共享，但是对于每单位生产资源要收费，为 $b>0$。此时，企业 1 不用担心生产资源问题，但是要考虑成本付费问题。两个企业利润函数变为：

$$\pi_1 = (a - c - q_1 - q_2)q_1 - (q_1 - k_1)b \tag{5.51}$$

$$\pi_2 = (a - c - q_2 - q_1)q_2 + (q_1 - k_1)b \tag{5.52}$$

通过企业效用最大化求解均衡产量为：

$$q_1^{IS} = \frac{a - c + (\partial - 2)b}{3 - 2\partial} \tag{5.53}$$

$$q_2^{IS} = \frac{a - c - (\partial - 1)b}{3 - 2\partial} \tag{5.54}$$

均衡产量（e^{***}）及两家企业的产量函数如图 5-18 所示。

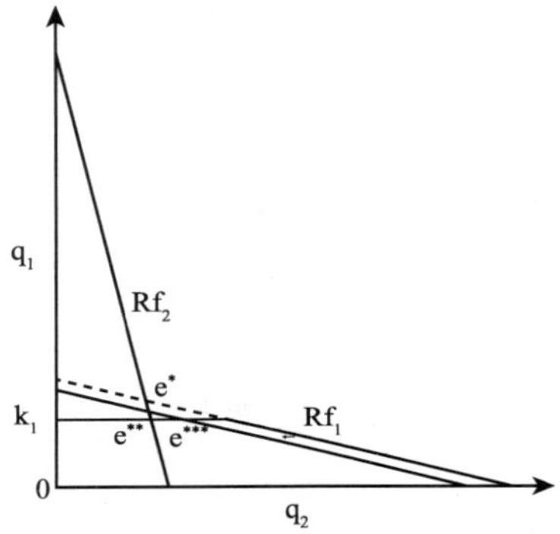

图 5-18　当一家企业有足够生产资源且愿意共享，但对每单位生产资源收费时，两家企业产量函数及产量均衡点

$$q_1 = \frac{a - c - b + (\partial - 1)q_2}{2 - \partial}(Rf_2);$$

$$q_2 = \frac{a - c + (\partial - 1)q_1}{2 - \partial}(Rf_1)。$$

引理 5-8：此时两企业利润、消费者剩余、社会总福利为：

$$\pi_1^{IS} = \frac{-2b(a - b - c - 2k_1)\partial^2 + [-6b^2 + (7a - 7c - 12k_1)b - 2(a - c)^2]\partial + 4b^2 + (9k_1 - 4a + 4c)b + (a - c)^2}{(2\partial - 3)^2};$$

$$\pi_2^{IS} = \frac{2b(a - b - c - 2k_1)\partial^2 + [6b^2 + (12k_1 - 5a + 5c)b - 2(a - c)^2]\partial - 5b^2 + (5a - 5c - 9k_1)b + (a - c)^2}{(2\partial - 3)^2};$$

$$CS^{IS} = \frac{(2a - 2c - b)^2}{2(2\partial - 3)^2}; SW^{IS} = -\frac{[4(a - c)\partial - 4a - b + 4c](2a - b - 2c)}{2(2\partial - 3)^2}。$$

如果要实现生产资源共享，需要满足企业 1 愿意购买企业 2 的；生产资源（$\pi_1^{IS} > \pi_1^{IA}$），企业 2 愿意卖出自己的生产资源（$\pi_2^{IS} > \pi_2^{IA}$）。由 $\pi_1^{IS} > \pi_1^{IA}$ 可以得到：存在 $\partial_4^* = \frac{k_1}{a - c + 2k_1} \in \left(0, \frac{1}{2}\right)$，当 $\partial \in (0, \partial_4^*)$ 时，$0 < b < -\frac{2\partial k_1 + a - c - 3k_1}{\partial - 2}$ 或 $\frac{2(a-c)\partial^2 - (5a - 5c - 2k_1)\partial + 2a - 2c - 3k_1}{2(\partial^2 - 3\partial + 2)} < b$；当 $\partial \in (\partial_4^*, 1)$ 时 $-\frac{2\partial k_1 + a - c - 3k_1}{\partial - 2} < b$。

由 $\pi_2^{IS} > \pi_2^{IA}$，可以得到：$-\frac{2\partial k_1 + a - c - 3k_1}{\partial - 2} < b < \frac{2(a-c)\partial^3 - (7a - 7c - 2k_1)\partial^2 + (9a - 9c - 5k_1)\partial - 5a + 5c + 3k_1}{2\partial^3 - 10\partial^2 + 17\partial - 10}$。

引理 5 - 9：当 $\frac{2(a-c)\partial^2 - (5a - 5c - 2k_1)\partial + 2a - 2c - 3k_1}{2(\partial^2 - 3\partial + 2)} < b < \frac{2(a-c)\partial^3 - (7a - 7c - 2k_1)\partial^2 + (9a - 9c - 5k_1)\partial - 5a + 5c + 3k_1}{2\partial^3 - 10\partial^2 + 17\partial - 10}$ 且 $\partial \in (0, \partial_4^*)$ 或 $-\frac{2\partial k_1 + a - c - 3k_1}{\partial - 2} < b < \frac{2(a-c)\partial^3 - (7a - 7c - 2k_1)\partial^2 + (9a - 9c - 5k_1)\partial - 5a + 5c + 3k_1}{2\partial^3 - 10\partial^2 + 17\partial - 10}$ 且 $\partial \in (\partial_4^*, 1)$ 时，双方会实现生产资源共享。

命题 5 - 13：模型 IS 中当双方进行生产资源共享时，∂ 与均衡产量、两家企业的利润、消费者剩余与社会福利之间的关系：$\frac{\partial q_1^{IS}}{\partial\partial} = \frac{2a - b - 2c}{(2\partial - 3)^2} > 0$，$\frac{\partial q_2^{IS}}{\partial\partial} = \frac{2a - b - 2c}{(2\partial - 3)^2} > 0$，$\frac{\partial \pi_1^{IS}}{\partial\partial} = \frac{[2(a-c)\partial + a - 2b - c](2a - b - 2c)}{(2\partial - 3)^3} < 0$，$\frac{\partial \pi_2^{IS}}{\partial\partial} = \frac{[2(a-c)\partial + a - 2b - c](2a - b - 2c)}{(2\partial - 3)^3} < 0$，$\frac{\partial CS^{IS}}{\partial\partial} = -\frac{2(2a - b - 2c)^2}{(2\partial - 3)^3} > 0$；$\frac{\partial SW^{IS}}{\partial\partial} = \frac{2(2a - b - 2c)[2(a-c)\partial - a - b + c]}{(2\partial - 3)^3} > 0$，当 $\partial \in (0, \partial_5^*)$ 时，$\frac{\partial SW^{IS}}{\partial\partial} = \frac{2(2a - b - 2c)[2(a-c)\partial - a - b + c]}{(2\partial - 3)^3} < 0$；当 $\partial \in (\partial_5^*, 1)$ 时，$\partial_5^* = \frac{a + b - c}{2(a - c)}$。

由命题 5 - 13 可见，当不存在生产资源约束并进行生产资源共享时，企业社会责任水平与两家企业的总产量、消费者剩余正相关，与两家企业的利润负相关；当企业社会责任水平较低时，其与社会总福利正相关，而当企业社会责任水平较高时，其与社会总福利负相关。与前两种情况相比，此种情况下企业社会责任的影响存在一定的差异。提高企业社会责任水平虽然会提高两家企业的产量以及消费者剩余，但是不利于增加两家企业的利润以及社会福利。

推论 5 -7：比较模型 IS 与模型 IA 在产量、利润、消费者剩余与社会福利的差别，通过比较分析出生产资源约束的影响为：

$$q_1^{IS}-q_1^{IA}=\frac{(b+2k_1)\partial+a-2b-c-3k_1}{3-2\partial}<0;$$

$$q_2^{IS}-q_2^{IA}=\frac{[(b+2k_1)\partial+a-2b-c-3k_1](\partial-1)}{2\partial^2-7\partial+6}>0;$$

$$\pi_1^{IS}-\pi_1^{IA}=-\frac{[2(a-b-c)\partial^2+(-5a+6b+5c+2k_1)\partial+2a-4b-2c-3k_1)((2k_1+b)\partial+a-2b-c-3k_1]}{(2\partial-3)^2(\partial-2)}>0;$$

$$\pi_2^{IS}-\pi_2^{IA}=\frac{[2(a-b-c)\partial^3+(-7a+10b+7c+2k_1)\partial^2+(9a-17b-9c-5k_1)\partial-5a+10b+5c+3k_1][(2k_1+b)\partial+a-2b-c-3k_1]}{(2\partial-3)^2(\partial-2)^2}>0;$$

$$CS^{IS}-CS^{IA}=\frac{-8k_1(a-c)\partial^3+8(4a-4c-k_1)k_1\partial^2+[24k_1^2+42(c-a)k_1+(2a-b-2c)^2]\partial-18k_1^2+18(a-c)k_1-2(2a-b-2c)^2}{2(2\partial-3)^2(\partial-2)}>0;$$

当 $\partial\in(0,\ \partial_6^*)$ 时，$SW^{IS}-SW^{IA}=\frac{[2(a-c)\partial^2+(-5a-0.5b+5c+k_1)\partial+2.5(a-c)+b-1.5k_1][(2k_1+b)\partial+a-2b-c-3k_1]}{(2\partial-3)^2(\partial-2)^2}<0$，

当 $\partial\in(\partial_6^*,\ 1)$ 时，$SW^{IS}-SW^{IA}=\frac{[2(a-c)\partial^2+(-5a-0.5b+5c+k_1)\partial+2.5(a-c)+b-1.5k_1][(2k_1+b)\partial+a-2b-c-3k_1]}{(2\partial-3)^2(\partial-2)^2}>0$，

其中，$\partial_6^*=\frac{2b+3k_1-a+c}{b+2k_1}$。

推论 5 -7 表明，模型 IS 与模型 IA 相比，企业 2 的产量、利润以及企业 1 的利润均增加且消费者剩余增加。社会福利与企业社会责任水平相

关，当企业社会责任水平较低时社会福利会降低，而当企业社会责任水平较高时社会福利将会增加。其经济学含义是：如果生产资源共享能够实施（使双方企业利润上升），那么生产资源共享有助于增进消费者剩余，并且在企业能够承担较高的社会责任时，社会福利也会增加。因此，在企业社会责任达到一定水平时，应当积极鼓励生产资源共享。虽然企业 1 因为共享增加了竞争对手的产量，但会通过收费（b）进行弥补。为了实现生产资源共享，需要生产资源收费在一个合理的区间之内并受企业能够承担的社会责任程度的影响，在一定的社会责任范围内收费太高（企业 1 不会选择）或太低（企业 2 不会选择），都不会产生生产资源共享。

推论 5-8：比较模型 IS 与模型 AA 在产量、利润、消费者剩余与社会福利的差别，通过比较分析出生产资源约束的影响为：

$$q_1^{IS}-q_1^{AA}=\frac{b(\partial-2)}{3-2\partial}<0;$$

$$q_2^{IS}-q_2^{AA}=\frac{b(\partial-1)}{2\partial-3}>0;$$

$$\pi_1^{IS}-\pi_1^{AA}=-\frac{[2(a-b-c-2k_1)\partial^2+(-7a+6b+7c+12k_1)\partial+4(a-b-c)-9k_1]b}{(2\partial-3)^2}>0;$$

$$\pi_2^{IS}-\pi_2^{AA}=\frac{[2(a-b-c-2k_1)\partial^2+(-5a+6b+5c+12k_1)\partial+5(a-b-c)-9k_1]b}{(2\partial-3)^2}>0;$$

$$CS^{IS}-CS^{AA}=-\frac{b(4a-b-4c)}{2(2\partial-3)^2}<0;$$

$$SW^{IS}-SW^{AA}=\frac{b(4a\partial-4c\partial-2a-b+2c)}{2(2\partial-3)^2}<0,\partial\in(0,\partial_7^*);$$

$$SW^{IS}-SW^{AA}=\frac{b(4a\partial-4c\partial-2a-b+2c)}{2(2\partial-3)^2}>0,\ \partial\in(\partial_7^*,\ 1),$$ 其中 $\partial_7^*=\frac{2a+b-2c}{4(a-c)}$。

由推论 5-8 可知，与模型 AA 相比，生产资源共享会使企业 2 产量增加，两家企业利润上升，但是会降低企业 1 的产量和消费者剩余。社会福利与企业社会责任水平相关，当企业具有较低水平的企业社会责任时，社会福利会降低。当企业具有较高水平的企业社会责任时，社会福利会增加。

推论 5-8 的经济学含义是：即使出现了生产资源不足，那么也可以通过共享来提高资源配置效率，甚至可以取得更高的社会福利，但这需要企业具有一定程度的社会责任感。因此，生产资源共享在一定条件下是优化生产资源配置、提升企业绩效、增进社会福利的有效途径。

5.2.4 结论

本部分对三类市场环境中的产量、利润、消费者福利与社会福利进行分析，揭示了企业社会责任和生产资源共享的多重效应，得出以下结论：

第一，消费者友好型企业社会责任对企业产量、利润、消费者剩余和社会总福利存在影响，而这个影响受到了是否存在生产资源约束以及是否存在生产资源共享的影响。在任何一种情况下，提高企业社会责任水平都有助于增加企业总产量和消费者剩余。在生产资源充足的情况下，提高企业社会责任水平会增加社会总福利；存在生产资源约束的情况下，社会总福利与企业社会责任水平相关，企业社会责任维持在较低水平时会增加社会总福利，过高时则会降低社会总福利。因此，应当辩证地看待企业社会责任，不能盲目地督促企业承担高水平的企业社会责任。

第二，生产资源共享实现的前提条件是双方企业皆有利可图，此时过高或过低的生产资源交易价格均会阻碍两家企业进行生产资源共享。当实施生产资源共享时，与生产资源充足的情况相比，两家企业的利润都会增加，但消费者剩余会降低；与存在约束但不共享的情况相比，两家企业的利润以及消费者剩余都会增加。因此，促进基于自愿的生产资源共享有助于增加企业利润。

第三，生产资源约束未必会降低社会福利，还受企业社会责任水平的影响。与生产资源充足的情况相比，当出现生产资源不足的两种情况时，都存在一个均衡的企业社会责任水平；当企业社会责任程度高于既定水平时，生产资源不足时的社会福利较高。与生产资源不足且不共享的情况相比，当企业社会责任低于一定水平时，生产资源共享时社会福利会相对较低。因此，生产资源共享未必会增进社会福利，不能因为生产资源约束而盲目实施生产资源共享。

5.3 市场敏感度、策略互动与消费者友好型社会责任

5.3.1 问题的提出

关于企业社会责任，有一个重要问题，即企业承担社会责任的动机是

什么？是纯粹的追求社会福利么？企业承担社会责任是因为在激烈的市场竞争中，增进企业利润是其必然追求的重要目标（Yu，2012；Cheng、Ioannou and Serafeim，2014；Fanti and Buccella，2019）。如果追求利润的话，那么最优的企业社会责任水平是什么？此外，在激烈的市场竞争中，各企业的社会责任决策之间是否会产生相互影响？如果有，内在的机制如何？纵观现有文献，已有文献多假设企业都具有企业社会责任或只有一家企业具有企业社会责任，少有对比研究。而本部分分别比较了两家企业均不实施企业社会责任（模型 NN）、只有一家企业实施企业社会责任（模型 CN）和两家实施企业社会责任（模型 CC）情况下的各类均衡结果，便于揭示企业之间的策略互动。此外，已有文献较少考虑到企业社会责任对市场需求的影响，而实际上这种影响是客观存在的，本部分将企业社会责任对市场需求的影响模型化，揭示市场对企业社会责任的敏感度。最后，关于企业社会责任作用的文献很多，但是探求利润最大化视角下最优企业社会责任水平的文献不多，本部分通过构建寡头垄断模型来探索这一问题。

有基于此，本部分从消费者友好型企业社会责任出发，将市场对企业社会责任的敏感度和企业间的互动决策相结合，探索它们对企业社会责任作用的影响，并探索追求利润最大化的企业社会责任水平。

5.3.2 模型构建

假设存在一个双寡头垄断市场，由企业 1 和企业 2 组成。竞争类型为围绕产量进行的古诺竞争，进行是否实施企业社会责任和实施水平的决策。存在两家企业都不承担企业社会责任、只有 1 家企业程度社会责任和两家企业都承担企业社会责任的情况，分别用上标 NN、CN 和 CC 来表示三类寡头垄断竞争下的均衡结果。在现有反市场需求函数设计的基础上，参考 Ray 和 Jewkes（2004）、Liu 等（2012）、Zhang 等（2019）[①] 等人的模型将市场对企业社会责任的敏感度考虑进来，假设反需求函数为 $p_i = a + \beta_i e - q_i - q_j$，$i \neq j$，i、j = 1 或 2。其中，$\beta_i$ 为企业社会责任水平，且 $\beta_i \in [0, 1]$；$e > 0$，表示市场对于企业社会责任的敏感度，可以反映企业社会责任对于市场价格的影响，如果 e 越高，那么企业的声誉将越高，产品的认可度就越高，那么价格会越高。当只有一家企业实施企业社会责任时，假设企业 1 实施企业社会责任，此时企业 1 的反函数为 $p_1 = a + \beta e -$

① Ray 和 Jewkes（2004）假设平均需求率是保证交付时间的函数。Liu 等（2012）将环境友好水平纳入产品的需求函数。Zhang 等（2019）分析了消费者的环保意识水平对于需求的影响。

q_i-q_j，企业 2 的反函数为 $p_2=a-q_i-q_j$。

将企业社会责任纳入企业效用函数，则企业效用由利润（π_i）和消费者福利（CS）所构成，即 $U_i=\pi_i+\beta_i CS$，其中企业利润函数为 $\pi_i=p_iq_i-cq_i$，其中 c 为边际成本。当只有一家企业实施企业社会责任时，效用函数分别为 $U_1=\pi_1+\beta CS$ 和 $U_2=\pi_2$。社会总福利定义为 $SW=\pi_1+\pi_2+CS$，其中 $CS=\frac{q_1^2+q_2^2+2q_1q_2}{2}$。

在以上假设下，两家企业进行两阶段序贯博弈：第一阶段，两家企业或 1 家企业根据利润最大化原则确定企业的社会责任水平。第二阶段，两家企业围绕产量进行古诺竞争，根据效用最大化原则确定最优产量。当两家企业都不实施企业社会责任时，他们之间只进行产量竞争决策。

5.3.3 模型分析

利用逆向归纳法分别分析两种竞争模式下的均衡结果。

5.3.3.1 模型 NN

当两家企业都不实施企业社会责任时，两家企业会根据利润最大化原则进行产量决策，满足方程 $\frac{\partial\pi_i^{NN}}{\partial q_i}=0$，均衡结果如下：

$$q_i^{NN}=\frac{a-c}{3},\pi_i^{NN}=\frac{(a-c)^2}{9},CS^{NN}=\frac{2(a-c)^2}{9},SW^{NN}=\frac{4(a-c)^2}{9} \tag{5.55}$$

由上述各式可知均衡结果与边际产量相关，得到 $\frac{\partial\pi_i^{NN}}{\partial c}<0$，$\frac{\partial CS^{NN}}{\partial c}<0$ 和 $\frac{\partial SW^{NN}}{\partial c}<0$，边际成本的降低有利于企业利润、消费者剩余和社会福利的增加。

5.3.3.2 模型 CN

考虑只有一家企业实施企业社会责任而另一家不实施的情况。首先，两家企业效应最大化需要产量满足 $\frac{\partial U_i^{CN}}{\partial q_i}=0$，进而得到均衡产量：

$$q_1^{CN}=\frac{(\beta+1)(a-c)+2\beta e}{3-\beta} \tag{5.56}$$

$$q_2^{CN}=\frac{(1-\beta)(a-c)-\beta e}{3-\beta} \tag{5.57}$$

其次，将式（5.56）、式（5.57）代入企业利润函数，进一步地可以得到：

$$\pi_1^{CN}=\frac{[(\beta+1)(a-c)+2\beta e][(1-\beta)(a-c)+\beta(2-\beta)e]}{(3-\beta)^2} \tag{5.58}$$

$$\pi_2^{CN}=\frac{[\beta e-(1-\beta)(a-c)]^2}{(3-\beta)^2} \tag{5.59}$$

$$\frac{\partial\pi_1^{CN}}{\partial\beta}=\frac{2\beta(\beta^2-9\beta+12)e^2+(\beta^3-9\beta^2-2\beta+12)(a-c)e+2(a-c)^2(1-3\beta)}{(3-\beta)^3} \tag{5.60}$$

由 $q_2^{CN}\geqslant 0$ 可得，$0\leqslant\beta\leqslant\frac{a-c}{a-c+e}$，此时$\frac{\partial\pi_1^{CN}}{\partial\beta}>0$，$\pi_1^{CN}$ 随着 β 单调递增，当 $\beta=\frac{a-c}{a-c+e}$时，π_1^{CN} 取得最优值。此时，企业 2 将被迫退出市场。可见，当企业双方竞争时，如果一方实施企业社会责任而另一方不实施，那么可以形成一定的竞争优势，将对手挤出市场。

引理 5-10：只有一家企业实施企业社会责任时，其均衡状态下的产量、企业利润、企业效用、消费者剩余、社会福利分别为：

$q_1^{CN}=a-c, q_2^{CN}=0; \pi_1^{CN}=\frac{(a-c)^2e}{a-c+e}, \pi_2^{CN}=0; CS^{CN}=\frac{(a-c)^2}{2}; SW^{CN}=\frac{3(a-c)^2e+(a-c)^3}{2(a-c+e)}$。

进一步地，探索 e 和 c 对均衡结果的影响，可得命题 5-14：

命题 5-14：（1） e 对均衡结果的影响：

$\frac{\partial\beta^{CN}}{\partial e}<0$，$\frac{\partial\pi_1^{CN}}{\partial e}<0$，$\frac{\partial\pi_2^{CN}}{\partial e}=0$，$\frac{\partial CS^{CN}}{\partial e}=0$，$\frac{\partial SW^{CN}}{\partial e}>0$。

（2） c 对均衡结果的影响：

$\frac{\partial\beta^{CN}}{\partial c}>0$，$\frac{\partial\pi_1^{CN}}{\partial c}<0$，$\frac{\partial\pi_2^{CN}}{\partial c}=0$，$\frac{\partial CS^{CN}}{\partial c}<0$，$\frac{\partial SW^{CN}}{\partial c}<0$。

以上表明，在只有一家企业实施企业社会责任时，e 与最优企业社会责任水平、实施企业社会责任的企业的利润负相关，与未实施企业社会责任的企业的利润及消费者剩余无关，与社会福利正相关。当 e 提高时，最优企业社会责任的水平以及实施企业社会责任的企业的利润会下降。其原因在于：此时只有一家企业实施企业社会责任，而另一企业会在竞争中被淘汰，即使 e 提高，但出于利润最大化的考虑，该企业也不会继续提高企业社会责任水平。因此，垄断不利于企业承担更高水平的企业社会责任。

此外，边际成本与最优的企业社会责任水平正相关，与实施企业社会责任的企业的利润、消费者剩余和社会福利负相关，而与未实施企业的利润无关。边际成本的减低，会使企业的最优企业社会责任水平也随之下降。由此可知，只有一家企业实施企业社会责任时，当企业成本管理优化时，企业社会责任行为动机会弱化。但是，加强成本管理，降低成本对于企业利润、消费者剩余和社会福利仍然有着积极影响。

5.3.3.3 模型 CC

第一步，考察第二阶段博弈，根据效用最大化原则，两家企业的产量决策需要满足$\frac{\partial U_i^{CC}}{\partial q_i}=0$，进而得到均衡产量：

$$q_i^{CC}=-\frac{(\beta_j-2\beta_i)e-(\beta_i-\beta_j+1)(a-c)}{3-\beta_i-\beta_j} \tag{5.61}$$

第二步，考察第一阶段博弈，将式（5.61）代入企业利润函数，利润最大化要保证产能满足$\frac{\partial \pi_i^{CC}}{\partial \beta_i}=0$，得到均衡企业社会责任水平 β_i^{CC}，并代入式（5.61）：

$$\beta_i^{CC}=\frac{10(a-c)+27e-F}{4[2(a-c)+5e]} \tag{5.62}$$

$$q_i^{CC}=\frac{8(a-c)^2+30(a-c)e+27e^2-eF}{2\{F+[2(a-c)+3e]\}} \tag{5.63}$$

其中，$F=\sqrt{68(a-c)^2+268(a-c)e+249e^2}$。

引理 5－11：两家企业实施企业社会责任时的均衡结果为：

$$\pi_i^{CC}=-\frac{\begin{gathered}4779e^5-[474F-11655(a-c)]e^4+11058(a-c)^2e^3\\+[11F^2-808F(a-c)]e^3+5084(a-c)^3e^2+\\{[9F^2-508F(a-c)]e^2+1128(a-c)^4e+2(a-c)^2}\\{[F^2-72F(a-c)]e-16(a-c)^4[F-6(a-c)]}\end{gathered}}{2\{F+[2(a-c)+3e]\}^2[2(a-c)+5e]};$$

$$CS^{CC}=-\frac{\begin{gathered}-489e^4+[27F-944(a-c)]e^3\\+10(a-c)[3F-70(a-c)]e^2\\+8(a-c)^2[F-30(a-c)]e-32(a-c)^4\end{gathered}}{\{F+[2(a-c)+3e]\}^2};$$

$$SW^{CC}=\frac{\begin{gathered}-5073e^5+[339F-11146(a-c)]e^4+4(a-c)\\{[151F-2332(a-c)]e^3+8(a-c)^2[51F-454(a-c)]e^2+}\\16(a-c)^3[8F-39(a-c)]e+16(a-c)^4[F-2(a-c)]\end{gathered}}{\{F+[2(a-c)+3e]\}^2[2(a-c)+5e]}。$$

下面，分析 e 和 c 对均衡结果的影响，可以得到命题 5－15：

命题 5－15：（1） e 对均衡结果的影响：

$\frac{\partial \beta_i^{CC}}{\partial e}>0$，$\frac{\partial \pi_i^{CC}}{\partial e}<0$，$\frac{\partial CS^{CC}}{\partial e}>0$，$\frac{\partial SW^{CC}}{\partial e}>0$。

（2）c 对均衡结果的影响：

$\frac{\partial \beta_i^{CC}}{\partial c}>0$，$\frac{\partial \pi_i^{CC}}{\partial c}<0$，$\frac{\partial CS^{CC}}{\partial c}<0$，$\frac{\partial SW^{CC}}{\partial c}<0$。

结果表明，市场对企业社会责任的敏感度（e）与最优企业社会责任水平、消费者剩余和社会福利正相关，而与企业利润是负相关关系。随着 e 提高，最优企业社会责任水平会提高，但是企业利润会下降。这与人们的普遍认识是冲突的，原因在于市场对企业社会责任的敏感度增加时，企业会主动提高自身企业社会责任水平，但由于两家企业都实施企业社会责任，竞争导致自己提升企业社会责任水平未能获得更多的市场份额，进而导致企业利润下降，但是消费者和社会福利却增进了。因此，提高市场对企业社会责任的敏感度对整个社会是有益的。

边际成本（c）与最优企业社会责任水平正相关，而与企业利润、消费者剩余和社会福利都是负相关。其经济学含义是：企业的成本管理会影响企业社会责任最优水平，当成本管理得到优化时，企业社会责任水平也会降低，因此并不能仅仅根据较高的企业社会责任水平断定一家企业经营良好。边际成本降低有利于增加企业利润、消费者剩余和社会福利，因此企业不仅要承担一定的企业社会责任，还应加大技术研发与创新，降低企业成本。

与模型 CN 相比，模型 CC 下 e 与最优企业社会责任水平不是负相关而是正相关。其原因在于：之前的负相关是因为竞争对手已被挤出，随着 e 的提高，企业出于自身利润的考虑而适当降低企业社会责任水平。而在 CC 模型下均衡时两者都承担企业社会责任，e 的提高会使两家企业都具有提高企业社会责任水平的倾向，最终使最优企业社会责任水平（β^*）提高。企业 2 的利润在模型 CC 下与 e 和 c 是负相关，而在模型 CN 下无关。其原因在于：模型 CN 下企业 2 自身利润为零，会被挤出，导致 e 和 c 的作用没能得到体现。模型 CN 下 e 与消费者剩余由正相关变为了无关。其原因在于：企业社会责任水平会随着 e 的增加而降低，进而导致消费者福利降低。

5.3.4 比较

比较以上三种模型的市场均衡结果，为了保持可比性，确保两种情况下产量和利润大于 0 时的限制性条件为 $0<e<2(a-c)$。

命题 5-16：（1）最优企业社会责任水平比较：

当 $0<e<1.142(a-c)$ 时，$\beta_i^{CC}<\beta^{CN}$；

当 $e=1.142(a-c)$ 时，$\beta_i^{CC}=\beta^{CN}$；

当 $1.142(a-c)<e<2(a-c)$ 时，$\beta_i^{CC}>\beta^{CN}$。

（2）企业的利润比较：

$\pi_i^{CC} < \pi_i^{NN}$，$\pi_2^{CN} < \pi_2^{NN}$，$\pi_2^{CC} > \pi_2^{CN}$。

当 $0 < e < 0.125(a-c)$ 时，$\pi_1^{CN} < \pi_1^{NN}$；

当 $e = 0.125(a-c)$ 时，$\pi_1^{CN} = \pi_1^{NN}$；

当 $0.125(a-c) < e < 2(a-c)$ 时，$\pi_1^{CN} > \pi_1^{NN}$。

当 $0 < e < 0.085(a-c)$ 时，$\pi_1^{CC} > \pi_1^{CN}$；

当 $e = 0.085(a-c)$ 时，$\pi_1^{CC} = \pi_1^{CN}$；

当 $0.085(a-c) < e < 2(a-c)$ 时，$\pi_1^{CC} < \pi_1^{CN}$。

（3）消费者剩余比较：

$CS^{CC} > CS^{CN} > CS^{NN}$。

（4）社会福利比较：

$SW^{CC} > SW^{NN}$，$SW^{CN} > SW^{NN}$；

当 $0 < e < 0.876(a-c)$，$SW^{CC} - SW^{CN} < 0$；

$e = 0.876(a-c)$，$SW^{CC} - SW^{CN} = 0$；

$0.876(a-c) < e \leqslant 2(a-c)$，$SW^{CC} - SW^{CN} > 0$。

由命题5-16可知，是否实施企业社会责任以及市场对企业社会责任的敏感度影响着企业最优社会责任水平、企业利润、消费者剩余以及社会福利。如果竞争对手实施企业社会责任，那么企业实施企业社会责任是最优选择，否则将被挤出市场。当市场对于企业社会责任的敏感度正好处于特定水平［$e = 1.142(a-c)$］时，企业2是否实施企业社会责任对企业1的最优企业社会责任水平无影响。如果e高于这一水平，则模型CN下的企业1的最优企业社会责任水平低于模型CC情况下的企业1最优企业社会责任水平；如果e低于这一水平，那么结果反之。同样的结论也适用于社会福利的比较，区别在于特定的市场对于企业社会责任的敏感度水平为 $e = 0.876(a-c)$。此外，验证了实施企业社会责任对社会福利的增加有促进作用。

企业1在模型NN、CN和CC下的利润高低与市场对企业社会责任的敏感程度相关，临界值分别为 $e = 0.125(a-c)$ 和 $e = 0.085(a-c)$。由此可知，如果竞争对手实施企业社会责任，对于企业而言实施企业社会责任便是最优选择；但是如果竞争对手未实施，企业则会在市场对于企业社会责任行为足够支持时才会实施。模型CN下的消费者剩余要大于CC模型下的消费者剩余，表明承担企业社会责任的企业越多，消费者越受益。由此可知，虽然企业社会责任有利于消费者受益增多，但是还需要充分考虑市场对于企业社会责任的敏感程度这一因素的影响。当市场对于企业社会责任不敏感时，鼓励企业实施企业社会责任的行为就会失效。

Lambertini 和 Tampieri（2015），Lambertini、Palestini 和 Tampieri（2016）的研究认为，当市场规模足够大时，企业社会责任可以使企业获得更高的利润、社会实现更高的福利水平。与他们的研究相比，我们不仅指出了企业社会责任对于利润和社会福利提升作用的限制条件，而且探究了最优企业社会责任水平和实施企业社会责任的客观条件。

5.3.5 进一步的扩展

在这部分将伯川德竞争和成本差异纳入，来进一步增强论证的严谨性。考虑 NN 和 CN 两种情形，并且为了避免伯川德悖论引入产品差异 r，设定它的范围为 $0<r<1$。当两家企业都不实施企业社会责任，产量函数为 $q_i=\frac{(r-1)a-p_jr+p_i}{r^2-1}$，而当只有一家企业实施企业社会责任活动时，两家企业的产量函数则分别为 $q_1=\frac{(a-1)r-\beta e-p_2r+p_1}{r^2-1}$和 $q_2=\frac{(a-1)r+\beta er-p_1r+p_2}{r^2-1}$。此外，通过企业 1 分别处于成本劣势和成本优势来进一步分析边际成本的影响。

5.3.5.1 伯川德竞争

在进行伯川德竞争时，如果两家企业都不实施企业社会责任行为，则只需要根据利润最大化进行产量决策，满足$\frac{\partial\pi_i^{CC}}{\partial q_i}=0$，均衡结果如下：

$$\pi_i^{NNB}=\frac{(a-c)^2(1-r)}{(r+1)(2-r)^2},\ CS^{NNB}=\frac{(a-c)^2}{(r+1)(2-r)^2},\ SW^{NNB}=\frac{(a-c)^2(3-2r)}{(r+1)(2-r)^2} \tag{5.64}$$

均衡结果依然都与边际成本相关，进一步得到$\frac{\partial\pi_i^{NNB}}{\partial c}<0$，$\frac{\partial CS^{NNB}}{\partial c}<0$，$\frac{\partial SW^{NNB}}{\partial c}<0$，表明边际成本的减少会促进利润、消费者剩余和社会福利的提高。

当只有一家企业实施企业社会责任活动时，两家企业在第二阶段根据效用最大化原则进行价格决策，满足$\frac{\partial U_i^{CNB}}{\partial p_i}=0$，得到均衡价格如下：

$$p_1^{CNB}=\frac{(\beta r-r-2)(a-c)+\beta er(\beta-r)-2\beta e(\beta-1)}{(\beta-1)r^2-2(\beta-2)},\ P_2^{CNB}=a-\frac{(\beta-r-2)(a-c)+\beta er}{(\beta-1)r^2-2(\beta-2)} \tag{5.65}$$

在第一阶段，根据利润最大化原则决定最优企业社会责任水平，满足 $\frac{\partial \pi_1^{CNB}}{\partial \beta}=0$，得到最优企业社会责任水平 β^{CNB} 和相应的产量如下：

$$\beta^{CNB}=\frac{(r^2+r-2)A+3e(r^2-4)+H}{2e(r^2-2)} \tag{5.66}$$

$$q_i^{CNB}=\frac{e[3(r^2+r-2)A^2+e(r^2-4)+H]}{(r^2-1)[(r^2+r-2)A+H+e(r^2-4)} \tag{5.67}$$

其中，$A=a-c$，

$$H=\sqrt{\begin{matrix}(r^4+2r^3-3r^2-4r+4)A^2+2(r^4+r^3-14r^2\\-12r+24)Ae+(r^4-24r^2+80)e^2\end{matrix}}$$。

引理 5-12：模型 CN 进行伯川德竞争时的均衡结果为：

$$\pi_1^{CNB}=\frac{\begin{matrix}9e(r^6+3r^5-3r^4-11r^3+6r^2+12r-8)A^3+3e^2(9r^6+18r^5\\-75r^4-132r^3+180r^2+192r-192)A^2+15He(r^4+2r^3\\-3r^2-4r+4)A^2+3e^3(9r^6+9r^5-114r^4-96r^3+432r^2\\+240r-480)A+6He^2(5r^4+5r^3-34r^2-24r+48)A\\+7H^2e(r^2+r-2)A+9e^4(r^6-16r^4+80r^2-128)\\+3He^3(5r^4-48r^2-112)+H^2e^2(7r^2-32)+H^3e\end{matrix}}{2\begin{bmatrix}(r^8+2r^7-6r^6-10r^5+15r^4+16r^3-18r^2-8r+8)A^2\\+2e(r^8+r^7-9r^6-7r^5+28r^4+14r^3-36r^2-8r+16)A+\\2H(r^6+r^5-5r^4+3r^3+8r^2+2r-4)A+e^2(r^8-11r^6+42r^4\\-64r^2+32)+2He(r^6-14r^4+14r^2-8)+H^2(r^4-3r^2+2)\end{bmatrix}};$$

$$\pi_2^{CNB}=\frac{\begin{matrix}-(r^8+2r^7-5r^6-8r^5+11r^4+10r^3-11r^2-4r+4)A^4\\-2e(r^8-2r^7-14r^6+6r^5+39r^4-12r^3-34r^2+8r+8)A^3-\\2H(r^6+r^5-4r^4-2r^3+5r^2+r-2)A^3-e^2(r^8-12r^7\\-13r^6+102r^5+66r^4-204r^3-52r^2+96r+16)A^2-\\2He(r^6-4r^5-10r^4+12r^3+13r^2-8r-4)A^2-H^2(r^4-2r^2\\+1)A^2+6e^3(r^7-3r^6-12r^5+18r^4+36r^3-24r^2-16r)A+\\2He^2(4r^5-3r^4-23r^3+6r^2+16r)A+2H^2e(r^3-r)A\\-9e^4(r^6-8r^4+16r^2)-6He^3(r^4-4r^2)-H^2e^2r^2\end{matrix}}{\begin{matrix}(r^{10}+2r^9-8r^8-14r^7+27r^6+36r^5-48r^4-40r^3+44r^2+16r\\-16)A^2+2e(r^{10}+r^9-11r^8-9r^7+46r^6+28r^5-92r^4-36r^3\\+88r^2+16r-32)A+2H(r^8+r^7-7r^6-5r^5+18r^4+8r^3-20r^2\\-4r+8)A+e^2(r^{10}-13r^8+64r^6-148r^4+160r^2-64)\\+2He(r^8-9r^6+28r^4-36r^2+16)+H^2(r^6-5r^4+8r^2-4)\end{matrix}};$$

$$CS^{CNB}=\frac{\begin{array}{c}(r^6+2r^5-4r^4-6r^3+7r^2+4r-4)A^4-2e(3r^7+5r^6-13r^5\\-11r^4+26r^3-2r^2-16r+8)A^3+2H(r^4+r^3-3r^2-r+2)A^3\\-2e^2(6r^7-8r^6-69r^5+33r^4+174r^3-96r^2-120r+80)A^2\\-2He(4r^5+3r^4-12r^3+r^2+8r-4)A^2-H^2(r^2+1)A^2\\-6e^3(r^7-9r^6-18r^5+66r^4+72r^3-144r^2-64r+96)A\\-2He^2(4r^5-9r^4-29r^3+30r^2+28r-24)A-2H^2e(r^3\\-r)A-9e^4(r^6-8r^4+16r^2)-6He^3(r^4-4r^2)-H^2e^2r^2\end{array}}{2\left\{\begin{array}{c}(r^{10}+2r^9-8r^8-14r^7+27r^6+36r^5-48r^4-40r^3+44r^2+16r\\-16)A^2+2e(r^{10}+r^9-11r^8-9r^7+46r^6+28r^5-92r^4-36r^3\\+88r^2+16r-32)A+2H(r^8+r^7-7r^6-5r^5+18r^4+8r^3\\-20r^2-4r+8)A+e^2(r^{10}-13r^8+64r^6-148r^4+160r^2-64)\\+2He(r^8-9r^6+28r^4-36r^2+16)+H^2(r^6-5r^4+8r^2-4)\end{array}\right\}};$$

$$SW^{CNB}=\frac{\begin{array}{c}-(2r^8+4r^7-11r^6-18r^5+26r^4+26r^3-29r^2-12r+12)A^4\\+e(5r^8+29r^7+r^6-151r^5-26r^4+302r^3-40r^2-216r+96)A^3\\-2H(2r^6+2r^5-9r^4-5r^3+13r^2+3r-6)A^3+(25r^8+66r^7\\-237r^6-570r^5+792r^4+1528r^3-1360r^2-1104r+960)A^2+\\2He(11r^6+38r^5-41r^4-144r^3+96r^2+136r-96)A^2-H^2(2r^4\\-5r^2+3)A^2+3e^3(9r^8+11r^7-126r^6-126r^5-86r^4+432r^3\\-1152r^2-416r+768)A+2He^2(15r^6+19r^5-129r^4-119r^3\\+330r^2+148r-264)A+H^2e(7r^4+9r^3-28r^2-16r+28)A\\+9e^4(r^8-17r^6+100r^4-240r^2+192)+3He^3(5r^6-56r^4\\+192r^2-192)+H^2e^2(7r^4-45r^2+60)\end{array}}{\begin{array}{c}2\{(r^{10}+2r^9-8r^8-14r^7+27r^6+36r^5-48r^4-40r^3+44r^2\\+16r-16)A^2+2e(r^{10}+r^9-11r^8-9r^7+46r^6+28r^5\\-92r^4-36r^3+88r^2+16r-32)A+2H(r^8+r^7-7r^6\\-5r^5+18r^4+8r^3-20r^2-4r+8)A+e^2(r^{10}-13r^8\\+64r^6-148r^4+160r^2-64)+2He(r^8-9r^6+28r^4\\-36r^2+16)+H^2(r^6-5r^4+8r^2-4)\}\end{array}}。$$

命题 5－17：（1） e 对均衡结果的影响：

$\frac{\partial\beta^{CNB}}{\partial e}>0$，$\frac{\partial\pi_1^{CNB}}{\partial e}>0$，$\frac{\partial\pi_2^{CNB}}{\partial e}<0$，$\frac{\partial CS^{CNB}}{\partial e}>0$，$\frac{\partial SW^{CNB}}{\partial e}>0$。

（2） c 对均衡结果的影响：

$\frac{\partial\beta^{CNB}}{\partial c}>0$，$\frac{\partial\pi_1^{CNB}}{\partial c}<0$，$\frac{\partial\pi_2^{CNB}}{\partial c}<0$，$\frac{\partial CS^{CNB}}{\partial c}<0$，$\frac{\partial SW^{CNB}}{\partial c}<0$。

与古诺模型相比，市场对于企业社会责任的敏感程度与最优企业社会责任水平正相关，与实施企业社会责任企业的利润也正相关，与未实施企业社会责任的企业的利润负相关。由此可见，在进行伯川德竞争时，市场敏感程度可以更有效地调节企业的企业社会责任行为。此外，边际成本与企业 2 的利润由古诺模型中的不相关变为负相关。因此，成本管理的优化更有利于企业的发展与生存。

命题 5－18：模型 NN 和模型 CN 进行伯川德竞争时的均衡结果比较：$\pi_1^{NNB}<\pi_1^{CNB}$，$\pi_2^{NNB}>\pi_2^{CNB}$，$CS^{NNB}<CS^{CNB}$，$SW^{NNB}<SW^{CNB}$。

在模型 NN 和模型 CN 中进行伯川德竞争时，实施企业社会责任的企业可以提高自身利润。因此，企业会倾向于在竞争对手未采取企业社会责任行动之前实施企业社会责任，以此来获取先动优势。与古诺竞争相比，企业 2 的利润虽然有所下降，但并未被挤出。由此可见，价格竞争不如数量竞争激烈，实施企业社会责任之后只是部分削弱了竞争对手。

5.3.5.2　*成本差异*

当企业 1 处于成本劣势并且只有它实施企业社会责任时，两家企业的利润方程分别为 $\pi_1=p_1q_1-cq_1$ 和 $\pi_2=p_2q_2$。第二阶段得到两家企业的均衡产量：

$$q_1^{CN1}=\frac{(a+2e)\beta+a-2c}{3-\beta},q_2^{CN1}=\frac{a+c-(a+e)\beta}{3-\beta} \tag{5.68}$$

因为 $q_2^{CN1}\geqslant0$，所以 $0\leqslant\beta\leqslant\frac{a+c}{a+e}$。由于 $\frac{\partial\pi_1^{CN1}}{\partial\beta}>0$，因此 π_1^{CN1} 随着 β 单调递增。当 $\beta=\frac{a+c}{a+e}$ 取得最大利润 π_1^{CN1}，均衡结果如下：

$\beta^{CN1}=\frac{a+c}{a+e}$，$q_1^{CN1}=a$，$q_2^{CN1}=0$，$\pi_1^{CN1}=\frac{a^2(e-c)}{a+e}$，$\pi_2^{CN1}=0$，$CS^{CN1}=\frac{a^2}{2}$，$SW^{CN1}=\frac{a^2(a-2c+3e)}{2(a+e)}$。

命题 5－19：（1） e 对均衡结果的影响：

$\frac{\partial\beta^{CN1}}{\partial e}<0$，$\frac{\partial\pi_1^{CN1}}{\partial e}>0$，$\frac{\partial\pi_2^{CN1}}{\partial e}=0$，$\frac{\partial CS^{CN1}}{\partial e}=0$，$\frac{\partial SW^{CN1}}{\partial e}>0$。

（2） c 对均衡结果的影响：

$\frac{\partial\beta^{CN1}}{\partial c}<0$，$\frac{\partial\pi_1^{CN1}}{\partial c}<0$，$\frac{\partial\pi_2^{CN1}}{\partial c}=0$，$\frac{\partial CS^{CN1}}{\partial c}=0$，$\frac{\partial SW^{CN1}}{\partial c}<0$。

与成本无差异时相比，当企业1处于成本劣势时，企业1的利润与市场对企业社会责任的敏感程度正相关，最优的企业社会责任水平与自身边际成本负相关，消费者剩余与自身边际成本无关。此时，虽然企业2仍然会被挤出，但市场对企业社会责任敏感程度的调节作用依然有效，市场对于企业社会责任越敏感，企业的利润就会提高，使企业在履行企业社会责任的同时有动力去进行相关活动来提高市场的敏感度。此外，成本劣势的增加会使企业1的最优企业社会责任水平下降，但消费者剩余未受到影响。由此可见，市场敏感程度的提升和成本管理的优化对于企业社会责任有积极的促进作用。

当企业1处于成本优势并且只有它实施企业社会责任时，它们的利润方程分别为 $\pi_1 = p_1 q_1$ 和 $\pi_2 = p_2 q_2 - cq_2$。第二阶段，两家企业根据效用最大化原则决定各自产量，满足$\frac{\partial U_i^{CN2}}{\partial p_i} = 0$。均衡产量如下：

$$q_1^{CN2} = \frac{(\beta+1)(a-c)+2\beta e}{3-\beta}, q_2^{CN2} = \frac{(1-\beta)(a-c)-\beta e-c}{3-\beta} \tag{5.69}$$

因为 $q_2^{CN2} \geqslant 0$，所以 $0 \leqslant \beta \leqslant \frac{a-2c}{a-c+e}$。因为$\frac{\partial \pi_1^{CN2}}{\partial \beta} > 0$，所以 π_1^{CN2} 随着 β 提高而增加。当 $\beta = \frac{a-2c}{a-c+e}$时，得到最大利润 π_1^{CN2}。均衡结果如下：

$$\beta^{CN2} = \frac{a-2c}{a-c+e}, \ q_1^{CN2} = a-c, \ q_2^{CN2} = 0, \ \pi_1^{CN2} = \frac{(a-c)^2(a+e)-(a-c)^3}{a-c+e},$$

$$\pi_2^{CN2} = 0, \ CS^{CN2} = \frac{(a-c)^2}{2}, SW^{CN2} = \frac{(a-c)^2(2a+3e)-(a-c)^3}{2(a-c+e)}。$$

命题5-20：（1）e对均衡结果的影响：

$\frac{\partial \beta^{CN2}}{\partial e} < 0$，$\frac{\partial \pi_1^{CN2}}{\partial e} > 0$，$\frac{\partial \pi_2^{CN2}}{\partial e} = 0$，$\frac{\partial CS^{CN2}}{\partial e} = 0$，$\frac{\partial SW^{CN2}}{\partial e} > 0$。

（2）c对均衡结果的影响：

$\frac{\partial \beta^{CN2}}{\partial c} < 0$，$\frac{\partial \pi_2^{CN2}}{\partial c} = 0$，$\frac{\partial CS^{CN2}}{\partial c} < 0$，$\frac{\partial SW^{CN2}}{\partial c} < 0$；

如果 $0 < e \leqslant \frac{-c+\sqrt{2a^2-6ac+5c^2}}{2}$，那么 $\frac{\partial \pi_1^{CN2}}{\partial c} \geqslant 0$；如果 $e > \frac{-c+\sqrt{2a^2-6ac+5c^2}}{2}$，那么$\frac{\partial \pi_1^{CN2}}{\partial c} < 0$。

与处于成本劣势相比，当企业1处于成本优势时，市场敏感程度对均衡结果的影响没有发生变化，企业1的利润与企业2的边际成本先正相关后负相关，消费者剩余变为负相关。当市场敏感度较低时，企业1的利润会随着这种成本优势的提高而提高，但当超过一定值$\left(e=\frac{-c+\sqrt{2a^2-6ac+5c^2}}{2}\right)$时，这种成本优势将不复存在，利润会随着成本优势的扩大而下降。因此，企业还需要根据自身成本优势程度适度选择市场对于企业社会责任的敏感程度，而不是一味提升。而与成本无差异时的差别除了上述两点外，其他与处于成本劣势的差别相同。

与成本无差异时相比，企业1的利润与市场敏感程度关系变为正相关，与成本的关系也与市场敏感程度相关。此时，市场敏感程度的提高可以有效提升企业利润，成本管理的优势在市场敏感程度较高时才得到显现。以上影响都会使企业积极提高市场敏感度，以此来建立竞争优势。

命题5-21：成本存在差异时模型CN的均衡结果比较：

$\beta^{CN1}>\beta^{CN}>\beta^{CN2}$，$\pi_1^{CN1}<\pi_1^{CN2}$，$\pi_2^{CN1}=\pi_2^{CN2}=0$，$CS^{CN1}>CS^{CN}=CS^{CN2}$，$SW^{CN1}>SW^{CN}$，$SW^{CN2}>SW^{CN}$。

如果$0<e\leqslant\frac{c+\sqrt{8a^2-12ac+5c^2}}{2(2a-c)}$，那么$\pi_1^{CN1}<\pi_1^{CN}$；

如果$e>\frac{c+\sqrt{8a^2-12ac+5c^2}}{2(2a-c)}$，那么$\pi_1^{CN1}>\pi_1^{CN}$；

如果$0<e\leqslant\frac{-2a^2+2ac+c^2+\sqrt{52a^4-104a^3c+60a^2c^2-8ac^3+4c^4}}{6(2a-c)}$，那么$SW^{CN1}\leqslant SW^{CN2}$；

如果$e>\frac{-2a^2+2ac+c^2+\sqrt{52a^4-104a^3c+60a^2c^2-8ac^3+4c^4}}{6(2a-c)}$，那么$SW^{CN1}>SW^{CN2}$。

当企业1处于成本劣势时，最优企业社会责任水平最高；当成本与企业2无差异时，水平居中；当其处于成本优势时，水平最低。对于利润而言，则是处于成本优势时高于成本劣势时，在市场敏感程度较高时，成本劣势得到弥补，导致利润高于成本无差异时的利润。消费者剩余在成本处于劣势时最高，成本无差异和成本处于优势时相同。社会福利则是无论成本处于优势还是劣势都高于成本无差异情况，但当市场敏感度较高时，社会福利在实施企业社会责任的企业处于成本劣势的情况下更高。由此可见，社会责任的实施可以实现对企业成本劣势的弥补，并且当市场敏感度较高时，这一作用更加明显。

5.3.6 结论

本部分通过双寡头垄断模型分别研究了模型 NN、模型 CN 和模型 CC 的市场均衡结果，探求了最优消费者友好型企业社会责任水平，剖析了市场对企业社会责任敏感度和边际成本的影响，还比较研究了两类模型的市场均衡结果。此外，本部分还考虑了价格竞争和成本差异。

第一，最优消费者友好型企业社会责任水平 β^* 与竞争对手是否实施企业社会责任以及市场对企业社会责任的敏感度相关。当两家企业都实施企业社会责任时，两家企业的最优社会责任水平相同，市场对企业社会责任的敏感度与最优企业社会责任水平正相关。如果竞争对手只是追求利润最大化，那么将被挤出市场，而履行企业社会责任的企业会选择可选择范围内的最大企业社会责任水平，最优消费者友好型企业社会责任水平与市场对企业社会责任敏感度负相关。因此，企业社会责任水平决策应当基于竞争对手和市场需求，不可盲目追求高水平企业社会责任。

第二，市场对企业社会责任的敏感度 e 影响企业利润、消费者剩余和社会福利。模型 CC 下 e 与企业 2 利润负相关，而在模型 CN 下无关。e 与企业 1 的利润负相关，与社会福利正相关。模型 CC 下 e 与消费者剩余正相关，模型 CN 下则是无关。因此，企业社会责任可以成为增进社会福利的有效政策工具，需要充分考虑市场对企业社会责任的敏感度，通过政策支持与宣传提高市场敏感度，推进企业提高企业社会责任水平。

第三，边际成本影响最优企业社会责任水平、企业利润、消费者剩余和社会福利。无论是一家企业实施企业社会责任还是两家企业实施企业社会责任，也无论市场对企业社会责任的敏感度高还是低，边际成本的减少都会增加最优企业社会责任水平、企业利润、消费者剩余和社会福利。因此，加强成本管理，加大企业研发创新，以降低企业成本，无论对其自身还是社会都是有益的。

第四，如果竞争对手不实施企业社会责任，在市场对企业社会责任的敏感程度达到特定水平时企业的最优选择是实施企业社会责任。当敏感度较低时，模型 CC 下的企业最优企业社会责任水平低于模型 CN 下的最优企业社会责任水平，反之则高于。社会福利也适用于这个结论，而企业 1 利润的比较结果则相反。模型 CN 下的消费者剩余要大于 CC 模型下的消费者剩余。对于企业 2，模型 CC 下的最优企业社会责任水平、企业利润都大于模型 CN 的情况。可见，让更多的企业承担企业社会责任未必一定会增进社会福利。

第四，竞争模式和成本差异对竞争结果有一定影响。在模型 CN 中进行伯川德竞争时，市场敏感程度与实施企业社会责任企业的利润变为正相关，而与未实施企业的利润负相关。此时，市场敏感程度的提高可以有效增加实施企业的利润，而充分抑制未实施企业的利润，达到推动企业实施企业社会责任的目的。在成本存在差异时，实施企业社会责任的企业的利润与市场敏感程度由成本无差异时的负相关变为正相关，即市场敏感程度的提高会增加实施企业的利润。由此可见，当企业间存在成本差异时，市场敏感度对企业实施企业社会责任行为的正向促进作用更明显。

5.4 消费者敏感度、产能选择与消费者友好型企业社会责任

5.4.1 问题的提出与模型构建

以上分别分析了消费者敏感度与消费者友好型企业社会责任以及产能选择与消费者友好型企业社会责任之间的关系，而现实中消费者敏感度和产能选择问题可能同时存在，那么消费者敏感度、产能选择与消费者友好型企业社会责任间存在什么样的关系？此时最优的企业社会责任水平取决于哪些因素？本部分将着眼于这些问题的解决。此外，本部分还将政府这一博弈主体纳入，考察满足社会福利最大化下的企业社会责任水平，以此为政府规制企业社会责任行为提供政策依据。

构建包含两家企业的双寡头竞争模型。它们的竞争方式包括古诺、斯塔克尔伯格和价格领导三种，均衡结果分别用上标 c、s、p 表示。关于反市场需求函数、市场敏感度、企业效用的假设与上一模型相同。两家企业之间进行两阶段博弈。在第一阶段，企业根据效用最大化原则来确定产能水平（x_i）；在第二阶段，观察到产能水平之后，企业再分别通过古诺、斯塔克尔伯格和价格领导三种竞争方式选择产量来最大化其自身效用。此外，在拓展部分，将企业社会责任水平内生化，并将博弈拓展为三个阶段。在第一阶段，分别考虑企业 1 基于利润最大化原则确定企业社会责任水平和政府基于社会福利最大化原则制定社会责任标准两种情况；第二阶段企业选择产能；第三阶段企业决定产量或价格。

5.4.2 模型分析

在这一部分利用逆向归纳法分别对古诺、斯塔克尔伯格和价格领导者

三种竞争方式进行分析，得到各种竞争方式下的均衡结果，并且分析企业承担社会责任的水平和消费者敏感度对均衡结果产生的影响，最后通过比较均衡结果进一步分析竞争方式的影响。

5.4.2.1　古诺模型

在古诺竞争中，两家企业同时进行产量决策。在第二阶段，基于效用最大化，两家企业决定自身产量，满足$\frac{\partial u_i}{\partial q_i}=0$。均衡产量如下：

$$q_1^c=\frac{(-3e+2x_1-2x_2)\beta-3a+3m-8x_1+2x_2}{6\alpha-15},q_2^c=\frac{(-3e+2x_2-2x_1)\beta-3a+3m-8x_2+2x_1}{6\alpha-15}\tag{5.70}$$

在第一阶段，企业进行产能决策来最大化企业效用。将式（5.70）代入企业的效用函数，通过求解$\frac{\partial u_i}{\partial x_i}=0$，得到均衡产能，进而得到均衡产量：

$$x_i^c=\frac{(a-m+\beta e)(2\beta^2-9\beta+16)}{8\beta^2-42\beta+43}\tag{5.71}$$

$$q_i^c=\frac{3(a-m+\beta e)(5-2\beta)}{8\beta^2-42\beta+43}\tag{5.72}$$

引理 5-13：古诺竞争方式下均衡结果如下：

$$x_i^c-q_i^c=\frac{(a-m+\beta e)(2\beta^2-3\beta+1)}{8\beta^2-42\beta+43};\ \pi_i^c=\frac{(a-m+\beta e)^2(2\beta-1)(2\beta^3+19\beta^2-134\beta+194)}{-(8\beta^2-42\beta+43)^2};$$

$$cs^c=\frac{36(a-m+\beta e)^2(2\beta-5)^2}{(8\beta^2-42\beta+43)^2};\ sw^c=\frac{2(a-m+\beta e)^2(4\beta^4+36\beta^3-323\beta^2+702\beta-419)}{-(8\beta^2-42\beta+43)^2}。$$

由 $\pi_i^c\geqslant0$ 可得：$0\leqslant\beta\leqslant\frac{1}{2}$。

通过分析两家企业的产能水平，可以得到：

推论 5-9：在进行古诺竞争时，两家企业均存在产能过剩（$x_i^c-q_i^c>0$）。

推论 5-9 表明，在特定市场结构中，产能过剩是竞争的必然产物，这可以为产能过剩的普遍存在提供支持。

进一步地，通过分析 β 和 e 对均衡结果的影响，得到命题 5-22：

命题 5-22：（1）β 的影响：$\frac{\partial(x_i^c-q_i^c)}{\partial\beta}>0$；β 对于 π_i^c的影响不确定，如果$0\leqslant\beta<\beta_1$并且$0<e\leqslant e_1$，那么$\frac{\partial\pi_i^c}{\partial\beta}\leqslant0$；如果$0\leqslant\beta<\beta_1$ 并且 $e>e_1$，

那么$\frac{\partial\pi_i^c}{\partial\beta}>0$；如果 $\beta_1<\beta\leqslant\frac{1}{2}$，那么$\frac{\partial\pi_i^c}{\partial\beta}<0$；$\frac{\partial cs^c}{\partial\beta}>0$；$\frac{\partial sw^c}{\partial\beta}>0$。

（2）e 的影响：$\frac{\partial(x_i^c-q_i^c)}{\partial e}$；$\frac{\partial\pi_i^c}{\partial e}\geqslant0$；$\frac{\partial cs^c}{\partial e}\geqslant0$；$\frac{\partial sw^c}{\partial e}\geqslant0$。

命题5－22表明，产能过剩程度、消费者剩余和社会福利与企业社会责任水平正相关，企业利润与企业社会责任水平的关系不确定。企业承担的社会责任水平提高，会导致企业产能过剩加剧，但消费者剩余和社会福利也随之提高。此时，企业承担较高水平的社会责任有利于消费者和社会，但是会加剧其产能过剩，造成资源浪费，产生更多成本。企业社会责任水平与企业利润之间的关系受到消费者敏感度的影响。当企业社会责任水平低于一定水平（$0\leqslant\beta<\beta_1$）、消费者敏感度高于一定水平时，企业利润会随着社会责任水平的提高而提高；消费者敏感度低于一定水平时，企业利润会随着企业社会责任水平的提高而降低。当企业社会责任水平超过一定水平（$\beta_1<\beta\leqslant1$）以后，企业社会责任水平的提高，企业利润将一直随之降低。因此，当企业承担社会责任水平较低时，积极提高消费者敏感度可以促使企业承担较高水平的社会责任。而当企业承担社会责任水平较高时，利润与企业社会责任水平的关系将不再受消费者敏感度的影响，此时企业将有降低企业社会责任水平来提升利润的动机。由此可知，当企业承担的社会责任水平较低时，政府可以通过积极引导消费者关注企业的社会责任行为来促进企业承担更高水平的社会责任，但是一旦企业承担的社会责任水平超过一定水平时，这种引导方式将失效。

只要企业承担社会责任，那么消费者敏感度与均衡结果均为正相关。因此，随着消费者敏感度的提高，企业产能过剩加剧，利润提高，消费者剩余和社会福利增加。由此可知，企业和政府都有积极提高消费者敏感度的动机，但随之会带来产能过剩增加的负面影响。因此，政府在制定企业社会责任标准时，应充分考虑消费者的影响，并且需要规避产能过剩加剧的风险。

5.4.2.2 斯塔克尔伯格模型

在斯塔克尔伯格竞争时，企业1先进行产量决策，企业2在观察到企业1的产量之后再确定产量。在第二阶段，假设企业2是跟随者。企业2的产量根据$\frac{\partial u_2}{\partial q_2}=0$ 得到：

$$q_2^s=\frac{-\beta q_1+\beta e+a-m+q_1-2x_2}{\beta-4} \tag{5.73}$$

将（5.73）代入企业 1 的效用函数，企业 1 的产量可以根据$\frac{\partial u_1}{\partial q_1}=0$得到，进一步地，得到企业 2 的产量：

$$q_1^s=\frac{\beta^3 e+(a-m+2x_1-4e)\beta^2+(-4a+4m-16x_1+8x_2+12e)\beta+12a-12m+32x_1-8x_2}{2\beta^2-31\beta+56} \tag{5.74}$$

$$q_2^s=\frac{-\beta^3 e+(-a+m-2x_1-e)\beta^2+(-a+m+10x_1-12x_2+11e)\beta+11a-11m-8x_1+30x_2}{2\beta^2-31\beta+56} \tag{5.75}$$

最后，根据效用最大化原则，均衡产能为：

$$x_1^s=-\frac{2(a-m+\beta e)\left(\beta^4-\frac{27}{2}\beta^3+39\beta^2-82\beta+96\right)}{14\beta^3-181\beta^2+590\beta-504},\ x_2^s=\frac{(a-m+\beta e)(2\beta^4-25\beta^3+17\beta^2+105\beta-180)}{14\beta^3-181\beta^2+590\beta-504} \tag{5.76}$$

$$q_1^s=-\frac{2(a-m+\beta e)\left(\beta^4-\frac{27}{2}\beta^3+39\beta^2-82\beta+96\right)}{14\beta^3-181\beta^2+590\beta-504},\ q_2^s=\frac{(a-m+\beta e)(2\beta^4-25\beta^3+41\beta^2+69\beta-168)}{14\beta^3-181\beta^2+590\beta-504} \tag{5.77}$$

引理 5－14：进行斯塔克尔伯格竞争时，均衡结果如下：

$x_1^s-q_1^s=0$，$x_2^s-q_2^s=-\frac{12(a-m+\beta e)(2\beta^2-3\beta+1)}{14\beta^3-181\beta^2+590\beta-504}$；

$$\pi_1^s=-\frac{24\left(\beta^4-\frac{27}{2}\beta^3+39\beta^2-82\beta+96\right)\left(\beta^2-\frac{23}{2}\beta+24\right)\left(\beta-\frac{1}{2}\right)(a-m+\beta e)^2}{(14\beta^3-181\beta^2+590\beta-504)^2};$$

$$\pi_2^s=\frac{3(4\beta^6-96\beta^5+753\beta^4-2101\beta^3+285\beta^2+6984\beta-8016)(2\alpha-1)(a-m+\beta e)^2}{(14\beta^3-181\beta^2+590\beta-504)^2};$$

$$cs^s=\frac{(2\beta^3-37\beta^2+233\beta-360)^2(a-m+\beta e)^2}{2(14\beta^3-181\beta^2+590\beta-504)^2};$$

$$sw^s=\frac{(52\beta^6-1612\beta^5+18825\beta^4-117964\beta^3+357883\beta^2-490176\beta+232992)(a-m+\beta e)^2}{2(14\beta^3-181\beta^2+590\beta-504)^2}。$$

由 $\pi_i^s\geqslant 0$ 可得：$0\leqslant\beta\leqslant\frac{1}{2}$。

推论 5-10：产量领导者产能与产量相匹配，跟随者存在产能过剩。

与进行古诺竞争时得到引理 5-13 不同，当两家企业进行斯塔克尔伯格竞争时，领导者产能与产量相匹配，具有先动优势，而跟随者存在产能过剩。

命题 5-23：（1）β 的影响：$\frac{\partial(x_1^s-q_1^s)}{\partial\beta}=0$；β 对 $x_2^s-q_2^s$、π_1^s、π_2^s 的影响不确定，如果 $0\leqslant\beta<\beta_2$ 并且 $0<e\leqslant e_2$，那么 $\frac{\partial(x_2^s-q_2^s)}{\partial\beta}\leqslant 0$；如果 $0\leqslant\beta<\beta_2$ 并且 $e>e_2$，那么 $\frac{\partial(x_2^s-q_2^s)}{\partial\beta}>0$；如果 $<\beta\leqslant\frac{1}{2}$，那么 $\frac{\partial(x_2^s-q_2^s)}{\partial\beta}<0$；如果 $0\leqslant\beta<\beta_3$ 并且 $0<e\leqslant e_3$，那么 $\frac{\partial\pi_1^s}{\partial\beta}\leqslant 0$；如果 $0\leqslant\beta<\beta_3$ 并且 $e>e_3$，那么 $\frac{\partial\pi_1^s}{\partial\beta}>0$；如果 $\beta_3<\beta\leqslant\frac{1}{2}$，那么 $\frac{\partial\pi_1^s}{\partial\beta}<0$；如果 $0\leqslant\beta<\beta_4$ 并且 $0<e\leqslant e_4$，那么 $\frac{\partial\pi_2^s}{\partial\beta}\leqslant 0$；如果 $0\leqslant\beta<\beta_4$ 并且 $e>e_4$，那么 $\frac{\partial\pi_2^s}{\partial\beta}>0$；如果 $0.3630<\beta\leqslant\frac{1}{2}$，那么 $\frac{\partial\pi_2^s}{\partial\beta}<0$；$\frac{\partial cs^s}{\partial\beta}>0$；$\frac{\partial sw^s}{\partial\beta}\geqslant 0$。

（2）e 的影响：$\frac{\partial(x_1^s-q_1^s)}{\partial e}=0$；$\frac{\partial(x_2^s-q_2^s)}{\partial e}\geqslant 0$；$\frac{\partial\pi_1^s}{\partial e}\geqslant 0$；$\frac{\partial\pi_2^s}{\partial e}\geqslant 0$；$\frac{\partial cs^s}{\partial e}\geqslant 0$；$\frac{\partial sw^s}{\partial e}\geqslant 0$。

由命题 5-23 可知，企业社会责任水平与企业 1 的产能过剩程度不相关，与消费者剩余和社会福利正相关，与企业 2 的产能过剩程度、两家企业的利润的关系较为复杂。当企业社会责任水平较低且消费者不太敏感时，产能过剩程度会随企业社会责任水平的提高而降低。此时，政府可以在促进企业承担更多社会责任的同时治理产能过剩。然而，如果消费者敏感度超过一定水平，产能过剩程度又会随之提高。因此，消费者敏感度过高可能带来企业产能过剩的不良后果。当企业社会责任水平较高时，产能过剩程度又与企业社会责任水平负相关。此时，企业承担更多的企业社会责任可以降低产能过剩程度和减少其带来的成本损失。企业社会责任对两家企业利润的影响与古诺竞争时类似，只是消费者敏感度不对企业社会责任的作用产生影响的临界水平略有不同。此外，消费者敏感度与均衡结果均为正相关。

5.4.2.3 价格领导者模型

在第二阶段，价格由企业 1 制定，企业 2 是价格的接受者。企业 2 的产量可以根据 $MC_2 = P$ 得到：

$$q_2^p(p) = \frac{p}{2} + x_2 - \frac{m}{2} \tag{5.78}$$

将式（5.78）代入需求函数（$Q = a - p$）可以得到企业 1 的需求函数，进一步得到企业 1 的价格函数：

$$p_1^p(q_1) = \frac{2a - 2x_2 + m - 2q_1 + 2\beta e}{3} \tag{5.79}$$

此时，企业 1 的边际收益为：

$$MR_1 = \frac{2a - 2x_2 + m + 2\beta e - 4q_1}{3} \tag{5.80}$$

通过求解 $MR_1 = MC_1$，可以得到均衡产量和价格：

$$q_1^p = \frac{3x_1 - m + a - x_2 + \beta e}{5}, q_2^p = \frac{4a + 11x_2 - 4m - 3x_1 + 4\beta e}{15},$$

$$p^p = \frac{8a - 8x_2 + 7m - 6x_1 + 8\beta e}{15} \tag{5.81}$$

最后，根据 $\frac{\partial u_i}{\partial x_i} = 0$ 得到两家企业的均衡产能：

$$x_1^p = -\frac{12(\beta + 5)(a - m + \beta e)}{64\alpha - 175}, x_2^p = -\frac{(47\beta + 55)(a - m + \beta e)}{64\alpha - 175} \tag{5.82}$$

$$q_1^p = \frac{15(\beta - 4)(a - m + \beta e)}{64\alpha - 175}, q_2^p = -\frac{15(\beta + 5)(a - m + \beta e)}{64\alpha - 175} \tag{5.83}$$

引理 5 - 14：在价格领导者竞争方式下，均衡结果如下：

$$x_1^p - q_1^p = -\frac{27(a - m + \beta e)\beta}{64\beta - 175}, \ x_2^p - q_2^p = -\frac{4(a - m + \beta e)(8\beta - 5)}{64\beta - 175};$$

$$\pi_1^p = \frac{3(77\beta^2 - 1480\beta + 800)(a - m + \beta e)^2}{(64\beta - 175)^2},$$

$$\pi_2^p = -\frac{8(8\beta - 5)(31\beta + 65)(a - m + \beta e)^2}{(64\beta - 175)^2};$$

$$u_1^p = \frac{3(154\beta^2 + 3115\beta + 1600)(a - m + \beta e)^2}{2(64\beta - 175)^2},$$

$$u_2^p = -\frac{(a - m + \beta e)^2(3968\beta^2 - 12385\beta - 5200)}{2(64\beta - 175)^2};$$

$$cs^p = \frac{18225(a - m + \beta e)^2}{2(64\beta - 175)^2};$$

$$sw^P = -\frac{(3506\beta^2 + 14720\beta - 28225)(a - m + \beta e)^2}{2(64\beta - 175)^2}。$$

$\pi_i^P \geqslant 0$, $0 \leqslant \beta \leqslant \frac{740 - 180\sqrt{15}}{77} = 0.5567$。

推论 5－11： 对于企业 1 而言，当企业不承担社会责任时，产能与产量相匹配。只要承担企业社会责任，它就会出现产能过剩。对于企业 2 来说，存在产能不足的情况。

由此可知，当价格是决策的变量时，会出现产能过剩和产能不足并存的情况，从而为资源配置提出了新的问题。

命题 5－24：（1）β 的影响：$\frac{\partial(x_1^P - q_1^P)}{\partial\beta} > 0$；如果 $0 \leqslant \beta < \beta_5$ 并且 $0 < e \leqslant e_5$，那么 $\frac{\partial(x_2^P - q_2^P)}{\partial\beta} \leqslant 0$；如果 $0 \leqslant \beta < \beta_5$ 并且 $e > e_5$，那么 $\frac{\partial(x_2^P - q_2^P)}{\partial\beta} > 0$；如果 $\beta_5 < \beta \leqslant \frac{1}{2}$，那么 $\frac{\partial(x_2^P - q_2^P)}{\partial\beta} < 0$；如果 $0 \leqslant \beta < \beta_6$ 并且 $0 < e \leqslant e_6$，那么 $\frac{\partial\pi_1^P}{\partial\beta} \leqslant 0$；如果 $0 \leqslant \beta < \beta_6$ 并且 $e > e_6$，那么 $\frac{\partial\pi_1^P}{\partial\beta} > 0$；如果 $\beta_6 < \beta \leqslant \frac{1}{2}$，那么 $\frac{\partial\pi_1^P}{\partial\beta} < 0$；如果 $0 \leqslant \beta < \beta_7$ 并且 $0 < e \leqslant e_7$，那么 $\frac{\partial\pi_2^P}{\partial\beta} \leqslant 0$；如果 $0 \leqslant \beta < \beta_7$ 并且 $e > e_7$，那么 $\frac{\partial\pi_2^P}{\partial\beta} > 0$；如果 $\beta_7 < \beta \leqslant \frac{1}{2}$，那么 $\frac{\partial\pi_2^P}{\partial\beta} < 0$；$\frac{\partial cs^P}{\partial\beta} > 0$；如果 $0 < \beta \leqslant \beta_8$，那么 $\frac{\partial sw^P}{\partial\beta} \geqslant 0$；如果 $\beta_8 < \beta \leqslant \frac{1}{2}$ 并且 $0 < e \leqslant e_7$，那么 $\frac{\partial sw^P}{\partial\beta} \leqslant 0$；如果 $\beta_8 < \beta \leqslant \frac{1}{2}$ 并且 $e > e_8$，那么 $\frac{\partial sw^P}{\partial\beta} > 0$。

（2）e 的影响：$\frac{\partial(x_1^P - q_1^P)}{\partial e} \geqslant 0$；$\frac{\partial\pi_1^P}{\partial e} \geqslant 0$；$\frac{\partial\pi_2^P}{\partial e} \geqslant 0$；$\frac{\partial cs^P}{\partial e} \geqslant 0$；$\frac{\partial sw^P}{\partial e} \geqslant 0$。

由命题 5－24 可知，在企业社会责任水平较低时，企业社会责任与产能过剩程度和两家企业利润既可能正相关也可能负相关，需要结合消费者敏感度进行判断。而在企业社会责任水平较高时，企业社会责任水平的继续提高会使产能过剩程度下降和企业利润降低。企业基于自身利润考虑会降低企业社会责任水平，从而提高产能过剩程度。结论与斯塔克尔伯格竞争下基本一致。由此可知，当企业竞争地位不同时，无论这种不同是产量还是价格因素造成的，都会使企业为了自身利益而可能损害消费者和社会利益，较少承担企业社会责任和出现严重的产能过剩。此外，因为此时消费者的影响作用失效，所以政府干预是必要的。消费者敏感度与均衡结果均为正相关，这与古诺竞争和斯塔克尔伯格竞争方式下的影响相同。

5.4.2.4 比较分析

比较三种竞争方式下的社会福利，可以得到命题 5－25：

命题 5－25：如果 $0<\beta<\beta_9$，那么 $sw^p>sw^s>sw^c$；如果 $\beta_9<\beta<\beta_{10}$，那么 $sw^s>sw^p>sw^c$；如果 $\beta_{10}<\beta<\frac{1}{2}$，那么 $sw^s>sw^c>sw^p$。

由命题 5－25 和图 5－19 可知，企业社会责任水平和消费者敏感度都会对比较结果产生影响。当企业社会责任水平较低时（$0\leqslant\beta<\beta_8$），价格领导者竞争方式下的社会福利最高；随着社会责任水平的提高，斯塔克尔伯格竞争方式下的社会福利水平会超过价格领导者成为最高，古诺竞争也逐步高于价格领导型竞争方式下的社会福利，最后达到与斯塔克尔伯格竞争相同的福利水平。由此可知，当社会责任水平较高时，产量竞争对社会而言更有利；反之，进行价格竞争则更有利。因此，对于政府而言，需要根据市场结构来调整相应的社会责任水平标准，如果企业进行产量竞争，则需要制定较高的企业社会责任标准。

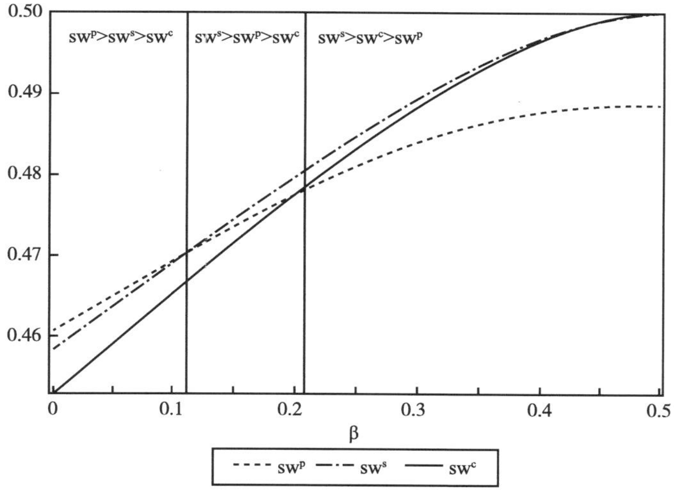

图 5－19 sw^c、sw^s 和 sw^p 之间的比较

比较三种竞争方式下的产能过剩程度可以得到命题 5－26：

命题 5－26：（1）如果 $0\leqslant\beta<\beta_{11}$，那么古诺竞争下产能过剩程度最高，价格领导者竞争下产能过剩程度最低；

（2）如果 $\beta_{11}<\beta<\beta_{12}$，那么古诺竞争下产能过剩程度最高，斯塔克尔伯格竞争下产能过剩程度最低；

（3）如果 $\beta_{12} < \beta < \frac{1}{2}$，那么价格领导者竞争下产能过剩程度最高，斯塔克尔伯格竞争下产能过剩程度最低。

命题 5－26 和图 5－20 表明，企业社会责任水平和消费者敏感度对其比较结果也都产生影响。当企业社会责任水平较低时（$a_6 < \alpha < a_7$），价格领导者竞争下的产能过剩程度是三种情况下最低的，甚至出现了产能不足；当企业社会责任水平较高时，产量竞争的产能过剩程度逐渐降低，价格竞争却出现了越来越严重的产能过剩。由此可知，当社会责任水平较高时，从控制产能过剩的角度看产量竞争方式是更好的选择，甚至会出现产能过剩程度为零即产能与产量相匹配的情况。

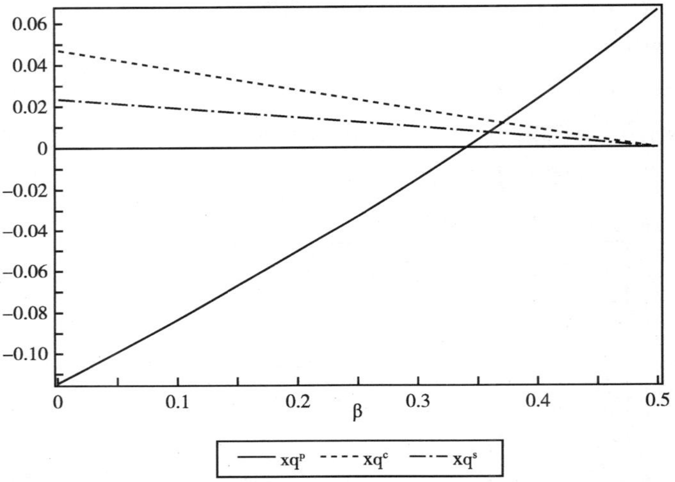

图 5－20　在古诺、斯塔克尔伯格和价格领导者三种竞争方式下企业产能过剩程度比较

5.4.2.5　进一步的拓展

本部分将继续对企业社会责任最优水平进行分析，比较利润最大化和社会福利最大化情况下的最优企业社会责任水平，得到命题 5－27：

命题 5－27：（1）企业根据利润最大化原则自主决策时，为确保 $0 \leqslant \beta \leqslant \frac{1}{2}$ 可得 $e > e_9$。如果 $e_9 < e < e_{10}$，那么 $\beta^{cp} > \beta^{sp} > \beta^{pp}$；如果 $e_{10} < e < e_{11}$，那么 $\beta^{cp} > \beta^{pp} > \beta^{sp}$；如果 $e > e_{11}$，那么 $\beta^{pp} > \beta^{cp} > \beta^{sp}$；

（2）当政府根据社会福利最大化原则确定企业承担的社会责任标准时，如果 $0 < \beta \leqslant \beta_8$，那么 $\beta^{ps} < \beta^{ss} = \beta^{cs} = \frac{1}{2}$；如果 $\beta_8 < \beta \leqslant \frac{1}{2}$，那么 $\beta^{cs} = \beta^{ss} =$

$\beta^{ps}=\frac{1}{2}$；

(3) 企业自愿承担和政府规定两种情况下的最优社会责任水平的比较结果为：$0<\beta^{*p1}<\beta^{*p2}\leqslant\frac{1}{2}$，即政府制定的企业社会责任水平始终高于企业自愿承担的水平。

在产品价格受到企业承担社会责任水平影响时，企业有自愿承担企业社会责任的动机。总体而言，企业社会责任水平随着消费者敏感度的提高而提高。在消费者敏感度较低时，企业开展古诺竞争时承担的社会责任水平最高。随着消费者敏感度的提高，价格领导者竞争下的最优社会责任水平也随之提高，逐步成为最高水平。因此，为了提高企业承担社会责任水平，政府应该积极提高消费者对企业社会责任的认可度，并且当市场中存在领导者时，政府应该鼓励价格领导者竞争，从而使企业能够承担较高水平的企业社会责任（见图5－21）。

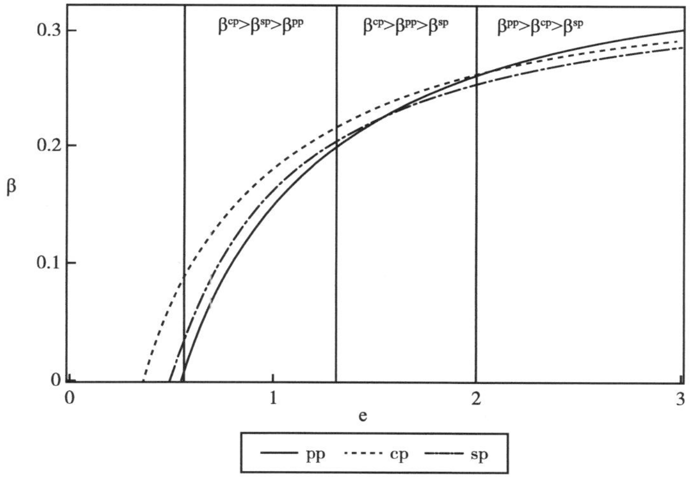

图5－21　在古诺、斯塔克尔伯格和价格领导者三种竞争方式下企业自愿承担企业社会责任比较

从社会福利最大化的角度出发，古诺和斯塔克尔伯格市场结构下最优企业社会责任水平都是1/2，价格领导市场结构下存在略低的情况但多数情况下也是最优的企业社会责任水平为1/2。结合前面企业自愿承担的社会责任水平可知，政府基于社会福利最大化原则制定的社会责任水平，在任何市场结构下都高于企业自愿承担的最优水平。因此，政府和企业之间就企业社会责任承担水平方面难以达成一致。但结合消费者敏感度可以看到，随着消费者敏感度的提高，企业自愿承担的社会责任水平在提高，政府标准水平也在提高，并且它们之间的差距在缩小。因此，消费者敏感度的引入虽然并不能从根本上解决政府和企业之间的矛盾，但是可以有效缓和矛盾。

5.4.3 结论

本部分构建了考虑企业社会责任和消费者敏感度的寡头垄断模型，揭示了它们对产能过剩程度、企业利润、消费者剩余和社会福利的影响，并且对不同竞争方式下的均衡结果进行比较。进一步地，内生化企业社会责任决策并探究企业与政府战略行为。

第一，不同竞争模式下产能过剩程度不同，并且产能过剩程度受到企业社会责任水平和消费者敏感度的影响。在特定条件下，企业社会责任水平提高和产能过剩程度降低的双重目标可以同时实现。当社会责任水平较高时，产量竞争方式是更好的选择，甚至可以实现产能与产量相匹配。由此可知，政府进行产能过剩治理时，可以将企业社会责任承担水平和市场竞争方式纳入考虑。在引入消费者敏感度之后，古诺竞争中的企业产能过剩程度和斯塔克尔伯格竞争中跟随者的产能过剩程度会随企业承担企业社会责任水平的提高而减少，这为政府从需求端入手，解决产能过剩问题提供新思路。

第二，企业社会责任水平影响企业利润、消费者剩余和社会福利。企业社会责任水平与消费者剩余一直正相关，与企业利润和社会福利的情况更为复杂。当企业社会责任水平较低时，它对企业利润的影响受到消费者敏感度的影响，但是超过一定水平以后，企业社会责任的提高会一直导致企业利润降低。因此，当企业承担水平较高时，企业最优的策略便是降低企业社会责任水平；当企业承担水平较低时，积极提高消费者敏感度则是更为明智的选择。大多数情况下企业社会责任对社会福利会产生积极影响，只有在价格领导者竞争方式下略有不同。因此，对于政府而言，提高企业社会责任水平仍然是提高社会福利的重要手段之一。

第三，不同竞争方式下的社会福利存在差异。存在一系列特定的社会责任水平，使三类寡头垄断模式下产能过剩程度和社会福利两两相等。当社会责任水平较高时，产量竞争对社会而言更有利；反之，价格竞争更有利。由此可知，政府制定企业社会责任标准时，还需要对市场结构进行判断，确保企业社会责任标准更有针对性。

第四，消费者敏感度对均衡结果和企业策略均会产生影响。与均衡结果均正相关，因此消费者敏感度提高对企业、消费者和政府都是有利的。此外，引入消费者敏感度后，企业具有自愿承担社会责任的动机，市场在社会责任行为中发挥着积极作用。企业自愿承担的水平与政府标准之间还是存在一定差距，这种差距可以通过提高消费者敏感度来进行弥补。因此，政府应注重培养消费者的社会责任意识和敏感度，激励企业可以自发承担社会责任，并减少不必要的政府干预。

以上结论表明，企业承担社会责任的水平、消费者敏感度以及市场结构都会对均衡结果产生影响。因此，无论是政府制订社会责任标准还是企业制订企业社会责任战略，都需要对三者进行全面考虑以着眼于这些问题的解决。此外，本部分还将政府这一博弈主体纳入，考察满足社会福利最大化下的企业社会责任水平，以此为政府规制企业社会责任行为提供政策依据。

第6章　行业友好型企业社会责任的效应及其机理

本章在消费者友好型企业社会责任的基础上，进一步拓展企业社会责任的层次，将其拓展到整个行业，既考虑消费者，还考虑竞争对手及产业链，也就是整个行业的福利。首先，以专利授权和交叉所有权为切入点，考察在同行业竞争中，行业友好型企业社会责任对专利授权、交叉所有权及社会福利的影响及内在作用机理，并探索最优的行业友好型企业社会责任水平。其次，在一个垂直化产业链中，考察处于不同产业链位置的企业的行业友好型企业社会责任对利益相关者产生的各类效应。

6.1　专利授权与行业友好型企业社会责任

6.1.1　问题的提出

在现代市场竞争中，企业对竞争对手的专利授权现象十分普遍。专利授权对企业创新具有双重作用。一方面，专利源于创新，通过创新可以降低生产成本，使企业扭转成本劣势或获取成本竞争优势，而且能够通过专利授权以多种方式攫取对方创造的准租金，进一步增加创新收益；另一方面，专利授权容易增加购买方负担，助长授权企业的垄断势力，而且在可观的使用费条件下容易弱化企业持续创新的动力，甚至最终可能阻碍创新。因此，是否进行专利授权、如何授权是值得研究的重要问题。

以上问题与企业社会责任具有重要关系。从理论上讲，私有企业追求纯粹的利润最大化，而追求企业社会责任则是企业的混合目标。如果是行业友好型企业社会责任，那么对竞争对手和行业的利益兼顾会直接或间接地影响到企业授权决策，进而对整个社会福利产生重要影响。因此，有必要将专利授权与行业友好型企业社会责任相结合。笔者认为，过高或过低的行业友好型企业社会责任水平都容易扭曲企业决策机制，不利于社会福利的增加。行业友好型企业社会责任水平关系到企业效率会受到何种影响，在存在专利授权的情况下，进一步影响到专利授权决策是更注重社会福利提升还是更追求利润，如何影响及其内在作用机理是本章要着重解决的问题。

专利研发是企业重要的创新行为，对企业和其竞争对手具有重要影响。Arrow（1962）认为，如果专利可以产生独家垄断权，获取额外的租金，那么与其他竞争企业相比，专利垄断者的创新激励会弱化。以此为起点，研究企业专利创新的文献越来越多，一部分学者关注专利授权问题，探索创新企业的专利是否会授权以及如何授权。关于企业是否会进行专利授权。有研究发现，企业是否选择对竞争对手进行专利授权受各种因素的影响，是“收入效应”和“租金消散效应”之间的均衡点。这些因素包括：行业特点、市场竞争的激烈程度、企业规模、知识产权制度、与技术相关的交易成本等。例如，Cohen 等（2002）的研究发现，专利授权从创新产出中攫取的租金因行业而异。制药行业专利技术性强，更容易攫取租金，制药行业的专利授权倾向可能会高于其他行业。关于如何进行专利授权，即如何收费。随着专利授权研究的不断推进，一部分学者运用混合寡占模型来探索专利授权最优模式，即如何收取固定费（与单位产量无关）和从价费（根据单位产品收取一定的收费，或叫特许权使用费）。Fauli－Oller 和 Sandonis（2002）考察了在创新降低成本条件下伯川德和古诺双寡头竞争中的两部分专利授权收费最优组合。他们得出结论，最佳合同需要包括固定和从价两种类型的收费。Sen 和 Tauman（2007）、Poddar 和 Sinha（2010）的研究也表明了同样的观点。Wang（1998）、Kamien 和 Tauman（2002）、Sen 和 Tauman（2007）的研究表明，一个私有企业如果在创新之前与竞争对手拥有同等的效率，则更倾向于通过特许权使用费的形式将专利授予竞争对手。Poddar 和 Sinha（2010）、Wang 等（2013）、Fan 等（2015）的研究表明，私有企业在较大的初始成本劣势的情况下，将会采用固定收费；在自身处于中级初始成本劣势、竞争对手有较小初始成本劣势的情况下，将会使用两部分收费。但是实践中，固定费用、特许权使用费和两部分收费是专利权人普遍使用的许可合同。Martín 和 Saracho（2010）的研究表明，在均衡的古诺双寡头垄断模型中，内部专利权人倾向于将从价特许权使用费纳入合同，而不是固定费用。Wang 等（2013）将 Poddar 和 Sinha（2010）模型扩展到由三家成本不一的企业组成的寡头垄断模型，其中内部专利权人对能够降低成本的创新具有专利权，但专利权人的边际成本可能大于或小于被授权人的专利成本。以此为基础，他们重点研究了三家企业效率的差异对专利权人选择最优授权合同的影响，并根据两名被许可人之间的相对成本优势，探究了最佳许可合同是独占还是非排他。Colombo 和 Filippini（2015）构建了一个均衡的古诺双寡头垄断模型，认为在非显著创新的情况下，如果成本函数几乎不凸或高度凸起、中低凸起、中高凸起，则专利权人通过分别收取从价费、固定费和两部分单位使用费来实现利润最大化。在显著创新的情况下，专利权人总是提供从价收费合同。Martín 和 Saracho（2015）的研究表明，在存在产品差异化下的古诺双寡头垄断模型中，最优合同如何由固定和从价费用构成取决于产品差异化程度、是否具有替代品以及创新是否激烈。

综上所述，学界基于寡头垄断模型的企业专利授权决策研究十分丰富，对本研究具有重要的借鉴意义。但是，已有研究较少涉及企业社会责任，特别是没有涉及如何做出最优的企业社会责任水平决策，而是将其作为外生变量，因此对现实的解释力有限。基于此，本部分以实施行业友好型企业社会责任的企业或不实施企业为授权主体或接受方，剖析行业友好型企业社会责任水平对企业专利授权行为的影响，考察企业是否授权、如何授权，或是否接受对方企业专利授权等问题，对企业专利授权实践以及增进行业福利具有一定的理论及现实意义。

6.1.2 模型构建

根据本章的研究目标，构建双寡头垄断模型，具体假设如下：

假设 H6 - 1：存在一个双寡头垄断市场，由一家实施行业友好型企业社会责任的企业和一家不实施的企业构成，分别设为企业 1 与企业 2。双方围绕产量（q）进行古诺竞争。企业 1 实施企业的行业友好型企业社会责任，水平为 β，$0 \leqslant \beta \leqslant 1$，当该值为 0 时意味着企业不实施行业友好型企业社会责任，如果为 1 意味着实施完全的企业社会责任，为大于 0 小于 1 时意味着承担部分企业社会责任。企业掌握产量决策，追求效用最大化。企业 1 的效用函数为 $U_1 = \pi_1 + \beta(\pi_2 + cs)$，企业 2 的效用函数为 $U_2 = \pi_2$。

假设 H6 - 2：假设企业产品同质，则市场需求函数 $p = a - q_i - q_j$，i、j 的取值为 1 或 2，而且 $i \neq j$。两家企业没有固定成本，边际成本取决于企业效率、行业友好型企业社会责任水平和其带来的影响。假设如果不承担企业社会责任，那么两家企业成本也就是生产效率相同。如果企业 1 在实施行业友好型企业社会责任的过程中，需要付出相应的成本。那么为了反映这种影响，设企业 1、企业 2 的边际成本分别为 $c_1=\beta b_1+(1-\beta)b_2$、$c_2=b_2$。其中，$b_1$、$b_2$ 分别反映企业实施完全的行业友好型社会责任时的成本与不承担时的成本。当 $b_1=b_2$ 时，企业 1 与企业 2 的边际成本相同，$c_1=c_2=c$。

假设 H6－3：创新企业通过创新可获得每单位产品的收益为 b。企业 1 或企业 2 既可以进行专利授权，也可接受对方授权。两企业基于效用最大化进行产量竞争，若创新企业创新后，未创新企业均衡产量小于 0，则该创新为显著创新，未创新企业直接退出市场；若未创新企业均衡产量大于 0，则该创新为不显著创新，未创新企业可以选择接受创新企业的专利授权或者不接受。此处，假设创新属于非显著创新。创新企业通过两部分收费向未创新企业授权专利，其中包含一部分固定费用（用 F 表示，与产量无关），一部分从价许可费（用 δ 表示，根据每单位产品收取）。若被授权企业接受（F，δ）的专利授权，即可获得每单位产品 b 的创新收益。

假设 H6－4：存在三阶段的动态序贯博弈。第一阶段，政府基于社会福利最大化原则设计鼓励企业实施行业友好型企业社会责任的水平 β；第二阶段，创新企业基于效用最大化目标决定专利授权的两部分费用（F，δ），未创新企业决定是否接受授权并支付授权费用；第三阶段，两家企业通过古诺竞争决定各自的最优产量。

6.1.3 模型分析

企业 1 与企业 2 都可以成为创新主体，对另一方进行授权。因此，分别考虑两家企业分别对对方进行专利授权的情况。

6.1.3.1 企业 1 对企业 2 进行专利授权

根据假设条件，如果企业 1 进行专利创新，创新前收益为 $\pi_1=(p_1-c_1)q_1$。在未授权的情况下，创新后收益为 $\pi_1=(p_1-c_1+b)q_1$，企业 2 的收益为 $\pi_2=(p-c_2)q_2$。如果企业 1 对企业 2 进行授权，则企业 1 利润 $\pi_1^*=(p_1-c_1+b)q_1+\delta q_2+F$，企业 2 利润 $\pi_2^*=(p_2-c_2+b-\delta)q_2-F$。对于企业 2 而言，只有当 $\pi_2^*-\pi_2\geqslant 0$，即 $F\leqslant(p_2-c_2+b-\delta)q_2-\pi_2$ 时才会接受授权。对于企业 1 而言，能够取得的 F 最大值 $F^*=(p_2-c_2+b-\delta)q_2-\pi_2$。当 $F=0$、$\delta\geqslant 0$ 时，企业 2 只接受无固定费用的从价许可费；当 $\pi_2^*-\pi_2<0$ 时，企业 2 不会接受专利授权，直接与企业 1 进行产量竞争。

两家企业的边际成本是构成博弈三方效用函数的重要因素。两者之间的大小对比关系直接影响到三阶段的产量决策、是否授权或接受授权、行业友好型企业社会责任水平决策。为了揭示这种影响及其内在作用机理，保证分析的全面性，将两者之间的关系分为两类：一类是边际成本相等；另一类是企业 1 的边际成本高于企业 2，即实施企业社会责任后企业 1 的效率低于不实施的企业 2。①

（1）实施企业社会责任不影响企业生产效率。

如果实施行业友好型企业社会责任不影响企业效率，则 $b_1=b_2$，此时 $c_1=c_2=c$。基于三阶段的动态序贯博弈，采取逆向归纳法来推导专利授权下的最优企业社会责任水平，揭示其对专利授权行为的影响。

首先，考察第一阶段的博弈，双方围绕产量进行古诺竞争。在企业 1 进行创新后，市场中两家企业基于效用最大化进行产量博弈。如果未进行专利授权，此时 $\pi_1=(p-c+b)q_1$，$\pi_2=(p-c)q_2$，$U_1=\beta\omega+(1-\beta)\pi_1$，$U_2=\pi_2$。由 $\frac{\partial U_1(q_1)}{\partial q_1}=0$、$\frac{\partial U_2(q_2)}{\partial q_2}=0$ 得到两家企业经过古诺竞争后的均衡产量：

$$q_1=-\frac{a-c+b}{2\beta-3} \tag{6.1}$$

$$q_2=\frac{\beta(a-c)-a+b+c}{2\beta-3} \tag{6.2}$$

将式（6.1）、式（6.2）代入 π_1、π_2，得到 $\pi_1=-\frac{(\beta-1)(a-c+2b)^2}{(-3+2\beta)^2}$，$\pi_2=\frac{[\beta(a-c)-a+b+c]^2}{(-3+2\beta)^2}$。

如果企业 1 向企业 2 进行专利授权，并收取（F，δ）的两部分专利授权费用，则 $\pi_1^*=(p-c_1+b)q_1+\delta q_2+F$，$\pi_2^*=(p-c_2+b-\delta)q_2-F$。此时，两家企业的均衡产量为：

$$q_1^*=-\frac{a-c+b+\delta}{-3+2\beta} \tag{6.3}$$

$$q_2^*=-\frac{\beta(a-c+b+\delta)-a-b+c+2\delta}{-3+2\beta} \tag{6.4}$$

将式（6.3）、式（6.4）代入 π_1^*、π_2^*，可以得到此时的利润：

$$\pi_1^*=\frac{2\delta(a-c+b-\delta)\beta^2+[6\delta^2+7(-a+b+c)\delta-(a-c+b)^2]\beta-5\delta^2+5(a+b-c)\delta+(a-c+b)^2}{(-3+2\beta)^2}+F;$$

---

① 一般来说，实施企业社会责任需要付出相应的成本。

$$\pi_2^* = \frac{[\beta(a-c+b-\delta)-a-b+c+2\delta]^2}{(-3+2\beta)^2} - F。$$

其次，分析第二阶段的博弈，探讨企业 1 是否授权以及企业 2 是否接受授权。

①$\pi_2^* - \pi_2 \geqslant 0$ 情况下的博弈分析。

当 $\pi_2^* - \pi_2 \geqslant 0$ 时，企业 2 接受两部分授权费用（F，δ）有利可图。此时，$F \leqslant (p_2 - c_2 + b - \delta)q_2 - \pi_2$，创新企业必然向被授权企业收取最大化固定费用，即企业 1 会收取最高的固定费用 $F^* = (p_2 - c_2 + b - \delta)q_2 - \pi_2$，进一步地可得到：

$$\begin{aligned} F^* &= (p - c_2 + b - \delta)q_2 - \pi_2 \\ &= \frac{2\left[\left(a+\frac{1}{2}b-c-\frac{1}{2}\delta\right)\beta - a + c + \delta\right](\beta-2)(b-\delta)}{(-3+2\beta)^2} \end{aligned} \tag{6.5}$$

当 $F^* = (p - c_2 + b - \delta)q_2 - \pi_2 \geqslant 0$ 时，此时企业 2 与企业 1 之间达成费用为（F^*，δ）的专利授权合同。由 $F^* \geqslant 0$ 以及$\frac{(\beta-2)(b-\delta)}{(-3+2\beta)^2} < 0$，可以推出$\left(a+\frac{1}{2}b-c-\frac{1}{2}\delta\right)\beta - a + c + \delta \leqslant 0$，即 $\beta \leqslant \frac{2(a-c-\delta)}{2a+b-2c-b\delta} < 1$ 或 $\delta \leqslant \frac{(2a+b-2c)\beta-2a+2c}{\beta-2}$。

确定固定费用为 F^* 后，企业 1 通过确定从价许可费用 δ^* 追求企业效用 U_1^* 最大化。可以推出 U_1^*（δ）为开口向上的抛物线，对称轴为$\hat{\delta} = \frac{(\beta-1)(a+b-c)}{\beta-2}$，由于存在限制条件 $\delta \leqslant \frac{(2a+b-2c)\beta-2a+2c}{\beta-2}$，则让 U_1^*（δ）最大化需要满足 $\delta_1 = 0$ 或 $\delta_2 = \frac{(2a+b-2c)\beta-2a+2c}{\beta-2}$。对称轴$\hat{\delta}$在 $\delta_1 = 0$ 和 $\delta_2 = \frac{(2a+b-2c)\beta-2a+2c}{\beta-2}$的中点偏右，因此 $\delta^* = 0$，此时 $q_1^* = -\frac{a-c+b}{-3+2\beta}$，$q_2^* = \frac{(\beta-1)(a-c+b)}{-3+2\beta}$，$F^* = \frac{b[(2a+b-2c)\beta-2a+2c](\beta-2)}{(-3+2\beta)^2}$，β 的限制条件变为 $\beta \leqslant \frac{2(a-c)}{2(a-c)+b} < 1$。

因此，当 $\beta \leqslant \frac{2(a-c)}{2(a-c)+b}$时，企业 1 向企业 2 进行专利授权并收取（$F^*$，$\delta^*$）的两部分授权费用，其中 $F^* = \frac{b[(2a+b-2c)\beta-2a+2c](\beta-2)}{(-3+2\beta)^2}$，$\delta^* =$

0，即只收取固定费用。

考察行业友好型企业社会责任水平对专利授权合同的影响，$\frac{\partial F^*(\beta)}{\partial \beta}=\frac{2[(3-\beta)b+a-c]b}{(2\beta-3)^3}<0$，可见 $F^*(\beta)$ 与 β 负相关。

再看第一阶段的博弈，基于社会福利最大化原则求出最优的行业友好型企业社会责任水平。$sw(\beta)=\frac{(a+b-c)^2(2\beta^2-6\beta+5)(6\beta^2-18\beta+13)}{2(2\beta-3)^4}$，在 $\beta\in\left[0,\ \frac{2(a-c)}{2(a-c)+b}\right]$上单调递增，最优企业社会责任水平 $\beta^*=\frac{2(a-c)}{2(a-c)+b}$。

②$\pi_2^*-\pi_2<0$ 情况下的博弈分析。

当 $\pi_2^*-\pi_2<0$ 时，企业 2 接受两部分授权费用（F，δ）无利可图，会直接与企业 1 进行产量竞争。将式（6.1）、式（6.2）代入此时社会福利函数可得：

$$sw(\beta)=\frac{3(a-c)^2\beta^2+[-10a^2+(-6b+20c)a-8b^2+6bc-10c^2]\beta+8a^2+(8b-16c)a+11b^2-8bc+8c^2}{2(-3+2\beta)^2},\ \frac{\partial sw(\beta)}{\partial \beta}=$$

$\frac{(a-c+2b)[(a+4b-c)\beta-a-5b+c]}{(-3+2\beta)^2}>0$，因此 $\beta^*=1$。

命题 6－1：当企业 1 是专利创新者，而且实施行业友好型企业社会责任不会带来额外成本时，如果行业友好型企业社会责任水平低于一定水平 $\left(\beta\leqslant\frac{2(a-c)}{2(a-c)+b}<1\right)$，则企业 1 对企业 2 收取固定授权费用，行业友好型企业社会责任水平越高，固定收费越低，最优的行业友好型企业社会责任水平 $\beta^*=\frac{2(a-c)}{2(a-c)+b}$。如果行业友好型企业社会责任水平高于一定水平，则企业 1 不会进行专利授权。

可见，当企业 1 从事创新行为、实施企业社会责任不影响企业效率时，如果行业友好型企业社会责任水平没有高到一定水平，其行业友好型企业社会责任水平的大小与其所收取的固定费用负相关。其原因在于，行业友好型企业社会责任水平越高，其越追求整体的社会福利，而收取低费用有助于优化产量，提升整体社会福利。但是，如果行业友好型企业社会责任水平过高，那么从整个社会福利的角度出发，企业 1 不会选择授权，且会实施最高水平的企业社会责任。

（2）实施行业友好型企业社会责任影响企业生产效率。

现在考虑因承担企业社会责任导致企业2效率高于企业1的情况。此时，$b_1 > b_2$，$c_1 = \beta b_1 + (1-\beta) b_2$，$c_2 = b_2$。

首先，考察两家企业进行第三阶段的产量博弈。在企业1创新后，在不发生专利授权的情况下，$\pi_1 = (p - \beta b_1 - (1-\beta) b_2 + b) q_1$，$\pi_2 = (p - b_2) q_2$，$U_1 = \beta sw + (1-\beta)\pi_1$，$U_2 = \pi_2$。两家企业经过古诺竞争后的均衡产量为：

$$q_1 = \frac{2\beta(b_1 - b_2) - a - 2b + b_2}{-3 + 2\beta} \tag{6.6}$$

$$q_2 = \frac{(a - b_1)\beta - a + b + b_2}{-3 + 2\beta} \tag{6.7}$$

进一步得到均衡利润为：

$$\pi_1 = -\frac{(-1+\beta)[2(-b_1 + b_2)\beta + a + 2b - b_2]^2}{(-3+2\beta)^2},$$

$$\pi_2 = \frac{[(a - b_1)\beta - a + b + b_2]^2}{(-3+2\beta)^2}。$$

如果企业1向企业2进行专利授权，则均衡产量为：

$$q_1^* = \frac{2\beta(b_1 - b_2) - a + b_2 - b - \delta}{-3 + 2\beta} \tag{6.8}$$

$$q_2^* = \frac{(a + b - b_1 - \delta)\beta - a - b + b_2 + 2\delta}{-3 + 2\beta} \tag{6.9}$$

专利授权情况下的均衡利润为：

$$\pi_1^* = -\frac{(-1+\beta)(-2b_1\beta + 2b_2\beta + a + b - b_2 + \delta)^2}{(-3+2\beta)^2} + \frac{\delta[(-\beta+2)\delta + (-1+\beta)a + (-1+\beta)b - \beta b_1 + b_2]}{-3+2\beta} + F;$$

$$\pi_2^* = \frac{[(a + b - b_1 - \delta)\beta - a - b + b_2 + 2\delta]^2}{(-3+2\beta)^2} - F。$$

其次，看第二阶段的博弈，考察专利授权情况，仍然分成两种情况：

①$\pi_2^* - \pi_2 \geqslant 0$ 情况下的博弈分析。

当 $\pi_2^* - \pi_2 \geqslant 0$ 时，企业2会接受企业1的授权，企业1最优的固定收费为：

$$F^* = (p - c_2 + b - \delta) q_2 - \pi_2 = \frac{2\left[\left(a + \frac{1}{2}b - b_1 - \frac{1}{2}\delta\right)\beta - a + b_2 + \delta\right](b-\delta)(-2+\beta)}{(-3+2\beta)^2}，要$$

满足 $F^* \geqslant 0$ 需要保证 $\beta \leqslant \frac{2(a-b_2-\delta)}{2a+b-2b_1-\delta}$。然后，分析满足 U_1^* 最大化的从价许可费用 δ^*：

$$\delta^* = \frac{(a+b+b_1-2b_2)\beta^3+(-3a-3b-5b_1+8b_2)\beta^2+(3a+3b+5b_1-8b_2)\beta-a-b+b_2}{(-2+\beta)(\beta-1)^2} \tag{6.10}$$

进一步可以得到 F^* 与 δ^* 关于 β 的函数：

$$F^* = -\frac{[(a+b_1-2b_2)\beta^3+(-3a+b-5b_1+8b_2)\beta^2+(3a-2b+5b_1-8b_2)\beta-a+b+b_2][(a-3b_1+2b_2)\beta^3+(-3a+b+9b_1-6b_2)\beta^2+(3a-2b-7b_1+4b_2)\beta-a+b+b_2]}{(\beta-1)^4(2\beta-3)^2};$$

$$\delta^* = \frac{(a+b+b_1-2b_2)\beta^3+(-3a-3b-5b_1+8b_2)\beta^2+(3a+3b+5b_1-8b_2)\beta-a-b+b_2}{(-2+\beta)(\beta-1)^2}。$$

通过模拟发现，对于每一组（a，b_1，b_2，b）取值都存在 β 能够满足：$\beta \leqslant \bar{\beta}$、$F^* \geqslant 0$ 且 $\delta^* \geqslant 0$。在区间 $\beta \in [0,\ \bar{\beta}]$ 上，$F^*(\beta)$、$\delta^*(\beta)$ 单调递减。举例说明，图 6－1、图 6－2 分别为 $a=5$、$b_1=2.2$、$b_2=2$、$b=0.5$ 时 F^*、δ^* 与 β 的关系。

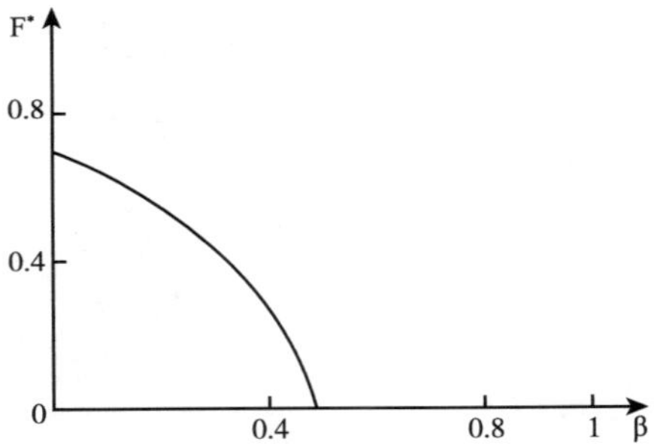

图 6－1　F^* 随 β 的变化情况

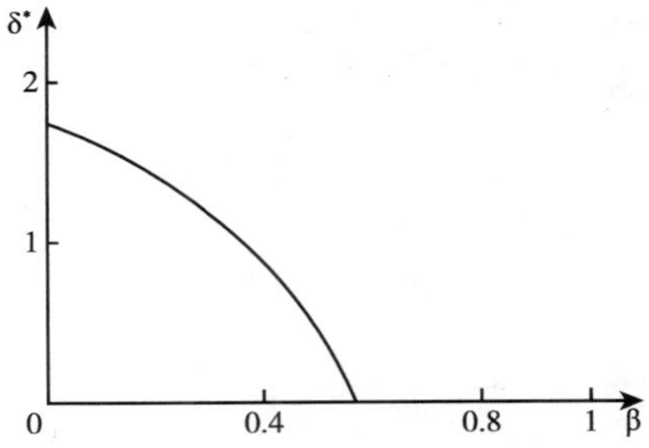

图 6－2　δ^* 随 β 的变化情况

再看第一阶段的博弈。将式（6.8）、式（6.9）、式（6.10）代入社会福利函数可得到：

$$sw(\beta) = \frac{-2(b_1-b_2)^2\beta^5+2(b_1-b_2)(5b_1+a+b-6b_2)\beta^4+[-26b_2^2+(10a+10b+42b_1)b_2-18b_1^2+(-6a-6b)b_1-2(a+b)^2]\beta^3+\beta^2+\beta+3(a+b-b_2)^2}{2(\beta-1)^2(-2+\beta)^2}。$$

可以发现，$sw(\beta)$ 在 $\beta \in [0, 1]$ 上单调递增。由于 $\beta \leqslant \frac{2(a-b_2-\delta)}{2a+b-2b_1-\delta}$，因此当存在 β^* 满足 $\beta^* = \frac{2(a-b_2-\delta(\beta^*))}{2a+b-2b_1-\delta(\beta^*)}$ 时，$sw(\beta)$ 有最大值。即当存在专利授权行为时，部分企业社会责任是最优的。

②$\pi_2^* - \pi_2 < 0$ 情况下的博弈分析。

当 $\pi_2^* - \pi_2 < 0$ 时，$\frac{2(a-b_2)}{2a+b-2b_1} \leqslant \beta \leqslant 1$，此时企业 2 不接受专利授权，直接与企业 1 进行产量竞争。

考察第一阶段博弈，将式（6.6）、式（6.7）代入社会福利函数可以得到：

$$sw(\beta) = \frac{\begin{array}{c} -8(b_1-b_2)^2\beta^3 + [20b_2^{\ 2} + (-12a-16b-28b_1)b_2 \\ +3a^2 + (4b+6b_1)a + 12bb_1 + 11b_1^{\ 2}]\beta^2 + \\ [-18b_2^{\ 2} + (28a+32b+8b_1)b_2 - 10a^2 + (-16b \\ -8b_1)a - 4b(4+4b_1)]\beta + (10b-8b_2+8a)\left(\frac{1}{2}b - b_2 + a\right) \end{array}}{2(-3+2\beta)^2}。$$

需要注意的是，在 $\frac{2(a-b_2)}{2a+b-2b_1} \leqslant \beta \leqslant 1$ 情况下才会出现企业 2 不接受专利授权的情况，能使社会福利 $sw(\beta)$ 最大化的 β^* 需要满足 $\frac{2(a-b_2)}{2a+b-2b_1} \leqslant \beta \leqslant 1$。通过数据模拟可以发现，最优企业社会责任水平 β^* 随着企业生产效率和创新收益等因素的变化而发生相应变动。

第一，在 β 没有区间限制时，在 a、b_2、b 不变的情况下，随着 b_1 的增大，即企业 1 与企业 2 效率差距增大，β^* 越来越低，而且下降的幅度越来越快，直至降为 0；但是，此处需要满足 $\frac{2(a-b_2)}{2a+b-2b_1} \leqslant \beta \leqslant 1$，因此，随着 b_1 的增大，β^* 呈先降低后上升的趋势。举例说明，图 6－3 为 $\alpha = 5$、$b_2 = 2$、$b = 1$ 时 b_1 可变条件下 sw 和 β 的关系。

第二，在 β 没有区间限制时，在 a、b_1、b_2 不变且 $b_1 \neq b_2$ 的情况下，创新收益 b 与 β^* 正相关，即随着 b 越来越大，β^* 越来越高，上升的幅度逐渐减缓且无法达到 1。满足 $\frac{2(a-b_2)}{2a+b-2b_1} \leqslant \beta \leqslant 1$ 条件时，随着 b 的增大，β^* 呈先降低后上升的趋势。当 $b_1 = b_2$ 时，$\beta^* = 1$，即完全的企业社会责

任最优。举例说明，图 6－4 为 $a=5$、$b_1=2.2$、$b_2=2$ 时 b 可变条件下 sw 和 β 的关系。

第三，在 β 没有区间限制时，在 a、b_1、b 不变的情况下，随着 b_2 的增大，即企业 2 效率降低，企业 1 与企业 2 效率差距减小，β^* 越来越高，而且上升的幅度减缓，当 $b_1=b_2$ 时，$\beta^*=1$，即完全的企业社会责任最优。当满足 $\frac{2(a-b_2)}{2a+b-2b_1}\leqslant\beta\leqslant1$ 条件时，随着 b_2 的增大，β^* 呈先降低后上升的趋势。举例说明，图 6－5 为 $a=5$、$b_1=2.2$、$b=1$ 时 b_2 可变条件下 sw 和 β 的关系。

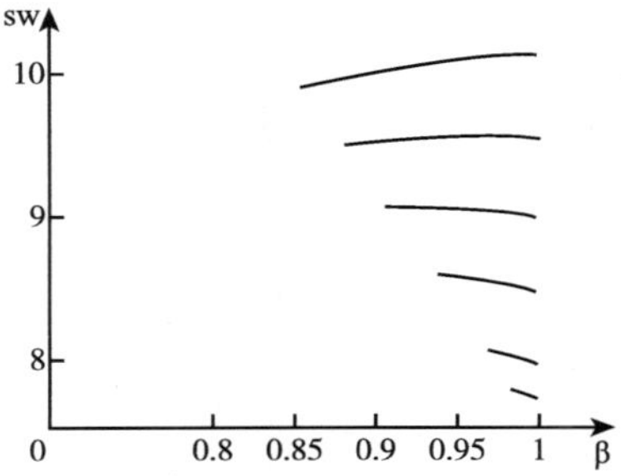

图 6－3　b_1 可变条件下的 sw 和 β 的关系

注：五条曲线自上而下分别是 $b_1=2$、$b_1=2.1$、$b_1=2.2$、$b_1=2.3$、$b_1=2.4$、$b_1=2.45$。

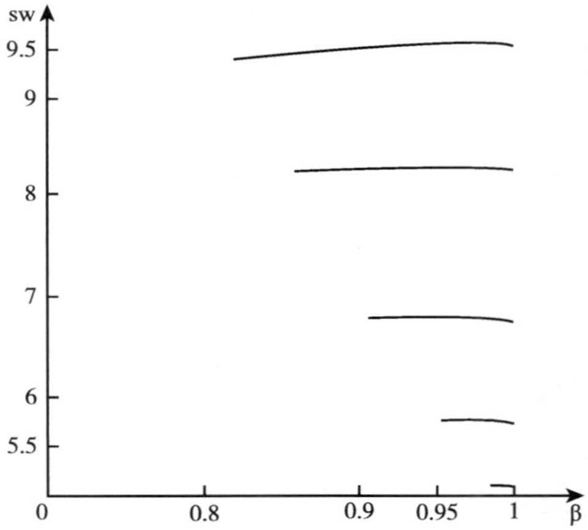

图 6－4　b 可变条件下的 sw 和 β 的关系

注：五条曲线自上而下分别是 $b_2=1.5$、$b_2=1.2$、$b_2=0.8$、$b_2=0.5$、$b_2=0.3$。

通过以上分析，可得命题 6－2。

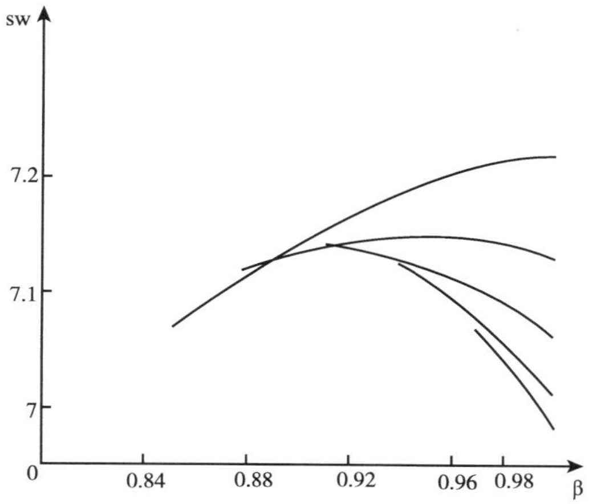

图 6－5　b_2 可变条件下的 sw 和 β 的关系

注：五条曲线自上而下分别是 $b_2=2.2$、$b_2=2.1$、$b_2=2$、$b_2=1.9$、$b_2=1.8$。

命题 6－2：当企业 1 是专利创新者，而且企业 2 效率高于企业 1 时，如果行业友好型企业社会责任水平低于一定水平，则企业 1 会采取两部收费模式，而且随着行业友好型企业社会责任水平的增加，固定费用和从价许可费都下降。当行业友好型企业社会责任水平高于一定水平时，不会发生专利授权，最优企业社会责任水平随着企业生产效率和创新收益等因素的变化而变化。

可见，一旦两家企业间存在效率差距，企业 1 的专利授权决策将更为复杂。行业友好型企业社会责任水平直接对是否授权以及如何收取费用造成影响，原因在于行业友好型企业社会责任水平一方面影响到企业 1 的经营目标，另一方面还会影响到成本的构成。行业友好型企业社会责任水平与专利授权决策相互影响，其最优水平既可以是完全的企业社会责任，也可以是部分企业社会责任，受承担行业友好型企业社会责任带来的效率变动、创新收益等因素影响。

6.1.3.2　企业 2 对企业 1 进行专利授权

现在考察企业 2 创新，对企业 1 进行专利授权的情况，分析思路与前面相同。

（1）实施企业社会责任不影响企业生产效率。

此时，两家企业效率相同，$b_1=b_2$，此时 $c_1=c_2=c$。首先，看第三阶段博弈。在企业 2 创新后，如果不进行专利授权，则 $\pi_1=(p-c)q_1$，$\pi_2=(p-c+b)q_2$，$U_1=\beta sw+(1-\beta)\pi_1$，$U_2=\pi_2$。两家企业的均衡产量为：

$$q_1 = -\frac{a-c-b}{-3+2\beta} \tag{6.11}$$

$$q_2 = \frac{(a-c+b)\beta - a - 2b + c}{-3+2\beta} \tag{6.12}$$

此时的均衡利润为：

$$\pi_1 = \frac{(1-\beta)(a-b-c)^2}{(-3+2\beta)^2}, \pi_2 = \frac{[(a-c+b)\beta - a - 2b + c]^2}{(-3+2\beta)^2}。$$

如果企业2向企业1进行专利授权，则均衡产量为：

$$q_1^* = -\frac{2\delta(\beta-1) + a + b - c}{-3+2\beta} \tag{6.13}$$

$$q_2^* = \frac{(\beta-1)(a+b-c+\delta)}{-3+2\beta} \tag{6.14}$$

经分析可知，为了保证企业2创新及授权，$\beta \neq 1$。若 $\beta = 1$，此时企业2不生产，也就不创新及授权，整个市场由企业1垄断。

专利授权情况下的均衡利润为：

$$\pi_1^* = -\frac{[(a+b-c-\delta)\beta - a - b + c + 2\delta](2\beta\delta + a + b - c - 2\delta)}{(-3+2\beta)^2} - F;$$

$$\pi_2^* = \frac{(-\delta+a+b-c)(b-c+3\delta+a)\beta^2 - 2(-\delta+a+b-c)(b-c+4\delta+a)\beta - 5\delta^2 + (5a+5b-5c)\delta + (a+b-c)^2}{(-3+2\beta)^2} + F。$$

其次，分析两家企业的专利授权博弈。当 $\pi_1^* - \pi_1 \geqslant 0$ 时，企业2接受企业1专利授权有利可图。企业2收取最高的固定费用为：

$$F^* = \frac{(2\beta^2 - 6\beta + 4)\delta^2 - 2(a-c+b)\left(\beta^2 - \frac{5}{2}\beta + 2\right)\delta - 4b(\beta-1)(a-c)}{(-3+2\beta)^2} \tag{6.15}$$

进一步地可以得到最优从价费用 $\delta^* = \frac{a+b-c}{2(1-\beta)}$。当 $\delta = \delta^* = \frac{a+b-c}{2(1-\beta)}$ 时，$F = \frac{(\beta-1)(a-b-c)^2}{(-3+2\beta)^2} < 0$。因此，此种情况下不存在专利授权，两家企业之间不存在专利授权关系。

最后，考察最优行业友好型企业社会责任水平。

$$sw(\beta) = \frac{3}{2}\,\frac{(a+b-c)^2\beta^2 + [-10a^2 + (-14b+20c)a - 12b^2 + 14bc - 10c^2]\beta + (8b-16c)a + 11b^2 - 8bc + 8c^2}{(-3+2\beta)^2} \tag{6.16}$$

$$\frac{\partial sw(\beta)}{\partial \beta} = \frac{[(a-3b-c)\beta - a + 4b + c](a-b-c)}{(-3+2\beta)^3}$$

其中$\frac{a-b-c}{(-3+2\beta)^3}<0$。此时，创新收益与边际成本的大小对最优企业社会责任水平具有重要影响，可分为三种情况：

第一种情况：$a-4b-c\geqslant 0$、$a-3b-c>0$。

此时 $b\leqslant\frac{a-c}{4}$，即创新收益低于一定水平，则 sw（β）在 $\beta\in\left[0,\ \frac{a-4b-c}{a-3b-c}\right]$上单调递增，在$\beta\in\left(\frac{a-4b-c}{a-3b-c},\ 1\right]$上单调递减，$\beta^*=\frac{a-4b-c}{a-3b-c}$。

第二种情况：$a-4b-c<0$、$a-3b-c<0$。

此时 $b>\frac{a-c}{3}$，即创新收益高于一定水平，则在 $\beta\in[0,\ 1]$ 上 $[(a-3b-c)\beta-a+4b+c]<0$ 恒成立，$\frac{\partial sw(\beta)}{\partial\beta}>0$，$\beta^*=1$。

第三种情况：$a-4b-c<0$、$a-3b-c\geqslant 0$。

此时$\frac{a-c}{4}<b\leqslant\frac{a-c}{3}$，即创新收益在一定水平范围内，$[(a-3b-c)\beta-a+4b+c]>0$ 恒成立，即$\frac{\partial sw(\beta)}{\partial\beta}<0$ 恒成立，$\beta^*=0$。

命题 6－3：在企业 2 是创新者，且两家企业生产效率相同的情况下，不存在专利授权。此时，实施完全、实施部分和不实施行业友好型企业社会责任都可以成为最优选择，受生产效率和创新收益等因素的影响。如果创新收益低于一定水平$\left(b\leqslant\frac{a-c}{4}\right)$，则实施部分的企业社会责任是最优的；如果高于一定水平$\left(b>\frac{a-c}{3}\right)$，则完全的企业社会责任是最优的；如果处于一定的范围区间内$\left(\frac{a-c}{4}<b\leqslant\frac{a-c}{3}\right)$，则不实施是最优的。

可见，在企业 2 充当创新者且企业效率无差别时，不会发生专利授权。其原因在于，企业 2 追求的是利润最大化而非整体的社会福利，不授权可以保证获得更大的市场竞争优势和利润。这与企业 1 充当创新者的情况具有明显差异。另外，此种情况下创新收益对最优企业社会责任水平的影响十分明显，其原因在于，行业友好型企业社会责任水平的存在使其追求相应的社会福利目标，企业 2 的利润也会考虑其中，而且在产量竞争中，创新收益也会直接影响到双方的均衡竞争产量。

（2）实施行业友好型企业社会责任影响企业生产效率。

此种情况下，$b_1>b_2$，$c_1=\beta b_1+(1-\beta)b_2$，$c_2=b_2$。

在第三博弈阶段中，企业 2 创新且不授权情况下的均衡产量为：

$$q_1=\frac{(2b_1-2b_2)\beta-a+b+b_2}{2\beta-3} \tag{6.17}$$

$$q_2=\frac{(a+b-b_1)\beta-a-2b+b_2}{2\beta-3} \tag{6.18}$$

此时的均衡利润为：

$$\pi_1=-\frac{(\beta-1)[(-2b_1+2b_2)\beta+a-b-b_2]^2}{(2\beta-3)^2};$$

$$\pi_2=\frac{1}{(2\beta-3)^2}\left\{\begin{array}{c}[-3\delta^2+2(a+b+b_1-2b_2)\delta+(a+b-b_1)]\beta^2\\+[8\delta^2+2(-3a-3b-2b_1+5b_2)\delta\\-2(a+b-b_2)(a+b-b_1)]\beta\\-5\delta^2+5(a+b-b_2)\delta+(a+b-b_2)^2\end{array}\right\}。$$

在进行专利授权的情况下，$\pi_1^*=(p-c_1+b-\delta)q_1-F$，$\pi_2^*=(p-c_2+b)q_2+\delta q_1+F$，均衡产量为：

$$q_1^*=\frac{(2b_1-2b_2-2\delta)\beta-a-b+b_2+2\delta}{2\beta-3} \tag{6.19}$$

$$q_2^*=\frac{(a+b-b_1+\delta)\beta-a-b+b_2-\delta}{2\beta-3} \tag{6.20}$$

此时的均衡利润为：

$$\pi_1^*=-\frac{\begin{array}{c}[(-2b_1+2b_2)\beta^2+(a+b+2b_1-3b_2-\delta)\beta-a-b\\+b_2+2\delta][(-2b_1+2b_2+2\delta)\beta+a+b-b_2-2\delta]\end{array}}{(2\beta-3)^2}-F;$$

$$\pi_2^*=-\frac{\begin{array}{c}[-3\delta^2+2(a+b+b_1-2b_2)\delta+(a+b-b_1)^2]\beta^2-5\delta^2\\+5(a+b-b_2)\delta+(a+b-b_2)^2+[8\delta^2+(-6a-6b\\-4b_1+10b_2)\delta-2(a+b-b_2)(a+b-b_1)]\beta\end{array}}{(2\beta-3)^2}+F。$$

①当 $\pi_1^*-\pi_1\geqslant 0$ 时的博弈分析。

此时，$$F^*=\frac{\begin{array}{c}4\delta(b_1-b_2)\beta^3+[2\delta^2+(-2a-2b-10b_1+12b_2)\delta\\+8b(b_1-b_2)]\beta^2+[-6\delta^2+(5a+5b+8b_1-13b_2)\delta\\-4b(a+2b_1-3b_2)\beta+4(b-\delta)(a-b_2-\delta)]\end{array}}{(2\beta-3)^2}。$$

进一步地，企业 2 通过追求企业效用 U_2^* 最大化确定从价许可费用 δ^*。

$$\delta^* = \frac{(4b_1 - 4b_2)\beta^2 + (-4b_1 + 4b_2)\beta - a - b + b_2}{2\beta - 2} \tag{6.21}$$

将式（6.21）代入 F^*，对 F^* 进行数据图象模拟，发现对于一组数值（a，b_1，b_2，b），总是存在 β 满足在区间 $\beta \in [\bar{\beta}, 1)$ 内，$F^*(\beta) \geqslant 0$。在区间 $\beta \in [0, 1]$ 内，$\delta^*(\beta) > 0$ 恒成立。在 $\beta \in [\bar{\beta}, 1)$ 区间内，$F^*(\beta)$ 和 $\delta^*(\beta)$ 单调递增。举例说明，图 6－6、图 6－7 分别为 a＝5、$b_1 = 2.2$、$b_2 = 2$、b＝1 时 F^*、δ^* 与 β 的关系。

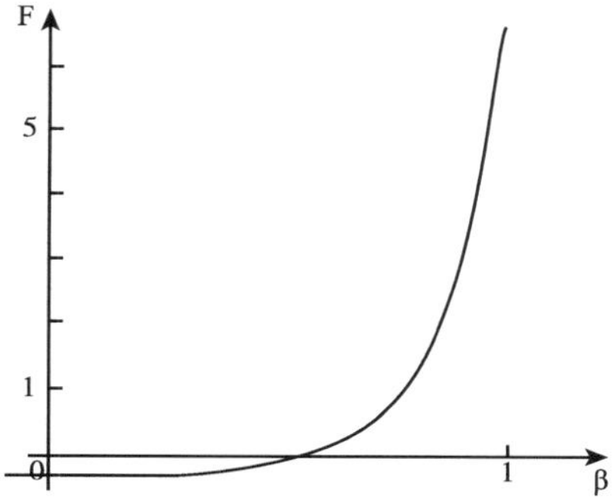

图 6－6　F^* 随 β 的变化情况

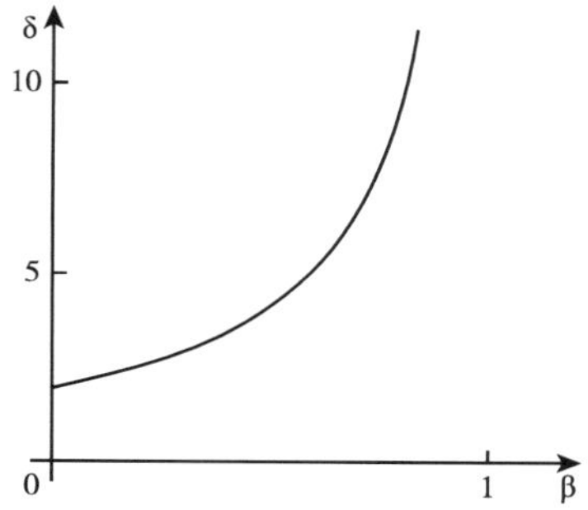

图 6－7　δ^* 随 β 的变化情况

在第一阶段博弈中，$sw(\beta) = \frac{3}{2}(b_1 - b_2)^2\beta^2 - \frac{1}{2}(b_1 - b_2)(a + b - b_2)\beta + \frac{3}{8}(a + b - b_2)^2$，对称轴 $\hat{\beta} = \frac{1}{6}\frac{a + b - b_2}{b_1 - b_2}$。

在没有取值限制的情况下，当 $\hat{\beta} > \frac{1}{2}$，即 $\frac{a + b - b_2}{b_1 - b_2} > 3$ 时，$\beta^* = 0$；当 $\hat{\beta} < \frac{1}{2}$，即 $\frac{a + b - b_2}{b_1 - b_2} < 3$ 时，$\beta^* = 1$；当 $\frac{a + b - b_2}{b_1 - b_2} = 3$ 时，$\beta^* = 0$ 或 $\beta^* = 1$。

但是，要实现专利授权，必须保证 $\beta \geqslant \bar{\beta} > 0$。当 $\hat{\beta} > \frac{1 + \bar{\beta}}{2}$ 时，$sw(\bar{\beta}) > sw(\beta = 1)$，$\beta^* = \bar{\beta}$，即部分企业社会责任是最优的；当 $\hat{\beta} < \frac{1 + \bar{\beta}}{2}$ 时，$sw(\bar{\beta}) < sw(\beta = 1)$，$\beta^* = 1$，即完全企业社会责任是最优的；当 $\hat{\beta} = \frac{1 + \bar{\beta}}{2}$ 时，$sw(\bar{\beta}) = sw(\beta = 1)$，部分企业社会责任是最优的。

②当 $\pi_1^* - \pi_1 < 0$ 时的博弈分析。

此时，企业 1 将不接受授权，直接与企业 2 进行产量竞争，社会福利函数为：

$$sw(\beta) = \frac{\begin{aligned} &-8(b_1-b_2)^2\beta^3+[20b_2{}^2+4(-3a+b-7b_1)b_2 \\ &+3a^2+6a(b+b_1)+3b^2-10bb_1+11b_1{}^2]\beta^2 \\ &+[-18b_2{}^2+(28a+8b_1)b_2-10a^2-(14b+8b_1)a-12b^2 \\ &+14bb_1]\beta+8b_2{}^2-8b_2(a+b)+8a^2+8ab+11b^2 \end{aligned}}{2(2\beta-3)^2},$$

可以推出当 $\beta \in [0, \bar{\beta})$ 时，$\frac{\partial sw(\beta)}{\partial \beta} < 0$，因此 $\beta^* = 0$。

命题 6－4：当企业 2 对企业 1 进行专利授权且企业 2 效率高于企业 1 时，如果行业友好型企业社会责任水平高于一定水平，则企业 2 对企业 1 实行两部收费，且随着企业社会责任水平的增加，固定费用和从价费用都增加。完全或部分的企业社会责任都可能是最优的企业决策，取决于企业效率以及创新收益。如果行业友好型企业社会责任低于一定水平，则不存在专利授权，不实施企业社会责任是最优的。

可见，如果企业 2 是创新者，且企业 2 效率低于企业 1，则行业友好型企业社会责任水平达到一定水平时可以激励企业 2 进行专利授权，而且行业友好型企业社会责任水平越高，两部收费就越多。其原因在于，行业友好型企业社会责任水平的增加会使企业 1 的目标越来越追求社会福利。收费越多，虽然会减少企业 1 利润，但会增加企业 2 利润，从整体上看会增加社会福利，所以企业 1 愿意接受高收费。此时，完全和部分的企业社会责任都是最优的。当行业友好型企业社会责任水平降到一定水平时，双方之间的竞争将导致不发生专利授权，企业 1 不会实施行业友好型企业社会责任。

6.1.4　结论

本部分研究了行业友好型企业社会责任水平对企业专利授权及社会福利的影响，并探索不同条件下的最优企业社会责任水平，得出以下结论：

第一，行业友好型企业社会责任水平对企业专利授权具有重要影响，这种影响受到创新主体社会责任感、资本效率、创新收益等多种因素的影响。在不同的创新主体、企业承担社会责任成本和创新收益的情况下，行业友好型企业社会责任水平的高低直接影响到企业 1 的效用函数和其成本构成，以及其产量决策和专利授权决策，进一步地对企业 2 的相关行为造成影响。当企业 1 是专利创新者时，如果行业友好型企业社会责任水平低于一定水平，则企业 1 对企业 2 收取固定授权费用或两部收费（取决于企业间的效率对比），且费用随着行业友好型企业社会责任水平的上升而下降；否则，则不存在专利授权。当企业 2 是专利创新者时，如果承担企业社会责任不影响生产效率，则不存在专利授权；如果承担企业社会责任会增加成本，则会采取两部收费，且费用与行业友好型企业社会责任水平正相关。值得关注的是，专利创新主体的企业社会责任感在整个作用机制中发挥重要作用，直接影响到专利授权收费与行业友好型企业社会责任水平相关性的正负。

第二，最优企业社会责任水平是动态变化的，受到创新主体的社会责任感、是否进行授权、企业社会责任承担成本、创新收益等因素的影响。研究发现，在不同条件下，完全的、部分的或者是不实施企业社会责任都可能成为最优的决策。当企业 1 是创新者，且存在专利授权时，部分的企业社会责任是最优的；在不存在专利授权时，完全的和部分的企业社会责任都可以是最优的。当企业 2 是创新者，且存在专利授权时，完全的或部分的企业社会责任是最优的；不存在时，不实施企业社会责任是最优的。企业社会责任具体采取何种比例取决于创新主体社会责任感、实施企业社会责任是否增加企业成本以及创新收益的大小等因素。

总之，研究发现，行业友好型企业社会责任水平与企业专利授权之间具有明显的相互作用关系，行业友好型企业社会责任水平在影响企业专利授权的同时，专利授权行为也影响着最优企业社会责任水平，因此需要将两种决策置于一个分析框架之中，在实践中有机地结合在一起。

6.2 交叉所有权与行业友好型企业社会责任

6.2.1 问题的提出

在现代市场经济中，交叉所有权是企业经常采取的竞争方式之一。所谓交叉所有权（cross ownership），不同于双向的交叉持股（cross shareholding），也不同于没有投资范围限制的股权投资（equity investment），而是在一个由多市场主体构成的相同或相似市场中，一家企业对另一家企业的股权持有行为。在交叉所有权问题上，有研究表明，通过交叉所有权，一个企业获得竞争对手的股权，虽然并不一定拥有决策权，但可以获取利润分成，并且会抑制市场竞争，获取竞争对手的专用知识，实现协同效应及多样化投资（Macho - Stadler and Verdier，1991；Alley，1997）。企业对同一或相似市场中的其他企业实施交叉所有权安排，有助于减少资本投资过程中的信息成本，抑制机会主义行为；分散资本经营风险，获取先进的生产技术及经验；增强企业对整个市场的控制力，甚至形成垄断，获取更高利润；加强企业之间的联系，避免恶性竞争，提高竞争质量。但交叉所有权行为容易导致默契合谋或垄断，例如，当一个企业对行业内企业实施高度交叉所有权时，该企业对市场的掌控力或垄断势力将大为加强。当前，在很多行业中都存在交叉所有权的现象，典型代表是传媒行业。在当前的中国市场经济中，交叉所有权行为并不罕见，尤其是国有企业。在供给侧结构性改革背景下，通过兼并、股权购置等方式对行业内企业实施交叉所有权安排的行为将比较常见，值得关注。

行业友好型企业社会责任与交叉所有权存在内在关联，行业友好型企业社会责任会增加企业对另一家企业利益的兼顾，进而影响到涉及双方利益的交叉所有权行为。基于此，本部分将交叉所有权引入，考察行业友好型企业社会责任对交叉所有权甚至对社会福利的影响。

6.2.2 模型构建

根据研究目标与中国企业实际，构建双寡头垄断模型，做出以下假设：

假设 H6 - 5：关于市场需求函数、企业效用函数、企业社会责任水平、成本的假设都采用上一部分的假设。为简化分析，假设 $\gamma = \beta b_1 + (1 - \beta) n$。

假设 H6 - 6：一方企业根据效应最大化原则对另一家企业实施交叉所有权安排，持有对方企业股份为 δ，$Maxsw = \frac{1}{2}(a - n)^2 \frac{(2 - \beta)(4 - 3\beta)}{(3 - 2\beta)^2}$。

在以上假设下，两家企业进行的是三阶段的动态序贯博弈。

第一阶段，根据社会福利最大化原则，确定最优的行业友好型企业社会责任。

第二阶段，实施交叉所有权安排的企业确定持有的对方企业股份 δ。

第三阶段，两家企业的经营者根据自身的效用函数，进行产量竞争，确定每家企业的具体产量，即 q_1、q_2。

6.2.3 模型分析

首先，看第三阶段博弈，即两家企业确定均衡产量。两家企业的效用函数为 $U_1 = \beta sw + (1 - \beta)(\pi_1 + \delta \pi_2)$，$U_2 = (1 - \delta)\pi_2$。双方的均衡产量为：

$$q_1 = a - n - 2\frac{a+\gamma-2n-(a-n)\beta}{3-2\beta-(1-\beta)\delta} \tag{6.22}$$

$$q_2 = \frac{a+\gamma-2n-(a-n)\beta}{3-2\beta-(1-\beta)\delta} \tag{6.23}$$

其次，再看第二阶段博弈，确定最优的交叉所有权安排。将式（6.22）、式（6.23）代入 U_1，令 $X = q_2 = \frac{a+\gamma-2n-(a-n)\beta}{3-2\beta-(1-\beta)\delta}$，则

$$\frac{\partial U_1}{\partial \delta} = \frac{(a-n-2X)(1-\beta)}{3-2\beta-(1-\beta)\delta}X - 2X\left[n-\gamma+\frac{1}{2}a\beta-\frac{1}{2}n\beta+X+\left(\frac{\beta}{2}+Y\right)X\right]\frac{1-\beta}{3-2\beta-(1-\beta)\delta} + (1-\beta)X^2$$

令 $\frac{\partial U_1}{\partial \delta}=0$，可得 $\delta_1 = \frac{2a+5\gamma-7n-3\beta(a+\gamma-2n)+(a-n)\beta^2}{(\gamma-n)(1-\beta)}$。

$\delta = \frac{2a+5\gamma-7n-3\beta(a+\gamma-2n)+(a-n)\beta^2}{(\gamma-n)(1-\beta)} \in [0,\ 1]$ 需满足：

当 $\gamma > n$ 时，$\frac{n\beta^2+3(\gamma-2n)\beta+7n-5\gamma}{(1-\beta)(2-\beta)} \leqslant a \leqslant \frac{n\beta^2+(2\gamma-5n)\beta+6n-3\gamma}{(1-\beta)(2-\beta)}$；

当 $\gamma = n$ 即 $b_1 = n$ 时，

$U_1 = \left[\frac{1}{2}\beta(a-n)+\frac{(a-n)(1-\beta)}{3-2\beta-(1-\beta)\delta}\right]\left[a-n-2\frac{(a-n)(1-\beta)}{3-2\beta-(1-\beta)\delta}\right] + \left[\frac{3}{2}\beta+(1-\beta)\delta\right]\left[\frac{(a-n)(1-\beta)}{3-2\beta-(1-\beta)\delta}\right]^2$。令 $Z = \frac{(a-n)(1-\beta)}{3-2\beta-(1-\beta)\delta}$，$U_1 = \left[\frac{1}{2}\beta(a-n)+Z\right][a-n-2Z] + \left[\frac{3}{2}\beta+(1-\beta)\delta\right]Z^2$，$\frac{\partial U_1}{\partial \delta} = \frac{(1-\beta)(2-\beta)}{3-2\beta-(1-\beta)\delta}Z^2 > 0$，即 $U_1(\delta)$ 单调递增。因此，当 $\delta = 1$ 时，$MaxU_1 = \frac{\beta}{2}(a-n)^2 + \frac{\beta}{2}\frac{(a-n)^2(1-\beta)^2}{(2-\beta)^2} + \frac{(a-n)^2(1-\beta)^3}{(2-\beta)^2}$。

命题 6－5：当因承担企业社会责任导致企业 1 效率低于企业 2 时，在一定条件下，企业 1 会对企业 2 实施交叉所有权。当承担企业社会责任不影响企业生产效率时，企业 1 会对企业 2 实施完全的交叉所有权。

命题 6－5 的结论表明，实施行业友好型企业社会责任的企业，其交叉所有权行为受到企业效率和企业社会责任水平的影响。企业社会责任水平直接关系到是否实施交叉所有权以及实施合作承担交叉所有权。

最后，看第一阶段博弈。根据社会福利最大化原则确定企业社会责任比例。根据以上结果和 $\gamma = \beta b_1 + (1-\beta)n$，可以得到：当 δ 分别为 1、$\frac{2(a-n)+(5b_1-2n-3a)\beta+(a-3b_1+2n)\beta^2}{(b_1-n)(1-\beta)\beta}$ 时，sw 分别为：

$$sw_1 = \frac{1}{2}(a-n)^2 - (a-n)(b_1-n)\beta - \frac{[a-n-(a-b_1)\beta][a-n+(8n-a-7b_1)\beta+4(b_1-n)\beta^2]}{2(2-\beta)^2};$$

$$sw_2 = \frac{1}{2}(a-n)^2 - (a-n)(b_1-n)\beta - \frac{1}{2}\beta^2(b_1-n)^2$$

$$\frac{[a-n-(a-b_1)\beta][9(a-n)+(9b_1+4n-13a)\beta+4(a-b_1)\beta^2]}{[2(a-n)+(2b_1+n-3a)\beta+(a-b_1)\beta^2]^2}。$$

根据以上不同条件下 sw(β) 的表达式，进行模拟，可以得到：

(1) $\delta=1$ 时的企业社会责任最优水平。

当 $b_1=n$ 时，随着 β 的增大，sw(β) 会增加，即最优水平与社会福利正相关，即完全的企业社会责任是最优的，见图 6-8。

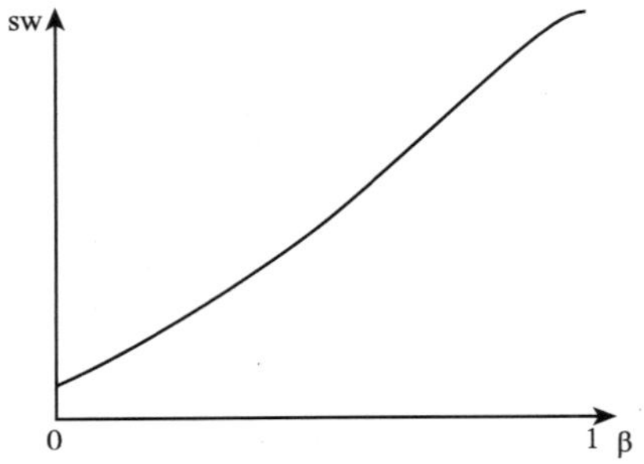

图 6-8　δ=1 情况下 m≤n 时 sw 与 β 之间的关系

当 $b_1>n$ 时，部分企业社会责任是最优的，偏离最优水平会降低社会福利。随着 m 的不断增加，最优企业社会责任水平会越来越低。举例说明，当 $n=1$，$b_1=1.1$、1.2、1.3、1.4 时，随着 b_1 的不断增加，最优水平不断降低，从上至下 m 依次增大，见图 6-9。

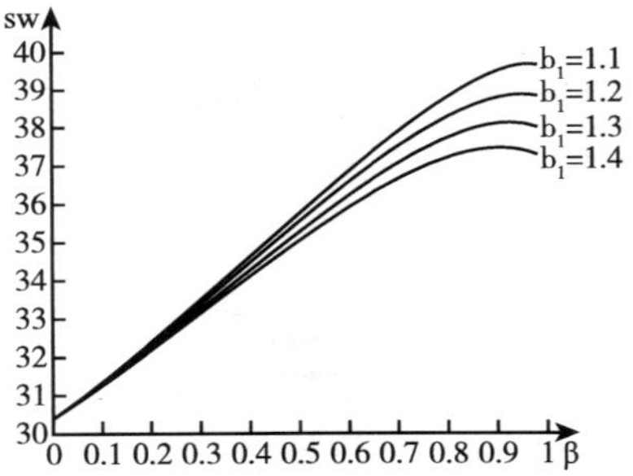

图 6-9　δ=1 情况下 $b_1>n$ 时 sw 与 β 之间的关系

命题 6-6：当企业 1 不实施交叉所有权安排或对企业 2 进行完全兼并时，如果企业 1 效率不低于企业 2，则完全的企业社会责任是最优的。当企业 1 效率低于企业 2 时，存在最优的企业社会责任比例，低于或高于该比例都将导致社会福利下降。而且，随着企业 1 效率的不断提高，企业社会责任最优水平不断增加。

（2）当 $\delta = \frac{2(a-n)+(5b_1-2n-3a)\beta+(a-3b_1+2n)\beta^2}{(b_1-n)(1-\beta)\beta}$时的企业社会责任最优水平。

由于 $b_1 > n$，企业社会责任比例与社会福利负相关，即不实施企业社会责任是最优的，见图 6-10。

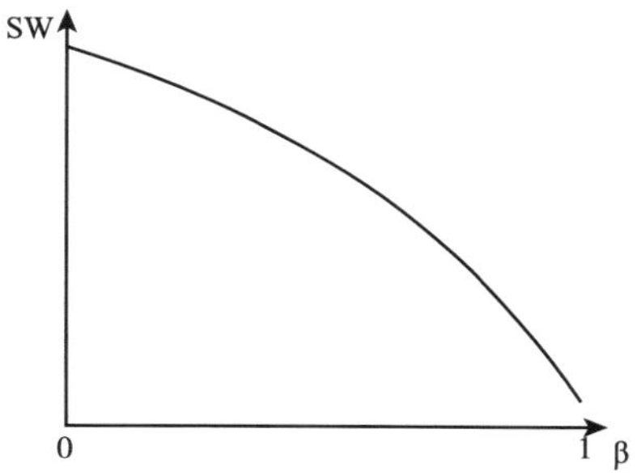

图 6-10　$\delta = \frac{2(a-n)+(5b_1-2n-3a)\beta+(a-3b_1+2n)\beta^2}{(b_1-n)(1-\beta)\beta}$

情况下 $b_1 \geqslant n$ 时 SW 与 β 之间的关系

命题 6-7：当企业 1 对企业 2 实施交叉所有权（不是完全兼并）时，不实施企业社会责任是最优的。

命题 6-6、命题 6-7 的结论表明，友好型企业社会责任的实施要因地制宜，如果企业因履行企业社会责任付出太多的成本，那么企业没有必要实施；部分企业社会责任或不实施企业社会责任都可能是最优的，这与交叉所有权行为密切相关。其原因在于，部分的或完全的交叉所有权对企业生产函数的影响存在显著差异，进而影响到企业目标和社会福利目标的契合度。

6.2.4　结论

行业友好型企业社会责任受企业生产效率的影响，与交叉所有权具有密切联系。当行业友好型企业社会责任承担者对竞争对手进行完全兼并时，如果承担企业社会责任没有额外成本，则承担完全的企业社会责任是最优的；当承担的成本较低，那么承担部分企业社会责任是最优的组织形式，并且随着承担一方效率的相对不断提高，企业社会责任最优水平不断增加；如果承担的成本过高，那么不应该实施企业社会责任。因此，是否实施行业友好型企业社会责任，如何确定最优水平，在很大程度上取决于企业社会责任承担成本以及实施何种程度的交叉所有权。这一结论与本章第一部分的结论类似。

6.3 垂直产业链与行业友好型企业社会责任

6.3.1 问题的提出

前面的研究考虑的是同一行业间的企业竞争，以及企业社会责任对同行业产生的各类效应及其机理。然而，现实中垂直化产业链是普遍存在的，那么处于不同产业链位置的企业，其行业友好型企业社会责任对利益相关者会产生何种效应呢？本部分将主要解决这一问题。

纵观现有文献，一些学者在产业链层面研究了企业所有权的作用，这对于剖析行业友好型企业社会责任的功能及相关建模提供了有益的思路。大多数学者认为所有权结构优化利于提高产品差异化程度和增强产业链整体竞争力，促使产业链中的企业治理质量和创新效率获得提升（Aghion et al.，2013；Zhang et al.，2020）。Wu 等（2019）通过构建产业链所有权的混合寡头垄断模型，认为下游私有化对整个产业链的发展起积极作用。Wu 和 Ma（2015）将动力学引入产业链中的所有权分析，发现部分私有化的多产品发展模式较为有效。Saha 和 Sensarma（2011）从管理激励的视角研究了混合所有制企业的内部治理效率和规避委托代理问题。Chang 和 Chen（2016）发现，如果市场大或竞争对手的产出小，政府应该补贴下游的私营公司。

与已有的研究相比，该部分的研究贡献主要体现在：第一，现有研究较少在一个垂直化产业链中考察行业友好型企业社会责任问题，更多的是考察横向竞争（Sato and Matsumura，2019）。本部分通过构建垂直化寡头垄断模型，比较分析在产业链中不同环节实施行业友好型企业社会责任的可行性和有效性。这对考察在产业链的不同环节实施企业社会责任机理所得的政策效果具有一定的价值。第二，现有模型中较多忽略了成本差异和产品差异化的重要影响。尽管一些研究有所涉及，但还是较少应用于行业友好型企业社会责任的分析。本部分将企业社会责任实施成本纳入成本函数，假设不同产业链环节的实施成本存在差异，同时也将产品差异化的影响纳入。这些对优化企业的行业友好型企业社会责任策略以及政府制订合理的激励政策具有一定的指导意义。

6.3.2 模型构建

假设存在一个产业链，其中上游只有一个企业，下游包括企业 1 和企业 2。三家企业是实施行业友好型企业社会责任的企业或不实施的企业。可以分为三种情况：第一，上游是实施行业友好型企业社会责任的企业，下游企业均为不实施的企业，并且下游两家企业进行古诺竞争；第二，上游是不实施企业，下游是两家实施行业友好型企业社会责任的企业，并且它们进行古诺竞争；第三，上游是不实施行业友好型企业社会责任的企业，下游由一个实施行业友好型企业社会责任的企业和一个不实施行业友好型企业社会责任的企业组成，它们进行以实施行业友好型企业社会责任的企业为领导者的斯塔克尔伯格竞争。

假设 H6 -7：上游企业原材料价格为 p，下游企业产品价格为 $p_i = a - q_i - rq_j$，其中 $0 < r \leqslant 1$，r 表示产品差异化水平，r 值越高，产品就越同质。

假设 H6 -8：参照前面的假设，假设上游企业的成本函数为 $c = m\beta + n(1-\beta)$，其中，m、n 分别反映企业实施完全的行业友好型社会责任时的成本与不承担时的成本。下游企业的成本函数为 $c_i = f\beta + e(1-\beta) + p$，其中，f、e 分别反映企业实施完全的行业友好型社会责任时的成本与不承担时的成本。进一步假设 $m > n$ 和 $f > e$，即实施行业友好型企业社会责任会增加额外成本。β 为行业友好型企业社会责任水平，$0 \leqslant \beta \leqslant 1$，当 $\beta = 0$ 时，上游企业为不实施行业友好型企业社会责任的企业；当 $\beta = 1$ 时，上游企业为实施完全的行业友好型企业社会责任的企业。

假设 H6 -9：上游企业的利润函数为 $\pi = (p - c)(q_1 + q_2)$，如果其实施行业友好型企业社会责任，其效用函数为 $U = \beta SW + (1-\beta)\pi$，其中 $SW = \pi + \pi_1 + \pi_2 + CS$，$CS = \dfrac{{q_1}^2 + q_2^2 + 2rq_1q_2}{2}$。假设上游产品是下游产品的原材料，并且上游一单位的原材料会有下游一单位的产出，下游的产品价格构成下游成本的一部分。如果下游企业实施企业社会责任，则下游企业的效用函数为 $U = \beta SW + (1-\beta)\pi_i$，下游企业的利润函数 $\pi_i = (p_i - c_i)q_i$。

在以上假设下开展两阶段博弈：第一阶段上游进行生产定价，即确定

p；第二阶段下游进行产量决策，即确定 q_1 和 q_2。求四种情况下的均衡解，分析 β 和 r 对各均衡解的影响，并比较四种情况的各均衡结果。此外，本部分还在拓展部分将政府根据社会福利最大化原则确定的最优 β 的决策纳入，将博弈扩展为三个阶段，并且分析各因素对最优 β 的影响。

6.3.3 模型分析

6.3.3.1 模型 MPP

在模型 MPP 下，上游是一家实施行业友好型企业社会责任的企业，下游是两家不实施行业友好型企业社会责任的企业。

第一步，考察第二阶段博弈，根据利润最大化原则，下游企业的产量决策满足$\frac{\partial \pi_i}{\partial q_i}=0$，进而得到均衡产量和上游的效应函数：

$$q_i=\frac{a-e-p}{2+r} \tag{6.24}$$

$$U=\frac{(a-e-p)\{[(a-e-2m+2n-p)r+(3a-3e-4m+4n-3p)]\beta-2(2+r)(n-p)\}}{(2+r)^2} \tag{6.25}$$

第二步，考察第一阶段博弈，效用最大化要保证产能满足$\frac{\partial U}{\partial p}=0$，得到均衡价格 p^{MPP}：

$$p^{MPP}=\frac{[(a-e)(3+r)-(m-n)(2+r)]\beta-(a-e+n)(2+r)}{\beta(3+r)-2(2+r)} \tag{6.26}$$

由 $p^{MPP}\geqslant 0$ 和 $\pi^{MPP}\geqslant 0$，得到 $0<\beta\leqslant\frac{r+2}{r+3}$。

引理 6-1：上游是实施行业友好型企业社会责任的企业，下游企业均为不实施行业友好型企业社会责任的企业时的均衡结果为：

$$\pi^{MPP}=\frac{2[a-e-n-(m-n)\beta]^2[(3+r)\beta-(2+r)]}{[(3+r)\beta-2(2+r)]^2},$$

$$q_i^{MPP}=\frac{(m-n)\beta-(a-e-n)}{(3+r)\beta-2(2+r)};$$

$$p_i^{MPP}=\frac{[(a-m-n)r+3a-m-n]\beta-(a-e-n)r-3a-e-n}{(3+r)\beta-2(2+r)},$$

$$\pi_i^{MPP}=\frac{[a-e-n-(m-n)\beta]^2}{[(3+r)\beta-2(2+r)]^2};$$

$$CS^{MPP}=\frac{(1+r)[(a-e-n-(m-n)\beta]^2}{[(3+r)-2(2+r)]^2},$$

$$SW^{MPP}=\frac{[a-e-n-(m-n)\beta]^2[(7+3r)-2(3+r)\beta]}{[(3+r)\beta-2(2+r)]^2}。$$

下面，分析β和r对均衡结果的影响，可以得到命题6-8：

命题6-8：

（1）β对均衡结果的影响。

$$\frac{\partial p^{MPP}}{\partial\beta}<0,\ \frac{\partial\pi^{MPP}}{\partial\beta}<0,\ \frac{\partial q_i^{MPP}}{\partial\beta}>0,\ \frac{\partial p_i^{MPP}}{\partial\beta}<0,\ \frac{\partial\pi_i^{MPP}}{\partial\beta}>0,\ \frac{\partial CS^{MPP}}{\partial\beta}>0;$$

当 $0<\beta\leqslant\frac{(a-e-6m+5n)r+3(a-e-4m+3n)-\sqrt{[(a-e-2m+n)r+3a-3e-4m+n][(a-e-6m+5n)r+3a-3e-8m+5n]}}{2(3+r)(m-n)}$ 时，$\frac{\partial SW^{MPP}}{\partial\beta}\geqslant0$；

当 $\frac{(a-e-6m+5n)r+3(a-e-4m+3n)-\sqrt{[(a-e-2m+n)r+3a-3e-4m+n][(a-e-6m+5n)r+3a-3e-8m+5n]}}{2(3+r)(m-n)}<\beta<\frac{r+2}{r+3}$ 时，$\frac{\partial SW^{MPP}}{\partial\beta}<0$。

（2）r对均衡结果的影响。

$$\frac{\partial p^{MPP}}{\partial r}<0,\ \frac{\partial\pi^{MPP}}{\partial r}<0,\ \frac{\partial q_i^{MPP}}{\partial r}<0,\ \frac{\partial p_i^{MPP}}{\partial r}<0,\ \frac{\partial\pi_i^{MPP}}{\partial r}<0,\ \frac{\partial CS^{MPP}}{\partial r}<0,$$

$$\frac{\partial SW^{MPP}}{\partial r}<0。$$

由命题6-8可知，行业友好型企业社会责任水平与上下游企业的产品价格和上游实施行业友好型企业社会责任的企业的利润负相关，但与下游不实施行业友好型企业社会责任企业的产量、利润以及消费者剩余正相关，对社会福利产生先正后负的影响。其原因在于，行业友好型企业社会责任水平提高会使上游原材料价格降低和成本增加，从而导致其利润下降。并且产量随行业友好型企业社会责任水平的提高而增加，更加剧了上游企业的利润损失。行业友好型企业社会责任水平的提高对下游企业和消费者都是有益的。对下游企业而言，虽然行业友好型企业社会责任水平提高时自身产品价格会降低，但是成本的减少弥补了其收益方面的损失，最终使其利润增加。对消费者而言，企业社会责任水平的提高会增加产量，进而增加消费者剩余。由此可知，当在上游实施行业友好型企业社会责任时，实施企业出于自身利益考虑会降低社会责任实施水平，导致下游企业利润和消费者剩余减少。社会福利则是在行业友好型企业社会责任水平较低的基础之上继续提高才会有利，达到一定水平之后，继续提高会对社会产生负面影响。因此，行业友好型企业社会责任水平对社会福利的影响呈倒“U”形，存在最优的行业友好型企业社会责任水平。

此外，产品同质化程度对各均衡结果产生影响。产品同质化程度与各个均衡结果均为负相关。其原因在于，当产品同质化程度提高时，产品价格因竞争力减弱而降低，成本未发生变化，产量也随之降低，导致企业利润下降和消费者剩余减少，进一步导致社会福利降低。因此，企业有进行产品差异化的动力，消费者和社会也会因产品差异化而受益。

6.3.3.2 模型 PMM

在模型 PMM 中，上游是一家不实施行业友好型企业社会责任的企业，下游是两家实施行业友好型企业社会责任的企业。首先，两家企业的效应最大化需要产量满足$\frac{\partial U_i}{\partial q_i}=0$，进而得到均衡产量：

$$q_i=\frac{\beta(e-f-n+p)+a-e-p}{2+r-\beta} \tag{6.27}$$

其次，将式（6.27）代入企业利润函数，根据利润最大化$\frac{\partial \pi}{\partial p}=0$，进一步可以得到：

$$p^{PMM}=\frac{\beta(e-f-2n)+a-e+n}{2(1-\beta)} \tag{6.28}$$

引理 6-2：当上游是不实施行业友好型企业社会责任的企业，下游是两家实施行业友好型企业社会责任的企业时，其均衡状态下的上下游企业利润、消费者剩余和社会福利分别为：

$$\pi^{PMM}=\frac{[a-e-n+(e-f)\beta]^2}{2(2+r-\beta)(1-\beta)},\ q_i^{MPP}=\frac{(m-n)\beta-(a-e-n)}{(3+r)\beta-2(2+r)},\ p_i^{MPP}=\frac{[(a-m-n)r+3a-m-n]\beta-(a-e-n)r-3a-e-n}{(3+r)\beta-2(2+r)},\ \pi_i^{PMM}=\frac{[a-e-n+(e-f)\beta]^2(2\beta^2-\beta r-4\beta+1)}{4(2+r-\beta)^2(1-\beta)},\ CS^{PMM}=\frac{(1+r)[a-e-n+(e-f)\beta]^2}{4(2+r-\beta)^2},SW^{PMM}=-\frac{[a-e-n+(e-f)\beta]^2(4\beta-3r-7)}{4(2+r-\beta)^2}。$$

由 $\pi_i^{PMM}\geqslant 0$，得到$0<\beta\leqslant\frac{4+r-\sqrt{8+8r+r^2}}{4}$。

命题 6-9：

（1）β 对均衡结果的影响。

$\frac{\partial p^{PMM}}{\partial\beta}>0$，$\frac{\partial \pi^{PMM}}{\partial\beta}>0$，$\frac{\partial q_i^{PMM}}{\partial\beta}>0$，$\frac{\partial p_i^{PMM}}{\partial\beta}<0$，$\frac{\partial \pi_i^{PMM}}{\partial\beta}<0$，$\frac{\partial CS^{PMM}}{\partial\beta}>0$，

$\frac{\partial SW^{PMM}}{\partial \beta} > 0$。

（2）r 对均衡结果的影响。

$\frac{\partial p^{PMM}}{\partial r} < 0$，$\frac{\partial \pi^{PMM}}{\partial r} < 0$，$\frac{\partial q_i^{PMM}}{\partial r} < 0$，$\frac{\partial p_i^{PMM}}{\partial r} < 0$，$\frac{\partial \pi_i^{PMM}}{\partial r} < 0$，$\frac{\partial CS^{PMM}}{\partial r} < 0$，$\frac{\partial SW^{PMM}}{\partial r} < 0$。

与模型 MPP 相比，行业友好型企业社会责任水平对上下游企业和社会福利的影响因实施行业友好型企业社会责任企业所处的产业链环节不同而存在差异。其中，上游企业原材料价格和利润与行业友好型企业社会责任水平由负相关变为正相关，下游企业利润与社会责任水平的关系由正相关变为负相关，社会福利与行业友好型企业社会责任水平的关系变为正相关，其他影响未发生变化。下游企业行业友好型企业社会责任水平的增加会提高上游企业产品价格，而上游企业的成本不发生变化，导致上游企业利润提高。与此同时，行业友好型企业社会责任水平的提高会导致下游企业产品价格降低、成本与产量增加，在整体上会降低下游两家企业的利润。由此可知，当下游两家企业都实施行业友好型企业社会责任时，提高行业友好型企业社会责任水平对下游企业利润不利，但对上游企业、消费者和社会都有利，从而产生类似模型 MPP 中的矛盾，即如果下游企业追求利润最大化，则将会降低行业友好型企业社会责任水平，进而损害利益相关者利益。

与模型 MPP 相同，产品差异化与各均衡结果仍为负相关，只是相关程度有所不同。产业链中的三家企业都有进行产品创新的动力，可以尝试开展水平和垂直的企业间合作来实现共赢。

6.3.3.3 模型 PMP

在模型 PMP 中，上游是一家不实施行业友好型企业社会责任的企业，下游是一家实施行业友好型企业社会责任的企业和一家不实施行业友好型企业社会责任的企业。采用斯塔克尔伯格竞争模型，以实施行业友好型企业社会责任的企业为领导者，不实施行业友好型企业社会责任的企业为跟随者。首先，下游企业 2 根据利润最大化原则进行决策，满足$\frac{\partial \pi_2}{\partial q_2} = 0$，得到均衡产量：

$$q_2 = \frac{a - e - p - rq_1}{2} \tag{6.29}$$

其次，将式（6.29）代入企业 2 的效应函数，并且根据效用最大化原则得到企业 1 的均衡产量，进一步得到企业 2 的均衡产量和上游企业利润函数：

$$q_1=\frac{[(a-e+p-2n)r-4(e-f+p-n)]\beta-2(a-e-p)(4-2r)}{[(4-r^2)\beta-4(2-r^2)]}\tag{6.30}$$

$$q_2=-\frac{[(a-e-n)r^2-2(e-f-n+p)r-2(a-e-p)]\beta-(a-e-p)(r^2+2r-4)}{[(4-r^2)\beta-4(2-r^2)]}\tag{6.31}$$

$$\pi=-\frac{(p-n)[(a-e-n)r^2-(a+e-2f-4n+3p)r-2(a-3e+2f+2n-3p)]\beta-(a-e-p)(r^2+4r-8)}{[(4-r^2)\beta-4(2-r^2)]}\tag{6.32}$$

最后，根据利润最大化原则得到上游企业的均衡价格：

$$p^{PMP}=-\frac{[(a-e-n)r^2-(a+e-2f-7n)r-2(a-3e+2f+5n)]\beta-(a-e+n)(r^2+4r-8)}{2[3(2-r)\beta-(8-4r-r^2)]}\tag{6.33}$$

引理6-3：当上游是不实施行业友好型企业社会责任的企业，下游由一个实施行业友好型企业社会责任的企业和一个不实施行业友好型企业社会责任的企业组成时，均衡结果为：

$$q_1^{PMP}=\frac{(\beta^2-5\beta-2)(a-e-n)r^3+[(a-3e+2f-n)\beta^2+2(5a+e-6f-5n)\beta-4(a-e-n)]r^2+[-2(5a+e-6f-5n)\beta^2-8(a-3e+2f-n)\beta+32(a-e-n)]r+8(a+3e-4f-n)\beta^2+8(a-7e+6f-n)\beta-32(a-e-n)}{2[r^2+(-3\beta+4)r+6\beta-8][(\beta-4)r^2-4\beta+8]};$$

$$q_2^{PMP}=\frac{(\beta-1)(a-e-n)r^4+[-4(a-e-n)\beta^2+(11-13e+2f-11n)\beta-6(a-e-n)]r^3+2(\beta-2)[4(a-f-n)\beta-(a-e-n)]r^2+[2(5a-11e+6f-5n)\beta^2-8(5a-7e+2f-5n)\beta+32(a-e-n)]r-4(\beta-2)[(5a-3e-2f-5n)\beta-4(a-e-n)]}{2[r^2+(-3\beta+4)r+6\beta-8][(\beta-4)r^2-4\beta+8]};$$

$$p_1^{PMP}=\frac{-(\beta-1)(a-e-n)r^5+[4(a-e-n)\beta^2-(9a-13e+2f-11n)\beta-2(a+3e+3n)]r^4+[(-15a+e+8f+9n)\beta^2+(55a-7e-16f-23n)\beta-2(17a-e-n)]r^3+[(a+25e-14f+11n)\beta^2-2(21a+29e-14f+15n)\beta+4(13a+7e+7n)]r^2+[2(27a-5e-10f-15n)\beta^2-16(8a-e-2f-3n)\beta+64a]r-8(7a+3e-4f-n)\beta^2+8(19a+7e-6f+n)\beta-32(3a+e+n)}{2[(\beta-4)r^2-4\beta+8][r^2+(-3\beta+4)r+6\beta-8]};$$

$$[(a-e-n)\beta^2-2(3a-2e-2n)\beta+5a+3e+3n]r^4+[(3a+e+2f+3n)\beta^2-(11a+11e+10f+21n)\beta+22a+10e+10n]r^3+[-2(7a+e-2f-n)\beta^2+2(23a+13e+13n)\beta-44a-36e-36n]r^2+[(-2(3a-e+10f+9n)\beta^2+16(3a+2f+2n)\beta-64a]r+4(\beta-2)$$

$$p_2^{PMP}=\frac{[(7a+3e+2f+5n)\beta-4(3a+e+n)]}{2[(\beta-4)r^2-4\beta+8][r^2+(-3\beta+4)r+6\beta-8]};$$

$$\pi^{PMP}=\frac{\{(a-e-n)(\beta-1)r^2-[(a+e-2f-n)\beta+4(a-e-n)]r-2[2(a-3e+2f-n)\beta-4(a-e-n)]\}^2}{4[(4-r^2)\beta-4(2-r^2)][3(2-r)\beta-(8-4r-r^2)]};$$

$$\pi_1^{PMP}=\frac{\begin{gathered}\{(a-e-n)(\beta^2-5\beta-2)r^3+[(a-3e+2f-n)\beta^2+2(5a+e-6f-5n)\beta-4(a-e-n)]r^2-2[(5a+e-6f-5n)\beta^2+\\4(a-3e+2f-n)\beta-16(a-e-n)]r+8[(a+3e-4f-n)\beta^2+(a-7e+6f-n)\beta-4(a-e-n)]\}\{(a-e-n)(\beta-1)r^5\\-[(5a-3e-2f-5n)\beta^2-2(7a-4e-3f-7n)\beta+2(a-e-n)]r^4+[6(e-f)\beta^3+2(8a-19e+11f-8n)\beta^2-(55a-\\63e+8f-55n)\beta+18(a-e-n)]r^3-[12(e-f)\beta^3-(5a+49e-54f-5n)\beta^2-2(7a-25e+18f-7n)\beta+12(a-e-n)]r^2\\-[24(e-f)\beta^3+2(29a-55e+26f-29n)\beta^2-8(15a-17e+2f-15n)\beta+32(a-e-n)]r+8[6(e-f)\beta^3+2(3a\\-10e-7f-3n)\beta^2-(13a-29e-6f-13n)+4(a-e-n)]\}\end{gathered}}{-4[(4-r^2)\beta-4(2-r^2)]^2[3(2-r)\beta-(8-4r-r^2)]^2};$$

$$\pi_2^{PMP}=\frac{\begin{gathered}\{(\beta-1)(a-e-n)r^4+[-4(a-e-n)\beta^2+(11a-13e+2f-11n)\beta-6(a-e-n)]r^3+4(\beta-2)[4(a-\\f-n)\beta-(a-e-n)]r^2+[2((5a-11e+6f-5n)\beta^2-8(5a-7e+2f-5n)\beta+32(a-e-n)]r-4(\beta\\-2)[(5a-3e-2f-n)\beta-4(a-e-n)]\}^2\end{gathered}}{4[r^2+(4-3\beta)r+6\beta-8]^2[(\beta-4)r^2-4\beta+8]^2};$$

$$(5-\beta)(1-\beta)(1+2\beta)(a-e-n)^2r^8-2(a-e-n)[4(a-e$$
$$-n)\beta^4-4(7a-8e+f-7n)\beta^3+(29a-51e+22f-29n)\beta^2$$
$$+(23a-17e-6f-23n)\beta-22(a-e-n)]r^7+\{(a-e-n)$$
$$(25a+7e-32f-25n)\beta^3-4[69(a-n)^2-76(a-n)e-62(a$$
$$-n)f+5e^2+66ef-2f^2]\beta^2+2[269(a-n)^2-368(a-n)e$$
$$-170(a-n)f+77e^2+214ef-22f^2]\beta-4(a-e-n)(41a$$
$$-31e-10f-41n)\}\beta r^6-\{2(3a-e-2f-3n)(9a-17e+8f$$
$$-9n)\beta^4+2[77(a-n)^2+120(a-n)e-274(a-n)f-61e^2$$
$$+2ef+136f^2]\beta^3-16[65(a-n)^2-67(a-n)e-63(a-n)f$$
$$+26e^2+15ef+24f^2]\beta^2+16(a-e-n)(77a-75e-2f-77n)\beta$$
$$-576(a-e-n)^2\}r^5-\{[279(a-n)^2-66(a-n)e-492(a-$$
$$n)f-137e^2+340ef+76f^2]\beta^4-4(91a-97e+6f-91n)(3a+e$$
$$-4f-3n)\beta^3+[744(a-n)^2-800(a-n)e-688(a-n)f$$
$$-344e^2+1488ef-400f^2]\beta^2+16(a-e-n)(29a-13e-16f-$$
$$29n)\beta-96(a-e-n)^2\}r^4+\{[204(a-n)^2+408(a-n)e-$$
$$816(a-n)f+76e^2-560ef+688f^2]\beta^4-[1976(a-n)^2-$$
$$896(a-n)e-3056(a-n)f+1416e^2-1936ef+2496f^2]\beta^3+$$
$$[4688(a-n)^2-7584(a-n)e-1792(a-n)f+5136e^2-2688ef$$
$$+2240f^2]\beta^2-64(a-e-n)(75a-101e+26f-75n)\beta+2560$$
$$(a-e-n)^2\}r^3+\{[456(a-n)^2-240(a-n)e-672(a-n)f-$$
$$760e^2+1760ef-544f^2]\beta^4-[128(a-n)^2+1440(a-n)e-$$
$$1696(a-n)f-3808e^2+6167ef-2240f^2]\beta^3-[3296(a-n)^2-$$
$$8384(a-n)e+1792(a-n)f+7264e^2-6144ef+2176f^2]\beta^2+$$
$$128(a-e-n)(39a-49e+10f-39n)\beta-2048(a-e-n)^2\}r^2$$
$$-\{[880(a-n)^2+160(a-n)e-1920(a-n)f+48e^2$$
$$-256ef+1088f^2]\beta^4-[3008(a-n)^2-896(a-n)e-5120$$
$$(a-n)f+1216e^2-1536ef+3328f^2]\beta^3+[3172(a-n)^2-$$
$$5376(a-n)e-2048(a-n)f+4224e^2-3072ef+2560f^2]\beta^2$$
$$-1024(a-e-n)(3a-5e+2f-3n)\beta+2048(a-e-n)^2\}r$$
$$+\{[464(a-n)^2-96(a-n)e-832(a-n)f+720e^2-1344ef$$
$$+1088f^2]\beta^4-[2112(a-n)^2-2432(a-n)e-1792(a-$$
$$n)f+3648e^2-4864ef+3328f^2]\beta^3+[3968(a-n)^2-8448(a$$
$$-n)e+512(a-n)f+7040e^2-5632ef+2560f^2]\beta^2-2048(a$$
$$CS^{PMP}=\frac{-e-n)(2a-3e+f-2n)\beta+2048(a-e-n)^2\}}{8[(4-r^2)\beta-4(2-r^2)]^2[3(2-r)\beta-(8-4r-r^2)]^2};$$

$$
SW^{PMP}=\frac{\begin{array}{l}
(11-2\beta)(1-\beta)^2(a-e-n)^2r^8+2(a-e-n)[2(2a-e-f-2n)\beta^4\\
-2(20a-13e-7f-20n)\beta^3+(103a-93e-10f-103n)\beta^2-(105a\\
-143e+38f-105n)\beta+74(a-e-n)]r^7+\{-12(e-f)(a-e-n)\beta^5\\
+[11(a-n)^2+74(a-n)e-96(a-n)f-93e^2+112ef-8f^2]\beta^4\\
+[72(a-n)^2-184(a-n)e+40(a-n)f+184e^2-184ef+72f^2]\beta^3\\
-[210(a-n)^2+144(a-n)e-564(a-n)f-206e^2+268ef+148f^2]\beta^2\\
-4(a-e-n)(75a-181e+106f-75n)\beta+352(a-e-n)^2\}r^6+\{12(e\\
-f)(a+e-2f-n)\beta^5-2[117(a-n)^2-24(a-n)e-210(a-n)f+51e^2\\
-78ef+144f^2]\beta^4+2[571(a-n)^2-480(a-n)e-662(a-n)f+349e^2\\
-218ef+440f^2]\beta^3-16[124(a-n)^2-249(a-n)e+(a-n)f+165e^2\\
-81ef+249f^2]\beta^2+16(a-e-n)(169a-243e+74f-169n)\beta-1856\\
(a-e-n)^2\}r^5+\{96(e-f)(2a-e-f-2n)\beta^5+9[39(a-n)^2\\
-66(a-n)e-12(a-n)f+7e^2+52ef-20f^2]\beta^4-12[115(a-n)^2\\
+200(a-n)e-430(a-n)f-243e^2+286ef+72f^2]\beta^3-8[171(a-n)^2\\
-1564(a-n)e+1222(a-n)f+1235e^2-906ef-158f^2]\beta^2+16(a-e\\
-n)(409a-697e+288f-409n)\beta-3936(a-e-n)^2\}r^4-\{384(e-f)(a\\
+e-2f-n)\beta^5-[660(a-n)^2+72(a-n)e-1392(a-n)f+4212e^2\\
-8496ef+4944f^2]\beta^4+[4072(a-n)^2-13760(a-n)e+5616(a-n)f\\
+18712e^2-23664ef+9024f^2]\beta^3-[15280(a-n)^2-49504(a-n)e\\
+18944(a-n)f+39152e^2-28800ef+4928f^2]\beta^2+64(a-e-n)(397a\\
-595e+198f-397n)\beta-13824(a-e-n)^2\}r^3-8\beta\{48(e-f)(a-2e\\
+f-n)\beta^5+[201(a-n)^2-126(a-n)e-276(a-n)f+465e^2-804ef\\
+540f^2]\beta^4-[592(a-n)^2-12(a-n)e-1172(a-n)f+676e^2-1340ef\\
+1256f^2]\beta^3+[436(a-n)^2+184(a-n)e-1056(a-n)f+196e^2-576ef\\
+816f^2]\beta^2-16(a-e-n)(a+9e-10f-n)\beta\}r^2+\{1344(e-f)(a+e\\
-2f-n)\beta^5+[304(a-n)^2+1440(a-n)e-2048(a-n)f-13456e^2\\
+25472ef-11712f^2]\beta^4+[6592(a-n)^2-39296(a-n)e+26112(a-n)f\\
+49344e^2-59392ef+16640f^2]\beta^3-[32640(a-n)^2-110336(a-n)e\\
+45056(a-n)f+85376e^2-60416ef+7680f^2]\beta^2+1024(a-e-n)(47a\\
-69e+22f-47n)\beta-22528(a-e-n)^2\}r-\{768(e-f)(a+3e-4f\\
-n)\beta^5-[688(a-n)^2-2720(a-n)e+1344(a-n)f+15792e^2-28864ef\\
+13760f^2]\beta^4+[7872(a-n)^2-31872(a-n)e+16128(a-n)f+44224e^2\\
-56576ef+20224f^2]\beta^3-[25728(a-n)^2-79616(a-n)e+28160(a-n)f\\
+636161e^2-47616ef+9728f^2]\beta^2\\
+2048(a-e-n)(16a-23e+7f-16n)\beta-14336(a-e-n)^2\}
\end{array}}{8[(4-r^2)\beta-4(2-r^2)]^2[3(2-r)\beta-(8-4r-r^2)]^2}\text{。}
$$

命题 6 - 10：

（1）β 对均衡结果的影响。

$\frac{\partial p^{PMP}}{\partial \beta}>0$，$\frac{\partial \pi^{PMP}}{\partial \beta}>0$，$\frac{\partial q_1^{PMP}}{\partial \beta}>0$，$\frac{\partial q_2^{PMP}}{\partial \beta}<0$，$\frac{\partial p_1^{PMP}}{\partial \beta}<0$，$\frac{\partial p_2^{PMP}}{\partial \beta}>0$，$\frac{\partial \pi_1^{PMP}}{\partial \beta}<0$，$\frac{\partial \pi_2^{PMP}}{\partial \beta}<0$，$\frac{\partial CS^{PMP}}{\partial \beta}>0$，$\frac{\partial SW^{PMP}}{\partial \beta}>0$。

（2）r 对均衡结果的影响。

当 $0<r\leqslant r_1$ 时，$\frac{\partial p^{PMP}}{\partial r}\leqslant 0$；当 $r_1<r<1$ 时，$\frac{\partial p^{PMP}}{\partial r}>0$；$\frac{\partial \pi^{PMP}}{\partial r}<0$，$\frac{\partial q_1^{PMP}}{\partial r}<0$，$\frac{\partial q_2^{PMP}}{\partial r}<0$，$\frac{\partial p_1^{PMP}}{\partial r}<0$，$\frac{\partial p_2^{PMP}}{\partial r}<0$，$\frac{\partial \pi_1^{PMP}}{\partial r}<0$，$\frac{\partial \pi_2^{PMP}}{\partial r}<0$，$\frac{\partial CS^{PMP}}{\partial r}<0$，$\frac{\partial SW^{PMP}}{\partial r}<0$。

行业友好型企业社会责任水平对均衡结果的影响与模型 MPP 和模型 PMM 中的不同。随着行业友好型企业社会责任水平的增加，原材料价格和上游企业利润、消费者剩余和社会福利增加，而下游企业产品价格和利润下降。其中，行业友好型企业社会责任水平与下游两家企业的利润均负相关，但原因却有所差异。随着行业友好型企业社会责任水平的提高，实施行业友好型企业社会责任的企业的产品价格降低，实施成本增加，产量增加，整体上导致利润降低。而未实施行业友好型企业社会责任的企业则是因为竞争对手的行业友好型企业社会责任水平增加时，虽然产品价格提高，但是由于上游产品价格的提高和自身产量的减少导致利润下降。随着行业友好型企业社会责任水平的增加，原材料价格和上游企业利润、消费者剩余和社会福利增加，而下游企业产品价格和利润下降。

与模型 MPP 相比，行业友好型企业社会责任水平对上游原材料价格和企业利润、下游实施实施行业友好型企业社会责任企业的价格和利润以及下游不实施行业友好型企业社会责任的企业的产量和利润的影响相反；与模型 PMM 相比，则只有行业友好型企业社会责任水平对下游不实施企业的产量和价格产生的影响相反。其中，对上游企业和下游企业实施企业的影响变化是由于实施环节由上游转换到下游造成的。不同于模型 MPP 与模型 PMM，行业友好型企业社会责任水平对不实施企业的影响发生了变化。其原因在于，当下游仅有一家企业实施行业友好型企业社会责任时，行业友好型企业社会责任水平的提高会使实施企业占有更多的市场份额，导致竞争对手产品价格虽然提高但利润依然下降。

产品差异化对上游原材料价格的影响发生了变化，原材料价格与产品差异化程度先正相关后负相关，其他均衡结果与产品差异化负相关。当下游产品同质化程度较高时，上游产品的价格不会再因为下游产品差异化程度的降低而提高，反而会有所降低。此时，对于上游企业而言，提高产品差异化虽然对价格的影响不单调，但会增加产量，从整体上增加利润。

6.3.3.4 模型 PPP

在模型 PPP 中，上游的一家企业和下游的两家企业都是不实施行业友好型企业社会责任的企业。首先，下游两家企业根据利润最大化进行决策，满足$\frac{\partial \pi_i}{\partial q_i}=0$，得到均衡产量：

$$q_i=\frac{a-e-p}{2+r} \tag{6.34}$$

其次，将式（6.34）代入上游企业的效应函数，并且根据利润最大化得到上游企业的均衡价格：

$$\pi=\frac{2(a-e-p)(p-n)}{2+r} \tag{6.35}$$

$$p^{PPP}=\frac{a-e+n}{2} \tag{6.36}$$

引理 6-4：当上游是不实施行业友好型企业社会责任的企业，下游由两家不实施行业友好型企业社会责任的企业组成时，均衡结果为：

$$\pi^{PPP}=\frac{(a-e-n)^2}{2(2+r)^2};\ q_i^{PPP}=\frac{a-e-n}{2(2+r)};\ p_i^{PPP}=\frac{(a+e+n)r+3a+e+n}{2(2+r)};$$

$$\pi_i^{PPP}=\frac{(a-e-n)^2}{4(2+r)^2};CS^{PPP}=\frac{(a-e-n)^2}{2(2+r)^2};SW^{PPP}=\frac{(a-e-n)^2(4+r)}{2(2+r)^2}。$$

命题 6-11：

r 对均衡结果的影响：

$\frac{\partial p^{PPP}}{\partial r}=0$，$\frac{\partial \pi^{PPP}}{\partial r}<0$，$\frac{\partial q_i^{PPP}}{\partial r}<0$，$\frac{\partial p_i^{PPP}}{\partial r}<0$，$\frac{\partial \pi_i^{PPP}}{\partial r}<0$，$\frac{\partial CS^{PPP}}{\partial r}<0$，$\frac{\partial SW^{PPP}}{\partial r}<0$。

当三家企业均为不实施行业友好型企业社会责任的企业时，除了上游企业产品价格与产品差异化程度无关之外，其他均为负相关。此时，产品差异化程度的提高也产生积极影响。进一步可以看出，无论企业是否实施行业友好型企业社会责任，产品差异化对其企业利润、消费者剩余和社会福利的提高都尤为重要。

6.3.3.5 比较

接下来对四种情况下的均衡结果进行比较，为确保四种情况都成立，将 β 限定在 $0<\beta\leqslant\frac{4+r-\sqrt{8+8r+r^2}}{4}$ 的范围之内。

命题 6-12：$p^{PMM}>p^{PPP}>p^{PMP}>p^{MPP}$，$\pi^{PMM}>\pi^{PMP}>\pi^{MPP}$，当 $a_0<a\leqslant a_1$ 时，$\pi^{PMP}\leqslant\pi^{PPP}$；当 $a>a_1$ 时，$\pi^{PMP}>\pi^{PPP}$；$q_1^{MPP}>q_1^{PMM}>q_1^{PPP}$，当 $a_0<a\leqslant a_2$ 时，$q_1^{PMP}\leqslant q_1^{MPP}$；当 $a>a_2$ 时，$q_1^{PMP}>q_1^{MPP}$，$q_2^{MPP}>q_2^{PMM}>q_2^{PPP}>q_2^{PMP}$；$p_1^{PPP}>p_1^{PMM}>p_1^{MPP}$，当 $a_0<a\leqslant a_3$ 时，$p_1^{MPP}\leqslant p_1^{PMP}$；当 $a>a_3$ 时，$p_1^{MPP}>p_1^{PMP}$，$p_2^{PMP}>p_2^{PPP}>p_2^{PMM}>p_2^{MPP}$；$\pi_1^{MPP}>\pi_1^{PPP}>\pi_1^{PMP}>\pi_1^{PMM}$，$\pi_2^{MPP}>\pi_2^{PPP}>\pi_2^{PMP}>\pi_2^{PMM}$，$CS^{MPP}>CS^{PMP}>CS^{PMM}>CS^{PPP}$，$SW^{MPP}>SW^{PMM}>SW^{PMP}$，当 $a_0<a\leqslant a_4$ 时，$SW^{PMM}\leqslant SW^{PPP}$；当 $a>a_4$ 时，$SW^{PMM}>SW^{PPP}$。

通过比较，可以发现在上游实施行业友好型企业社会责任时，上游原材料价格最低，下游一家企业实施行业友好型企业社会责任时价格略高，三家企业均不实施行业友好型企业社会责任时更高，下游两家企业都实施行业友好型企业社会责任时原材料价格最高。对于上游企业的利润而言，在下游两家企业都实施行业友好型企业社会责任时取得最大值，上游实施行业友好型企业社会责任时最低，下游一家企业实施行业友好型企业社会责任和三家企业均为不实施行业友好型企业社会责任的企业时居中，两者的相对大小与下游的潜在市场规模相关。当下游市场较大时，下游一家企业实施行业友好型企业社会责任时上游企业的利润更高。下游两家企业的产量情况类似，不同在于上游企业实施行业友好型企业社会责任和其自身实施行业友好型企业社会责任时产量高低不确定。当下游市场潜在规模较大时，下游企业自己实施行业友好型企业社会责任时产量更高。下游两家企业的价格关系与利润关系类似，区别在于价格是在潜在市场较小时由下游企业实施更高。

下游企业利润是在自己实施行业友好型企业社会责任时最高，模型 PPP 情况次之，模型 PMP 情况再次，模型 PMM 最低；而消费者剩余和社会福利则是模型 MPP 情况下最大，模型 PMM 情况下略小一些，模型 PMP 情况下最小。对于社会福利而言，模型 PMM 和模型 PPP 的相对大小，也与下游潜在市场大小相关。当下游市场较大时，下游企业都实施行业友好型企业社会责任时社会福利更高。从产业链环节角度来看，上游企业实施行业友好型企业社会责任时，自身产品价格和利润都最低，下游企业产量和利润以及消费者剩余却是最高的。其原因在于，当上游企业实施行业友好型企业社会责任时，行业友好型企业社会责任对企业产生的影响会通过产业链条传导到下游，如原材料价格的降低。因此，在上游实施行业友好型企业社会责任时的政策效果更为明显。对于政府而言，可以考虑优先在上游实施行业友好型企业社会责任，充分利用上游的特殊作用。此外，对于是否在下游实施行业友好型企业社会责任需要重点考虑下游市场规模这一重要影响因素。

6.3.3.6 拓展

将博弈拓展为三个阶段；第一阶段，政府根据社会福利最大化原则确定最优的 β；第二阶段，上游进行确定 p；第三阶段，下游企业确定 q_1 和 q_2。在前面分析的基础之上，放松 β 外生给定的假设。将政府作为博弈主体纳入，根据社会福利最大化确定最优的 β，并且分析各因素对其产生的影响。

引理 6-5：根据社会化福利最大化得到三种情况下的最优行业友好型企业社会责任水平为：

$$\beta^{MPP}=\frac{(a-e-6m+5n)r+3(a-e-4m+3n)-\sqrt{\begin{matrix}[(a-e-2m+n)r+3a-3e-4m+n]\\ [(a-e-6m+5n)r+3a-3e-8m+5n]\end{matrix}}}{2(3+r)(m-n)};$$

$\beta^{PMM}=\dfrac{4+r-\sqrt{8+8r+r^2}}{4}$；$\beta^{PMP}=1$。其中 $F=\{[(a-e-2m+n)r+3a-3e-4m+n][(a-e-6m+5n)r+3a-3e-8m+5n]\}^{\frac{1}{2}}$。

考察各因素对行业友好型企业社会责任水平的影响，得到命题 6-13：

命题 6-13：$\dfrac{\partial\beta^{MPP}}{\partial m}<0$；$\dfrac{\partial\beta^{MPP}}{\partial n}>0$；$\dfrac{\partial\beta^{MPP}}{\partial e}<0$；$\dfrac{\partial\beta^{MPP}}{\partial r}<0$；$\dfrac{\partial\beta^{PMM}}{\partial r}<0$。

在模型 MPP 中，最优行业友好型企业社会责任水平为 β^{MPP}，它受到企业社会责任实施成本和产品差异化程度的影响。上游企业的企业社会责任实施成本和下游企业不实施时的成本与其负相关，上游企业不实施时的成本和产品差异化程度与其正相关。由此可知，当实施成本较低和产品差异化程度较高时，最优行业友好型企业社会责任水平会较高。上游不实施企业社会责任时的成本越高或者下游不实施企业社会责任时的成本越低时，最优行业友好型企业社会责任水平也越高。在模型 PMM 情况下，最优行业友好型企业社会责任水平为 β^{PMM}，它只与产品差异化程度正相关，此时下游企业被挤出市场。在模型 PMP 情况下，最优行业友好型企业社会责任水平为 $\beta^{PMP}=1$，不受其他因素的影响。因此，确定实施行业友好型企业社会责任水平时，需要对产业链结构、实施与不实施成本和产品差异化程度进行综合分析。

6.3.4 结论

本部分通过构建考虑行业友好型企业社会责任的产业链寡头竞争模型，分析了行业友好型企业社会责任水平和产品差异化对各均衡结果的影响，还通过不同情形下均衡结果的比较以及最优行业友好型企业社会责任水平的确定进一步拓展了分析，得出以下结论：

第一，行业友好型企业社会责任水平影响企业利润、消费者剩余和社会福利。对于实施行业友好型企业社会责任的企业，行业友好型企业社会责任水平与其利润负相关。行业友好型企业社会责任水平的提高，可以降低产品价格，促进不实施行业友好型企业社会责任的企业利润和消费者剩余的提高。其原因在于，当实施行业友好型企业社会责任的企业提高社会责任水平时，其他企业的产品价格降低程度小于原材料成本或者是实施成本的降低程度，从而导致其他企业的利润增加，并且通过提高整个产业链的产量而增加了消费者剩余。由此可知，实施行业友好型企业社会责任的企业会倾向于通过承担更少的社会责任来提高自身利润，对不实施行业友好型企业社会责任的企业和消费者的利益造成损害，需要政府在对企业实施行业友好型企业社会责任的同时，进行必要的机制设计来加以规避，如对行业友好型企业社会责任水平的下限进行规制。

第二，产品的差异化程度对均衡结果具有重要影响。在四种模型中，提高产品差异化都会对企业利润、消费者剩余和社会福利产生积极影响。其原因在于，当产品差异化程度提高时产品价格和产量都会增加，从而对企业、消费者和整个社会都有益。此外，在模型 PMP 中情况有所不同，原材料价格与产品差异化程度先正相关后负相关。总体而言，产品差异化对于企业、消费者和社会三者总是有益的，这种影响并不会因为企业实施行业友好型企业社会责任而发生改变，因此需要政府在企业实施行业友好型企业社会责任的过程中，继续鼓励和支持其进行产品创新。

第三，因实施行业友好型企业社会责任的产业链环节和市场规模不同，均衡结果存在差异。在上游实施行业友好型企业社会责任时，原材料价格最低，下游企业利润和产量以及消费者剩余和社会福利最大。因此，对政府而言，可以优先鼓励上游企业实施行业友好型企业社会责任，此时政策效果更明显。此外，比较结果还受到了下游潜在市场规模的影响。在下游市场规模较大时，下游企业实施行业友好型企业社会责任才有意义。

此外，在下游已经有企业实施行业友好型企业社会责任时，从消费者和社会的角度出发，应该继续推动其竞争对手实施行业友好型企业社会责任来进一步提高政策效果，但也会面临下游企业退出市场的消极影响，需要进行适度控制。

第四，确定最优的行业友好型企业社会责任水平需要考虑多种因素。在模型 MPP 中存在最优行业友好型企业社会责任水平，该水平受到上下游企业实施和不实施企业社会责任时的成本和产品差异化程度的共同影响，上游企业的实施成本和下游不实施企业社会责任时的成本的下降以及产品差异化程度的提高都会促进行业友好型企业社会责任水平的提高。而在模型 PMM 和模型 PMP 的情况下，最优行业友好型企业社会责任水平在边界处获得。在模型 PMM 情况中，最优行业友好型企业社会责任水平只受产品差异化程度的影响；在模型 PMP 情况下，完全的企业社会责任成为最优的选择。因此，政府在确定实施行业友好型企业社会责任的水平时，需要充分考虑行业友好型企业社会责任的实施环节、实施与不实施的成本以及产品差异化等因素。如果实施环节在上游时，应该调节行业友好型企业社会责任水平接近但不超过最优企业社会责任水平，否则会对社会产生不利影响；实施环节在下游时，则需要尽可能提高行业友好型企业社会责任水平，国有化是途径之一。

第 7 章　其他利益相关者友好型企业社会责任的效应及其机理

本章继续拓展企业社会责任的研究视野，考虑其他利益相关者层次的企业社会责任效应及其内在机理。随着时代的不断演变，社区、生态环保等其他利益相关者越来越受到企业的重视，已经成为衡量企业社会责任的重要维度。基于此，本章一方面构建了一个考虑企业社会责任、生产负外部性的污染治理投资模型，通过两阶段的序贯博弈分别考察了不存在庇古税和存在庇古税两种情况下的最优污染治理投资水平，并分析企业社会责任、负外部性对污染治理投资和社会福利的影响。另一方面，剖析社区友好型企业社会责任的效应与其内在机理。最后，进一步拓展模型，将消费者友好型、行业友好型、环境友好型、社区友好型企业社会责任等有机纳入一个博弈模型，以碳排放为研究对象，考察企业社会责任的效应及其机理。

7.1　环境友好型企业社会责任的效应及其机理

7.1.1　问题的提出

随着人类生产活动的不断增加，企业生产活动造成了严重的环境污染。以大气污染为例，2016 年，经济合作与发展组织部分成员（除韩国、墨西哥、以色列外）因工业流程和产品使用造成硫氧化物污染 328.8 万吨、氮氧化物污染 140.8 万吨、一氧化碳污染 492.6 万吨、非甲烷挥发性化合物共 1094.3 万吨。目前，大气污染成为制约社会发展的一大难题。根据《室外空气污染的经济后果》，大气污染引发的死亡率居各类环境因素之首，2013 年全球因空气污染而死亡的人数达 550 万。除此之外，大气污染还对全球经济带来了严重的损失，导致资本积累减少和经济增长放缓，预计到2060年，大气污染所造成的经济损失将占全球生产总值的1%。

关于如何治理环境污染问题，除了组织一体化外，还主要包括排污权交易、政府直接管制、征收庇古税、道德约束四种方式。第一，排污权交易以科斯定理为依据，通过污染物排放的产权界定和市场交易，增加厂商排污成本，进而起到激励厂商增加环保投资、改善环保工艺和技术的作用，最终降低污染物排放。该方法具有管理成本低、治理效率高的特点，但对交易平台、市场完善程度、分配规则、法律法规排污权有很高的要求，如有不慎可能出现交易价格过低的问题。第二，政府直接规制，是通过制定许可性或禁止性的政策直接影响企业的生产，该方法可以方便快捷地控制企业排污量，易于操作，但灵活性、规范性较差。第三，征收庇古税，这是传统的外部性治理方式，通过征税提高企业生产边际成本，促使环境污染外部性内部化，进而激励企业减少污染排放，并可以使政府获得一部分财政资金以用于环境保护，但也存在信息不对称、寻租等问题。从目前来看，庇古税仍然是各国所普遍采用的环境治理方式。第四，道德约束，对于生产者而言，道德约束在一定程度上可以避免负外部性行为，企业社会责任就是道德约束的一种体现。

可见，各类制约机制实际上是通过影响企业的成本来约束企业污染行为。企业进行污染治理投资是降低污染的有效方式，但会耗费一定的成本。那么，在既定约束机制下，企业是否会进行有效的污染治理投资呢？例如，对于废气脱硫系统进行提标改造。企业生产活动经常会产生外部性，企业可以通过减产和污染治理投资来降低负外部性，但是会造成一定的经济损失，有悖于利润最大化原则。此时，企业社会责任会改变企业的效用函数，进而督促企业增加污染治理投资、减少污染物排放量，从而起到缓解外部性、促进可持续发展的作用。

企业社会责任的作用是社会责任研究领域的重点问题，学界普遍认为企业社会责任会通过对企业行为产生影响，从而对企业绩效、消费者行为、缓解外部性等产生广泛的内外部影响。其中，越来越多的学者关注企业社会责任对环境保护的作用。例如，Dam（2011）提出，社会责任投资基金为股票市场创造了一个处理代际环境外部性的角色。Liu（2013）认为企业有保护环境的社会责任，并分析了企业社会责任与环境保护的关系。Duch-Brown和Costa-Campi（2015）、Song和Yu（2018）、Beltrán-Esteve和Picazo-Tadeo（2015）指出了创新对于降低污染，保护环境的重要性，而Hałasik和Kulczycka（2016）认为企业社会责任是促进企业创新和污染治理的有效途径。Wang等（2016）认为发达国家的企业被赋予了更高的环境保护的责任和期望。Nie、Wang 和 Meng（2019）分析了环境社会责任对企业绩效所产生的影响，认为这种影响是不确定的。

本部分的研究贡献主要表现在：（1）已有研究在对社会责任模型化时，多数只考虑了消费者剩余（Fanti and Buccella，2017；Li and Zhou，2019；Nie、Wang and Meng，2019），较少考虑到环境社会责任，而本部分则将企业生产所造成的污染外部性纳入社会责任范畴，进而考察企业社会责任对于污染治理投资的影响；（2）虽然对污染规制的研究很多，一些理论模型在研究环境社会责任也考虑到了政府补贴等因素（Liu et al.，2019），但是很少有研究比较存在和不存在庇古税下企业社会责任的作用，考虑企业社会责任下征收庇古税对环境污染治理投资作用的研究也不多，而本部分则要对此进行弥补，比较存在和不存在庇古税两种情况下的环境污染治理投资和社会福利。

7.1.2 模型构建

构建一个考虑了企业社会责任和生产负外部性的环保投资（污染治理）模型，揭示社会责任、生产负外部性对环保投资及社会福利的影响。

仍然假设存在一个由两家工业企业组成的双寡头垄断市场，双方围绕产量进行古诺竞争，产品完全同质，其市场需求函数为 $p = a - q_1 - q_2$，a 为大于 0 的常数。两家企业的生产技术一样，每单位的产出需要固定的边际成本 b，即生产总成本 $c_i = bq_i$。假设企业生产过程中会产生大量的污染物，对环境产生负外部性，每单位的产出会产生 λ 的额外社会成本，该值取决于企业排放废气的污染程度，如二氧化硫的危害要大于二氧化碳。基于此，假设企业所产生的总体社会成本为 $c_i^s = (b + \lambda)q_i$。

企业不仅追求企业利润，还具有企业社会责任，与以往研究不同，我们认为企业在追求社会责任时，既会考虑消费者剩余，也会考虑对环境的负外部性，这正是环境友好型企业社会责任的典型特征。因此，对之前的企业效用函数进行持续改进，将环境污染产生的负外部性纳入，将企业效用函数定义为 $u_i = \pi_i + \delta[cs - \lambda(q_1 + q_2)]$。δ 为企业社会责任，$0 < \delta < 1$，值越大意味着社会责任越强。

假设企业面临着环境污染治理投资（x_i）的决策。投入 x_i 数量的污染治理投资，会导致 $\frac{x_i^2}{2}$ 的成本（Miyagiwa and Wan，2016；Garcia et al.，2018；Li and Zhou，2019），企业成本函数变为 $c_i = bq_i + \frac{x_i^2}{2}$，但污染治理

投资会降低产品的负外部性，使每家企业生产产生的额外社会成本变为 $c_i^e = -\lambda q_i + x_i q_i$。此时，企业的利润函数为 $\pi_i = pq_i - bq_i - \frac{x_i^2}{2}$，效用函数变为 $u_i = \pi_i + \delta[cs - \lambda(q_1 + q_2) + x_i q_i + x_j q_j]$。其中，i、j = 1 或 2，且 $i \neq j$。

假设企业在环境污染治理投资过程中，存在两种政策环境：一种是政府根据企业产生的负外部性征收庇古税；另一种情况是政府不对环境污染行为征税。分别分析两种情况下的市场均衡结果，以及负外部性、企业社会责任所起的作用。

与以往研究不同，本部分假设社会福利除了考虑利润和消费者剩余外，还要考虑负外部性问题，因此在不存在庇古税的情况下整个市场的社会福利函数为 $sw = \pi_1 + \pi_2 + cs - \lambda(q_1 + q_2) + x_1 q_1 + x_2 q_2$，由社会福利函数可知，如果负外部性过大，整体社会福利甚至可能为负。在考虑庇古税的情况下，负外部性内在化，企业的利润函数变为 $\pi_i = pq_i - bq_i - \frac{x_i^2}{2} - (\lambda - x_i)q_i$，效用函数变不变，社会福利函数变为 $sw = \pi_1 + \pi_2 + cs$。其中，消费者剩余定义为 $cs = \frac{(q_1 + q_2)^2}{2}$。

在以上假设下，构建一个两阶段的序贯博弈模型。第一阶段，两家企业进行污染治理投资决策，确定最优的 x_i；第二阶段，双方围绕产量进行古诺竞争，确定最优的 q_i。

7.1.3　模型分析

运用逆向归纳法，分别考察存在庇古税和不存在庇古税两种情况下的序贯博弈。

7.1.3.1　*不存在庇古税*

本部分探讨在政府不对企业环境污染行为进行管制的假设下，企业的最优环境治污投资以及企业社会责任和负外部性所产生的影响。第一步，考察第二阶段的博弈，根据效用最大化原则，两家企业的均衡产量需要满足一阶条件：

$$\frac{\partial u_1}{\partial q_1} = a - b - 2q_1 - q_2 + \delta(x_1 - \lambda + q_1 + q_2) = 0 \tag{7.1}$$

$$\frac{\partial u_2}{\partial q_2} = a - b - 2q_2 - q_1 + \delta(x_2 - \lambda + q_1 + q_2) = 0 \tag{7.2}$$

由式（7.1）、式（7.2）可以推导出双方的均衡产量分别为：

$$q_1 = \frac{(x_1 - x_2)\delta^2 + (x_2 - 2x_1 + \lambda)\delta - (a-b)}{2\delta - 3} \tag{7.3}$$

$$q_2 = \frac{-(x_1 - x_2)\delta^2 + (x_1 - 2x_2 + \lambda)\delta - (a-b)}{2\delta - 3} \tag{7.4}$$

第二步，考察第一阶段博弈，双方需要满足$\frac{\partial u_1}{\partial x_1}=0$及$\frac{\partial u_2}{\partial x_2}=0$，可以得到均衡污染治理投资：

$$x^* = x_1 = x_2 = -\frac{[2(a-b)\delta^2 - 5(a-b)\delta - \delta\lambda + 4(a-b)]\delta}{-3(\delta^2 - 4\delta + 3)} \tag{7.5}$$

将式（7.5）代入式（7.3）、式（7.4），可以得到：

$$q^* = q_1 = q_2 = \frac{(a-b)\delta^3 + (-a+b-2\lambda)\delta^2 + [2(a-b)+3\lambda]\delta - 3(a-b)}{-3(\delta^2 - 4\delta + 3)} \tag{7.6}$$

为了保证企业正常生产，需要满足 $x_i > 0$、$q_i > 0$、$a - b - q_1 - q_2 > 0$。① 进一步可以得到在 $\delta \in (0,\ \sqrt{2} - 1)$ 时，需要满足 $0 < \lambda < -\frac{(a-b)(\delta^3 - \delta^2 + 2\delta - 3)}{-2\delta^2 + 3\delta}$；在 $\delta \in (\sqrt{2} - 1,\ 1)$ 时，需要满足 $(a-b)\left(1 + \frac{\delta}{2} - \frac{1}{2\delta}\right) < \lambda < -\frac{(a-b)(\delta^3 - \delta^2 + 2\delta - 3)}{-2\delta^2 + 3\delta}$。证明过程如下：

如果要保证 $x_1 = x_2 = -\frac{[2(a-b)\delta^2 - 5(a-b)\delta - \delta\lambda + 4(a-b)]\delta}{-3(\delta^2 - 4\delta + 3)} > 0$，在 $-3(\delta^2 - 4\delta + 3) < 0$ 的情况下需要满足 $[2(a-b)\delta^2 - 5(a-b)\delta - \delta\lambda + 4(a-b)]\delta < 0$，进一步可以推出 $\lambda < (a-b)\left(2\delta - 5 + \frac{4}{\delta}\right)$。

如果 $q_1 = q_2 = \frac{(a-b)\delta^3 + [-(a-b) - 2\lambda]\delta^2 + [2(a-b)+3\lambda]\delta - 3(a-b)}{-3(\delta^2 - 4\delta + 3)} > 0$，则需要满足 $(a-b)\delta^3 + [-(a-b) - 2\lambda]\delta^2 + [2(a-b) + 3\lambda]\delta - 3(a-b) > 0$，可以得到 $\lambda < -\frac{(a-b)(\delta^3 - \delta^2 + 2\delta - 3)}{-2\delta^2 + 3\delta}$。

如果 $a - b - q_1 - q_2 = \frac{2\left(\delta - \frac{3}{2}\right)[(a-b)\delta^2 + 2(a-b)\delta - 2\lambda\delta - (a-b)]}{3(\delta^2 - 4\delta + 3)} > 0$，需要满足（a -

① $a - b - q_1 - q_2 > 0$ 是为了保证企业在不承担社会责任和污染治理投资的情况下利润为正，否则正常的市场行为就不会存在。同时我们还假设，只要能够增加考虑社会责任的企业效用，那么即使利润为负，企业也可接受。

$b)\delta^2+2(a-b)\delta-2\lambda\delta-(a-b)<0$，可以得到 $\lambda>(a-b)\left(1+\frac{\delta}{2}-\frac{1}{2\delta}\right)$。

由 $-\frac{(a-b)(\delta^3-\delta^2+2\delta-3)}{-2\delta^2+3\delta}-(a-b)\left(2\delta-5+\frac{4}{\delta}\right)=(a-b)\left(-\frac{\delta^3-\delta^2+2\delta-3}{-2\delta^2+3\delta}-2\delta+5-\frac{4}{\delta}\right)<0$，可得到 $(a-b)\left(1+\frac{\delta}{2}-\frac{1}{2\delta}\right)<\lambda<-\frac{(a-b)(\delta^3-\delta^2+2\delta-3)}{-2\delta^2+3\delta}$。当 $\delta\in(0,\sqrt{2}-1)$ 时，$(a-b)\left(1+\frac{\delta}{2}-\frac{1}{2\delta}\right)<0$；当 $\delta\in(\sqrt{2}-1,1)$ 时，$(a-b)\left(1+\frac{\delta}{2}-\frac{1}{2\delta}\right)>0$，由于 λ 应为正，可以得到：当 $\delta\in(0,\sqrt{2}-1)$ 时，$0<\lambda<-\frac{(a-b)(\delta^3-\delta^2+2\delta-3)}{-2\delta^2+3\delta}$；当 $\delta\in(\sqrt{2}-1,1)$ 时，$(a-b)\left(1+\frac{\delta}{2}-\frac{1}{2\delta}\right)<\lambda<-\frac{(a-b)(\delta^3-\delta^2+2\delta-3)}{-2\delta^2+3\delta}$。

引理 7-1：为了确保企业正常生产，当 $\delta\in(0,\sqrt{2}-1)$ 时，需要满足 $0<\lambda<-\frac{(a-b)(\delta^3-\delta^2+2\delta-3)}{-2\delta^2+3\delta}$；当 $\delta\in(\sqrt{2}-1,1)$ 时，需要满足 $(a-b)\left(1+\frac{\delta}{2}-\frac{1}{2\delta}\right)<\lambda<-\frac{(a-b)(\delta^3-\delta^2+2\delta-3)}{-2\delta^2+3\delta}$。均衡状态下，利润、消费者剩余和社会福利分别为：

$$\pi^*=\frac{1}{-3(\delta^2-4\delta+3)}(a-b)[(a-b)(\delta^3-\delta^2+2\delta-3)-(2\delta^2-3\lambda)\delta]-\frac{1}{18(\delta^2-4\delta+3)^2}\{4[(a-b)(\delta^3-\delta^2+2\delta-3)-(2\delta^2-3\delta)\lambda]^2+[(a-b)(2\delta^2-5\delta+4)-\delta\lambda]^2\delta^2\};$$

$$cs^*=\frac{2[(a-b)(\delta^3-\delta^2+2\delta-3)-(2\delta^2-3\delta)\lambda]^2}{9(\delta^2-4\delta+3)^2};$$

$$sw^*=\frac{2(a-b)[(a-b)(\delta^3-\delta^2+2\delta-3)-(2\delta^2-3\delta)\lambda]-2\lambda[(a-b)(\delta^3-\delta^2+2\delta-3)-(2\delta^2-3\delta)\lambda]}{-3(\delta^2-4\delta+3)}-\frac{2[(a-b)(\delta^3-\delta^2+2\delta-3)-(2\delta^2-3\delta)\lambda]^2+2\delta[(a-b)(2\delta^2-5\delta+4)-\delta\lambda][(a-b)(\delta^3-\delta^2+2\delta-3)-(2\delta^2-3\delta)\lambda]+\delta^2[(a-b)(2\delta^2-5\delta+4)-\delta\lambda]^2}{9(\delta^2-4\delta+3)^2}。$$

下面，考察负外部性和社会责任对污染治理投资影响。均衡状态下，

$\frac{\partial x^*}{\partial \lambda}=\frac{\delta^2}{-3(\delta^2-4\delta+3)}$，$\frac{\partial x^*}{\partial \lambda}<0$；$\frac{\partial x^*}{\partial \delta}=\frac{2(a-b)(\delta^4-8\delta^3+17\delta^2-15\delta+6)+2\lambda(2\delta^2-3\delta)}{3(\delta^2-4\delta+3)^2}$，在约束条件下，$\frac{\partial x^*}{\partial \delta}>0$。证明过程如下：

$\frac{\partial x^*}{\partial \lambda}=\frac{\delta^2}{-3(\delta^2-4\delta+3)}$，由于（$\delta^2-4\delta+3$）>0、$\delta^2>0$，因而$\frac{\partial x^*}{\partial \lambda}<0$。

若$\frac{\partial x^*}{\partial \delta}=\frac{2(a-b)(\delta^4-8\delta^3+17\delta^2-15\delta+6)+2\lambda(2\delta^2-3\delta)}{3(\delta^2-4\delta+3)^2}>0$，则需满足$2(a-b)(\delta^4-8\delta^3+17\delta^2-15\delta+6)+2\lambda(2\delta^2-3\delta)>0$，即 $\lambda<\frac{-2(a-b)(\delta^4-8\delta^3+17\delta^2-15\delta+6)}{2\delta^2-3\delta}$。已知限制条件$\lambda<-\frac{(a-b)(\delta^3-\delta^2+2\delta-3)}{-2\delta^2+3\delta}$，可以推出$\frac{-2(a-b)(\delta^4-8\delta^3+17\delta^2-15\delta+6)}{2\delta^2-3\delta}>-\frac{(a-b)(\delta^3-\delta^2+2\delta-3)}{-2\delta^2+3\delta}$，因此$\frac{\partial x^*}{\partial \delta}>0$在约束条件下恒成立。

由此结果，可得命题7－1。

命题7－1：在均衡状态下，$\frac{\partial x^*}{\partial \lambda}<0$，企业污染治理投资与负外部性之间负相关；$\frac{\partial x^*}{\partial \delta}>0$，企业治污投资与企业社会责任正相关。

命题7－1表明，企业生产的负外部性越大，环境污染治理投资越少，这意味着外部性很大的领域难以激励企业进行污染治理投资。其原因在于，在既定的企业社会责任水平下，虽然增加污染治理投资可以降低负外部性，但是花费的成本也会变大。随着负外部性的不断增加，污染治理投资带来的边际净收益会不断降低，进而污染治理投资数量会降低。由命题7－1可知，企业的社会责任越强，越倾向于增加污染治理投资。其原因在于，企业社会责任越强，会越关注负外部性所带来的社会福利损失，因此愿意进行更多的污染治理投资。

以上结论在中国企业社会责任实践中有所体现。以中石化集团在环保层面的企业社会责任行为为例。在社会主义市场经济中，国有企业不仅承担着盈利的企业责任，还承担着很大一部分社会责任，这一点在大型国有企业中显现得尤为突出。对于我国的大型石油企业，社会责任主要体现在企业内部创造利润、保障员工工资福利，保障利益相关者责任；在企业外部树立良好企业形象、主动承担环境污染治理与保护的责任。其中，石油企业在环境保护中的社会责任促进了企业在“绿色产品”上的研发投入、推动环保技术的应用、加大污染治理方面的投入。中国石油化工集团一直在进行环境保护的社会责任实践。2007 年，中石化发布首份社会责任报告，这是继 2006 年国家电网后发布的我国首份社会责任报告；2011 年，中石化将绿色低碳战略作为集团未来发展战略之一；2012 年，中石化发布《中国石油化工集团公司环境保护白皮书（2012）》，这是我国工业企业发布的首个环境保护白皮书；2013 年，中石化集团公司正式成立能源管理与环境保护部，这是央企成立的首个有关绿色低碳与环境管理的部门。时任联合国全球契约组织总干事的乔治·科尔称，中石化在推动可持续发展方面一直走在世界前列，其发布的《中国石油化工集团公司环境保护白皮书（2012）》对于引导工商企业实践绿色节能、可持续发展理念具有重要带头作用，不仅对于中国，而且对于全球都具有积极作用。

再以《中央企业社会责任蓝皮书》为例，2017 年，国务院国资委综合局和中国社会科学院经济学部企业社会责任研究中心共同发布《中央企业社会责任蓝皮书（2017）》，这是国内外首本系统分析中央企业社会责任工作的研究著作。通过 2017～2019 年的《中央企业社会责任蓝皮书》可以发现，多数中央企业发布年度社会责任报告，且社会责任规划合理、职能部门划分明确。《中央企业社会责任蓝皮书》还指出，承担较多社会责任的中央企业在环境保护方面做出了卓越贡献，在加强节能减排体制、机制和能力建设，加快调整产业结构、淘汰落后产能、优化能源结构，积极推进节能型社会建设，促进节能降耗等方面不断取得新成效，是实现生态文明的重要力量。

进一步考察负外部性对社会福利的影响。在均衡状态下，$\frac{\partial sw^*}{\partial\lambda}=\frac{2\lambda(96\delta^3-25\delta^4-126\delta^2+54\delta)+2(a-b)(14\delta^5-41\delta^4+37\delta^3-27\delta^2+45\delta-27)}{9(\delta^2-4\delta+3)^2}$。

当 $0<\delta<-\frac{(46+6\sqrt{57})^{1/3}}{3}-\frac{4}{3(46+6\sqrt{57})^{1/3}}+\frac{8}{3}$ 时，若满足 $-\frac{(a-b)(14\delta^5-41\delta^4+37\delta^3-27\delta^2+45\delta-27)}{-25\delta^4+96\delta^3-126\delta^2+54\delta}<\lambda<-\frac{(a-b)(\delta^3-\delta^2+2\delta-3)}{-2\delta^2+3\delta}$，$\frac{\partial sw^*}{\partial\lambda}>0$；

当 $0<\delta<-\frac{(46+6\sqrt{57})^{1/3}}{3}-\frac{4}{3(46+6\sqrt{57})^{1/3}}+\frac{8}{3}$ 时，若满足 $(a-b)\left(1+\frac{\delta}{2}-\frac{1}{2\delta}\right)<\lambda<-\frac{(a-b)(14\delta^5-41\delta^4+37\delta^3-27\delta^2+45\delta-27)}{-25\delta^4+96\delta^3-126\delta^2+54\delta}$，$\frac{\partial sw^*}{\partial\lambda}<$

0；当 $-\frac{(46+6\sqrt{57})^{1/3}}{3}-\frac{4}{3(46+6\sqrt{57})^{1/3}}+\frac{8}{3}<\delta<1$ 时，$\frac{\partial sw^*}{\partial\lambda}>0$。证明过程如下：

$$\frac{\partial sw^*}{\partial\lambda}=\frac{2\lambda(96\delta^3-25\delta^4-126\delta^2+54\delta)+2(a-b)(14\delta^5-41\delta^4+37\delta^3-27\delta^2+45\delta-27)}{9(\delta^2-4\delta+3)^2}$$

，令 $f(\delta)=96\delta^3-25\delta^4-126\delta^2+54\delta$，可以推出；当 $\delta\in\left[0,\ -\frac{(757+75\sqrt{105})^{1/3}}{25}+\frac{26}{25(757+75\sqrt{105})^{1/3}}+\frac{32}{25}\right]$ 时，$f(\delta)>0$；当 $\delta\in\left[-\frac{(757+75\sqrt{105})^{1/3}}{25}+\frac{26}{25(757+75\sqrt{105})^{1/3}}+\frac{32}{25},\ 1\right]$ 时，$f(\delta)<0$。进一步地可以推出：

（1）当 $\delta\in\left[0,\ -\frac{(757+75\sqrt{105})^{1/3}}{25}+\frac{26}{25(757+75\sqrt{105})^{1/3}}+\frac{32}{25}\right]$ 时，若 $\frac{\partial sw^*}{\partial\lambda}>0$，则需要满足 $\lambda>-\frac{(a-b)(14\delta^5-41\delta^4+37\delta^3-27\delta^2+45\delta-27)}{-25\delta^4+96\delta^3-126\delta^2+54\delta}$。可以推出，当 $\delta\in\left[0,-\frac{(46+6\sqrt{57})^{1/3}}{3}-\frac{4}{3(46+6\sqrt{57})^{1/3}}+\frac{8}{3}\right]$ 时，$-\frac{(a-b)(14\delta^5-41\delta^4+37\delta^3-27\delta^2+45\delta-27)}{-25\delta^4+96\delta^3-126\delta^2+54\delta}>(a-b)\left(1+\frac{\delta}{2}-\frac{1}{2\delta}\right)$、$-\frac{(a-b)(14\delta^5-41\delta^4+37\delta^3-27\delta^2+45\delta-27)}{-25\delta^4+96\delta^3-126\delta^2+54\delta}>0$。因此可以得到：

$$-\frac{(a-b)(14\delta^5-41\delta^4+37\delta^3-27\delta^2+45\delta-27)}{-25\delta^4+96\delta^3-126\delta^2+54\delta}<\lambda<-\frac{(a-b)(\delta^3-\delta^2+2\delta-3)}{-2\delta^2+3\delta}$$

，sw^* 与 λ 正相关；若 $(a-b)\left(1+\frac{\delta}{2}-\frac{1}{2\delta}\right)<\lambda<-\frac{(a-b)(14\delta^5-41\delta^4+37\delta^3-27\delta^2+45\delta-27)}{-25\delta^4+96\delta^3-126\delta^2+54\delta}$，$\frac{\partial sw^*}{\partial\lambda}<0$。当 $\delta\in\left[-\frac{(46+6\sqrt{57})^{1/3}}{3}-\frac{4}{3(46+6\sqrt{57})^{1/3}}+\frac{8}{3},-\frac{(757+75\sqrt{105})^{1/3}}{25}+\frac{26}{25(757+75\sqrt{105})^{1/3}}+\frac{32}{25}\right]$ 时，$-\frac{(a-b)(14\delta^5-41\delta^4+37\delta^3-27\delta^2+45\delta-27)}{-25\delta^4+96\delta^3-126\delta^2+54\delta}<(a-b)$

$\left(1-2\delta-\frac{\delta}{2}\right)$，即$\frac{\partial sw^*}{\partial\lambda}>0$。

（2）如果$\delta\in\left[-\frac{(757+75\sqrt{105})^{1/3}}{25}+\frac{26}{25(757+75\sqrt{105})^{1/3}}+\frac{32}{25},1\right]$，若$\frac{\partial sw^*}{\partial\lambda}>0$，则需要满足$\lambda<-\frac{(a-b)(14\delta^5-41\delta^4+37\delta^3-27\delta^2+45\delta-27)}{-25\delta^4+96\delta^3-126\delta^2+54\delta}$。由$-\frac{(a-b)(14\delta^5-41\delta^4+37\delta^3-27\delta^2+45\delta-27)}{-25\delta^4+96\delta^3-126\delta^2+54\delta}>-\frac{(a-b)(\delta^3-\delta^2+2\delta-3)}{-2\delta^2+3\delta}$可以得到$\frac{\partial sw^*}{\partial\lambda}>0$恒成立。

由此可得命题7－2。

命题7－2：在均衡状态下，sw^*与λ关系为：当$\delta\in\left[0,\ -\frac{(46+6\sqrt{57})^{1/3}}{3}-\frac{4}{3(46+6\sqrt{57})^{1/3}}+\frac{8}{3}\right]$时，若满足$-\frac{(a-b)(14\delta^5-41\delta^4+37\delta^3-27\delta^2+45\delta-27)}{-25\delta^4+96\delta^3-126\delta^2+54\delta}<\lambda<-\frac{(a-b)(\delta^3-\delta^2+2\delta-3)}{-2\delta^2+3\delta}$，则两者正相关；若满足$(a-b)\left(1+\frac{\delta}{2}-\frac{1}{2\delta}\right)<\lambda<-\frac{(a-b)(14\delta^5-41\delta^4+37\delta^3-27\delta^2+45\delta-27)}{-25\delta^4+96\delta^3-126\delta^2+54\delta}$，两者负相关，即均衡状态下，在企业社会责任感较低时，若负外部性大于一定水平，则社会福利与负外部性正相关；在负外部性较小时则转为负相关。当$\delta\in\left[-\frac{(46+6\sqrt{57})^{1/3}}{3}-\frac{4}{3(46+6\sqrt{57})^{1/3}}+\frac{8}{3},1\right]$时，两者正相关，即在企业社会责任感较高时，社会福利与负外部性正相关。

由命题7－2可见，负外部性与社会福利之间的影响具有不确定性，这与污染治理投资间的单调负相关关系是不同的。这种不确定性取决于δ与λ的取值范围。当企业社会责任低于一定水平$\left[0<\delta<-\frac{(46+6\sqrt{57})^{1/3}}{3}-\frac{4}{3(46+6\sqrt{57})^{1/3}}+\frac{8}{3}\right]$时，如果负外部性大于一定水平$\left[-\frac{(a-b)(14\delta^5-41\delta^4+37\delta^3-27\delta^2+45\delta-27)}{-25\delta^4+96\delta^3-126\delta^2+54\delta}<\lambda<-\frac{(a-b)(\delta^3-\delta^2+2\delta-3)}{-2\delta^2+3\delta}\right]$，则正相关，否则

负相关。如果企业社会责任高于一定水平 $\left[-\frac{(46+6\sqrt{57})^{1/3}}{3}-\frac{4}{3(46+6\sqrt{57})^{1/3}}+\frac{8}{3}<\delta<1\right]$，则增加企业社会责任有助于增加污染治理投资。

由于 sw^* 的复杂，因此$\frac{\partial sw^{**}}{\partial \delta}$更为复杂，受 λ 和 a－b 的作用。在满足保证正常生产的限制性条件下，通过图像模拟考察在不同 a－b 和 λ 值下的社会责任与社会福利之间的关系。在均衡状态下，存在 $\lambda_2>\lambda_1>0$，当 $0<\lambda<\lambda_1$ 时，随着 λ 的不断增加，δ 可取范围越来越大，且$\frac{\partial sw^*}{\partial \delta}>0$，即社会福利与企业社会责任正相关（见图 7－1）。当 $\lambda_1<\lambda<\lambda_2$ 时，随着 δ 的增加，$\frac{\partial sw^*}{\partial \delta}>\rightarrow<0$，即社会责任和社会福利的关系由正相关转为负相关，存在最优的社会责任水平 δ^* $\left(\frac{\partial sw^*}{\partial \delta}\Big|\delta=\delta^*=0\right)$，且随着 λ 的不断增加，δ 可取范围越来越大（见图 7－2）。当 $\lambda>\lambda_2$ 时，$\frac{\partial sw^*}{\partial \delta}>0$，即社会责任和社会福利正相关，且随着 λ 的不断增加，δ 可取范围越来越小（见图 7－3）。由此可得命题 7－3。

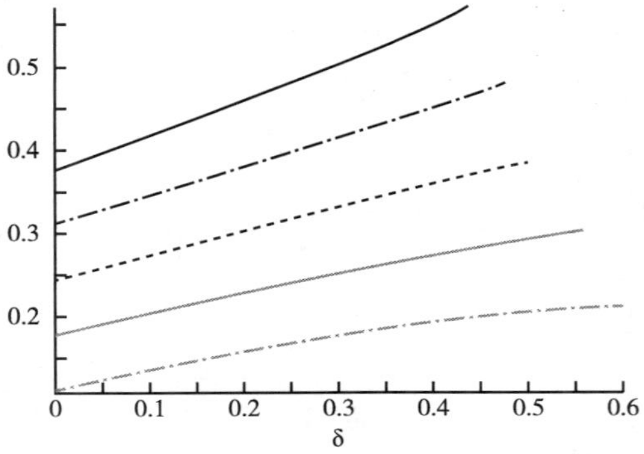

图 7－1　无庇古税时 δ 与 sw* 的关系

注：从上至下 λ 分别为 0.1、0.2、0.3、0.4、0.5。

命题 7－3：在均衡状态下，存在 $\lambda_2>\lambda_1>0$，当 $0<\lambda<\lambda_1$ 时，随着 λ 的不断增加，δ 可取范围越来越大，且$\frac{\partial sw^*}{\partial \delta}>0$，即社会福利与企业社会责任负相关。当 $\lambda_1<\lambda<\lambda_2$ 时，随着 δ 的增加，$\frac{\partial sw^*}{\partial \delta}>\rightarrow<0$，即社会责

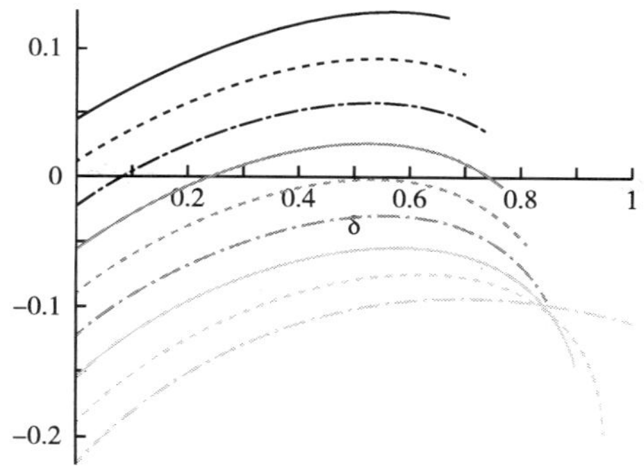

图 7－2　无庇古税时 δ 与 sw* 的关系

注：从上至下 λ 分别为 0.6、0.65、0.7、0.75、0.80、0.85、0.90、0.95、1.0。

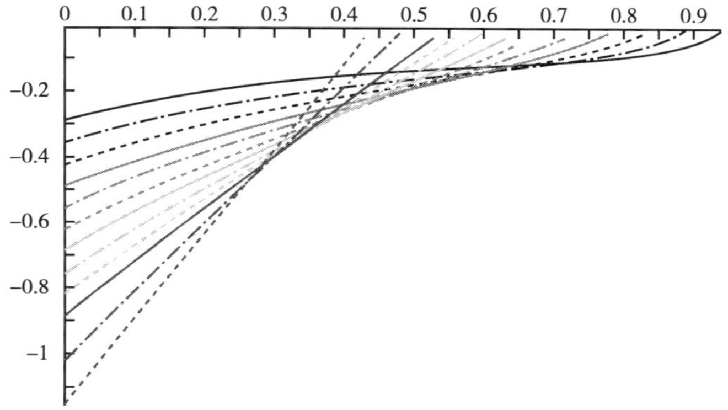

图 7－3　无庇古税时 δ 与 sw* 的关系

注：从上至下 λ 分别为 1.1、1.2、1.3、1.4、1.5、1.6、1.7、1.8、1.9、2.0、2.2、2.4。

任和社会福利的关系由正相关转为负相关，存在最优的社会责任水平 δ^*，且随着 λ 的不断增加，δ 可取范围越来越大。当 $\lambda>\lambda_2$ 时，$\frac{\partial sw^*}{\partial\delta}>0$，即社会责任和社会福利正相关，且随着 λ 的不断增加，δ 可取范围越来越小。

由命题 7－3 可知，如果负外部性高于或低于一定水平时（$0<\lambda<\lambda_1$，$\lambda>\lambda_2$），提高企业社会责任水平有助于增进社会福利。否则，会在一定条件下降低社会福利。其原因在于，企业社会责任虽然会督促企业关注消费者剩余和负外部性，但同时也会增加企业成本，在特定的外部性水平下，提高企业社会责任水平反而会降低社会福利。其启示在于不能盲目激励企业追求社会责任。

7.1.3.2　存在庇古税

第一步，考察第二阶段的博弈，为了实现效用最大化，两家企业的均衡产量需要满足$\frac{\partial u_1}{\partial q_1}=\frac{\partial u_2}{\partial q_2}=0$，可以得到均衡产量分别为：

$$q_1=\frac{(x_1-x_2)\delta^2+(\lambda-x_1)\delta+x_2-2x_1-(a-b)+\lambda}{2\delta-3} \tag{7.7}$$

$$q_2=\frac{-(x_1-x_2)\delta^2+(\lambda-x_2)\delta+x_1-2x_2-(a-b)+\lambda}{2\delta-3} \tag{7.8}$$

第二步，考察第一阶段博弈，双方需要满足$\frac{\partial u_1}{\partial x_1}=0$及$\frac{\partial u_2}{\partial x_2}=0$，可以得到：

$$x^{**}=x_1=x_2=-\frac{2(a-b-\lambda)\delta^3-[3(a-b)-2\lambda]\delta^2-(a-b)\delta+4(a-b)-4\lambda}{2\delta^3-6\delta^2+12\delta-5} \tag{7.9}$$

$$q^{**}=q_1=q_2=\frac{(a-b)\delta^3-2\delta^2\lambda+(a-b+\lambda)\delta-3(a-b)+3\lambda}{2\delta^3-6\delta^2+12\delta-5} \tag{7.10}$$

为了保证企业正常生产，需要满足$x_i>0$，$q_i>0$与$p-b-(\lambda-x_i)>0$①，进而可得：当$\delta\in(0,\ 0.300)$时，$0<\lambda<\frac{(a-b)\delta^3+\delta-3}{2\delta^2-\delta-3}$；当$\delta\in(0.300,\ 0.534)$时，$\frac{(a-b)(\delta^2+3\delta-1)}{4\delta-1}<\lambda<\frac{(a-b)\delta^3+\delta-3}{2\delta^2-\delta-3}$；当$\delta\in(0.534,\ 1)$时，$\frac{(a-b)(2\delta^3-3\delta^2-\delta+4)}{2\delta^3-2\delta^2+4}<\lambda<\frac{(a-b)(\delta^2+3\delta-1)}{4\delta-1}$。证明过程如下：

要保证$x_1=x_2=-\frac{(a-b)(2\delta^3-3\delta^2-\delta+4)-(2\delta^3-2\delta^2+4)\lambda}{2\delta^3-6\delta^2+12\delta-5}>0$，当$\delta\in(0,\ 0.534)$时，由于$2\delta^3-6\delta^2+12\delta-5<0$，因此需要满足$(a-b)(2\delta^3-3\delta^2-\delta+4)-(2\delta^3-2\delta^2+4)\lambda>0$。进一步可以得到：$0<\lambda<\frac{(a-b)(2\delta^3-3\delta^2-\delta+4)}{2\delta^3-2\delta^2+4}$；当$\delta\in(0.534,\ 1)$时，$2\delta^3-6\delta^2+12\delta-5>0$，此时需要满足$\lambda>\frac{(a-b)(2\delta^3-3\delta^2-\delta+4)}{2\delta^3-2\delta^2+4}$。

---

①　$p-b-(\lambda-x_i)>0$是为了保证企业在承担社会责任和污染治理投资的情况下利润为正，否则正常的市场行为就不会存在。同时我们还假设，只要能够增加考虑社会责任的企业效用，那么即使利润为负，企业也可接受。

保证 $q_1 = q_2 = \frac{(a-b)(\delta^3+\delta-3)-(2\delta^2-\delta-3)\lambda}{2\delta^3-6\delta^2+12\delta-5} > 0$，当 $\delta \in (0, 0.534)$ 时，$2\delta^3-6\delta^2+12\delta-5<0$，此时需要满足 $(a-b)(\delta^3+\delta-3)-(2\delta^2-\delta-3)\lambda<0$，进一步可以得到 $0<\lambda<\frac{(a-b)\delta^3+\delta-3}{2\delta^2-\delta-3}$；当 $\delta \in (0.534, 1)$ 时，可以得到：$\lambda > \frac{(a-b)\delta^3+\delta-3}{2\delta^2-\delta-3}$。

满足 $p-b-(\lambda-x_i) = -\frac{2\left(\delta-\frac{3}{2}\right)[(a-b)\delta^2+3(a-b)\delta-4\lambda\delta-(a-b)+\lambda]}{2\delta^3-6\delta^2+12\delta-5} > 0$，当 $\delta \in (0, 0.25)$ 时，需要满足：$0<\lambda<\frac{(a-b)(\delta^2+3\delta-1)}{4\delta-1}$；当 $\delta \in (0.25, 0.300)$ 时需要满足 $\lambda>0$；当 $\delta \in (0.300, 0.534)$ 时，需要满足 $\lambda > \frac{(a-b)(\delta^2+3\delta-1)}{4\delta-1}$；当 $\delta \in (0.534, 1)$ 时，$0<\lambda<\frac{(a-b)(\delta^2+3\delta-1)}{4\delta-1}$。

对上述三个条件进行汇总，当 $\delta \in (0, 0.25)$ 时，因为 $\frac{(a-b)(\delta^2+3\delta-1)}{4\delta-1} > \frac{(a-b)(2\delta^3-3\delta^2-\delta+4)}{2\delta^3-2\delta^2+4} > \frac{(a-b)\delta^3+\delta-3}{2\delta^2-\delta-3} > 0$，此时，需要满足 $0<\lambda<\frac{(a-b)\delta^3+\delta-3}{2\delta^2-\delta-3}$；当 $\delta \in (0.25, 0.300)$ 时，$\frac{(a-b)(2\delta^3-3\delta^2-\delta+4)}{2\delta^3-2\delta^2+4} > \frac{(a-b)\delta^3+\delta-3}{2\delta^2-\delta-3} > 0$，需要满足 $0<\lambda<\frac{(a-b)\delta^3+\delta-3}{2\delta^2-\delta-3}$；当 $\delta \in (0.300, 0.534)$ 时，因为 $\frac{(a-b)(2\delta^3-3\delta^2-\delta+4)}{2\delta^3-2\delta^2+4} > \frac{(a-b)\delta^3+\delta-3}{2\delta^2-\delta-3} > \frac{(a-b)(\delta^2+3\delta-1)}{4\delta-1} > 0$，所以应满足 $\frac{(a-b)(\delta^2+3\delta-1)}{4\delta-1} < \lambda < \frac{(a-b)\delta^3+\delta-3}{2\delta^2-\delta-3}$；当 $\delta \in (0.534, 1)$ 时，$\frac{(a-b)(\delta^2+3\delta-1)}{4\delta-1} > \frac{(a-b)\delta^3+\delta-3}{2\delta^2-\delta-3} > \frac{(a-b)(2\delta^3-3\delta^2-\delta+4)}{2\delta^3-2\delta^2+4} > 0$，应满足 $\frac{(a-b)\delta^3+\delta-3}{2\delta^2-\delta-3} < \lambda < \frac{(a-b)(\delta^2+3\delta-1)}{4\delta-1}$

由此可得引理 7-2。

引理 7-2：为了确保企业正常生产，当 $\delta \in (0, 0.300)$ 时，$0<\lambda<\frac{(a-b)\delta^3+\delta-3}{2\delta^2-\delta-3}$；当 $\delta \in (0.300, 0.534)$ 时，$\frac{(a-b)(\delta^2+3\delta-1)}{4\delta-1} < \lambda <$

$\frac{(a-b)\delta^3+\delta-3}{2\delta^2-\delta-3}$；当 $\delta \in (0.534, 1)$ 时，$\frac{(a-b)\delta^3+\delta-3}{2\delta^2-\delta-3} < \lambda < \frac{(a-b)(\delta^2+3\delta-1)}{4\delta-1}$。均衡状态下，利润、消费者剩余和社会福利分别为：

$$\pi^{**}=\frac{1}{8\left(\delta^3-3\delta^2+6\delta-\frac{5}{2}\right)^2}\{[-4\lambda^2+8(a-b)\lambda-8(a-b)^2]\delta^6+[8\lambda^2+4(a-b)\lambda+6(a-b)^2]\delta^5+[-36\lambda^2-12(a-b)\lambda+13(a-b)^2]\delta^4+[56\lambda^2-4(a-b)\lambda-22(a-b)^2]\delta^3+[24\lambda^2-100(a-b)\lambda+63(a-b)^2]\delta^2-64(a-b-\frac{39\lambda}{32})(a-b-\lambda)\delta+2(a-b-\lambda)^2\};$$

$$cs^{**}=\frac{2[(a-b)\delta^3-2\delta^2\lambda+(a-b)\delta+\lambda\delta-3(a-b)+3\lambda]^2}{(2\delta^3-6\delta^2+12\delta-5)^2};$$

$$sw^{**}=\frac{1}{(2\delta^3-6\delta^2+12\delta-5)^2}\{[-6(a-b)^2+8(a-b)\lambda-4\lambda^2]\delta^6+[6(a-b)^2-4(a-b)\lambda+8\lambda^2]\delta^5+[17(a-b)^2-8(a-b)\lambda-28\lambda^2]\delta^4+[-34(a-b)^2+48\lambda^2]\delta^3+[65(a-b)^2-72(a-b)\lambda+2\lambda^2]\delta^2-76(a-b-\lambda)\left(c-\frac{33}{38}\lambda\right)\delta+20(a-b-\lambda)^2\}。$$

下面，考察负外部性和社会责任对环境污染治理投资影响。均衡状态下，$\frac{\partial x^{**}}{\partial \lambda}=-\frac{-2\delta^3+2\delta^2-4}{2\delta^3-6\delta^2+12\delta-5}$，当 $\delta \in (0, 0.53)$ 时，$\frac{\partial x^{**}}{\partial \lambda}<0$；当 $\delta \in (0.53, 1)$ 时，$\frac{\partial x^{**}}{\partial \lambda}>0$。$\frac{\partial x^{**}}{\partial \delta}=\frac{(a-b)(6\delta^4-52\delta^3+96\delta^2-78\delta+43)-(8\delta^4-48\delta^3+78\delta^2-68\delta+48)\lambda}{(2\delta^3-6\delta^2+12\delta-5)^2}$，当 $\lambda<\frac{(a-b)(6\delta^4-52\delta^3+96\delta^2-78\delta+43)}{8\delta^4-48\delta^3+78\delta^2-68\delta+48}$ 时，$\frac{\partial x^{**}}{\partial \delta}>0$；当 $\lambda>\frac{(a-b)(6\delta^4-52\delta^3+96\delta^2-78\delta+43)}{8\delta^4-48\delta^3+78\delta^2-68\delta+48}$ 时，$\frac{\partial x^{**}}{\partial \delta}<0$。证明如下：

$\frac{\partial x^{**}}{\partial \lambda}=-\frac{-2\delta^3+2\delta^2-4}{2\delta^3-6\delta^2+12\delta-5}$，通过分析可以得出：当 $\delta \in (0, 0.53)$ 时，$-\frac{-2\delta^3+2\delta^2-4}{2\delta^3-6\delta^2+12\delta-5}<0$，即 $\frac{\partial x^{**}}{\partial \lambda}<0$；当 $\delta \in (0.53, 1)$ 时，$-\frac{-2\delta^3+2\delta^2-4}{2\delta^3-6\delta^2+12\delta-5}<0$，即 $\frac{\partial x^{**}}{\partial \lambda}>0$。

$\frac{\partial x^{**}}{\partial \delta} = \frac{(a-b)(6\delta^4-52\delta^3+96\delta^2-78\delta+43)-(8\delta^4-48\delta^3+78\delta^2-68\delta+48)\lambda}{(2\delta^3-6\delta^2+12\delta-5)^2}$，在已知限制条件下，可以得到：当 $\delta \in (0, 0.300)$ 时，$0 < \frac{(a-b)(6\delta^4-52\delta^3+96\delta^2-78\delta+43)}{8\delta^4-48\delta^3+78\delta^2-68\delta+48} < \frac{(a-b)\delta^3+\delta-3}{2\delta^2-\delta-3}$；所以当 $\lambda < \frac{(a-b)(6\delta^4-52\delta^3+96\delta^2-78\delta+43)}{8\delta^4-48\delta^3+78\delta^2-68\delta+48}$ 时，$\frac{\partial x^{**}}{\partial \delta} > 0$；当 $\lambda > \frac{(a-b)(6\delta^4-52\delta^3+96\delta^2-78\delta+43)}{8\delta^4-48\delta^3+78\delta^2-68\delta+48}$ 时，$\frac{\partial x^{**}}{\partial \delta} < 0$；当 $\delta \in (0.300, 0.534)$ 时，因为 $\frac{(a-b)(\delta^2+3\delta-1)}{4\delta-1} < \frac{(a-b)(6\delta^4-52\delta^3+96\delta^2-78\delta+43)}{8\delta^4-48\delta^3+78\delta^2-68\delta+48} < \frac{(a-b)\delta^3+\delta-3}{2\delta^2-\delta-3}$，所以当 $\lambda < \frac{(a-b)(6\delta^4-52\delta^3+96\delta^2-78\delta+43)}{8\delta^4-48\delta^3+78\delta^2-68\delta+48}$ 时，$\frac{\partial x^{**}}{\partial \delta} > 0$；当 $\lambda > \frac{(a-b)(6\delta^4-52\delta^3+96\delta^2-78\delta+43)}{8\delta^4-48\delta^3+78\delta^2-68\delta+48}$ 时，$\frac{\partial x^{**}}{\partial \delta} < 0$；当 $\delta \in (0.534, 1)$ 时，因为 $\frac{(a-b)\delta^3+\delta-3}{2\delta^2-\delta-3} < \frac{(a-b)(6\delta^4-52\delta^3+96\delta^2-78\delta+43)}{8\delta^4-48\delta^3+78\delta^2-68\delta+48} < \frac{(a-b)(\delta^2+3\delta-1)}{4\delta-1}$，所以当 $\lambda < \frac{(a-b)(6\delta^4-52\delta^3+96\delta^2-78\delta+43)}{8\delta^4-48\delta^3+78\delta^2-68\delta+48}$ 时，$\frac{\partial x^{**}}{\partial \delta} > 0$；当 $\lambda > \frac{(a-b)(6\delta^4-52\delta^3+96\delta^2-78\delta+43)}{8\delta^4-48\delta^3+78\delta^2-68\delta+48}$ 时，$\frac{\partial x^{**}}{\partial \delta} < 0$。

由此得到：当 $\delta \in (0, 0.53)$ 时，$\frac{\partial x^{**}}{\partial \lambda} < 0$；当 $\delta \in (0.53, 1)$ 时，$\frac{\partial x^{**}}{\partial \lambda} > 0$。当 $\lambda < \frac{(a-b)(6\delta^4-52\delta^3+96\delta^2-78\delta+43)}{8\delta^4-48\delta^3+78\delta^2-68\delta+48}$ 时，$\frac{\partial x^{**}}{\partial \delta} > 0$；当 $\lambda > \frac{(a-b)(6\delta^4-52\delta^3+96\delta^2-78\delta+43)}{8\delta^4-48\delta^3+78\delta^2-68\delta+48}$ 时，$\frac{\partial x^{**}}{\partial \delta} < 0$。

命题 7－4：均衡状态下，当 $\delta \in (0, 0.53)$ 时，$\frac{\partial x^{**}}{\partial \lambda} < 0$；当 $\delta \in (0.53, 1)$ 时，$\frac{\partial x^{**}}{\partial \lambda} > 0$。即若企业社会责任感较低，则负外部性与大气治污投资负相关，反之则正相关。当 $\lambda < \frac{(a-b)(6\delta^4-52\delta^3+96\delta^2-78\delta+43)}{8\delta^4-48\delta^3+78\delta^2-68\delta+48}$

时，$\frac{\partial x^{**}}{\partial \delta}>0$；当 $\lambda>\frac{(a-b)(6\delta^4-52\delta^3+96\delta^2-78\delta+43)}{8\delta^4-48\delta^3+78\delta^2-68\delta+48}$时，$\frac{\partial x^{**}}{\partial \delta}<0$。即在负外部性较低时，企业社会责任与企业治污投资正相关；在负外部性较高时，企业社会责任与企业治污投资转为负相关。

命题7－4表明，当企业所承担的社会责任水平低于一定值时，污染治理投资和负外部性之间是负相关，在企业承担的社会责任水平高于这一临界值时，转为正相关。其原因在于，在企业社会责任水平低于一定程度时，虽然增加污染治理投资可以更好地降低负外部性，但是花费的成本也会变大。随着负外部性的不断增加，污染治理投资带来的边际净收益会不断降低，从而导致污染治理投资数量降低；而在企业社会责任水平较高时，会更加关注负外部性所带来的社会福利损失，因此愿意进行更多的污染治理投资。此外，还可以发现企业社会责任和污染治理投资之间的关系同样具有不确定性，取决于社会责任的取值范围及外部性。如果负外部性恰好处于一个特定区间$\left[\lambda<\frac{(a-b)\ (6\delta^4-52\delta^3+96\delta^2-78\delta+43)}{8\delta^4-48\delta^3+78\delta^2-68\delta+48}\right]$，那么提高企业社会责任水平会增加环保投资。如果不在这一区间，那么如果负外部性高于一定水平，则两者负相关，否则正相关。其存在负相关的原因在于：负外部性太大，导致污染治理投资降低，负外部性的收益小于污染治理投资成本。

与无庇古税的情况相比，负外部性和社会责任与污染治理投资的关系不再具有单一性，而是分别都具有了不确定性，而且相互影响对方与污染治理投资之间的关系。

进一步考察负外部性对社会福利的影响。在均衡状态下，$\frac{\partial sw^{**}}{\partial \lambda}=\frac{(a-b)(8\delta^6-4\delta^5-8\delta^4-72\delta^2+142\delta-40)-(8\delta^6-16\delta^5+56\delta^4-96\delta^3+4\delta^2+132\delta-40)\lambda}{(2\delta^3-6\delta^2+12-5)^2}$。当$\delta\in(0,\ 0.359)$时，$\frac{\partial sw^{**}}{\partial \lambda}<0$；当$\delta\in(0.359,\ 1)$时，若$\lambda<\frac{(a-b)4\delta^6-2\delta^5-4\delta^4-36\delta^2+71\delta-20}{4\delta^6-8\delta^5+28\delta^4-49\delta^3+2\delta^2+66\delta-20}$，$\frac{\partial sw^{**}}{\partial \lambda}>0$，若$\lambda>\frac{(a-b)4\delta^6-2\delta^5-4\delta^4-36\delta^2+71\delta-20}{4\delta^6-8\delta^5+28\delta^4-49\delta^3+2\delta^2+66\delta-20}$，$\frac{\partial sw^{**}}{\partial \lambda}<0$，两者负相关。证明过程如下：

有$\frac{\partial sw^{**}}{\partial \lambda}=\frac{(a-b)(8\delta^6-4\delta^5-8\delta^4-72\delta^2+142\delta-40)-(8\delta^6-16\delta^5+56\delta^4-96\delta^3-4\delta^2+132\delta-40)\lambda}{(2\delta^3-6\delta^2+12-5)^2}$，若$\frac{\partial sw^{**}}{\partial \lambda}>0$，

则需要满足 $(a-b)(8\delta^6-4\delta^5-8\delta^4-72\delta^2+142\delta-40)-(8\delta^6-16\delta^5+56\delta^4-96\delta^3+4\delta^2+132\delta-40)\lambda>0$，当 $\delta\in(0,\ 0.327)$ 时，$8\delta^6-16\delta^5+56\delta^4-96\delta^3-4\delta^2+132\delta-49<0$，即满足 $\lambda>\frac{(a-b)8\delta^6-4\delta^5-8\delta^4-72\delta^2+142\delta-40}{8\delta^6-16\delta^5+56\delta^4-98\delta^3+4\delta^2+132\delta-40}$；当 $\delta\in(0.327,\ 1)$ 时，$8\delta^6-16\delta^5+56\delta^4-96\delta^3-4\delta^2+132\delta-40>0$，即满足 $\lambda<\frac{(a-b)8\delta^6-4\delta^5-8\delta^4-72\delta^2+142\delta-40}{8\delta^6-16\delta^5+56\delta^4-98\delta^3+4\delta^2+132\delta-40}$。

在已知 λ 约束条件的前提下，当 $\delta\in(0,\ 0.327)$ 时，由于 $\frac{(a-b)4\delta^6-2\delta^5-4\delta^4-36\delta^2+71\delta-20}{4\delta^6-8\delta^5+28\delta^4-49\delta^3+2\delta^2+66\delta-20}>\lambda$，因此 $\frac{\partial sw^{**}}{\partial\lambda}<0$；当 $\delta\in(0.327,\ 0.359)$ 时，由于 $\frac{(a-b)\delta^3+\delta-3}{2\delta^2-\delta-3}>\frac{(a-b)(\delta^2+3\delta-1)}{4\delta-1}>\frac{(a-b)4\delta^6-2\delta^5-4\delta^4-36\delta^2+71\delta-20}{4\delta^6-8\delta^5+28\delta^4-49\delta^3+2\delta^2+66\delta-20}$，因此 $\frac{\partial sw^{**}}{\partial\lambda}<0$；当 $\delta\in(0.359,\ 0.543)$ 时，因为 $\frac{(a-b)\delta^3+\delta-3}{2\delta^2-\delta-3}>\frac{(a-b)4\delta^6-2\delta^5-4\delta^4-36\delta^2+71\delta-20}{4\delta^6-8\delta^5+28\delta^4-49\delta^3+2\delta^2+66\delta-20}>\frac{(a-b)(\delta^2+3\delta-1)}{4\delta-1}$，所以当 $\lambda<\frac{(a-b)4\delta^6-2\delta^5-4\delta^4-36\delta^2+71\delta-20}{4\delta^6-8\delta^5+28\delta^4-49\delta^3+2\delta^2+66\delta-20}$ 时，$\frac{\partial sw^{**}}{\partial\lambda}>0$，当 $\lambda>\frac{(a-b)4\delta^6-2\delta^5-4\delta^4-36\delta^2+71\delta-20}{4\delta^6-8\delta^5+28\delta^4-49\delta^3+2\delta^2+66\delta-20}$ 时，$\frac{\partial sw^{**}}{\partial\lambda}<0$；当 $\delta\in(0.543,\ 1)$ 时，由于 $\frac{(a-b)(\delta^2+3\delta-1)}{4\delta-1}>\frac{(a-b)4\delta^6-2\delta^5-4\delta^4-36\delta^2+71\delta-20}{4\delta^6-8\delta^5+28\delta^4-49\delta^3+2\delta^2+66\delta-20}>\frac{(a-b)\delta^3+\delta-3}{2\delta^2-\delta-3}$，因此当 $\lambda<\frac{(a-b)4\delta^6-2\delta^5-4\delta^4-36\delta^2+71\delta-20}{4\delta^6-8\delta^5+28\delta^4-49\delta^3+2\delta^2+66\delta-20}$ 时，$\frac{\partial sw^{**}}{\partial\lambda}>0$，当 $\lambda>\frac{(a-b)4\delta^6-2\delta^5-4\delta^4-36\delta^2+71\delta-20}{4\delta^6-8\delta^5+28\delta^4-49\delta^3+2\delta^2+66\delta-20}$ 时，$\frac{\partial sw^{**}}{\partial\lambda}<0$。

将上述结果进行汇总后得到：当 $\delta\in(0,\ 0.359)$ 时，$\frac{\partial sw^{**}}{\partial\lambda}<0$；当 $\delta\in(0.359,\ 1)$ 时，若 $\lambda<\frac{(a-b)4\delta^6-2\delta^5-4\delta^4-36\delta^2+71\delta-20}{4\delta^6-8\delta^5+28\delta^4-49\delta^3+2\delta^2+66\delta-20}$，$\frac{\partial sw^{**}}{\partial\lambda}>0$，若 $\lambda>\frac{(a-b)4\delta^6-2\delta^5-4\delta^4-36\delta^2+71\delta-20}{4\delta^6-8\delta^5+28\delta^4-49\delta^3+2\delta^2+66\delta-20}$，$\frac{\partial sw^{**}}{\partial\lambda}<0$。

命题 7－5：在均衡状态下，sw^{**} 与 λ 关系为：当 $\delta \in (0, 0.359)$ 时，两者负相关；当 $\delta \in (0.359, 1)$ 时，$\lambda < \frac{(a-b)4\delta^6 - 2\delta^5 - 4\delta^4 - 36\delta^2 + 71\delta - 20}{4\delta^6 - 8\delta^5 + 28\delta^4 - 49\delta^3 + 2\delta^2 + 66\delta - 20}$，两者正相关；$\lambda > \frac{(a-b)4\delta^6 - 2\delta^5 - 4\delta^4 - 36\delta^2 + 71\delta - 20}{4\delta^6 - 8\delta^5 + 28\delta^4 - 49\delta^3 + 2\delta^2 + 66\delta - 20}$，两者负相关。即当企业社会责任水平较低时，负外部性与社会福利负相关；当企业社会责任水平较高时，若负外部性较小则两者正相关，反之则负相关。

由命题 7－5 可见，当企业社会责任水平低于一定水平［$\delta \in (0, 0.359)$］时，负外部性的增大会造成社会福利的降低。当社会责任增加到一定区间［$\delta \in (0.359, 1)$］时，外部性的增加会造成企业污染治理投资力度的增加，从而使社会福利升高；在其他情况下，如果负外部性大于一定水平$\left[\lambda > \frac{(a-b)4\delta^6 - 2\delta^5 - 4\delta^4 - 36\delta^2 + 71\delta - 20}{4\delta^6 - 8\delta^5 + 28\delta^4 - 49\delta^3 + 2\delta^2 + 66\delta - 20}\right]$，则进行污染治理投资带来的社会福利的增加小于外部性对社会福利的减少，从而呈现负相关关系，否则是正相关关系。

与无庇古税情况相比，可以看出负外部性与社会福利的关系不确定。且在有无庇古税两种情况下，虽然影响的正负不同，但均受企业社会责任影响。

最后考察社会责任对社会福利的影响。sw^{**} 构成十分复杂，因此 $\frac{\partial sw^{**}}{\partial \delta}$ 十分复杂，涉及的变量较多，受 λ 和 $a-b$ 的作用。在满足限制性条件的前提下，通过图像模拟考察在 $\delta \in (0, 0.300)$、$\delta \in (0.300, 0.534)$、$\delta \in (0.534, 1)$ 三种情况下，在不同 $a-b$ 和 λ 值条件下的社会责任与社会福利之间的关系。在均衡状态下，当 $\delta \in (0, 0.300)$ 时，存在 $\lambda_1 > 0$；当 $0 < \lambda < \lambda_1$ 时，随着 δ 的增加，$\frac{\partial sw^{**}}{\partial \delta} > \rightarrow < 0$，存在最优的社会责任水平 $\delta^* \left(\frac{\partial sw^{**}}{\partial \delta} \mid \delta = \delta^* = 0 \right)$；当 $\lambda > \lambda_1$ 时，$\frac{\partial sw^{**}}{\partial \delta} < 0$（见图 7－4）。当 $\delta \in (0.300, 0.534)$ 时，$\frac{\partial sw^{**}}{\partial \delta} < 0$（见图 7－5）。当 $\delta \in (0.534, 1)$ 时，$\frac{\partial sw^{**}}{\partial \delta} > 0$（见图 7－6）。由此可得命题 7－6。

命题 7－6：在均衡状态下，当 $\delta \in (0, 0.300)$ 时，存在 $\lambda_1 > 0$；当 $0 < \lambda < \lambda_1$ 时，随着 δ 的增加，$\frac{\partial sw^{**}}{\partial \delta} > \rightarrow < 0$，存在最优的社会责任水平

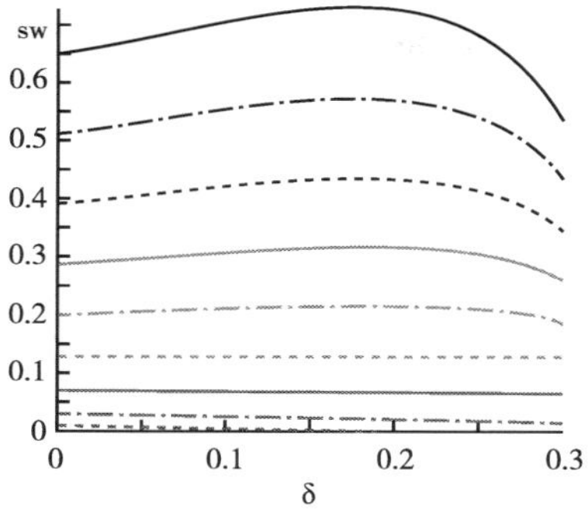

图 7-4 征收庇古税条件下 δ∈(0，0.300) 时 sw 和 δ 的关系**

注：从上至下 λ 依次为 0.1、0.2、0.3、0.4、0.5、0.6、0.7、0.8、0.9。

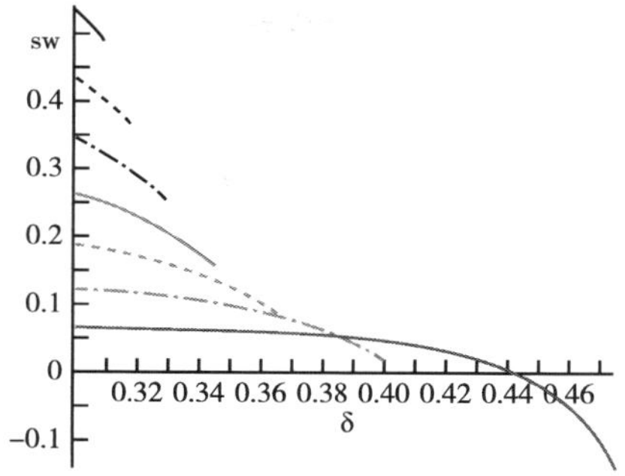

图 7-5 δ∈(0.300，0.534) 情况下 sw 和 δ 的关系**

注：从上至下 λ 依次为 0.1、0.2、0.3、0.4、0.5、0.6、0.7、0.8。

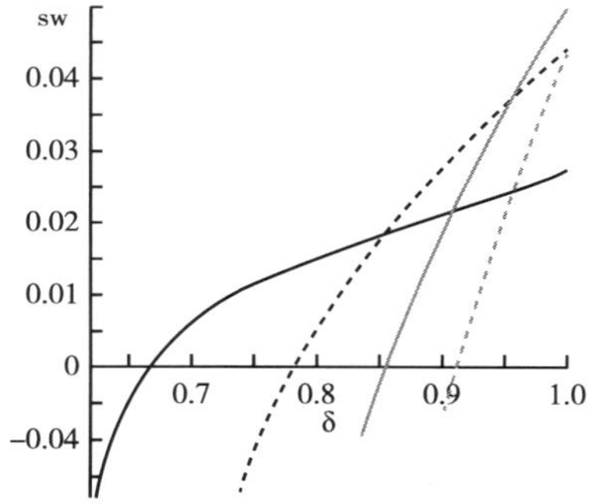

图 7-6 δ∈(0.534，1) 情况下 sw 和 δ 的关系**

注：从上至下 λ 依次为 0.7、0.8、0.9。

$\delta^*\left(\frac{\partial sw^{**}}{\partial \delta}\mid \delta=\delta^*=0\right)$；当 $\lambda>\lambda_1$ 时，$\frac{\partial sw^{**}}{\partial \delta}<0$。当 $\delta\in(0.300,\ 0.534)$ 时，$\frac{\partial sw^{**}}{\partial \delta}<0$；当 $\delta\in(0.534,\ 1)$ 时，$\frac{\partial sw^{**}}{\partial \delta}>0$。

由命题 7-6 可知，企业社会责任对社会福利的影响具有不确定性，受企业社会责任水平取值范围和负外部性程度的影响。当企业社会责任低于一定水平［$\delta\in(0,\ 0.534)$］时，随着负外部性在某一范围内逐渐增大，企业社会责任水平的增加会先促进随后再抑制社会福利，即存在最优的企业社会责任水平；当负外部性达到一定限度时，企业社会责任与社会福利的关系变为负相关。当企业社会责任水平较高［$\delta\in(0.534,\ 1)$］时，在可取的范围内，企业社会责任水平与社会福利正相关，其原因在于高水平的企业社会责任意味着更高的治污投资，提高了社会福利。

与无庇古税的情况相比，负外部性对社会福利的影响也具有不确定性，受社会责任的影响，但存在庇古税时复杂程度更高，且会存在负外部性与社会福利负相关的情况。

7.1.3.3　比较

比较无庇古税与存在庇古税两种情况下的均衡污染治理投资和社会福利，当 $\delta \in (0,\ 0.53)$ 时，在两种情况的 λ 取值范围内，当 $\lambda > \frac{(a-b)4\delta^6-16\delta^5+29\delta^4-43\delta^3+70\delta^2-77\delta+36}{8\delta^5-36\delta^4+54\delta^3-11\delta^2-48\delta+36}$ 时 $x^* < x^{**}$，当 $\lambda < \frac{(a-b)4\delta^6-16\delta^5+29\delta^4-43\delta^3+70\delta^2-77\delta+36}{8\delta^5-36\delta^4+54\delta^3-11\delta^2-48\delta+36}$ 时，$x^* > x^{**}$；当 $\delta \in (0.53,\ 0.83)$ 时，在两种情况的 λ 取值范围内，当 $\lambda < \frac{(a-b)4\delta^6-16\delta^5+29\delta^4-43\delta^3+70\delta^2-77\delta+36}{8\delta^5-36\delta^4+54\delta^3-11\delta^2-48\delta+36}$ 时，$x^* < x^{**}$，当 $\lambda > \frac{(a-b)4\delta^6-16\delta^5+29\delta^4-43\delta^3+70\delta^2-77\delta+36}{8\delta^5-36\delta^4+54\delta^3-11\delta^2-48\delta+36}$ 时，$x^* > x^{**}$；当 $\delta \in (0.83,\ 1)$ 时，在取值范围内 $x^* > x^{**}$。在两种情况的 δ、λ 取值范围内 $sw^* < sw^{**}$。证明结果如下：

$$sw^{**} - sw^* = \frac{1}{9(2\delta^3-6\delta^2+12\delta-5)^2}\{40(a-b)^2\delta^2 - 368\left(a-b+\frac{7\lambda}{23}\right)(a-b)\delta^{11} + [1742(a-b)^2+1072(a-b)\lambda+64\lambda^2]\delta^{10} - [5154(a-b)^2 - 5228(a-b)\lambda+624\lambda^2]\delta^9 + [10865(a-b)^2+15272(a-b)\lambda+3288\lambda^2\delta^8 - [18058(a-b)^2+28976(a-b)\lambda-10508\lambda^2]\delta^7 + [24087(a-b)^2+38416(a-b)\pi+21690\lambda^2]\delta^6 - [24874(a-b)^2+35482(a-b)+32322\lambda^2]\delta^5 + [20666(a-b)^2+15754(a-b)\lambda+39397\lambda^2]\delta^4 + [-16048(a-b)^2+11002(a-b)\lambda-39588\lambda^2]\delta^3 + [11407(a-b)^2-21258(a-b)\lambda+28008\lambda^2]\delta + [-4656(a-b)^2+11412(a-b)\lambda-11016\lambda^2]\delta + 720(a-b)^2-1890(a-b)\lambda+1620\lambda^2\} > 0。$$

$$x^{**} - x^* = \frac{1}{6\delta^5-42\delta^4+126\delta^3-213\delta^2+168\delta-45}\{(a-b)(4\delta^6-16\delta^5+29\delta^4-43\delta^3+70\delta^2-77\delta+36) - [8\delta^5-36\delta^4+54\delta^3-11\delta^2-48\delta+36]\}。$$

当 $\delta \in (0,\ 0.53)$ 时，$6\delta^5-42\delta^4+126\delta^3-213\delta^2+168\delta-45 < 0$，若满足 $x^{**} - x^* > 0$，需要满足 $(a-b)(4\delta^6-16\delta^5+29\delta^4-43\delta^3+70\delta^2-77\delta+36) - [8\delta^5-36\delta^4+54\delta^3-11\delta^2-48\delta+36] < 0$，即 $\lambda > \frac{(a-b)4\delta^6-16\delta^5+29\delta^4-43\delta^3+70\delta^2-77\delta+36}{8\delta^5-36\delta^4+54\delta^3-11\delta^2-48\delta+36}$，由

于在 $\delta \in (0,\ 0.53)$ 范围内，$\frac{(a-b)\delta^3+\delta-3}{2\delta^2-\delta-3} > \frac{(a-b)4\delta^6-16\delta^5+29\delta^4-43\delta^3+70\delta^2-77\delta+36}{8\delta^5-36\delta^4+54\delta^3-11\delta^2-48\delta+36} > \frac{(a-b)(\delta^2+3\delta-1)}{4\delta-1}$、$(a+b)\left(1+\frac{\delta}{2}-\frac{1}{2\delta}\right) > \frac{(a-b)4\delta^6-16\delta^5+29\delta^4-43\delta^3+70\delta^2-77\delta+36}{8\delta^5-36\delta^4+54\delta^3-11\delta^2-48\delta+36} > -\frac{(a-b)(\delta^3-\delta^2+2\delta-3)}{-2\delta^2+3\delta}$。因此可以得到：在 λ 取值范围内，若 $\lambda > \frac{(a-b)4\delta^6-16\delta^5+29\delta^4-43\delta^3+70\delta^2-77\delta+36}{8\delta^5-36\delta^4+54\delta^3-11\delta^2-48\delta+36}$，则 $x^{**}-x^{*}>0$；$\delta \in (0.53,\ 0.83)$ 时，$6\delta^5-42\delta^4+126\delta^3-213\delta^2+168\delta-45>0$，$x^{**}-x^{*}>0$ 需要满足 $(a-b)(4\delta^6-16\delta^5+29\delta^4-43\delta^3+70\delta^2-77\delta+36)-[8\delta^5-36\delta^4+54\delta^3-11\delta^2-48\delta+36]>0$，即 $\lambda < \frac{(a-b)4\delta^6-16\delta^5+29\delta^4-43\delta^3+70\delta^2-77\delta+36}{8\delta^5-36\delta^4+54\delta^3-11\delta^2-48\delta+36}$，因为已知在定义域内 $\lambda < \frac{(a-b)4\delta^6-16\delta^5+29\delta^4-43\delta^3+70\delta^2-77\delta+36}{8\delta^5-36\delta^4+54\delta^3-11\delta^2-48\delta+36}$，$x^{**}-x^{*}<0$ 恒成立。当 $\delta \in (0.83,\ 1)$ 时，$(a-b)(4\delta^6-16\delta^5+29\delta^4-43\delta^3+70\delta^2-77\delta+36)-[8\delta^5-36\delta^4+54\delta^3-11\delta^2-48\delta+36]>0$，即 $x^{**}-x^{*}>0$ 恒成立。由此可得命题 7－7。

命题 7－7：当 $\delta \in (0,\ 0.53)$ 时，在两种情况的 λ 取值范围内，有如下结果：

当 $\lambda > \frac{(a-b)4\delta^6-16\delta^5+29\delta^4-43\delta^3+70\delta^2-77\delta+36}{8\delta^5-36\delta^4+54\delta^3-11\delta^2-48\delta+36}$ 时，有 $x^{*}<x^{**}$；

当 $\lambda < \frac{(a-b)4\delta^6-16\delta^5+29\delta^4-43\delta^3+70\delta^2-77\delta+36}{8\delta^5-36\delta^4+54\delta^3-11\delta^2-48\delta+36}$ 时，$x^{*}>x^{**}$。

当 $\delta \in (0.53,\ 0.83)$ 时，在两种情况的 λ 取值范围内有如下结果：

当 $\lambda < \frac{(a-b)4\delta^6-16\delta^5+29\delta^4-43\delta^3+70\delta^2-77\delta+36}{8\delta^5-36\delta^4+54\delta^3-11\delta^2-48\delta+36}$ 时，$x^{*}<x^{**}$；

当 $\lambda > \frac{(a-b)4\delta^6-16\delta^5+29\delta^4-43\delta^3+70\delta^2-77\delta+36}{8\delta^5-36\delta^4+54\delta^3-11\delta^2-48\delta+36}$ 时，$x^{*}>x^{**}$；

当 $\delta \in (0.83,\ 1)$ 时，在取值范围内 $x^{*}>x^{**}$。

即在企业社会责任较小的情况下，当负外部性较大时，存在庇古税时的企业治污投资大于无庇古税时的企业治污投资，负外部性较小时则反之；在企业社会责任在某一范围的情况下，当负外部性较小时，存在庇古税时企业治污投资大于无庇古税时的企业治污投资，负外部性较大时则反之；在企业社会责任较大时，无庇古税时企业治污投资大于存在庇古税时的企业治污投资。在两种情况的 λ 取值范围内，$sw^{*} < sw^{**}$，即存在庇古税时的社会福利优于不存在庇古税时。

由命题 7 - 7 可知，对比两种情况下的污染治理投资，在企业承担社会责任较小 $[\delta \in (0, 0.53)]$ 时，如果负的外部性较大 $\left[\lambda > \frac{(a-b)4\delta^6 - 16\delta^5 + 29\delta^4 - 43\delta^3 + 70\delta^2 - 77\delta + 36}{8\delta^5 - 36\delta^4 + 54\delta^3 - 11\delta^2 - 48\delta + 36}\right]$，那么政府规制可以提高企业的污染治理投资；随着企业社会责任的加大 $[\delta \in (0.53, 0.83)]$，只有在负外部性低于一定程度 $\left[\lambda < \frac{(a-b)4\delta^6 - 16\delta^5 + 29\delta^4 - 43\delta^3 + 70\delta^2 - 77\delta + 36}{8\delta^5 - 36\delta^4 + 54\delta^3 - 11\delta^2 - 48\delta + 36}\right]$ 时，政府规制才可以提高企业的污染治理投资；在企业社会责任水平较高时 $[\delta \in (0.83, 1)]$，政府规制并不会提高企业的污染治理投资。这表面政府规制未必会督促企业加大污染治理投资力度，需要综合考虑企业社会责任水平及负外部性。此外，在政府对环境污染征收庇古税的情况下社会福利更高，这意味着政府应该对污染行为进行有效管制。

7.1.4 结论

本部分构建了考虑企业社会责任和生产负外部性的两阶段的序贯博弈模型，考察了不存在庇古税和存在庇古税两种情况下的企业环境污染治理投资决策，得到如下结论：

第一，企业社会责任、负外部性影响企业的环境污染治理投资。在政府不征收庇古税的情况下，污染治理投资和负外部性之间是负相关，与企业社会责任正相关。在政府征收庇古税的情况下，负外部性与企业社会责任都分别和污染治理投资具有了不确定关系，并相互影响彼此与污染治理投资之间的关系。可见，增强企业的社会责任未必会增加企业的污染治理投资，因此要根据不同的政策条件来审视社会责任和负外部性的作用。

第二，企业社会责任、负外部性影响社会福利。在政府不征收庇古税的情况下，企业社会责任、负外部性与社会福利之间的影响不确定，这种不确定性取决于 δ 与 λ 的取值范围。在政府征收庇古税的情况下，企业社会责任、负外部性与社会福利之间的影响不确定，比无庇古税的情况更加复杂。因此，企业社会责任未必越高越好，在特定条件下反而会降低社会福利，负外部性的增加可能会通过增加大气污染治理投资来提升社会福利，应当科学区分不同环境污染的负外部性。

第三，与无庇古税的情况相比，政府对负外部性征收庇古税能够增进社会福利，但是未必会增进企业的环境污染治理投资，能否激励企业增加更多的污染治理投资，取决于负外部性和企业社会责任水平。因此，政府在采用庇古税方案治理环境污染时，应积极缓解信息不对称的问题，设计科学合理的税制方案。

7.2　社区友好型企业社会责任的效应及其机理

7.2.1　问题的提出

学界对企业社会责任与社区治理的研究较多。一般观点认为，在社区内履行企业社会责任有助于推动社区及企业发展。张桂蓉（2011）通过分析企业与社区关系对企业参与社区的影响，认为企业与社区存在互利共生关系；李增元（2013）认为，当代农村的协同治理应当由政府、社区、市场共同参与，企业对推动农村社区治理起到了积极作用。但在我国，企业参与社区治理、承担社会责任却存在一些问题。雷鸣和张桂蓉（2010）认为，由于在治理企业社会责任的过程中存在政府矫枉过正、社区治理界限不明等问题，大多企业没有意识到自己应承担的社会责任。张桂蓉（2011）认为，经济因素是企业参与治理、履行社会责任的影响因素，受制度环境影响较大，且在我国制度环境影响下企业的整体参与水平较低。

现有文献少有基于博弈论对企业社会责任和社区间的互动关系进行深入严密的数理分析，本部分在借鉴现有文献有益思路的基础上，根据前面所阐述的企业社会责任对社区的效应，构建社区友好型企业社会责任博弈模型，考察社区友好型企业社会责任对企业、社区、消费者、政府等利益相关者的效应，并揭示其中的内在机理。

7.2.2　模型构建

为了实现研究目标，本部分采用双寡头模型和序贯博弈的方法，探讨了社区友好型企业社会责任的影响和相关决策。本部分构建了一个由企业和社区组成的双寡头垄断模型，并提出了以下假设。

假设 H7 -1：假设有两个企业（企业 1 和企业 2）和一个社区参与。

企业之间进行古诺竞争，产品同质化。企业与社区之间存在着多重联系。第一，社区是企业的消费市场；第二，企业为消费者居住的社区提供税收；第三，企业生产活动产生负外部性。因此，企业社会责任对社会的影响主要体现在三个方面：消费者剩余、税收和负外部性。

假设 H7－2：根据现有的企业社会责任效用函数，将以社区型企业社会责任纳入其中。假设企业效用函数为 $U_i=(1-\beta)\pi_i+a[CS+\beta\pi_i-\lambda(q_1+q_2)]$，i＝1 或 2，$\pi_i$为利润，$CS=\frac{(q_1+q_2)^2}{2}$，$SW=\pi_1+\pi_2+CS-\lambda(q_1+q_2)$。实施企业社会责任的市场函数为 $p_i=b+ae-q_1-q_2$，不实施企业社会责任的市场函数为 $p_i=b-q_1-q_2$。其中，β 为社区所在政府征收的税率（$0<\beta<1$），a 为企业社会责任水平（$0\leqslant a\leqslant 1$），λ 为企业生产对社区造成的负外部性$\left(0<\lambda<\frac{b-c}{2}\right)$，以及 e 为消费者对企业社会责任水平的敏感度（$e>0$）。e 越大，价格越高。c 是企业的边际成本，是一个大于 0 的常数。

假设 H7－3：假设有三种情况。情况 1：两家企业都不实施企业社会责任，追求（$1-\beta$）π_i最大化。情况 2：企业 1 实施企业社会责任，追求 U_1 最大化；企业 2 不实施企业社会责任，追求（$1-\beta$）π_2 最大化。情况 3：两家企业都实施企业社会责任，追求 U_i最大化。我们将这三种情况分别定义为模型 NN、模型 CN、模型 CC。通过对这三种情况的比较，来考察企业的企业社会责任决策。

在以上假设条件下，两家企业进行产量古诺竞争。求解出三种情况下的最优产量 q_i^*，探讨了 a、β、λ、e 对各均衡结果 CS^*、π_i^*、SW^* 的影响，比较三种情况下的均衡利润，剖析企业社会责任决策并提出相应的政策建议。

7.2.3 模型分析

7.2.3.1 模型 NN

在此种情况下，两家企业都不实施企业社会责任，追求（$1-\beta$）π_i最大化。根据利润最大化原则，企业 1 的产量决策满足$\frac{\partial(1-\beta)\pi_1}{\partial q_1}=0$，企业 2 的产量决策满足$\frac{\partial(1-\beta)\pi_2}{\partial q_2}=0$，产量如下：

$$q_1=\frac{b-c-q_2}{2} \tag{7.11}$$

$$q_2 = \frac{b - c - q_1}{2} \tag{7.12}$$

联立式（7.11）和式（7.12），解得均衡产量：

$$q_1^{NN} = q_2^{NN} = \frac{b - c}{3} \tag{7.13}$$

为了确保 $q_i^{NN} > 0$，则要满足 $b - c > 0$。

引理 7－3：两家企业都不实施企业社会责任情况下的均衡结果：

$\pi_i^{NN} = \frac{(b-c)^2}{9}$，$CS^{NN} = \frac{2(b-c)^2}{9}$，$SW^{NN} = \frac{(4b-4c-6\lambda)(b-c)}{9}$。

分析 a、β、λ、e 对均衡结果 CS^{NN}、π_i^{NN}、SW^{NN} 的影响，可以得到命题 7－8。

命题 7－8：在模型 NN 中，社区友好型企业社会责任对利益相关者的影响如下：

（1）a 对均衡结果的影响。

$\frac{\partial CS^{NN}}{\partial a} = 0$，$\frac{\partial \pi_i^{NN}}{\partial a} = 0$，$\frac{\partial SW^{NN}}{\partial a} = 0$。

（2）β 对均衡结果的影响。

$\frac{\partial CS^{NN}}{\partial \beta} = 0$，$\frac{\partial \pi_i^{NN}}{\partial \beta} = 0$，$\frac{\partial SW^{NN}}{\partial \beta} = 0$。

（3）λ 对均衡结果的影响。

$\frac{\partial CS^{NN}}{\partial \lambda} = 0$，$\frac{\partial \pi_i^{NN}}{\partial \lambda} = 0$，$\frac{\partial SW^{NN}}{\partial \lambda} = -\frac{2(b-c)}{3} < 0$。

（4）e 对均衡结果的影响。

$\frac{\partial CS^{NN}}{\partial e} = 0$，$\frac{\partial \pi_i^{NN}}{\partial e} = 0$，$\frac{\partial SW^{NN}}{\partial e} = 0$。

命题 7－8 表明，在 a、β、λ、e 对均衡结果的影响中，只有企业生产对社区造成的负外部性对社会福利有负向影响，其余变量对均衡结果均无影响。其原因在于，当两个企业没有实施企业社会责任时，企业社会责任的利益相关者属性（包括关注消费者、纳税、减少负外部性）就没有体现出来，所以企业社会责任的水平及其敏感度、税率，负外部性对消费者剩余和利润没有影响。至于社会福利，则是企业利润与消费者剩余之和减去生产的负外部性造成的损失。因此，负外部性越大，对社会的危害就越大。因此，政府应严格控制企业生产带来的负外部性，督促企业减少负外部性的产生。

7.2.3.2　模型 CN

在模型 CN 中，企业 1 实施企业社会责任，追求 U_1 最大化。企业 2 不实施企业社会责任，追求 $(1-\beta)\pi_2$ 最大化。企业 1 根据效用最大化原则，其产量决策满足 $\frac{\partial U_1}{\partial q_1}=0$；企业 2 根据利润最大化原则，其产量决策满足 $\frac{\partial(1-\beta)\pi_2}{\partial q_2}=0$，那么产出如下：

$$q_1=\frac{(a-1)(ae+b-c-q_2)\beta+(e+q_2-\lambda)a+b-c-q_2}{(2a-2)\beta-a+2} \tag{7.14}$$

$$q_2=\frac{b-c-q_1}{2} \tag{7.15}$$

联立式（7.14）和式（7.15），推导出均衡产量：

$$q_1^{CN}=\frac{2a^2\beta e+[(b-c-2e)\beta+b-c+2e-2\lambda]a-(\beta-1)(b-c)}{(3\beta-1)a-3\beta+3} \tag{7.16}$$

$$q_2^{CN}=\frac{-a^2\beta e+[(b-c+e)\beta-b+c-e+\lambda]a-(\beta-1)(b-c)}{(3\beta-1)a-3\beta+3} \tag{7.17}$$

引理 7－4：当企业 1 实施企业社会责任，企业 2 不实施企业社会责任时的均衡结果是：

$$\pi_1^{CN}=\frac{\{e(2\beta-1)a^2+[(b-c-2e)\beta-b+c+2e+\lambda]a-(\beta-1)(b-c)\}\{2a^2\beta e+[(b-c-2e)\beta+b-c+2e-2\lambda]a-(\beta-1)(b-c)\}}{(3a\beta-a-3\beta+3)^2};$$

$$\pi_2^{CN}=\frac{\{a^2\beta e+[(-b+c-e)\beta+b-c+e-\lambda]a+(\beta-1)(b-c)\}^2}{(3a\beta-a-3\beta+3)^2};$$

$$CS^{CN}=\frac{[(a-1)(ae+2b-2c)\beta+(e-\lambda)a+2b-2c]^2}{2(3a\beta-a-3\beta+3)^2}$$

$$SW^{CN}=\frac{\begin{array}{c}\beta e^2(11\beta-4)a^4+[(8b-8c-22e-6\lambda)\beta^2+\\(2b-2c+26e-8\lambda)\beta-2b+2c-4e+4\lambda]ea^3\\+\left\{\begin{array}{c}[11e^2+(-16b+16c+12\lambda)e+(b-c)(8b-8c\\-12\lambda)]\beta^2+[-22e^2+(14b-14c-4\lambda)e-(4b\\-4c-6\lambda)(-c+\lambda+b)]\beta+11e^2+(2b-2c\\-8\lambda)e+(2b-2c-3\lambda)\lambda\end{array}\right\}a^2;\\-(\beta-1)\left\{\begin{array}{c}[(-8b+8c+6\lambda)e+(b-c)\\(16b-16c-24\lambda)]\beta+\\(8b-8c-6\lambda)e-(4b-4c\\-6\lambda)((-c+\lambda+b))\end{array}\right\}a+(\beta-1)^2(b-c)(8b-8c-12\lambda)\end{array}}{2(3a\beta-a-3\beta+3)^2}。$$

为确保价格产量利润大于0，需要满足 $0<e<\frac{[(b-c)\beta-b+c+\lambda]a-(\beta-1)(b-c)}{a(a\beta-\beta+1)}=A$。下面，分析a、β、λ、e对均衡结果 CS^{CN}、π_i^{CN}、SW^{CN} 的影响，可以得到命题7-9。

命题7-9：在模型CN中，社区友好型企业社会责任对利益相关者的影响是：

（1）a对均衡结果的影响。

$$\frac{\partial CS^{CN}}{\partial a}=\frac{\begin{matrix}[3e(a-1)^2\beta^2+(-a^2e+6ae-2b+2c\\-6e+3\lambda)\beta+2b-2c+3e-3\lambda]\\{[(a-1)(ae+2b-2c)\beta+(e-\lambda)a+2b-2c]}\end{matrix}}{(3a\beta-a-3\beta+3)^3}>0;$$

$$\frac{\partial \pi_1^{CN}}{\partial a}=\frac{\begin{matrix}e^2(3\beta-1)\beta(8\beta-4)a^4+\begin{bmatrix}12(b-c-6e)\beta^3+(-7b+\\7c+110e-6\lambda)\beta^2\\+(-2b+2c-40e+\\8\lambda)\beta+b-c+2e-2\lambda\end{bmatrix}ea^3\\-[36(b-c-2e)\beta^2+(-9b+9c+90e\\-18\lambda)\beta-9b+9c-18e+18\lambda](\beta-1)ea^2\\-(\beta-1)\left\{\begin{matrix}-e(36b-\\36c-24e)\beta^2+\begin{bmatrix}-48e^2+(38b-38c+12\lambda)e\\+(b-c)(2b-2c-3\lambda)\end{bmatrix}\beta\\+24e^2+(-2b+2c-12\lambda)e\\-(-3c-4\lambda+3b)(2b-2c-3\lambda)\end{matrix}\right\}a\\+(\beta-1)^2(-12\beta e+2b-2c+12e-3\lambda)(b-c)\end{matrix}}{(3a\beta-a-3\beta+3)^3},$$

当 $e<e_1$ 时，π_1^{CN} 与a的关系呈倒“U”形，存在最优的 a^{CN}，$\left.\frac{\partial \pi_1^{CN}}{\partial a}\right|_{a=a^{CN}}=0$；当 $e_1<e<A$ 时，$\frac{\partial \pi_1^{CN}}{\partial a}>0$。

$$\frac{\partial \pi_2^{CN}}{\partial a}=\frac{\begin{matrix}[6e(a-1)^2\beta^2+(-2a^2e+12ae-4b+4c\\-12e+6\lambda)\beta+4b-4c+6e-6\lambda]\\{[(a-1)(ae-b+c)\beta+(b-c+e-\lambda)a-b+c]}\end{matrix}}{(3a\beta-a-3\beta+3)^3}<0;$$

$$\frac{\partial SW^{CN}}{\partial a}=\frac{\begin{gathered}e(a-1)^3(33ae+12b-12c-9\lambda)\beta^3-(a-1)\left[\begin{gathered}23e^2a^3+e(b-c-117e+9\lambda)a^2-e(26b-26c\\-99e)a+(36b-36c-27\lambda)e+(2b-2c-3\lambda)(-c-3\lambda+b)\end{gathered}\right]\beta^2\\+\left[\begin{gathered}4a^4e^2-e(4b-4c+43e-10\lambda)a^3\\+e(18b-18c+135e-54\lambda)a^2\\+[-99e^2+(16b-16c+27\lambda)e\\+(2b-2c-3\lambda)(2b-2c-5\lambda)]a\\+(-36b+36c+27\lambda)e-(4b\\-4c-6\lambda)(-c-3\lambda+b)\end{gathered}\right]\beta+e(b-c+2e-2\lambda)a^3\\-9e(b-c+2e-2\lambda)a^2+[33e^2+(10b-10c\\-27\lambda)e-(2b-2c-3\lambda)(b-c-2\lambda)]a+\\(12b-12c-9\lambda)e+(2b-2c-3\lambda)(-c-3\lambda+b)\end{gathered}}{(3a\beta-a-3\beta+3)^3},$$

当 $e<e_2$ 时，$\frac{\partial SW^{CN}}{\partial a}<0$；当 $e_2\leqslant e<e_3$ 时，SW^{CN} 与 a 关系呈倒“U”形，存在最优的 a^{CN}，$\left.\frac{\partial SW^{CN}}{\partial a}\right|_{a=a^{CN}}=0$；如果 $e\geqslant e_3$，则 $\frac{\partial SW^{CN}}{\partial a}>0$。

（2）β 对均衡结果的影响。

$$\frac{\partial CS^{CN}}{\partial \beta}=\frac{\begin{gathered}(ae+2b-2c-3\lambda)a(1-a)\{a^2\beta e+\\[(2b-2c-e)\beta+e-\lambda]a-2(\beta-1)(b-c)\}\end{gathered}}{(3a\beta-a-3\beta+3)^3}>0;$$

$$\frac{\partial \pi_1^{CN}}{\partial \beta}=\frac{\begin{gathered}a(1-a)\{2e(\beta-1)a^2+[(b-c-2e)\beta\\-3b+3c+2e+4\lambda]a-(\beta-1)(b-c)\}(ea+2b-2c-3\lambda)\end{gathered}}{(3\beta a-a-3\beta+3)^3},$$

当 $\frac{2a-1}{a-1}<\beta<1$ 且 $0<\lambda<-\frac{[(\beta-2)a-\beta+1](b-c)}{2a}$ 时，$\frac{\partial \pi_1^{CN}}{\partial \beta}<0$；否则，当 $0<e<e_4$ 时，$\frac{\partial \pi_1^{CN}}{\partial \beta}<0$，当 $e_4<e<A$ 时，$\frac{\partial \pi_1^{CN}}{\partial \beta}>0$，其中 $e_4=\frac{[(-b+c)\beta+3b-3c-4\lambda]a+(\beta-1)(b-c)}{2a(\beta-1)(a-1)}$。

$$\frac{\partial \pi_2^{CN}}{\partial \beta}=\frac{\begin{gathered}2(1-a)\{a^2\beta e+[(-b+c-e)\beta+b-c+e-\lambda]a\\+(\beta-1)(b-c)\}a(ae+2b-2c-3\lambda)\end{gathered}}{(3a\beta-a-3\beta+3)^3}<0;$$

$$\frac{\partial SW^{CN}}{\partial \beta}=\frac{\left\{e(5\beta-2)a^2+\left[(b-c-5e-3\lambda)\beta-b+c+5e+2\lambda\right]a-(\beta-1)(b-c-3\lambda)\right\}a(1-a)(ae+2b-2c-3\lambda)}{(3a\beta-a-3\beta+3)^3},$$

当 $0<\lambda<\frac{(b-c)(\beta-1)(a-1)}{(3a-3)\beta-2a+3}$ 时，$\frac{\partial SW^{CN}}{\partial \beta}>0$。当 $\frac{(b-c)(\beta-1)(a-1)}{(3a-3)\beta-2a+3}<\lambda<\frac{1}{2}(b-c)$ 时，如果 $0<e<e_5$，则 $\frac{\partial SW^{CN}}{\partial \beta}<0$；如果 $e_5<e<A$，则 $\frac{\partial SW^{CN}}{\partial \beta}>0$，其中 $e_5=\frac{[(-b+c+3\lambda)\beta+b-c-2\lambda]a+(\beta-1)(b-c-3\lambda)}{a(5a\beta-2a-5\beta+5)}$。

（3）λ 对均衡结果的影响。

$$\frac{\partial CS^{CN}}{\partial \lambda}=\frac{[(1-a)(ae+2b-2c)\beta-(e-\lambda)a-2b+2c]a}{(3a\beta-a-3\beta+3)^2}<0;$$

$$\frac{\partial \pi_1^{CN}}{\partial \lambda}=\frac{\{2e(1-\beta)a^2+[-(b-c-2e)\beta+3b-3c-2e-4\lambda]a-(1-\beta)(b-c)\}a}{(3a\beta-a-3\beta+3)^2},$$

当 $\frac{2a-1}{a-1}<\beta<1$ 时，如果 $-\frac{[(\beta-2)a-\beta+1](b-c)}{2a}<\lambda<\frac{b-c}{2}$ 且 $e_6<e<B$，$\frac{\partial \pi_1^{CN}}{\partial \lambda}<0$；否则，$\frac{\partial \pi_1^{CN}}{\partial \lambda}>0$；当 $0<\beta<\frac{2a-1}{a-1}$ 时，如果 $0<e<e_6$，则 $\frac{\partial \pi_1^{CN}}{\partial \lambda}>0$；如果 $e_6<e<A$，则 $\frac{\partial \pi_1^{CN}}{\partial \lambda}<0$。其中 $e_6=\frac{[(-b+c)\beta+3b-3c-4\lambda]a+(\beta-1)(b-c)}{2a(\beta-1)(a-1)}$。

$$\frac{\partial \pi_2^{CN}}{\partial \lambda}=-\frac{2a\{a^2\beta e+[(-b+c-e)\beta+b-c+e-\lambda]a+(\beta-1)(b-c)\}}{(3a\beta-a-3\beta+3)^2}>0;$$

$$\frac{\partial SW^{CN}}{\partial \lambda}=\frac{(-3\beta^2e-4\beta e+2e)a^3+[(-6b+6c+6e)\beta^2+(b-c-2e+6\lambda)\beta+b-c-4e-3\lambda]a^2+[(12b-12c-3e)\beta-b+c+3e-6\lambda](\beta-1)a-6(\beta-1)^2(b-c)}{(3a\beta-a-3\beta+3)^2}<0。$$

（4）e 对均衡结果的影响。

$$\frac{\partial CS^{CN}}{\partial e}=\frac{[(a-1)(ae+2b-2c)\beta+(e-\lambda)a+2b-2c][(a-1)a\beta+a]}{(3a\beta-a-3\beta+3)^2}>0;$$

$$\frac{\partial \pi_1^{CN}}{\partial e}=\frac{a\left\{\begin{array}{c}e\beta(8\beta-4)a^3+[(4b-4c-16e)\beta^2+\\(-b+c+20e-2\lambda)\beta-b+c-4e+2\lambda]a^2-\\{[8(b-c-e)\beta-b+c+8e-2\lambda]}\\(\beta-1)a+4(\beta-1)^2(b-c)\end{array}\right\}}{(3a\beta-a-3\beta+3)^2}>0;$$

$$\frac{\partial \pi_2^{CN}}{\partial e}=\frac{2\{a^2\beta e+[(-b+c-e)\beta+b-c+e-\lambda]a+(\beta-1)(b-c)\}a(a\beta-\beta+1)}{(3a\beta-a-3\beta+3)^2}<0;$$

$$\frac{\partial SW^{CN}}{\partial e}=\frac{a\left\{\begin{array}{c}e\beta(11\beta-4)a^3+[(4b-4c-22e-3\lambda)\beta^2\\+(b-c+26e-4\lambda)\beta-b+c-4e+2\lambda]a^2-\\(\beta-1)[(8b-8c-11e-6\lambda)\beta+b-c\\+11e-4\lambda]a+(\beta-1)^2(4b-4c-3\lambda)\end{array}\right\}}{(3a\beta-a-3\beta+3)^2}>0。$$

根据命题 7 -9，进行如下讨论：

第一，企业社会责任水平对利益相关者存在影响。企业社会责任水平与消费者剩余正相关。其原因在于，提高企业社会责任水平有利于提高总产出。这一结果表明，积极鼓励企业履行社会责任有利于增进消费者福利。企业 1 实施企业社会责任可能无法增加利润，这取决于消费者的敏感度。如果消费者敏感度低于一定水平，则实施适度的企业社会责任是最优的。对企业 2 来说，企业 1 实施企业社会责任将导致利润下降。究其原因，是随着企业社会责任水平的提高，企业 2 的价格和产量下降，利润下降。社会福利与企业社会责任水平之间不存在直线关系。不履行企业社会责任、适度履行企业社会责任和完全履行企业社会责任都可能实现社会福利的最大化。这也依赖于消费者的敏感度，意味着追求企业社会责任未必能增加社会福利。

第二，税率影响利益相关者。提高税率有利于增加市场总产出和消费者剩余，对消费者有利。税率对企业 1 利润的影响取决于消费者的敏感度和产品的负外部性程度。提高税率有助于增加企业 1 的产量，并在市场敏感度较高时提高利润。因此，提高税率未必对企业有害。对企业 2 而言，随着税率的提高，产量减少，总产量增加，价格下降，利润也随之下降。对于社会福利而言，当产品的负外部性高于一定水平且消费者的敏感度低于一定水平时，提高税率会降低社会福利，反之则会增加社会福利。由此可见，税率的设计非常重要，需要综合考虑各种市场因素。

第三，负外部性影响利益相关者。负外部性越多，总产出越低，反过来又会减少消费者剩余。但是，如果综合考虑负外部性对消费者的影响，则整体上对消费者是有利的。对于企业 1 而言，负外部性对利润的影响取决于税率、消费者敏感性和负外部性水平，既可能正相关，也可能负相关，这说明负外部性对企业 1 的影响是复杂的。对于企业 2 来说，负外部性的增加会降低市场总产出，进而提高价格，从而获得更高的利润。这说明负外部性对企业而言未必是坏事，这也反映了市场“失灵”的问题。对社会而言，负外部性的增加必然会损害社会福利。

第四，消费者敏感度对利益相关者的影响如下：消费者敏感度的提高使消费者愿意支付更高的价格，从而提高市场总产出，进而有利于提高消费者剩余。对企业 1 而言，消费者敏感度越高，产品市场价格越高，利润就越高。对于企业 2 而言，消费者敏感度越高，市场总产量越大，价格越低，企业 2 可能存在的市场劣势就越大，利润也就越低。就社会而言，提高消费者的敏感度将鼓励企业实施企业社会责任。同时，价格也有一定程度的上涨。虽然对企业 2 不利，但对社会福利有利。

7.2.3.3 模型 CC

在模型 CC 中，两家企业都实施企业社会责任，追求 U_i 最大化，可以得到如下产量关系：

$$q_1=\frac{(a-1)(ae+b-c-q_2)\beta+(e+q_2-\lambda)a+b-c-q_2}{(2a-2)\beta-a+2} \tag{7.18}$$

$$q_2=\frac{(a-1)(ae+b-c-q_1)\beta+(e+q_1-\lambda)a+b-c-q_1}{(2a-2)\beta-a+2} \tag{7.19}$$

进一步地，均衡产出为：

$$q_1^{CC}=q_2^{CC}=\frac{(a-1)(ae+b-c)\beta+(e-\lambda)a+b-c}{(3a-3)\beta-2a+3} \tag{7.20}$$

引理 7-5：两家企业都实施企业社会责任的均衡结果：

$$\pi_1^{CC}=\pi_2^{CC}=\frac{\{a^2\beta e+[(b-c-e)\beta+e-\lambda]a-(\beta-1)(b-c)\}\{a^2e(\beta-2)+[(b-c-e)\beta-2b+2c+e+2\lambda]a-(\beta-1)(b-c)\}}{(3a\beta-2a-3\beta+3)^2};$$

$$CS^{CC}=\frac{2[(a-1)(ae+b-c)\beta+(e-\lambda)a+b-c]^2}{(3a\beta-2a-3\beta+3)^2};$$

$$SW^{CC}=\frac{2(2ae+2b-2c-3\lambda)(a-1)(\beta-1)\{a^2\beta e+[(b-c-e)\beta+e-\lambda]a-(\beta-1)(b-c)\}}{(3a\beta-2a-3\beta+3)^2}。$$

为保证 $q_i>0$ 且 $p_i>0$，可得 $(\beta-2)a^2e+((b+2c-e)\beta+e-2b+2\lambda)a-(\beta-1)(b+2c)>0$，其中 $e>\frac{(1-a)(b-c)\beta-\lambda a+b-c}{a((a-1)\beta+1)}=B$。

命题 7-10：社区友好型企业社会责任对模型 CC 中利益相关者的影响如下：

（1） a 对均衡结果的影响。

$$\frac{\partial CS^{CC}}{\partial a}=\frac{4[(a-1)(ae+b-c)\beta+(e-\lambda)a+b-c][3e(a-1)^2\beta^2+(-2a^2e+6ae-2b+2c-6e+3\lambda)\beta+2b-2c+3e-3\lambda]}{(3a\beta-2a-3\beta+3)^3}>0;$$

$$\frac{\partial \pi_i^{CC}}{\partial a}=\frac{\begin{array}{c}6e(a-1)^3(ae+b-c)\beta^3-(a-1)\begin{bmatrix}16a^3e^2+e(16b-16c-36e\\-3\lambda)a^2-2(19b-19c-9e\\-3\lambda)ea-(2b-2c-18e\\-3\lambda)(b-c)\end{bmatrix}\beta^2\\+\left\{\begin{array}{c}8a^4e^2+(8b-8c-38e+4\lambda)ea^3\\-(36b-36c-54e+9\lambda)ea^2\\+[-18e^2+(58b-58c-12\lambda)e\\+(-c-4\lambda+b)(-2c-3\lambda+2b)]a\\+(b-c)(4b-4c-18e-6\lambda\end{array}\right\}\beta\\+4e(e-\lambda)a^3-18e(e-\lambda)a^2+\begin{bmatrix}6e^2+(-20b+20c+\\6\lambda)e-2(-c-2\lambda+b)\\(-2c-3\lambda+2b)\end{bmatrix}a-(2b-2c-6e-3\lambda)(b-c)\end{array}}{(3a\beta-2a-3\beta+3)^3},$$

当 $\beta\leqslant\beta_1$ 时，如果 $0<e\leqslant e_7$，$\frac{\partial \pi_i^{CC}}{\partial a}<0$；如果 $e>e_7$，存在最优的 a^{CC}，使利润最大化；当 $\beta>\beta_1$ 时，$\frac{\partial \pi_i^{CC}}{\partial a}<0$。

$$\frac{\partial SW^{CC}}{\partial a}=\frac{\left\{\begin{array}{c}6e(a-1)^3(4ae+4b-4c-3\lambda)\beta^2-\begin{bmatrix}16a^3e^2+e(16b-16c-60e)a^2-\\(56b-56c-48e-18\lambda)ea+\\(48b-48c-36\lambda)e+(-c-\\3\lambda+b)(-4c-6\lambda+4b)\end{bmatrix}\\(a-1)\beta-8e(e-\lambda)a^3+36e(e-\lambda)a^2\\+[-24e^2+(32b-32c)e+(-8c\\-12\lambda+8b)(-c-2\lambda+b)]a\\+(-24b+24c+18\lambda)e-(-c\\-3\lambda+b)(-4c-6\lambda+4b)\end{array}\right\}(\beta-1)}{(3a\beta-2a-3\beta+3)^3},$$

当 $0<e\leqslant e_8$ 时，$\frac{\partial SW^{CC}}{\partial a}<0$；当 $e>e_8$ 时，存在最优的 a^{CC}，可以实现社会福

利最大化。

（2）β 对均衡结果的影响。

$$\frac{\partial CS^{CC}}{\partial\beta}=\frac{(1-a)\{a^2\beta e+[(b-c-e)\beta+e-\lambda]a-(\beta-1)(b-c)\}a(8ae+8b-8c-12\lambda)}{(3\beta a-2a-3\beta+3)^3}>0;$$

$$\frac{\partial\pi_i^{CC}}{\partial\beta}=\frac{(2ae+2b-2c-3\lambda)\{e(\beta+2)a^2+[(b-c-e)\beta+2b-2c+e-4\lambda]a-(\beta-1)(b-c)\}(a-1)a}{(3a\beta-2a-3\beta+3)^3}<0;$$

$$\frac{\partial SW^{CC}}{\partial\beta}=\frac{\begin{matrix}(4ae+4b-4c\\-6\lambda)(1-a)a\end{matrix}\left\{e(\beta-2)a^2+\begin{bmatrix}(b-c-e-3\lambda)\beta\\-2b+2c+e+4\lambda\end{bmatrix}\begin{matrix}a-(\beta-1)\\(b-c-3\lambda\end{matrix}\right\}}{(3\beta a-2a-3\beta+3)^3}>0。$$

（3）λ 对均衡结果的影响。

$$\frac{\partial CS^{CC}}{\partial\lambda}=-\frac{4[(a-1)(ae+b-c)\beta+(e-\lambda)a+b-c]a}{[(3a-3)\beta-2a+3]^2}<0;$$

$$\frac{\partial\pi_i^{CC}}{\partial\lambda}=\frac{\{e(\beta+2)a^2+[(b-c-e)\beta+2b-2c+e-4\lambda]a-(\beta-1)(b-c)\}a}{(3a\beta-2a-3\beta+3)^2}$$，当 $0<\lambda<\frac{(2\beta+1)(ae+b-c)}{4}$

时，$\frac{\partial\pi_i^{CC}}{\partial\lambda}<0$；当 $\frac{(2\beta+1)(ae+b-c)}{4}<\lambda<\frac{b-c}{2}$ 时，$\frac{\partial\pi_i^{CC}}{\partial\lambda}>0$；

$$\frac{\partial SW^{CC}}{\partial\lambda}=\frac{\{e(6\beta+4)a^2+[6(b-c-e)\beta+4b-4c+6e-12\lambda]a-6(\beta-1)(b-c)\}(\beta-1)(1-a)}{(3a\beta-2a-3\beta+3)^2}<0。$$

（4）e 对均衡结果的影响。

$$\frac{\partial CS^{CC}}{\partial e}=\frac{4[(a-1)(ae+b-c)\beta+(e-\lambda)a+b-c][(a-1)a\beta+a]}{(3a\beta-a-3\beta+3)^2}>0;$$

$$\frac{\partial\pi_i^{CC}}{\partial e}=\frac{a\left\{\begin{matrix}2e\beta(\beta-2)a^3+[2(b-c-2e)\beta^2+\\(\lambda-4b+4c+8e)\beta-4e+2\lambda]a^2\\-(\beta-1)[(4b-4c-2e)\beta-4b+\\4c+2e+\lambda]a+2(\beta-1)^2(b-c)\end{matrix}\right\}}{(3\beta a-2a-3\beta+3)^2}>0;$$

$$\frac{\partial SW^{CC}}{\partial e}=\frac{(\beta-1)(a-1)a[(8ae+8b-8c-6\lambda)(a-1)\beta+(8e-4\lambda)a+8b-8c-6\lambda]}{(3a\beta-2a-3\beta+3)^2}>0。$$

根据命题 7－10，进行如下讨论：

第一，企业社会责任水平对利益相关者的影响。与模型 CN 类似，提高企业社会责任水平有利于增加消费者剩余，因为实施企业社会责任可以增加产出。对于企业 1 和企业 2，企业社会责任水平对利润的影响是不确定的，这与模型 CN 不同，不实施企业社会责任或实施适度的企业社会责任都可能实现利润最大化。因此，企业要实施以利润最大化为目标的企业社会责任，就需要考虑税率、消费者敏感性和负外部性。对社会而言，企业社会责任水平的提高对社会福利的影响取决于消费者的敏感度。不实施企业社会责任或实施适当的企业社会责任有利于社会福利最大化，这一结论与模型 CN 不同。

第二，税率对利益相关者的影响。提高税率有利于增加两个企业的产出，进而增加消费者剩余。这一结论与模型 CN 相同，但差别在于模型 CC 中两个企业的产出都是由于企业社会责任水平的提高而增加的。对这两家企业来说，提高税率会减少利润，原因在于两个企业都实施了企业社会责任，实施企业社会责任不会带来独特的竞争优势，这与模型 CN 的结论不同。就社会而言，提高税率有利于增加社会福利，因为消费者剩余的增加大于两个企业利润的减少，所以在这种情况下应该实行较高的税率。

第三，负外部性对利益相关者的影响。负外部性的增加会降低企业的产出，从而减少消费者剩余，这与模型 CN 的结论一致。究其原因，企业在实施社会责任时会考虑负外部性的影响，负外部性越高，则企业产出越低。对于这两个企业而言，负外部性对利润的影响取决于负外部性的水平。当负外部性水平较低时，负外部性增加会降低利润。如果负外部性高于一定水平，则情况正好相反，这与模型 CN 不同。对社会福利而言，与模型 CN 相同，负外部性的增加损害了社会福利。

第四，消费者敏感度对利益相关者的影响。消费者敏感度的提高有助于提高两家企业的产出、消费者剩余和价格，从而带来更高的利润和社会福利。与模型 CN 相比，消费者敏感度对两家企业的影响存在差异，因为模型 CN 中只有一家企业实施了企业社会责任。

7.2.3.4 企业社会责任决策分析

为了剖析一个企业是否实施企业社会责任，对以上三种情况下的利润进行比较分析。

（1）企业 1 实施企业社会责任时的企业 2 决策。

当企业 1 实施企业社会责任时，企业 2 实施企业社会责任的利润

$$\pi_2^{CC}=\frac{\{a^2\beta e+[(b-c-e)\beta+e-\lambda]a-(\beta-1)(b-c)\}\{e(\beta-2)a^2+[(b-c-e)\beta-2b+2c+e+2\lambda]a-(\beta-1)(b-c)\}}{(3a\beta-2a-3\beta+3)^2}$$；企

业2不实施企业社会责任的利润 $\pi_2^{CN}=\dfrac{\{a^2\beta e+[(-b+c-e)\beta+b-c+e-\lambda]a+(\beta-1)(b-c)\}^2}{(3a\beta-a-3\beta+3)^2}$，那么企业2的企业社会责任决策取决于 $\pi_2^{CC}-\pi_2^{CN}$ 的符号。令 $f(e)=\pi_2^{CC}-\pi_2^{CN}$，设 $C=b-c$，可得：

$$\Delta=\frac{\begin{array}{c}a^2\{[16C^2\beta^4-24(2C-\lambda)C\beta^3+(-28C\lambda+36C^2\\+9\lambda^2)\beta^2+(8C\lambda-8C^2-6\lambda^2)\beta+\lambda^2]a^4\\-[64C^2\beta^3-(144C-72\lambda)C\beta^2+(72C^2-56C\lambda\\+18\lambda^2)\beta-8C^2+8C\lambda-6\lambda^2](\beta-1)a^3+\\(\beta-1)^2[96C^2\beta^2-(144C-72\lambda)C\beta+36C^2-28C\lambda\\+9\lambda^2]a^2-(64C\beta-48C+24\lambda)(\beta-1)^3Ca+C^2(\beta-1)^4\}\end{array}}{(3a\beta-a-3\beta+3)^2(3a\beta-2a-3\beta+3)^2}$$。

推论7-1可得：

推论7-1： 当 $0<a\leqslant\dfrac{\beta-1}{\beta-2}$ 时，$\Delta>0$，$\pi_2^{CC}<\pi_2^{CN}$；当 $\dfrac{\beta-1}{\beta-2}<a<1$ 时，如果 $0<\lambda\leqslant\lambda_1$，$\Delta\leqslant0$，$\pi_2^{CC}<\pi_2^{CN}$；如果 $\lambda_1<\lambda<\dfrac{C}{2}$，$\Delta>0$，$\pi_2^{CC}>\pi_2^{CN}$，

其中 $$\lambda_1=\frac{\begin{array}{c}[-12(a-1)^2\beta^2+4(2a^2-8a+6)\beta+\\\sqrt{\begin{array}{c}[192(a-1)^2\beta^2+(-144a^2+528a-384)\beta\\+32a^2-144a+192]a[(a-1)\beta+1]\end{array}}\\+2a-3]\left[(a-1)\beta-\dfrac{a}{2}+1\right]C\end{array}}{(3a\beta-a-3\beta+3)^2a}$$。

由推论7-1可见，当企业社会责任水平较低$\left(0<a\leqslant\dfrac{\beta-1}{\beta-2}\right)$时，企业2实施企业社会责任时的利润要低于不实施企业社会责任时的利润，因此，企业2会选择不实施企业社会责任。而当企业社会责任水平较高$\left(\dfrac{\beta-1}{\beta-2}<a<1\right)$，且负外部性较小时，不实施企业社会责任仍然是企业2的最优选择，而只有当企业社会责任水平和负外部性都较大时，企业2实施企业社会责任时的利润才高于不实施企业社会责任时的利润，则此时实施企业社会责任是企业2的最优选择。由此可知，在一定条件能够满足的情况下，实施企业社会责任是最佳选择，但如果不能满足，企业2就不会实施企业社会责任，而这一条件与税率和负外部性密切相关。在负外部性较大的情况下，企业1的企业社会责任水平的提高可以促进企业2实施企业

社会责任，但如果负外部性较小，即使企业 1 的企业社会责任水平较高，也无法激励企业 2 实施企业社会责任。因此，如果竞争对手已经实施了企业社会责任，企业就需要根据税率和负外部性做出合理的决策，不能盲目跟风。

（2）企业 1 不实施企业社会责任时的企业 2 决策。

当企业 1 不实施企业社会责任时，企业 2 实施企业社会责任的利润

$$\pi_2^{NC}=\frac{\{e(2\beta-1)a^2+[(b-c-2e)\beta-b+c+2e+\lambda]a-(\beta-1)(b-c)\}\{2a^2\beta e+[(b-c-2e)\beta+b-c+2e-2\lambda]a-(\beta-1)(b-c)\}}{(3a\beta-a-3\beta+3)^2},$$

企业 2 不实施企业社会责任的利润 $\pi_2^{NN}=\frac{(b-c)^2}{9}$。

推论 7-2：在 $0<a<\frac{3}{5}$ 的情况下：如果 $\beta\leqslant\frac{5a-3}{3a-1}$，则 $\pi_2^{NC}>\pi_2^{NN}$；如果 $\frac{5a-3}{3a-1}<\beta<1$ 且 $0<\lambda<-\frac{C(3a\beta-5a-3\beta+3)}{6a}$，则当 $0<e\leqslant e_9$ 时，$\pi_2^{NC}\leqslant\pi_2^{NN}$；当 $e_9<e<A$ 时，$\pi_2^{NC}>\pi_2^{NN}$；$\frac{5a-3}{3a-1}<\beta<1$，如果 $-\frac{C(3a\beta-5a-3\beta+3)}{6a}<\lambda<\frac{C}{2}$，则 $\pi_2^{NC}>\pi_2^{NN}$。

在 $\frac{3}{5}\leqslant a<1$ 的情况下：如果 $0<\lambda<-\frac{C(3a\beta-5a-3\beta+3)}{6a}$，则当 $0<e\leqslant e_9$ 时，$\pi_2^{NC}\leqslant\pi_2^{NN}$；当 $e_9<e<A$ 时，$\pi_2^{NC}>\pi_2^{NN}$；如果 $-\frac{C(3a\beta-5a-3\beta+3)}{6a}<\lambda<\frac{C}{2}$，则 $\pi_2^{NC}>\pi_2^{NN}$。

其中，$$e_9=\frac{-12(a-1)^2C\beta^2+3[(C+2\lambda)a-8C](a-1)\beta+(3C-6\lambda)a^2+(3C+6\lambda)a+\sqrt{[(144C^2\beta^2-72C^2\beta+81(C-2\lambda)^2)a^2-2(\beta-1)(144\beta-36)C^2a+144(\beta-1)^2C^2]\left[\left(\beta-\frac{1}{3}\right)a-\beta+1\right]^2}-12C}{12a(a\beta-\beta+1)(2a\beta-a-2\beta+2)}。$$

推论 7-2 表明，当企业 1 不实施企业社会责任时，企业 2 的企业社会责任决策取决于企业社会责任水平、税率和负外部性。当企业社会责任水平低于一定水平 $\left(0<a<\frac{3}{5}\right)$ 时，如果税率高于一定水平、负外部性低于

一定水平、消费者敏感度低于一定水平，则企业就不会实施社会责任，否则就会实施社会责任。当企业社会责任水平高于一定水平$\left(\frac{3}{5} \leqslant a \leqslant 1\right)$时，如果负外部性低于一定水平，消费者敏感度低于一定水平，企业就不会实施社会责任，否则就会实施社会责任。由此可见，较低水平的负外部性和较高的消费者敏感度有利于企业实施社会责任，税率也直接影响企业的社会责任决策。在一定条件下，较低的税率有利于企业实施社会责任，但这种影响受到企业社会责任水平、负外部性和消费者敏感度的综合影响。

7.2.4 结论

本部分构建了社区友好型企业社会责任的效应与决策的分析框架。通过将消费者剩余、税率、生产负外部性和消费者敏感度纳入企业社会责任，考察了社区友好型企业社会责任对利益相关者的多重影响，并进一步剖析了企业社会责任决策，得出以下结论：

第一，竞争对手是否实施企业社会责任、企业社会责任水平、负外部性、税率和市场敏感度对利润、消费者和社会福利等利益相关者具有多重影响，且这些影响都受到其他因素的影响。例如，在模型 CN 和模型 CC 中，企业社会责任水平对利润的影响受消费者敏感度的影响，在相应的消费者敏感度范围下，存在一个可实现利润最大化的企业社会责任水平。在模型 CN 中，税率与社会福利的关系不是唯一的，而在模型 CC 中是正相关的。负外部性对利润的影响取决于竞争对手是否实施企业社会责任，提高消费者敏感度有助于增加消费者剩余和社会福利。因此，企业社会责任水平的决策应综合考虑竞争对手、消费者敏感度、税率、负外部性等因素，选择最优的企业社会责任水平。政府不仅要从多方面引导企业承担社会责任，还要根据负外部性的大小制订合理科学的税率，解决负外部性问题。

第二，企业实施社会责任可以实现企业与利益相关者的共赢。无论是在模型 CN 还是模型 CC 中，企业社会责任水平的提高无疑会增加消费者福利。而对于实施企业社会责任的企业来说，在相应的消费者敏感度范围内，都存在实现利润最大化的企业社会责任水平。企业社会责任水平对社会福利的影响也是相似的，在特定的消费者敏感度下，都存在使社会福利最大化的企业社会责任水平。因此，在一定条件下，企业实施社区型社会责任可以实现企业与社会的双赢。因此，企业应加强与政府和社会各界的合作，合理规范企业社会责任行为，缓解各方信息不对称现象，探索双赢之路。

第三，提高市场敏感度利于增加消费者剩余、实施企业社会责任企业的利润和社会福利。模型 CN 和模型 CC 都可以得出这个结论。因此，应引导消费者树立和加强企业社会责任意识，提高消费者的企业社会责任感知能力。首先，企业要注重对企业社会责任行为的宣传，积极披露社会责任信息，建立多元化的信息披露渠道，以便加深消费者对企业社会责任的认识和关注，增强消费者对企业社会责任的认同和偏好；其次，政府应加大对企业社会责任行为的宣传和引导力度，对企业社会责任表现良好的企业给予奖励，进而提高消费者的社会责任意识；最后，媒体还应积极宣传和报道企业社会责任行为，增强消费者的感知能力。

第四，企业是否实施企业社会责任不仅取决于竞争对手是否实施企业社会责任，还受到企业社会责任水平、税率、负外部性、消费者敏感性等多重因素的影响。因此，企业在决定是否实施社会责任时，必须充分考虑企业社会责任水平、税率、消费者敏感度等因素以便获得最大利益。较低的负外部性水平和较高的消费者敏感性能够促进企业实施社区型企业社会责任。

7.3 进一步的研究拓展

7.3.1 问题的提出

以上各模型考察了不同类型企业社会责任的效应及其内在机理，基于的前提之一是两家企业之间进行的双寡头垄断竞争，未考虑到多家企业。在分析环境友好型与社区友好型企业社会责任时，没有纳入行业竞争对手这一利益相关者。此外，并没有将全部类型的企业社会责任完全纳入一个博弈模型。为了改进这些问题，同时考虑到模型的可操作性，本部分将对上述模型进行进一步改进，将消费者友好型、行业友好型、环境友好型、社区友好型企业社会责任等有机纳入一个博弈模型，以碳排放这一现实热点为研究对象，考察企业社会责任的效应及其机理。

7.3.2 模型设计

为了考察企业社会责任对于减少温室气体排放的影响，构建了一个存在 n 家企业的多寡头垄断市场模型，模型假设如下：

假设 H7 -4：假设该市场中存在着 n 家企业，这 n 家企业生产存在一定差异化的产品，并且围绕产量和减排量进行古诺竞争。已知两家企业的对称二次效用函数为：$U(q_1, q_2) = aq_1 + aq_2 - \frac{1}{2}(q_1^2 + q_2^2 + 2rq_1q_2)$（Singh and Vives，1984），当 $n > 2$ 时，可以将其拓展为 $U(q_i) = a\sum_{i=1}^{n} q_i - \frac{1-r}{2} \cdot \sum_{i=1}^{n} q_i^2 - \frac{r}{2} \cdot \left(\sum_{i=1}^{n} q_i\right)^2$。其中，r 为产品同质化水平，且 $0 \leqslant r \leqslant 1$，当 r 越大时，产品同质化水平越高。最大化效用水平得到产品的市场需求函数：$\frac{\partial U(q_i)}{\partial q_i} = p_i = a - q_i - r\left(\sum_{i=1}^{n} q_i - q_i\right)$。

假设 H7 -5：产品的成本包括两部分，一部分为直接生产成本，另一部分为减排成本，$c_i = c(q_i) + c(\theta_i)$。产品的直接生产成本与产品的产量相关，且产品的边际成本为大于零的常数，即 $c(q_i) = mq_i$。产品的生产会排放二氧化碳等温室气体，假设生产 1 单位产品会造成 1 单位的排放。与此同时，企业将投入资金对于排放的温室气体进行固化处理，假设减排量为 θ_i，需要投入的减排成本为 $c(\theta_i) = \frac{\theta_i^2}{2}$。$e_i = q_i - \theta_i$，$e_i$ 为企业对排放物进行固化处理之后的碳排放值。

假设 H7 -6：企业的利润函数为 $\pi_i = p_iq_i - c_i$。生产者总剩余为企业利润的总和：$PS = \sum_{i=1}^{n}\pi_i$，消费者总剩余为：$CS = U(q_i) - \sum_{i=1}^{n}\pi_i = \frac{(1-r)\sum_{i=1}^{n} q_i^2 + r\left(\sum_{i=1}^{n} q_i\right)^2}{2}$。$D = \frac{1}{2}\left(\sum_{i=1}^{n} e_i\right)^2$，表示碳排放带来的气候问题对社会福利造成的损害。

假设 H7 -7：不存在碳市场，企业的成本只包括生产成本和减排成本，此时企业利润为 $\pi_i = p_iq_i - c(q_i) - c(\theta_i)$，社会福利为 $SW = PS + CS - D$。企业目标是实现企业效用最大化，即 $MaxU_i = \beta \cdot SW + (1-\beta) \cdot \pi_i$，$0 \leqslant \beta \leqslant 1$，代表着企业社会责任水平。

在以上前提下，多寡头垄断市场中的 n 家企业进行两阶段的序贯博弈，具体博弈过程如下：

第一阶段，在古诺竞争条件下，n 家企业进行产量竞争，根据效用最大化的原则确定最优产量，即 q_i^*；

第二阶段，各个企业根据效用最大化的原则确定企业的最优减排水平，即 θ_i^*。

基于以上假设，运用逆向归纳法，在第二阶段博弈，由 $\frac{\partial U_i}{\partial \theta_i}=0$ 得到均衡减排量，然后将均衡减排量代入企业的效用函数，在第一阶段求解最优的产量水平，进而可以得到最优的减排量、碳排放、企业效用和社会总福利的均衡解。

7.3.3 模型分析

当尚未建立碳市场时，企业的成本只与企业的直接生产成本和减排成本相关。企业的目标是最大化企业的效用，即：$\text{Max}U_i=\beta\cdot SW+(1-\beta)\cdot\pi_i=\beta\cdot(PS+CS-D)+(1-\beta)\cdot(p_iq_i-c(q_i)-c(\theta_i))$。按照据逆向归纳法进行分析。

第一步，通过考察第二阶段的博弈，企业确定最优的减排技术投入及其对应的节能减排量 θ_i。根据效用最大化的原则，各个企业的减排决策需要满足：$\frac{\partial U_i}{\partial \theta_i}=-\theta_i-\beta\cdot\sum_{i=1}^{n}\theta_i+\beta\cdot\sum_{i=1}^{n}q_i=0$，从而可以推出最优的减排量为：

$$\theta_i=\frac{\beta\cdot\sum_{i=1}^{n}q_i}{n\beta+1} \tag{7.21}$$

第二步，考察第一阶段博弈，确定最优的产量 q_i^*。将式（7.21）代入企业的效用函数，追求企业效用最大化的产量决策需要满足：$\frac{\partial U_i}{\partial q_i}=0$，从而解得均衡产量为：

$$q_i^*=\frac{-(n\beta+1)^2(a-m)}{n\beta^3+(-n^3r-n^2r-2n^2+n)\beta^2+(-2n^2r+2nr-5n+1)\beta-nr+r-2} \tag{7.22}$$

将式（7.21）和式（7.22）代入利润函数和社会福利函数，进一步可得到均衡减排量、均衡排放量和社会总福利：

$$\theta_i^*=\frac{-n\beta(n\beta+1)(a-m)}{n\beta^3+(-n^3r+n^2r-2n^2+n)\beta^2+(-2n^2r+2nr-5n+1)\beta-nr+r-2} \tag{7.23}$$

$$e_i^*=\frac{-(n\beta+1)(a-m)}{n\beta^3+(-n^3r+n^2r-2n^2+n)\beta^2+(-2n^2r+2nr-5n+1)\beta-nr+r-2} \tag{7.24}$$

$$SW^* = \frac{\begin{array}{c}-n(\beta n+1)^2(a-m)^2(2n\beta^3+(-n^3r+n^2r\\ -2n^2+2n)\beta^2+(-2n^2r+2nr-8n+2)\\ \beta-nr+n+r-3)\end{array}}{\begin{array}{c}2[n\beta^3+(-n^3r+n^2r-2n^2+n)\beta^2+\\ (-2n^2r+2nr-5n+1)\beta-nr+r-2]^2\end{array}} \tag{7.25}$$

此时市场上 n 家企业的碳排放之和为：

$$\sum_{i=1}^{n} e_i^* = \frac{-n(n\beta+1)(a-m)}{\begin{array}{c}n\beta^3+(-n^3r+n^2r-2n^2+n)\beta^2+\\ (-2n^2r+2nr-5n+1)\beta-nr+r-2\end{array}} \tag{7.26}$$

令 $n\beta^3+(-n^3r-n^2r-2n^2+n)\beta^2+(-2n^2r+2nr-5n+1)\beta-nr+r-2=A_1$，由于 $n\geqslant 2$、$0\leqslant\beta\leqslant 1$、$0\leqslant r\leqslant 1$、$a>m$，可以推导出 $-n^3-3n^2-2n\leqslant A_1\leqslant -2$，因此 q_i^*、θ_i^* 和 e_i^* 均大于零。

（1）企业社会责任水平与总均衡碳排放量。

首先考察企业社会责任水平对于总均衡碳排放量的影响，将总均衡碳排放量对于企业社会责任水平 β 求偏导可以得到：

$$\frac{\partial\sum_{i=1}^{n}e_i^*}{\partial\beta} = \frac{\begin{array}{c}-n(a-m)(-2\beta^3n^2+(rn^4-n^3r+2n^3\\ -n^2-3n)\beta^2+(2n^3r-2n^2r+4n^2\\ -2n)\beta+n^2r-nr+3n-1)\end{array}}{\begin{array}{c}(n\beta^3+(-n^3r+n^2r-2n^2+n)\beta^2+\\ (-2n^2r+2nr-5n+1)\beta-nr+r-2)^2\end{array}} \tag{7.27}$$

令 $-2\beta^3n^2+(rn^4-n^3r+2n^3-n^2-3n)\beta^2+(2n^3r-2n^2r+4n^2-2n)\beta+n^2r-nr+3n-1=A_2$，由于 $n\geqslant 2$、$0\leqslant\beta\leqslant 1$、$0\leqslant r\leqslant 1$、$a>m$，可以推导出 $5\leqslant A_2\leqslant n^4+3n^3-3n-1$，因此 $\frac{\partial\sum_{i=1}^{n}e_i^*}{\partial\beta}$ 恒小于零。即在不存在碳市场的情况下，企业社会责任水平越高，市场中的总均衡碳排放量越小。此时，为实现总均衡碳排放量最小化，最优企业社会责任水平边界为实施完全的企业社会责任，即 $\beta=1$。

利用 MAPLE 2019 对 β 和 $\sum_{i=1}^{n} e_i^*$ 的关系进行举例说明，假设 $a=100$、$m=1$、$n=2$ 和 $r=0.5$，得到结果如图 7－7 所示。

（2）产品同质化水平与总均衡碳排放量。

考察产品同质化水平对总均衡碳排放量的影响，将总均衡碳排放量对于产品同质化水平 r 求偏导可以得到：

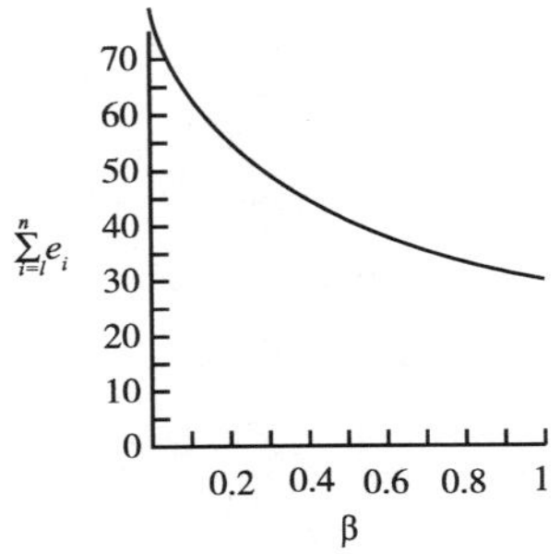

图 7－7　尚未建立碳市场时 β 和 $\sum_{i=1}^{n} e_i^*$ 之间的关系

$$\frac{\partial \sum_{i=1}^{n} e_i^*}{\partial r} = \frac{-(a-m)(n^2-n)(n\beta+1)^3}{[n\beta^3+(-n^3r+n^2r-2n^2+n)\beta^2+(-2n^2r+2nr-5n+1)\beta-nr+r-2]^2} \quad (7.28)$$

显然，当 $n \geqslant 2$、$0 \leqslant \beta \leqslant 1$、$0 \leqslant r \leqslant 1$、$a > m$ 时，$\frac{\partial \sum_{i=1}^{n} e_i^*}{\partial r} < 0$。即在不存在碳市场的情况下，随着 r 的增加，即产品同质化水平的上升，这 n 家企业的均衡碳排放量 $\sum_{i=1}^{n} e_i^*$ 会随之减少。

（3）企业社会责任水平、产品同质化水平与社会总福利。

分别考察企业社会责任水平和产品同质化水平对社会总福利的影响：

$$\frac{\partial SW^*}{\partial \beta} = \frac{\{1+\beta^2n^5r-\beta[(r-2)\beta-2r]n^4+[\beta^5+2\beta^4-\beta^3+\beta^2+(4-2r)\beta+r]n^3+(3\beta^4+8\beta^3-2\beta^2-3\beta-r+3)n^2+(4\beta^2+3\beta-2)n\}n(1-\beta)(n\beta+1)(a-m)^2}{-[n\beta^3+(-n^3r+n^2r-2n^2+n)\beta^2+(-2n^2r+2nr-5n+1)\beta-nr+r-2]^3} \quad (7.29)$$

令 $1+\beta^2n^5r-\beta[(r-2)\beta-2r]n^4+[\beta^5+2\beta^4-\beta^3+\beta^2+(4-2r)\beta+r]n^3+(3\beta^4+8\beta^3-2\beta^2-3\beta-r+3)n^2+(4\beta^2+3\beta-2)n=A_3$，由于 $n \geqslant 2$、$0 \leqslant \beta \leqslant 1$、$0 \leqslant r \leqslant 1$、$a > m$，可以推导出：$3n^2-2n+1 \leqslant A_3 \leqslant n^5+3n^4+6n^3+8n^2+5n+1$。此时 $\frac{\partial SW^*}{\partial \beta} \geqslant 0$，即随着企业社会责任水平的提高，社会总福利也会随之增加。

$$\frac{\partial SW^*}{\partial r}=\frac{\begin{array}{c}-n(n-1)(a-m)^2(n\beta+1)^4\{\beta^2n^3r-\\ \beta[(r-2)\beta-2r]n^2+[-3\beta^3-3\beta^2\\ +(11-2r)\beta+r-2]n-r-3\beta+4\}\end{array}}{\begin{array}{c}-2[n\beta^3+(-n^3r+n^2r-2n^2+n)\beta^2+\\ (-2n^2r+2nr-5n+1)\beta-nr+r-2]^3\end{array}} \tag{7.30}$$

令 $\beta^2n^3r-\beta[(r-2)\beta-2r]n^2+[-3\beta^3-3\beta^2+(11-2r)\beta+r-2]n-r-3\beta+4=A_4$，由于 $n\geqslant2$、$0\leqslant\beta\leqslant1$、$0\leqslant r\leqslant1$、$a>m$，可以推导出：当 $n=2$ 时，$0\leqslant A_4\leqslant24$，此时$\frac{\partial SW^*}{\partial r}\leqslant0$；当 $n\geqslant3$ 时，$-2n+4\leqslant A_4\leqslant n^3+3n^2+2n$，并且随着 r 的增加，$\frac{\partial SW^*}{\partial r}$先大于零，后小于零。即随着产品同质化水平 r 的增加，社会总福利先增加，达到最大值之后减小。

命题 7－11：社会总福利随着企业社会责任水平的提高而不断增加；且社会总福利与产品同质化水平的关系与企业数量 n 相关，当市场为双寡头垄断市场时，社会总福利与产品同质化水平正相关，当市场为多寡头垄断市场时，社会总福利与产品同质化水平呈倒“U”形关系。与此同时，市场中的总均衡碳排放量随着企业社会责任水平的增加而不断减少，且随着产品同质化水平的增加而减小。因此，减排政策未必会有助于增进社会总福利。

7.3.4 结论

通过分析，得到如下结论：

第一，企业社会责任水平（β）越高，产品同质化水平（r）越高，市场中的总均衡排污越小。因此，在未建立碳市场的时候，激励企业承担更多的企业社会责任能够有效降低总均衡碳排放量，此时基于减排力度最大化的最优企业社会责任水平边界为 $\beta=1$，最优的产品同质化水平边界为 $r=1$。

第二，社会总福利随着企业社会责任水平的提高而不断增加，社会总福利与产品同质化水平呈倒“U”形关系。企业积极履行企业社会责任会增加社会福利。

以上结论的政策含义是：对于政府而言，应当积极督促企业承担更多的企业社会责任，这样既可以达到减排效果，也可以增进社会福利。同时，应当鼓励企业实施适度的产品差异化策略，完全同质和完全差异化的产品策略都不利于增进社会福利。

第 8 章　利益相关者视角下企业社会责任效应的实证分析

前面四章通过构建博弈模型揭示了不同类型企业社会责任对各利益相关者的效应与其内在机理。为了实现理论与实证研究的有机统一，本章基于中国企业谋求高质量发展的时代背景，构建计量模型，分别考察各类企业社会责任对企业绩效和品牌价值的影响，判断利益相关者视角下中国企业社会责任的效应，进而为中国企业社会责任多中心治理机制的构建提供现实依据。

8.1　问题的提出

8.1.1　企业社会责任与企业绩效

企业社会责任与企业绩效是企业社会责任研究的一大热点问题。关于两者之间具有何种关系，学界到今天为止仍有争论。一方面，企业社会责任由于考虑了更多非财务目标，因而短期内会影响企业的利润，但是从长期看，企业社会责任可能会通过影响企业声誉、技术创新等因素来提升企业绩效，实现可持续发展。大量学者认为企业社会责任可以通过创新等多种机制来增加企业的经济绩效（Margolis and Walsh，2003；Orlitzky，2003；Dam and Scholtens，2015；Chen，Nie and Yang，2017；Martinez – Conesa，Soto – Acosta and Palacios – Manzano，2017；Siueia，Wang and Deladem，2019）。然而，也有学者持反对意见，认为企业社会责任未必会提升企业绩效，甚至在特定情况下会起到负面作用（Bello，2005；Renneboog，2008；Hong and Kacperczyk，2009；Chen，Liu and Qin，2019；Wang，Nie and Meng，2018）。关于两者之间的关系，本书在文献综述部分已经从直接和间接两个维度进行了深入探讨，在这里就不再赘述。

在中篇理论研究部分，我们对各类企业社会责任对企业绩效的影响进行了多维度的剖析，研究发现。当企业社会责任决策外生时，其对利润的影响是负面的，原因在于企业追求更多的非利润目标；当企业社会责任决策内生时，如果决策者是政府，那么对利润的影响也是负面的；当企业社会责任决策由企业掌握、作为追求利润最大化的手段时，则会对利润产生正面影响，企业会主动采取符合利润最大化原则的企业社会责任决策，包括是否实施企业社会责任以及实施何种水平的企业社会责任。

对于中国企业而言，企业社会责任目前处于快速发展时期。从整体上看，中国企业社会责任尚未达到与自身规模相匹配的水平，现代市场经济意义上的企业社会责任在中国发展的时间还相对较短。通过和讯网以及润灵环球（RKS）披露的企业社会责任报告可以看出，现阶段我国企业社会责任水平普遍不高，社会责任评分位于高分段的企业寥寥无几，仅依靠少数企业积极履行社会责任是远远不够的。虽然在理论分析部分已经指出企业社会责任并非越高越好，但就目前阶段而言，中国企业尚未达到企业社会责任过度的状况。此外，除了少数大型国有企业之外，中国大多数企业的社会责任仍是利润导向性，履行企业社会责任的目的性较强，十分看重企业社会责任对企业绩效的提升作用，希望通过企业社会责任的履行来增强企业声誉，赢得市场的认可，进而促进企业绩效的增加。因此，综合来看，本研究认为，对于目前阶段的中国企业而言，各类企业社会责任与企业绩效之间的关系是正相关关系。其内在机制在于：第一，如果企业积极履行社会责任，会抢占更多的市场和消费者；第二，积极履行企业社会责任容易得到政府的奖励和扶持；第三，企业社会责任水平越高，对于员工、投资者关注程度更高，从而有利于激发员工及投资者的积极性，进而提升企业绩效。

假设 H8 –1：提高企业社会责任水平有利于增加企业绩效。

8.1.2 企业社会责任与品牌价值

（1）打造优质品牌是中国企业实现高质量发展的必由之路。

品牌是区分一种商品和另一种商品的重要标识，在当前激烈的全球竞争中，品牌已然成为世界各国企业竞争的重要主题。强有力的品牌形象可以起到良好的正面信息传递作用，不仅利于吸引消费者的注意力，还可以成为企业产品的差异化优势，从而大幅度提升企业产品的市场销售额和产品价格，打造企业可持续的竞争优势。改革开放以来，伴随着体制机制改革的深入，中国企业实现了跨越式发展，形成了一批规模大、在世界范围内有一定影响力的大型企业。根据2019年7月美国《财富》杂志发布的2019年世界500强排行榜，在世界最大的500家企业中，来自中国的企业数量已经超过美国，开创了历史。但是，中国企业“强而不大”的现象亦十分突出，在国际上有影响力的品牌还寥寥无几。根据2020年《世界品牌500强》排行榜，美国占据500强中的204席，依旧稳居世界品牌第一大国，而中国品牌入选数首次超越了英国，从2019年排名世界第五名上升到了第四名，尽管如此，也仅仅只有43个品牌入选，与美国相比差距十分明显。品牌竞争力的薄弱成为制约我国企业高质量发展的一大短板。

培育具有全球竞争力的世界一流企业是中国企业高质量发展的重要目标。国务院国有资产监督管理委员会（2013）提出了世界一流企业应该具备的13个要素，其主要强调以下13个方面：法人治理结构、核心竞争力和自主创新能力、新兴战略产业、跨国指数、国际名牌、规模经济和盈利能力、企业机制、集团管控模式、风险管控能力、管理信息化、领导力、企业文化和社会责任。对于世界一流企业而言，应该具备优质的产品和服务、显著的品牌影响力、强大的社会责任感和知名的企业文化，具有一定的行业地位和市场美誉度。因此，探索高质量发展时代背景下中国企业品牌价值的提升路径显得尤为重要。

（2）品牌与利益相关者。

品牌本质上是一种商业关系，需要得到相关主体的市场认可，而认可的主体就是利益相关者。所谓品牌关系，是指品牌与利益相关者之间为了满足各自需要，在商品、货币、信息和情感等方面进行交换和传递，相互沟通、相互作用和相互了解，在经济、社会、文化和心理等方面产生相互影响和相互依赖的行动过程（侯立松等，2019）。品牌和利益相关者之间是一种社会经济关系。消费者和品牌的关系毋庸置疑，如果无法维护好、保障好客户关系，那么也不可能有好的口碑。对于其他利益相关者，即使不发生直接的商品交易关系，通过良好的互动也可以促使双方的权利或利益得到不同程度的满足，赢得利益相关者尊重，进而增加企业的品牌价值。决定企业品牌价值重要因素之一在于企业与利益相关者之间的互动关系（Jones，2005）。

从本质上说，品牌与利益相关者之间是基于双向的利益要求和期望的互动博弈关系。利益相关者与企业之间存在着各种显性与隐性的契约。从企业层面来看，虽然品牌的所有权和受益权归企业所有，但品牌真正的价值却存在于利益相关者的内心评价中，源于利益相关者的认可。利益相关者对品牌有何种评价以及支持程度如何决定着企业品牌的最终价值。从企业层面来看，企业希望利益相关者尤其是消费者充分认可企业产品，积极传播企业的正面形象。从利益相关者层面来看，往往希望企业能够承担更多更广泛的企业社会责任，提供真实有效的产品信息，维护好消费者和员工权益，保护好生态环境。

如果想搭建品牌和利益相关者之间的良性互动关系，需要企业积极主动创造和把握与利益相关者之间互动的机会。对于顾客而言，要为顾客提供广告宣传、咨询服务、项目赞助、公共关系、商品展示、技术服务、销售服务、客户服务等全方位的优质服务。对于员工而言，要加强人力资源管理部分的建设，为员工工作创造良好的氛围。对于社会公众而言，要规范企业所有部门和员工的言行，重点做好企业策划和公关工作。

可见，品牌价值与利益相关者密不可分，一个企业的品牌价值充分体现了利益相关者的评价。因此，本部分认为可以将品牌价值作为体现利益相关者效应的指标，以此来探索不同类型企业社会责任对各利益相关者的效应。

（3）提升企业社会价值有助于提高品牌价值。

与企业社会责任和企业绩效的关系类似，大量文献已经表明企业社会责任是影响品牌价值的一个重要因素，但结论存在争议。一种观点认为企业积极践行社会责任，可以赢得公众的认同，提升品牌的知名度和美誉度，进而可以对企业品牌价值起到提升作用（Salmones et al.，2005）。仲伟周和葛麒（2015）认为提升企业社会责任有助于提高品牌价值。孙小丽（2020）研究了食品企业消费者购买意愿与品牌价值的关系，发现企业积极履行利益相关者责任尤其是消费者责任有助于提高企业品牌价值。另一种观点认为，消费者对企业社会责任努力程度的认知不同或者企业承担着过重的企业社会责任，可能会对品牌产生不利的影响。例如，Luo 和 Bhattacharya（2006）认为，当消费者觉得企业在企业社会责任方面的投资占用了用于提高产品质量或技术创新方面的资金时，企业社会责任的投资就会对品牌价值产生负面效应。李园园等（2020）的研究表明，企业社会责任对品牌价值呈负向影响，原因在于国有企业存在“企业办社会”现象，过重的企业社会责任影响了企业的健康发展。

本书认为，随着国有企业改革的不断深入，虽然“企业办社会”在某些企业、某些领域依旧不同程度地存在，但是已经得到了较为妥善的解决。而且，国有企业在承担一定企业社会责任的同时，政府也给予了其各项政策性扶持。因此，在政府职能不断优化、国有企业改革不断深入的情况下，不能将企业社会责任看作是企业品牌价值的负担。此外，企业社会责任虽然会承担一定的成本，短期之内或许会挤压企业的技术创新资金。但是，从长期来看，品牌是利益相关者评价的重要体现。基于品牌与利益相关者的密切关系，充分履行企业社会责任，惠及利益相关者，最终会增加企业的品牌价值。

以杜邦公司（DuPont）为例，杜邦公司是一家以科研为基础的全球性企业，业务广泛涉及食物与营养、保健、服装、家居及建筑、电子和交通等领域。在 2019 年世界品牌 500 强的榜单上，入选的化学类企业一共只有 3 家，其中杜邦公司在行业类排名第 2 位，总排名 296 位，在行业内具有相当强的品牌影响力。杜邦公司在打造品牌价值的过程中，十分注重企业社会责任的履行。杜邦公司非常注重三个方面的工作：一是推动业务发展；二是凝聚员工；三是保障经营资格。杜邦公司进行了业务组合的多次变革，强调安全健康、保护环境、严格的职业道德操守、尊重人与平等待人的核心价值观，赢得了员工的普遍认同。杜邦公司把企业社会责任看作是为企业的利益相关者谋福利，并积极投身环保事业，鼓励员工参与可持续发展。

基于以上分析，本书提出假设 H8 -2：

假设 H8 -2：提升企业社会责任水平有利于增加品牌价值。

8.2 研究设计

8.2.1 模型构建

为了对前面提出的假设进行验证，本部分构建以下面板数据回归模型。其中，模型 I 是关于企业社会责任对企业绩效影响的研究：

$$ROA_{it} = \beta_0 + \beta_1 CSR_{it} + \beta_2 size_{it} + \beta_3 lev_{it} + \beta_4 grow_{it} + \beta_5 outd_{it} + \varepsilon \quad (8.1)$$

$$ROA_{it} = \beta_0 + \beta_1 CSR\_stock_{it} + \beta_2 size_{it} + \beta_3 lev_{it} + \beta_4 grow_{it} + \beta_5 outd_{it} + \varepsilon \quad (8.2)$$

$$ROA_{it} = \beta_0 + \beta_1 CSR\_staff_{it} + \beta_2 size_{it} + \beta_3 lev_{it} + \beta_4 grow_{it} + \beta_5 outd_{it} + \varepsilon \quad (8.3)$$

$$ROA_{it} = \beta_0 + \beta_1 CSR\_exter_{it} + \beta_2 size_{it} + \beta_3 lev_{it} + \beta_4 grow_{it} + \beta_5 outd_{it} + \varepsilon \quad (8.4)$$

$$ROA_{it} = \beta_0 + \beta_1 CSR\_envir_{it} + \beta_2 size_{it} + \beta_3 lev_{it} + \beta_4 grow_{it} + \beta_5 outd_{it} + \varepsilon \quad (8.5)$$

$$ROA_{it} = \beta_0 + \beta_1 CSR\_socia_{it} + \beta_2 size_{it} + \beta_3 lev_{it} + \beta_4 grow_{it} + \beta_5 outd_{it} + \varepsilon \quad (8.6)$$

模型Ⅱ是关于企业社会责任对品牌价值影响的研究：

$$BV_{it} = \beta_0 + \beta_1 CSR_{it} + \beta_2 size_{it} + \beta_3 lev_{it} + \beta_4 grow_{it} + \beta_5 outd_{it} + \varepsilon \quad (8.7)$$

$$BV_{it} = \beta_0 + \beta_1 CSR\_macrocosm_{it} + \beta_2 size_{it} + \beta_3 lev_{it} + \beta_4 grow_{it} + \beta_5 outd_{it} + \varepsilon \quad (8.8)$$

$$BV_{it} = \beta_0 + \beta_1 CSR\_content_{it} + \beta_2 size_{it} + \beta_3 lev_{it} + \beta_4 grow_{it} + \beta_5 outd_{it} + \varepsilon \quad (8.9)$$

$$BV_{it} = \beta_0 + \beta_1 CSR\_technique_{it} + \beta_2 size_{it} + \beta_3 lev_{it} + \beta_4 grow_{it} + \beta_5 outd_{it} + \varepsilon \quad (8.10)$$

$$BV_{it} = \beta_0 + \beta_1 CSR\_industry_{it} + \beta_2 size_{it} + \beta_3 lev_{it} + \beta_4 grow_{it} + \beta_5 outd_{it} + \varepsilon \quad (8.11)$$

上述各式中下角标 i 表示第 i 家企业，模型Ⅰ中的 t 表示和讯网社会责任评测企业的年份，模型Ⅱ中的 t 则表示入选《中国 500 最具价值品牌》排行榜中连续上榜企业的年份，此排行榜于 2004 年起由世界品牌实验室（World Brand Lab）每年发布。模型中，ROA 为企业绩效，BV 为品牌价值，CSR 为企业社会责任总评分，CSR_stock、CSR_staff、CSR_exter、CSR_envir、CSR_socia 分别为股东责任、员工责任、供应商、客户和消费者权益责任、环境责任及社会责任，CSR_macrocosmsize、CSR_content、CSR_technique、CSR_industry 分别为整体性责任、内容性责任、技术性责任以及行业性责任，size 为企业规模，lev 为企业杠杆，grow 为企业发展能力，outd 为独立董事比例，β 为回归系数，ε 为随机误差项。

8.2.2 变量定义与度量

本部分根据研究设计需要，设置对应的解释变量、被解释变量与控制变量，具体说明如下。

（1）被解释变量。

对于模型Ⅰ，部分将企业绩效（ROA）设定为被解释变量。企业绩效的衡量方式多种多样，由于企业绩效的多维综合评价体系在我国尚未成熟，并且其量化操作难度较大，大部分学者在相关研究中用财务绩效指标对企业绩效进行代替，而财务绩效的常用指标包括总资产净利润率、资产报酬率、投入资本回报率、每股净资产增长率、总资产增长率、销售（营业）利润率、资产现金回收率、托宾 Q 值等多种指标。考虑到总资产净利润率反映了企业的综合运营状况，并且采用总资产净利润率衡量企业绩效的文献较多，同时近10年来相关上市公司的总资产净利润率数据比较完整，因此，本部分采用国泰安数据库（CSMAR）所提供的总资产净利润率数据作为企业绩效的代理变量。

对于模型Ⅱ，本部分将品牌价值（BV）设定为被解释变量。与企业绩效的衡量情况类似，品牌价值的评估方式也较多。如今，管理界和学术界对世界品牌实验室研发制定的品牌附加值评估模型高度认可。作为独创的评估方法，世界品牌实验室凭借其强大的专业性，在品牌价值研究领域展现了独到的见解，为国内以及全球品牌价值评估作出了巨大贡献。其发布的《中国最具价值品牌500强》较为科学地反映了在中国市场竞争环境下各个品牌的价值，为品牌价值的相关研究提供了全面、权威的参考标准。因此，本部分使用世界品牌实验室发布的中国企业品牌价值数据来测量（张鹏冲，2010；李园园、李桂华和张会龙，2019；张扬，2021）。

（2）解释变量。

企业社会责任（CSR）作为解释变量。关于企业社会责任的量化，除自行建立的指标体系外，已有研究采用的数据主要来自和讯网社会责任评测报告以及润灵环球责任评级报告。和讯网对国内所有上市公司均进行了打分，具有测评范围广泛的优势。而润灵环球（RKS）作为中国企业社会责任权威第三方评级机构，致力于为责任投资者、责任消费者及社会公众提供客观科学的企业责任评级信息。为提高样本的全面性，本部分在模型Ⅰ与模型Ⅱ中分别选择了和讯网责任测评分数以及润灵环球责任评级（RKS）作为企业社会责任的评价结果。

（3）控制变量。

为了提高模型估计的可靠性，参照现有文献的通常做法，选取企业规模（size）、企业杠杆（lev）、发展能力（grow）和独立董事比例（outd）四个控制变量。在现有研究中，胡曲应（2012）、张长江（2016）以年末总资产的对数衡量企业规模，唐久芳和李鹏飞（2008）以主营业务收入的对数衡量企业规模。借鉴这些做法，此处采用企业规模用企业总资产进行衡量。一般而言，企业规模越大，企业能够获得的资源越丰富，开展企业社会责任活动的能力也就越强，这将对品牌价值和企业绩效的提升产生积极影响。对于企业杠杆、发展能力，也参照胡曲应（2012）等人的方法。企业杠杆为测度企业承担风险能力的重要指标，会直接影响到企业绩效和品牌价值，以总负债/总资产来衡量企业杠杆；企业发展能力作为企业的一种潜在能力，综合反映了企业自身的积累量，与企业绩效和品牌价值的涨跌直接挂钩，这里用营业利润的增长率进行衡量。一些学者如胡曲应（2012）、许慧和张悦（2020），将独立董事比例加入控制变量，认为这一变量会通过影响企业的经营效率、运行的安全有效性，从而对企业绩效和品牌价值产生长远影响，本书也采用独立董事人数/董事会总人数这一指标。

8.2.3 研究样本与数据来源

在模型Ⅰ中，本书以和讯网提供的企业社会责任评分中涉及的企业为样本，样本的选择为2010～2019年共10年的样本区间，企业社会责任来源于该网站提供的企业社会责任评分；在模型Ⅱ中，品牌价值数据来源于*World Brand Lab*发布的《中国500最具价值品牌》排行榜中2010～2018年连续上榜的企业数据。

样本具体筛选步骤如下：（1）选取沪市、深市以及中小板上市企业；（2）考虑到金融行业在盈利模式上的特点以及金融企业报表的特殊性，为保证会计项目的可比较性与一致性，本书剔除了金融类上市公司；（3）为确保面板数据的平衡性，本书剔除了变量有缺失值的样本。经过筛选，模型Ⅰ共得到有效样本总数为11370个，包含1137家企业10年的样本数据。模型Ⅱ共得到有效样本总数为171个。此外，企业规模、企业杠杆、发展能力与独立董事比例从国泰安数据库（CSMAR）中查询相关数据，经过手工整理计算获得。

8.3 实证结果分析（模型Ⅰ）

8.3.1 模型Ⅰ的描述性统计

对模型Ⅰ相关数据进行描述性统计，结果见表8－1。可以发现，自变量企业社会责任总评分（CSR）的最大值为90.240，最小值为－18.450，平均值为26.107，标准差为18.275，表明各个企业所获得的CSR评分呈现较大差距，且我国企业对社会责任的履行整体处于较低水平。因变量企业绩效（ROA）的最大值为2200.512，最小值为－846.256，平均值为3.392，标准差为30.328，说明样本企业的企业绩效虽然极差较大，但整体波动较为平缓。股东责任评分（CSR_stock）的平均值为13.349，标准差为6.384，偏度为－0.599，偏度为负说明平均值左侧存在异常波动数据。员工责任评分（CSR_staff）的峰度为5.222，说明存在样本数据偏离平均值较大。供应商、客户和消费者权益责任评分（CSR_exter）的标准差为5.180，平均值为2.233，表明样本中企业的该项评分存在较大差异。环境责任评分（CSR_envir）的标准差为5.743，峰度为7.490，表明不同企业所承担的环境责任差异较大，且该数据系列中的极端值较多。社会责任评分（CSR_socia）的平均值为4.966，偏度为0.483，表明样本企业的社会责任评分大部分处于均值附近，较为稳定。

对于控制变量，企业规模的最大值为82229.290，最小值为0.0257，标准差为1972.004，说明样本企业的经营规模存在较大差异，受极端值影响较大。企业杠杆的最大值为2969.759，最小值为1.0269，偏度为30.444，说明样本企业的杠杆极差较大，高于平均值的样本数据较多，大部分企业都持有高杠杆。企业发展能力的最大值为216670.200，最小值为-598604.500，标准差为6972.148，表明企业的发展能力相对于平均值而言具有较大的离散程度，各个企业之间的发展能力存在较大差异，而且多数企业存在股权较为集中的情况。独立董事比例的平均值为0.373，标准差为0.056，表明样本企业中独立董事比例波动较小，董事会结构具有一定的稳定性。

表8-1　　　　模型I的描述性统计

变量	平均值	标准差	最小值	最大值	偏度	峰度
CSR	26.107	18.275	-18.450	90.240	1.108	3.857
CSR_stock	13.349	6.384	-11.690	27.860	-0.599	3.273
CSR_staff	3.197	3.560	-0.160	15.000	1.756	5.222
CSR_exter	2.233	5.180	0.000	20.000	2.078	5.788
CSR_envir	2.362	5.743	0.000	30.000	2.377	7.490
CSR_socia	4.966	4.891	-15.000	30.000	0.483	5.629
size	291.287	1972.004	0.0257	82229.290	22.351	674.731
lev	48.127	58.721	1.0269	2969.759	30.444	1288.564
grow	-12.658	6972.148	-598604.500	216670.200	-53.617	5047.749
outd	0.373	0.056	0.167	0.800	1.769	7.611
ROA	3.392	30.328	-846.256	2200.512	31.716	2649.583

8.3.2　模型I的回归结果分析

8.3.2.1　实证前拟合关系考察

模型I旨在检验企业社会责任对企业绩效的影响。该样本组间异方差已经通过 cluster 命令进行修正，短面板数据的组内自相关可忽略不计。

对企业绩效和企业社会责任的对数形式进行拟合，见图 8 -1，发现两者呈正相关关系，符合假设 H8 -1，即提高企业社会责任水平有利于增加企业绩效。

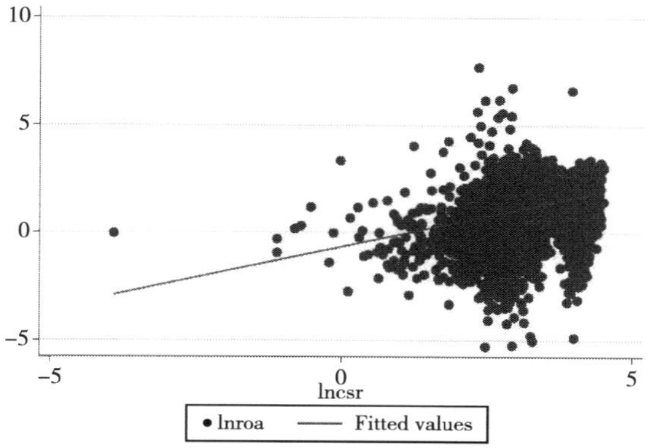

图 8 -1　lnROA 与 lnCSR 的初步拟合

8.3.2.2　实证结果

为精确判断固定效应模型与随机效应模型的选择，本部分采取了 Hausman 与 Mundlak 两种检验方式进行检验：

（1）利用稳健 Hausman 检验得到 P 值 = 0.0507 < 0.1，因此，在 10% 的显著性水平下拒绝原假设，从而选择固定效应模型。

（2）利用 Mundlak 检验得到 P 值 = 0.0499 < 0.05，因此，在 5% 的显著性水平下拒绝原假设，从而选择固定效应模型。

经 Hausman 及 Mundlak 检验，模型Ⅰ选用同时包含个体效应与时间效应的固定效应回归模型。并且选用了集群标准误进行相应的回归拟合，模型Ⅰ的多元回归结果如表 8 -2 所示。

表 8 -2　　模型Ⅰ的固定效应模型基本回归结果

变量	1 ROA	2 ROA	3 ROA	4 ROA	5 ROA	6 ROA
CSR	0.125 *** (0.02)	0.943 *** (0.14)	0.037 (0.09)	0.043 *** (0.01)	0.047 * (0.02)	0.300 *** (0.06)
size	0.000239 ** (0.0001)	−0.0000718 (0.000056)	0.0000217 (0.000064)	0.0000336 (0.000043)	0.0000327 (0.000043)	0.000100 ** (0.000050)
lev	−0.206 *** (0.06)	−0.199 *** (0.056)	−0.208 *** (0.056)	−0.208 *** (0.056)	−0.208 *** (0.056)	−0.207 *** (0.056)

续表

变量	1 ROA	2 ROA	3 ROA	4 ROA	5 ROA	6 ROA
grow	0.000072 *** (0.000012)	0.000041 *** (0.000012)	0.0000776 *** (0.000014)	0.0000778 *** (0.000014)	0.0000777 *** (0.000014)	0.0000744 *** (0.000013)
outd	11.712 (10.90)	14.874 (10.75)	10.807 (10.92)	10.846 (10.97)	10.830 (10.97)	10.579 (10.98)
R^2	0.13	0.15	0.13	0.13	0.13	0.13
个体效应	有	有	有	有	有	有
时间效应	有	有	有	有	有	有

注：***、** 和 * 分别表示变量在 1%、5% 和 10% 的水平上显著；括号内为系数相应的标准误差。

表 8-2 中的 6 列依次分别表示模型 1 至模型 6 的固定效应回归结果。可以看到，模型 1 测量的是整体 CSR 与企业绩效的直接关系，在该模型中，CSR 的系数在 1% 的水平下显著为正，说明企业社会责任水平对企业绩效存在正向的促进作用，当 CSR 提高 0.01 时，企业绩效将会增加 12.5，假设 H8-1 得到验证；模型 2 测量的是股东责任与企业绩效的直接关系，回归结果显示，股东责任 CSR_stock 对企业绩效在 1% 的显著性水平下存在显著的正相关关系，回归系数为 0.943，约为整体 CSR 的 7.5 倍，对企业绩效的促进作用更为明显；模型 4 测量的是供应商、客户和消费者权益责任与企业绩效的直接关系，回归结果显示，供应商、客户和消费者权益责任 CSR_exter 对企业绩效在 1% 的显著性水平存在显著的正相关关系，回归系数为 0.043，其对企业绩效的促进作用约为整体 CSR 的 1/3，虽然效果有所衰减，但仍能起到促进作用；模型 5 测量了环境责任与企业绩效的直接关系，环境责任 CSR_envir 的系数为 0.047，在 10% 的水平下显著为正，这一结果与模型 4 中供应商、客户和消费者权益责任 CSR_exter 对企业绩效的影响相接近；模型 6 测量的是社会责任与企业绩效之间的关系，社会责任 CSR_socia 的系数在 1% 的水平下显著为正，其系数为 0.300，同样比整体 CSR 对企业绩效的正向影响更为明显。此外，整个模型 I 中只有员工责任 CSR_staff 的系数未通过显著性检验，表明员工责任这一因素对企业绩效产生的影响不显著。对于整体 CSR 评分而言，可以发现企业规模与企业绩效在 5% 的水平下显著正相关，扩大企业规模有利于增加企业绩效；各模型中的企业杠杆与企业绩效在 1% 的水平下显著负相关，降低企业杠杆利于增加企业绩效；各模型中的企业发展能力与企业绩效在 1% 的水平下显著正相关，表明增加企业发展能力利于提高企业绩

效。而各模型中的企业独立董事比例与企业绩效均未通过显著性检验，表明独立董事比例对企业绩效产生的影响不显著。

8.3.3 模型I的稳健性检验

为了确认研究结果的可靠性，本部分分别进行替换变量、随机效应、冲击变量和change模型检验，考察实证结果的稳健性。具体结果如下。

（1）替换变量法。

变量的测量方式多种多样，根据经验与习惯选择变量所得到的回归结果往往无法保证其稳健性。因此，本部分选择将被解释变量总资产净利润率ROA替换为投入资本回报率ROIC进行双向固定效应回归，得到的结果如表8－3所示。可以看到，整体企业社会责任水平CSR系数的符号和显著性水平与基准固定效应核心模型1的回归结果相一致，此外，模型2、模型6的系数符号与显著性水平同样未发生改变，表明核心模型的估计结果具有稳健性，假设H8－1成立。

表8－3　　　　模型I的替换变量检验结果

变量	1 ROIC	2 ROIC	3 ROIC	4 ROIC	5 ROIC	6 ROIC
CSR	0.1687*** (0.0188)	1.3332*** (0.1930)	0.0602 (0.0851)	0.0382 (0.0373)	0.0262 (0.0412)	0.5086*** (0.1101)
size	0.0001533 (0.0003438)	−0.0003011 (0.0003568)	−0.0001266 (0.0003564)	−0.0001277 (0.0003468)	−0.0001373 (0.0003481)	0.00000605 (0.0003478)
lev	−0.5104*** (0.0803)	−0.4369*** (0.0861)	−0.5229*** (0.0800)	−0.5228*** (0.0800)	−0.5228*** (0.0800)	−0.5167*** (0.0799)
grow	0.0001009*** (0.0000137)	0.0000593*** (0.0000202)	0.000108*** (0.0000153)	0.0001082*** (0.0000152)	0.0001081*** (0.0000152)	0.0001029*** (0.0000141)
outd	−27.88036** (13.5808)	−23.1018 (12.9356)	−29.0830** (13.72016)	−29.0673** (13.7194)	−29.1004** (13.7150)	−29.3424 (13.6769)
个体效应	有	有	有	有	有	有
时间效应	有	有	有	有	有	有

注：***、**和*分别表示变量在1%、5%和10%的水平上显著；括号内为系数相应的标准误差。

（2）随机效应模型。

当个体效应与其他解释变量不相关时，随机效应会比固定效应的估计结果更有效，因此本部分进一步使用随机效应方法对模型进行估计。

随机效应估计结果如表 8 -4 所示，模型 1、模型 2、模型 6 中核心解释变量 CSR 的系数符号与显著性水平都与表 8 -2 一致；模型 3、模型 4、模型 5 中对应 CSR 的系数分别达到了 1%、5% 与 1% 的水平，且系数符号同样未改变，这说明核心固定效应模型的回归结果具有一定的稳健性。

表 8 -4　　模型 I 的随机效应模型检验结果

变量	1 ROA	2 ROA	3 ROA	4 ROA	5 ROA	6 ROA
CSR	0.137 *** (0.015)	0.726 *** (0.078)	0.239 *** (0.068)	0.124 ** (0.029)	0.106 *** (0.038)	0.297 *** (0.055)
size	0.0000886 (0.000094)	0.00000927 (0.00010)	0.000174 * (0.00010)	0.000198 *** (0.00011)	0.000204 * (0.00011)	0.000133 (0.000098)
lev	-0.162 *** (0.049)	-0.150 *** (0.050)	-0.165 *** (0.049)	-0.164 ** (0.049)	-0.164 *** (0.049)	-0.164 *** (0.049)
grow	0.0000609 *** (0.0000086)	0.0000369 *** (0.0000093)	0.0000689 *** (0.00001)	0.0000698 (0.00001)	0.0000698 *** (0.00001)	0.0000658 *** (0.000009)
outd	4.868 (4.877)	7.484 (4.741)	4.546 (4.947)	4.618 *** (4.946)	4.547 (2.105)	4.461 (4.947)

注：***、** 和 * 分别表示变量在 1%、5% 和 10% 的水平上显著；括号内为系数相应的标准误差。

（3）冲击变量检验。

通过依次引入控制变量来检验核心模型 1 回归结果的稳定性。表 8 -5 显示，CSR 的系数始终保持 1% 的显著性水平下显著为正，且其变化范围处于一个稳定区间；随着控制变量的增加，模型的 R^2 也在不断提高，特别是当加入企业发展能力这一控制变量后，模型的 R^2 有了显著提高，这说明核心模型的固定效应回归结果具有较强的稳健性与可靠性。

表 8 -5　　模型 I 的冲击变量检验结果

变量	1 ROA	2 ROA	3 ROA	4 ROA	5 ROA
CSR	0.1677 *** (0.0186)	0.1691 *** (0.0188)	0.1255 *** (0.0201)	0.1247 *** (0.0201)	0.1253 *** (0.0198)
size		0.0002321 ** (0.000092)	0.0002372 ** (0.0001179)	0.0002339 ** (0.0001161)	0.0002389 ** (0.0001086)
lev			-0.2065 *** (0.0562)	-0.2064 *** (0.0562)	-0.2064 *** (0.0562)

续表

变量	1 ROA	2 ROA	3 ROA	4 ROA	5 ROA
grow				0. 000707 *** (0. 000012)	0. 000072 *** (0. 000012)
outd					11. 712 (10. 901)
R^2	0. 0058	0. 0059	0. 1342	0. 1344	0. 1346
个体效应	有	有	有	有	有
时间效应	有	有	有	有	有

注：*** 、** 和 * 分别表示变量在 1%、5% 和 10% 的水平上显著；括号内为系数相应的标准误差。

（4） change 模型。

将核心模型 1 的所有变量取一阶差分后，再次进行 change 模型检验。表 8 -6 的检验结果显示，CSR 的一阶差分变量仍然在 1% 的水平下显著为正，且仅有独立董事比例的一阶差分变量未通过假设检验，表明模型具有较强的稳健性。

表 8 -6　　　　模型 I 的 change 模型检验结果

变量	dCSR	dsize	dlev	dgrow	doutd	R^2
dROA	0. 1556 *** (0. 0309321)	0. 00034 *** (0. 0001214)	-0. 3603 *** (0. 0888044)	0. 0000548 *** (0. 00000909)	5. 7978 (8. 377751)	0. 2862
个体效应	有					
时间效应	有					

注：*** 、** 和 * 分别表示变量在 1%、5% 和 10% 的水平上显著；括号内为系数相应的标准误差。

（5） 取对数模型检验。

由于企业社会责任评分为基数值，不同企业的得分差异可能较大，本部分尝试将所有企业社会责任评分进行对数化，再对模型 1 至模型 6 进一步进行集群标准误的固定效应回归。表 8 -7 显示，模型 1 的回归结果与基准固定效应模型 1 中的核心变量 CSR 的显著性水平与系数符号结果保持一致，表明核心模型 1 具有一定的稳健性。而模型 4、模型 5 与模型 6 虽然在统计上显著，但符号发生了改变。对模型 3 的核心变量 CSR_staff 进行 qladder 检验，发现原面板数据不服从正态分布，进行对数化处理可以解决这一问题，且经过对数化处理后，与原面板数据相比，其显著性程度大幅提升，这说明在模型设定中对变量取对数具有实际意义。

表 8-7　　　　模型 I 的取对数模型检验结果

变量	1 lnROA	2 lnROA	3 lnROA	4 lnROA	5 lnROA	6 lnROA
lnCSR	0.4555 *** (0.0311296)	1.5024 *** (0.088379)	0.0701 *** (0.0145447)	-0.5313 *** (0.1013233)	-0.2291 *** (0.0760328)	-0.2803 *** (0.0299355)
size	0.00000324 (0.00000786)	-0.0000211 (0.0000174)	-0.00000968 (0.0000133)	-0.00000411 (0.00000917)	-0.0000159 (0.0000123)	-0.0000218 (0.0000182)
lev	-0.000852 (0.0013814)	0.0000603 (0.0008747)	-0.003664 (0.0024539)	-0.01497 *** (0.0043958)	-0.01497 *** (0.0045309)	-0.002342 (0.0021554)
grow	0.0000107 *** (0.00000256)	0.00000739 *** (0.00000195)	0.000011 *** (0.00000319)	0.000123 (0.0000788)	0.000130 (0.0000814)	0.00000991 *** (0.00000331)
outd	-0.3967 (0.3234)	-0.1504 (0.2639)	-0.5302 (0.3238)	-0.1571 (0.6154)	-0.3456 (0.6194)	-0.5768 * (0.3279)
R^2	0.0617	0.2995	0.0173	0.0589	0.0381	0.0428
个体效应	有	有	有	有	有	有
时间效应	有	有	有	有	有	有

注：***、** 和 * 分别表示变量在 1%、5% 和 10% 的水平上显著；括号内为系数相应的标准误差。

8.3.4　模型 I 的企业异质性分析

国有企业与非国有企业在与政府的关系、社会资源以及经营目标上具有明显的差异性，为了剖析企业性质（国企与非国企）于企业社会责任对企业绩效提升作用的影响，对原样本数据中的 1137 家企业进行分组，共获得 559 组国有企业年度数据以及 578 组非国有企业年度数据，并进行双向固定效应回归。

表 8-8 的回归结果显示，在国有企业组中，CSR 的回归系数为 0.0602，在 1% 的水平下显著为正，说明企业社会责任水平对国有企业的企业绩效存在正向的促进作用；在非国有企业组中，CSR 对企业绩效在 1% 的显著性水平下存在显著的正相关关系，回归系数为 0.2118，约为国有企业组整体 CSR 的 3.5 倍。且随着组别的转变，模型的 R^2 也由 0.1292 提高到了 0.1897，表明非国有企业数据的拟合程度也更为出色。由此可见，相较于国有企业来说，非国有企业的企业社会责任对企业绩效的提升作用更为明显。

表 8-8　　　　　　　模型 I 的企业异质性分组回归结果

变量	CSR	size	lev	grow	outd	R^2
ROA 国企	0.0602 *** (0.0192)	0.0002795 (0.0002869)	-0.3025 *** (0.0567466)	0.0000466 *** (0.0000127)	25.6561 (21.71067)	0.1292
ROA 非国企	0.2118 *** (0.0329)	0.0002345 ** (0.0000936)	-0.1619 ** (0.0760908)	0.0000769 *** (0.0000172)	-3.3060 (5.479049)	0.1897
个体效应	有					
时间效应	有					

注：***、** 和 * 分别表示变量在 1%、5% 和 10% 的水平上显著；括号内为系数相应的标准误差。

8.4　实证分析结果（模型Ⅱ）

8.4.1　模型Ⅱ的描述性统计

从描述性分析结果表 8-9 中，可以看到，模型Ⅱ中自变量社会责任水平 CSR 平均值为 48.638，标准差为 17.972，波动幅度较大，且整体社会责任水平相较于最大值 89.298 来说仍有巨大上升空间。因变量企业品牌价值（BV）的最大值为 3253.720，最小值为 11.530，说明样本企业的品牌价值存在较大差异。整体性社会责任代表的是对公司整体目标、公司治理管制以及利益相关者沟通等方面的评价。技术性社会责任代表的是对公司的创新性、透明度以及可信度等方面的相关评价。而行业性社会责任代表的是对行业是否规范的相关评价。从不同利益相关方来看，内容性社会责任评分所占比重较大，其主要指的是社会责任对经济绩效、劳工人权以及社会可持续发展等方面的评价。而整体性、技术性和行业性的贡献相对较弱。

对于控制变量，企业规模的平均值为 4331.920，而模型I的企业规模平均值仅为 291.287，说明样本企业在经营规模上显著高于模型I中企业的经营规模，相比之下可以称得上是“大企业”，同时也从数据上直观印证了中国 500 最具价值品牌荣誉，其最大值为 71429.600，最小值为 14.489，标准差为 11244.090，说明样本企业的经营规模仍存在较大差异。企业杠杆的最大值为 92.867，最小值为 13.627，偏度为 0.017，说明样本企业的杠杆极差较小，且样本数据位于平均值附近，大部分企业的杠杆率相对稳定，承受风险能力相对较大。企业发展能力的最大值为 198540.200，最小值为 -69061.600，标准差为 16128.890，表明企业的发展能力存在较大差异。独立董事比例的平均值为0.376，标准差为0.077，表明样本企业中独立董事比例波动程度稍大于模型I的波动程度，但其董事会结构仍是稳定的。

表8－9　　　　模型Ⅱ的描述性统计

变量	平均值	标准差	最小值	最大值	偏度	峰度
CSR	48.638	17.972	21.180	89.298	0.517	2.005
CSR_macrocosm	15.562	5.956	5.620	28.125	0.217	1.763
CSR_content	22.004	7.916	7.300	40.650	0.547	2.307
CSR_technique	8.280	2.817	3.860	17.870	0.749	2.863
CSR_industry	2.750	2.580	0.000	10.086	1.036	3.040
size	4331.920	11244.090	14.489	71429.600	3.731	18.071
lev	53.419	22.344	13.627	92.867	0.017	1.904
grow	706.654	16128.890	－69061.600	198540.200	10.407	136.004
outd	0.376	0.077	0.167	0.667	1.016	4.943
BV	425.110	563.603	11.530	3253.720	2.369	9.413

8.4.2　模型Ⅱ的回归结果分析

8.4.2.1　实证前拟合关系考察

模型Ⅱ旨在检验企业社会责任对品牌价值的影响。该样本组间异方差已经通过cluster命令进行修正，短面板数据的组内自相关可忽略不计。

对品牌价值和企业社会责任的对数形式进行拟合，见图8－2，发现两者呈正相关关系，符合假设H8－2，即提升企业社会责任水平有利于增加品牌价值。

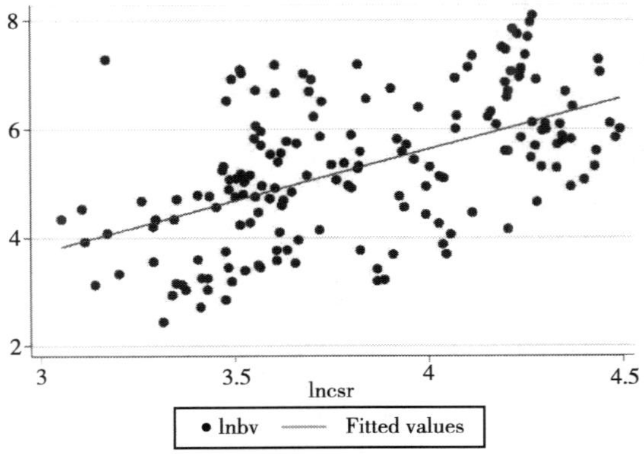

图8－2　lnBV与lnCSR的初步拟合

8.4.2.2 实证结果

为精确判断固定效应模型与随机效应模型的选择，采取 Hausman 与 Mundlak 两种检验方式进行检验：

（1）利用稳健 Hausman 检验得到 P 值 =0.000 <0.01，因此，在 1% 的显著性水平下拒绝原假设，从而选择固定效应模型。

（2）利用 Mundlak 检验得到 P 值 =0.000 <0.01，因此，在 1% 的显著性水平下拒绝原假设，从而选择固定效应模型。

经 Hausman 和 Mundlak 检验，模型Ⅱ选用同时包含个体效应与时间效应的固定效应回归模型。并且选用了集群标准误进行相应的回归拟合，模型Ⅱ的多元回归结果如表 8 -10 所示。

表 8 -10　　模型Ⅱ的固定效应模型基本回归结果

变量	7 BV	8 BV	9 BV	10 BV	11 BV
CSR	10.063 ** (4.612)	25.385 *** (8.106)	6.187 (11.118)	45.422 ** (18.353)	54.649 ** (22.280)
size	0.031 *** (0.012)	0.031 ** (0.012)	0.033 ** (0.014)	0.033 ** (0.013)	0.024 *** (0.009)
lev	0.385 (3.304)	1.614 (3.538)	-0.011 (3.067)	0.773 (2.854)	-0.062 (3.123)
grow	0.004 ** (0.002)	0.004 ** (0.002)	0.004 * (0.002)	0.003 ** (0.002)	0.003 * (0.002)
outd	899.260 (1080.819)	901.188 (1040.181)	773.989 (1084.866)	805.146 (1003.251)	807.620 (989.825)
R^2	0.3467	0.3555	0.2991	0.3315	0.3766
个体效应	有	有	有	有	有
时间效应	有	有	有	有	有

注：***、** 和 * 分别表示变量在 1%、5% 和 10% 的水平上显著；括号内为系数相应的标准误差。

表 8 -10 中的 5 列分别表示模型 7 到模型 11 的固定效应回归结果。可以看到，模型 7 测量的是整体企业社会责任与品牌价值的直接关系，在该模型中 CSR 的系数在 5% 的水平下显著为正，说明企业社会责任水平对企业品牌价值存在正向促进作用，当 CSR 指数提高 1 单位时，企业品牌价值会提升 10.063，这一结果与假设 H8 -2 相一致。模型 8 测量的是整体性责任与品牌价值的直接关系，回归结果显示，整体性责任 CSR_macrocosm 对品牌价

值在1%的显著性水平下存在显著的正相关关系，回归系数为25.385，其对品牌价值带来的促进作用大约是整体CSR的2.5倍；模型10测量的是技术性责任与企业品牌价值的直接关系，回归结果显示，技术性责任CSR_technique对品牌价值在5%的显著性水平下存在显著的正相关关系，其系数为45.422，而模型11测量的是行业性责任CSR_industry对品牌价值的直接影响，其系数为54.649，在5%的显著性水平下显著正相关。可见，技术性责任与行业性责任对品牌价值带来的促进作用更大，分别约为整体CSR的4.5倍、5.5倍；模型9中，内容性责任系数未通过显著性检验，表明内容性责任对企业绩效产生的影响不显著。与CSR总评分相比，整体性责任、技术性责任与行业性责任对品牌价值的正向促进作用更强。

此外，对于整体CSR评分模型7而言，可以发现企业规模与品牌价值在1%的水平上显著正相关，而企业发展能力与品牌价值同样在5%的水平上显著正相关，扩大企业规模或者提升企业发展能力均有利于提升品牌价值，这种正向促进作用与模型Ⅰ的回归结果类似。

8.4.3 模型Ⅱ的稳健性检验

8.4.3.1 替换变量法

将解释变量润灵环球企业社会责任评分CSR替换为企业是否披露相关社会责任报告，以此作为CSR的代理变量进行双向固定效应回归，其中新的解释变量包括企业是否参照GRI《可持续发展报告指南》、是否披露股东权益保护、是否披露职工权益保护、是否披露客户及消费者权益保护等信息，数据来自国泰安数据库（CSMAR），经过手工整理计算获得，同时将样本时间窗口增加一年，扩展到2019年，得到的结果如表8-11所示。可以看到，回归结果中整体企业社会责任水平CSR系数的符号和显著性水平与基准固定效应核心模型7的回归结果相一致，表明模型的估计结果具有稳健性，本章的假设是成立的。

表8-11　　　　模型Ⅱ的替换变量检验结果

变量	CSR	size	lev	grow	outd	R^2
BV	79.804** (37.535)	0.034*** (0.013)	3.303 (3.111)	0.004** (0.002)	927.623 (893.140)	0.3341
个体效应	有					
时间效应	有					

注：***、**和*分别表示变量在1%、5%和10%的水平上显著；括号内为系数相应的标准误差。

8.4.3.2 冲击变量检验

通过依次引入控制变量来检验核心模型7的回归结果。表8-12显示，列1至列5中CSR的系数除列1在10%的显著性水平下显著为正外，其余系数始终保持在5%的显著性水平下显著为正，且其变化范围处于一个稳定区间，而随着控制变量的增加，模型的R^2不断提高，特别是当加入企业规模这一控制变量后，模型的R^2有了显著提高，说明原模型的固定效应回归结果具有较强的可靠性。

表8-12　　模型Ⅱ的冲击变量检验结果

变量	1 BV	2 BV	3 BV	4 BV	5 BV
CSR	12.065 * (6.296)	9.346 ** (4.475)	9.356 ** (4.291)	9.297 ** (4.428)	10.063 ** (4.612)
size		0.030 ** (0.012)	0.030 ** (0.012)	0.030 ** (0.012)	0.031 ** (0.012)
lev			-2.738 (4.781)	-0.837 (3.356)	0.385 (3.304)
grow				0.003 * (0.002)	0.004 ** (0.002)
outd					899.260 ** (1080.819)
R^2	0.0764	0.2928	0.2957	0.3257	0.3467
个体效应	有	有	有	有	有
时间效应	有	有	有	有	有

注：***、**和*分别表示变量在1%、5%和10%的水平上显著；括号内为系数相应的标准误差。

8.4.3.3 change 模型

将核心模型7的所有变量取一阶差分后，再次进行change模型检验。表8-13的检验结果显示，CSR的一阶差分变量系数显著且仍为正，这与核心模型7的原数据回归结果相一致，表明模型具有较强的稳健性。

表8-13　　模型Ⅱ的change模型检验结果

变量	dCSR	dsize	dlev	dgrow	doutd	R^2
dBV	6.948 *** (2.608)	0.011 *** (0.004)	-0.488 (4.554)	0.0002 (0.0011)	79.150 (694.112)	0.1287
个体效应	有					
时间效应	有					

注：***、**和*分别表示变量在1%、5%和10%的水平上显著；括号内为系数相应的标准误差。

8.4.3.4 取对数模型检验

将所有企业社会责任评分进行对数化，再对模型 7 至模型 11 进一步进行集群标准误的固定效应回归。表 8 – 14 显示，经过对数化处理后，所有模型的核心解释变量 lnCSR 均显著，其中列 7、列 8、列 10 与列 11 的整体企业社会责任水平系数在 1% 的水平上显著为正，列 9 的 CSR 系数为正且在 5% 的显著性水平上显著。可以看到，所有模型变量系数的回归结果与基准固定效应模型中的核心变量 CSR 的系数符号一致且显著。这说明，原固定效应模型的回归结果具有稳健性。

表 8 – 14　　模型Ⅱ的取对数模型检验结果

变量	7 lnBV	8 lnBV	9 lnBV	10 lnBV	11 lnBV
lnCSR	1.996 *** (0.315)	1.536 *** (0.228)	0.989 ** (0.466)	1.659 *** (0.328)	0.319 *** (0.102)
size	0.00004 *** (0.000005)	0.00004 *** (0.000005)	0.00005 *** (0.000008)	0.00005 *** (0.000007)	0.00005 *** (0.000007)
lev	–0.00847 (0.00764)	–0.00177 (0.00849)	–0.01312 (0.01005)	–0.00789 (0.00895)	–0.00690 (0.00998)
grow	0.0000014 (0.0000014)	0.0000022 * (0.0000013)	0.0000012 (0.0000021)	0.0000012 (0.0000015)	0.0000011 (0.0000015)
outd	1.450 (2.054)	1.495 (1.941)	1.056 (2.391)	1.107 (1.995)	0.952 (2.090)
R^2	0.4636	0.5255	0.2388	0.3741	0.2972
个体效应			有		
时间效应			有		

注：*** 、** 和 * 分别表示变量在 1% 、5% 和 10% 的水平上显著；括号内为系数相应的标准误差。

8.4.4 模型Ⅱ的企业异质性分析

为了分析企业社会责任对品牌价值的提高效果对国企与非国企而言是否具有异质性差别，本部分通过对原样本数据进行分组，共获得 90 组国有企业年度数据以及 81 组非国有企业年度数据，对其进行双向固定效应回归。表 8 – 15 的回归结果显示，在国有企业组中，CSR 的回归系数为 2.704，未通过显著性检验；在非国有企业组中，CSR 对品牌价值在 5% 的显著性水平上存在显著的正相关关系，回归系数为 9.553。结果表明，企业社会责任对国有企业的品牌价值提升作用不大，而非国有企业社会责任水平的提高对品牌价值具有更为明显的提升作用。

表 8－15　　　　　　　　模型Ⅱ的企业异质性分组回归结果

变量	CSR	size	lev	grow	outd	R^2
BV 国企	2.704 (4.794)	0.136 *** (0.009)	－1.181 (2.063)	－0.009 *** (0.0008)	568.768 (1362.675)	0.7038
BV 非国企	9.553 ** (3.821)	0.020 *** (0.00280)	－2.469 (7.115)	0.005 *** (0.0005)	－213.3906 (810.002)	0.4904
个体效应	有					
时间效应	有					

注：***、** 和 * 分别表示变量在 1%、5% 和 10% 的水平上显著；括号内为系数相应的标准误差。

8.5　结　　论

本部分以国泰安数据库（CSMAR）、和讯网以及润灵环球（RKS）搜集到的企业相关数据对企业社会责任的效应进行实证分析，研究结果表明：

第一，企业社会责任水平与企业绩效、品牌价值均呈正相关关系。本部分以和讯网所提供的年度社会责任报告所涉及的企业为研究对象，使用 2010～2019 年共 10 年的样本数据进行双向固定效应回归，并验证了核心模型的稳健性。研究结果表明，企业社会责任水平与企业绩效为正相关关系，意味着企业积极主动履行社会责任能够促进企业绩效的提升。此外，通过对各类企业社会责任与企业绩效的关系的分析，发现这种正向促进作用是通过企业承担对股东、供应商、客户和消费者、环境以及社会的责任而实现的。企业积极履行社会责任，利于从股东处获取更多的融资，实现稳步的发展；从供应商处，企业可以节约生产成本，提高生产效率；而良好的责任感更能获取消费者的信任，为企业发展创造源源不断的动力。

第二，企业履行良好的社会责任有助于其绩效与品牌价值的提升。本部分以世界品牌实验室发布的《中国最具价值品牌 500 强》所涉及的企业为研究对象，使用 2010～2018 年连续上榜的企业样本数据进行双向固定效应回归，并验证了核心模型的稳健性。研究结果表明，企业社会责任与品牌价值呈正相关关系，这意味着企业积极主动履行社会责任对品牌价值的提升有正面影响。此外，这种正面影响是通过公司的创新性、透明度、规范性、可信度、治理管制、利益相关者沟通等所实现的。企业积极承担各类社会责任，对各利益相关者而言是一种互利共赢的关系。

第三，提高企业社会责任水平带来的正面影响对于非国有企业而言更为显著。本部分通过对模型Ⅰ与模型Ⅱ的原样本数据的分组及双向固定效应回归，分析了国有企业与非国有企业的异质性区别。研究结果表明，对非国有企业而言，企业社会责任水平的提高对企业绩效和品牌价值的正向促进作用更加显著。因此，非国有企业应当充分认识到企业社会责任对其可持续发展的重要性。

下篇

中国企业社会责任的多中心治理体系构建与对策

第9章　利益相关者视角下国外企业社会责任治理经验借鉴

他山之石，可以攻玉。现代企业社会责任源于西方，发展历史悠久，有丰富的实践经验与案例，值得中国借鉴。前面已经分析了中国企业社会责任的现状，并从理论上剖析了四类企业社会责任的效应与内在机理，基于此，本章从利益相关者视角出发，对美国、欧盟、日本等发达国家和地区的各类企业社会责任治理经验进行梳理和总结，从中提取对中国企业社会责任治理有益的经验和启示。

9.1　政府治理层面的经验借鉴

国外在政府治理层面的主要做法见图9－1。

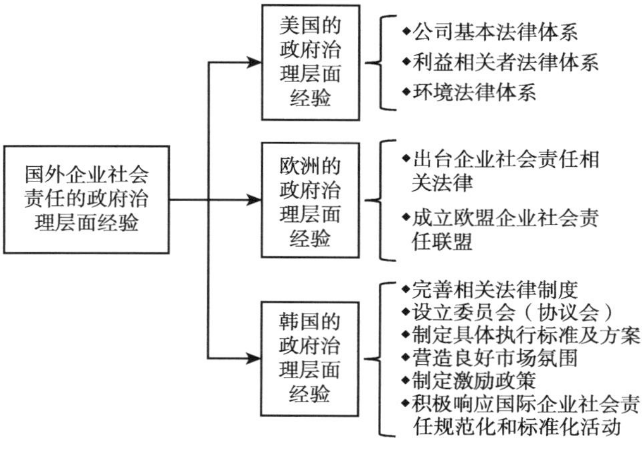

图9－1　国外CSR的政府治理层面经验

资料来源：根据相关资料自行整理所得。

9.1.1 美国的政府治理层面经验

美国政府于20世纪80~90年代开始大力推广企业社会责任。在政府、企业和各种社会组织的共同推动下，逐步形成了具有广泛影响的企业社会责任治理体系。在美国，政府与企业的关系不仅是一种监督与被监督和收税纳税的关系，同时也互相依存。美国政府在制定法律政策时会较好地兼顾双方的利益，保证法律体系的稳定，并努力营造较好的投资环境。

为确保企业生产经营活动的各个层面和环节都能在法律规定的范围内进行，美国联邦和各州立法部门出台了大量规范企业社会责任的法律法规，从立法层面对企业社会责任进行综合治理。相关法律法规几乎涵盖了企业生产经营活动和企业社会责任的各种层面。其主要包括以下几部分。

一是公司基本法律体系，主要包括《公司法典》《商业公司法》等。这些法律对企业设立的条件，经营活动的原则、范围，企业的基本权利义务等进行了规定；对企业的建立进行了限制与规范，规定了企业具备生产经营的基本条件，将其作为社会成员进行权利赋予和义务明确。1912年美国政府颁布《税法》规定：实施慈善捐赠的个人纳税者可享受减扣所得税的待遇。这一规定体现了对企业社会责任的初步关注，并且通过具体的法律措施践行了政府这一治理理念。

二是利益相关者法律体系。1890年，美国国会通过《抵制非法限制与垄断保护贸易及商业法》，即著名的《谢尔曼法》，这是世界上最早的反垄断立法。这项法律的目的是避免因企业垄断而损害正常市场秩序。美国联邦政府曾利用《谢尔曼法》成功肢解标准石油公司、美国烟草公司和美国电报电话公司等三个最有名的垄断托拉斯。在著名的波音公司与麦道合并、微软拆分等案例中，《谢尔曼法》都发挥了重要作用。在保护员工利益方面，20世纪30年代，罗斯福新政期间，联邦政府先后公布了《国家劳资关系法》《社会保障法》《公平劳动标准法》等法律，对职工的集体谈判权、工人的最低工资和最高工时、平等就业、职工健康安全等进行了明确规定，明确企业应承担的法律责任与义务，最大限度保障了职工在企业中的地位和享受的权益。1974年，美国总统福特签发《雇员退休收入保障法》和《职业安全和健康法》，强调企业对员工的责任。在消费者利益维护方面，20世纪70年代，美国先后颁布了《国家交通与机动车辆法》《可燃纺织法》《包装消毒法》《联邦肉品监察法》等一系列法律，对公司的产品质量责任和损害赔偿责任等作了明确规定。

值得注意的是，20世纪80年代末期，美国的企业立法开始重视将法律的外部约束与内部控制有机结合，逐步实现了《公司法》设计上的突破。例如，1989 年宾夕法尼亚州要求企业不仅要关注企业和股东两个利益主体，还要对社会负责，并对其《公司法》进行修正。同时提出企业既是一种经济组织，也是一种社会组织，应兼顾经济目标和社会目标。进入 21 世纪以来，特别是安然等公司出现丑闻后，美国政府又颁布了一系列法案，严肃公司的道德准则，进一步加大了对侵害相关者利益的企业的处罚力度。

当前，美国已有半数以上的州在《公司法》中补充了企业社会责任相关规定，强调企业不仅要为股东服务，还要为利益相关者服务。同时，通过企业社会责任相关法律的制定和完善，包括环境保护、劳动权益保护、消费者权益保护等相关法律，为企业履行社会责任提供强大的约束和推动力。

三是环境法律体系。美国环境保护立法迄今已有一百多年的历史。针对工业化发展中日益严重的环境污染问题，早在 1899 年美国政府就颁布了《河川港湾法》，1907 年通过《清洁空气法》和《水污染防治法》，1912 年通过《公众保健法》，1924 年开始实施《油污防治法》等。这一系列法律政策，逐步覆盖了环境保护的各个领域，促成了美国环境法律体系的初步构建。第二次世界大战后，随着经济高速发展，环境污染日益严重，美国联邦政府于 1970 年颁布《国家环境政策法》，并将其作为美国国家环境基本法。这部法律在环保理念、制度安排和程序实施等多方面具有前瞻性，对美国乃至其他国家的环境立法具有深远的影响。此外，除了环境保护的相关法律外，其他领域的法律对企业在环境方面的社会责任也有所涉及。根据美国的超级基金法案，对因生产经营造成环境污染的企业，联邦政府有权对污染损失进行追偿并对其处巨额罚款。

9.1.2 欧洲的政府治理层面经验

第二次世界大战后，欧洲国家大力发展本土经济，加速工业化发展进程，出现了严重的污染问题。企业间的激烈竞争与兼并重组等行为导致了大规模裁员，并引发强烈的社会关注。在此背景下，要求欧洲各国企业关注社会问题、关注利益相关者要求的呼声越来越高。

欧洲各国针对企业社会责任陆续出台相关法律进行约束。德国是最早通过立法形式要求企业承担社会责任的国家，并将公共利益提升至与股东利益、公司雇员利益同样重要的地位。1968 年，欧共体发布公司法第一号令，强调成员国应切实保护包括股东、债权人以及与公司进行商业交易往来的相关利益者的利益。1980 年，英国修改《城市法典》，规定董事提出的建议应兼顾股东、公司职员以及债权人等多方利益。1999 年，挪威和瑞典《会计法》要求企业的年报中应包括环境报告。2001 年，法国对上市公司的社会责任年度报告进行规范，要求报告中应包括企业在经营活动中对社会和环境造成的影响。同年，德国《基金法》规定公司应严格执行政府制定的有关社会和环境的政策，并如实上报执行情况。2002 年，比利时颁布《社会劳工法》，关注劳工权益并法治化。荷兰颁布《出口信用法》要求跨国公司执行《OECD 跨国公司准则》以提升企业在出口方面的信用。

欧盟委员会是欧洲最主要的政策制定者，作为一个“超国家机构”，在企业社会责任治理层面通过立法和条约等一系列指令实现对各国公司立法的协调。2001 年，欧盟委员会成立了“企业社会责任组织”。2002 年，社会各阶层代表构建了“多方社会论坛”，旨在为欧洲范围内的企业和利益相关者的信息交流提供第三方平台。2003 年，欧盟委员会在报告中着重强调企业应自觉履行企业社会责任，并可以此获得更高的财务收益。2006 年，欧盟企业社会责任联盟成立，专门致力于诸如环境、员工保障、新能源开发、水资源管理、生物多样性保护等企业社会责任。此外，人口、移民、公共卫生、消除贫困等层面也被纳入了欧盟企业社会责任的重点关注工程。在欧盟相关政策的引导下，欧洲各成员国也积极响应欧委会的指导建议，如德、英、意、法等国相继出台相应的政策法规与行动计划，积极融入欧盟企业社会责任相关政策中，并向欧委会做执行报告，由欧委会对各国企业社会责任的推广、信息披露透明度和相关扶助政策等方面进行考察；欧盟各国的企业通过在贸易、教育、企业等层面的持续努力，争做“世界企业社会责任的标杆”。

欧洲各国政府在治理企业社会责任实践上受不同力量（包括社会事件影响、政府决策、NGO 行动）的推动且呈现多种不同形式，据此采取的政策措施也各有侧重，但就整体而言，欧洲各国普遍采取了切实有效的政策措施推行企业社会责任活动，并对企业社会责任方面存在的问题进行有针对性的治理。

9.1.3 韩国的政府治理层面经验

自 20 世纪 90 年代中期起，韩国对企业社会责任的关注度逐渐升温。政府在国内企业的社会责任推广与治理上起到重要的作用。自 1997 年金融危机以后，韩国政府开始积极推广企业社会责任运动，在将国际标准引入国内的同时，通过完善相关法律制度、设立委员会、制定具体执行标准和方案等手段，以国际规范和标准引导、推动国内企业参与企业社会责任活动并紧跟国际发展动向。其主要对策和具体对策见表9－1。

表9－1　　　韩国政府促进企业社会责任的具体政策办法

政策动向	主要内容
推动相关法律制度的可持续完善	完善企业内部结构、提高会计透明度； 提供经营支配权、市场透明度和公正性； 竞争部门对经济合作与发展组织、世界贸易组织、国际货币基金组织的公正评价； 不同企业对于出资总额制度等大企业集团政策的评价不同。
设立反腐委员会	预防腐败发生，有效监管腐败行为，以形成清廉职位和社会风气为目标； 订立透明社会协议。
设立企业关爱协议会	由产业通商资源部、经济团体、风险企业协会、基督教青年会组成，实行平复企业情绪的经济教育与企业社会责任对应活动。
企业社会责任模范企业与企业人奖励	召开“柳一韩博士（故）”嘉奖会、“一韩的路”命名会，奖励优秀企业与企业人。
伦理经营现状调查与发表	自2003年，产业通商资源部教育产业政策研究院每年对公有制企业与民营企业进行伦理经营时态调查。
ISO SR标准化对应	为了参与产业通商资源部（技术标准院）、ISO SR（社会责任）的讨论，加入消费者政策委员会（COPOLCO）； 参加ISO/COPOLCP总会与企业社会责任工作组、企业社会责任专家小组； 组成国内“企业社会责任专门委员会”。

资料来源：Ministry of Trade，Industry and Enegy（http：//www. motie. go. kr）.

同时，韩国政府还采取了一系列旨在促进企业积极履行社会责任的举措，包括为企业践行企业社会责任营造良好氛围、制定激励政策、实施集中政策等。

第一，为企业社会责任实践营造良好的市场氛围。一是设立由政府、经济团体、公民团体、工会等各方利益相关者广泛参与的“企业社会责任网络”，积极与反腐委员会合作，对公有制企业的伦理经营进行调查和教育；二是不论企业所有制形式和规模如何，设立企业社会责任主要推广机构，包括政府（公有制企业）、全经联（大企业）和中小企业协同组合中央会（中小型企业），负责营造企业社会责任实践氛围；三是在社会范围内形成由企业自发提交“企业社会责任成果报告书”的社会氛围，报告书充分借鉴全球报告倡议组织报告书的标准样式，并在经济、环境和社会等领域逐步扩大“大中小企业合作”的比重；四是引入企业社会责任标签制度。对在履责突出的企业授予“企业社会责任优秀企业”的头衔，促进企业等经济团体营造自律性的企业社会责任实践氛围。

第二，为推广企业社会责任制定和实施激励政策。一是“灵活利用金融手段”，对践行企业社会责任的优秀企业，国民银行会在企业贷款时给予更多优惠；二是引入“社会责任投资”（SRI），在社会上营造“加大对优秀履责企业投资”的氛围，激励企业和投资者的行为向政策有利的方向倾斜；三是利用“政府采购”手段，在政府采购时对履行企业社会责任的优秀企业给予优惠或奖励；四是设立“成功之日”等各种奖励优待，最大限度地为企业践行企业社会责任营造良好的法律和社会氛围。

第三，积极响应国际企业社会责任规范化和标准化活动。在2008年SR准则（ISO 2600）开发过程中，通过SR标准化论坛广泛采纳国内企业社会责任利益相关方的观点，推动和强化ISO SR国际标准化活动在国内的推广。其包括成立企业社会责任专门推进组织，设置“社会责任委员会”，连接韩国本部与海外支社的联系，发布可持续经营报告书，强化企业社会责任方面的实践与监管，促进积极的、体系化的全球企业社会责任发展。同时，督促国内企业设立企业社会责任委员会，开展发达国家企业社会责任经营战略运营标杆管理及国际标准化动向分析计划。为避免国内企业参与全球化市场竞争时可能产生的贸易壁垒，政府出面做出了特殊表态。

9.2 社会治理层面的经验借鉴

国外社会治理层面的监督主要体现在社会审计与监督，以及非政府组织监督两个层面，如图9－2所示。

9.2.1 审计与监督

自20世纪60年代以来，企业社会责任被引入会计领域，许多国家都将企业社会责任会计作为会计的一个分支，通过出台相应法规政策来审计和监督企业履行社会责任。

（1）企业社会责任审计。

美国是企业社会责任审计的发源地。20世纪70年代，在美国相关政府机构以及社会公益监督机构（例如，消费者权益保护协会以及平等就业

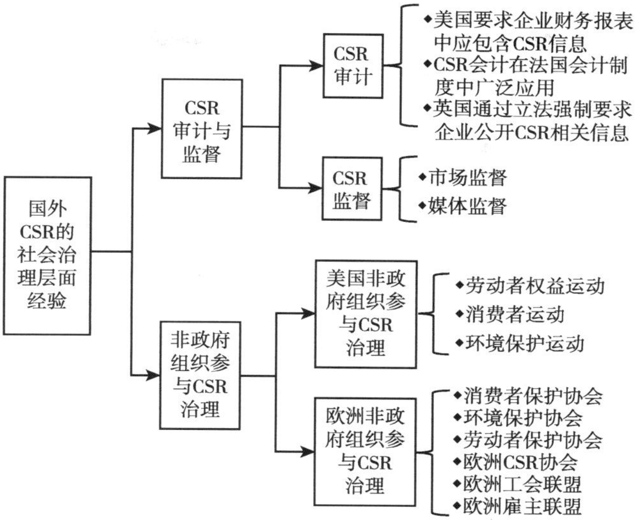

图 9－2　国外 CSR 的社会治理层面经验

资料来源：根据相关资料自行整理所得。

机会管理局）的要求下，负责美国企业报表的管理机构与证券交易管理委员会要求企业应在提供的报告中增加企业社会责任的实际履行情况。审计的目的，一是确保社会投资更多流向具有较高社会责任感的企业；二是敦促接受投资的企业应按照社会责任要求开展生产经营；三是为企业利益相关主体，包括消费者、投资者、政策制定者和企业员工等做出经济决策提供信息依据，对企业起到了监督和约束的作用。

1973 年，美国注册公众会计师协会成立“德罗布鲁德委员会”，要求企业财务报表中应包含企业社会责任信息，将能够影响社会的企业活动明确进行阐述与计量。美国对企业社会责任会计问题的理论研究已有较丰富的成果，从企业社会责任会计目标等基本概念发展至具体的计量方法和报告准则等实践操作细则，为其他国家进行企业社会责任披露和审计提供了有益借鉴。

法国早在 1977 年就正式颁布法令，要求职工超过 750 名的企业必须编制社会资产负债表，并以货币计量反映企业履行社会责任的情况。之后，降低编制社会资产负债表的企业标准，将企业规模降至 300 名职工，同时增设企业社会责任执行内容和标准，要求企业提供的信息应包括职工雇佣和福利情况、企业内部其他生活条件等。目前，企业社会责任会计在法国的会计制度中得到广泛应用。

英国同样以立法的方式强制要求企业公开社会责任相关信息，包括员工福利、慈善捐助和政治捐助等。此外，英国政府还大力推行绿色经济计划，要求企业公开能源消耗数额以及对生态造成的污染数额等信息。

（2）企业社会责任监督。

美国企业社会责任的监督渠道众多，主要包括市场和媒体两种渠道。市场监督主体主要包括证监会、基金管理公司等市场参与主体，负责协调美国企业社会责任的被监管者，主要是公司特别是上市公司与股东之间的关系，并想尽办法要求其披露真实的盈利情况以及与企业经营活动相关的信息，为投资者指明正确的投资方向。媒体监督主要通过对企业施加舆论压力以引导其规范自身经营行为，兼顾利益相关者的利益。例如，《财富》《商业周刊》《华尔街日报》等在社会具有较大影响力的经济杂志，以更加客观、公正的角度实施企业社会责任监督，并及时披露企业弄虚作假、唯利是图等有悖于企业社会责任的行为，在保证消费者等相关利益主体利益的同时，也对企业经营行为产生强烈的警醒和规范作用。

从各国发展历程来看，对企业社会责任的监督和审计是一个逐步发展和完善的过程。先是在原有会计框架下增设企业社会责任项目，再逐步通过政府立法的方式将自愿性披露上升为强制性披露。美、英、法、德、日本、意大利、瑞典等国家的企业社会责任会计制度在研究与实践中均得到政府的大力支持并发展迅速，与企业社会责任相关的会计信息的理论框架、指标建立、评价体系等也在不断完善。

9.2.2 非政府组织参与企业社会责任治理

（1）美国非政府组织参与企业社会责任治理。

美国非政府组织积极参与企业社会责任治理主要体现在以下三个方面。

一是劳动者权益运动。进入20世纪30年代，美国出现前所未有的大萧条、通货膨胀与大面积失业等问题，导致劳资矛盾更加尖锐。劳动者为解决失业问题，改善劳动条件与待遇，在历次反抗与斗争中逐渐形成更具规模和组织性的集体运动，通过建立工会的方式，集群力以维护劳动者的正当权益。在此期间，美国非政府组织对保护劳动者权益发挥了至关重要的作用。20世纪90年代，美国劳工和人权组织通过工人运动迫使美国企业大幅调整劳资关系。在此高压迫使下，世界众多知名品牌公司相继制定企业生产守则，并最终演变为“企业生产守则运动”，包括美国公平劳工协会、国际社会责任组织等。1997年，美国的经济优先权委员会（CEP）联合欧美国家的跨国公司和其他国际组织，共同设立经济优先权委员会认可委员会（CEPPA），宗旨在于制定与劳动者权益相关的企业社会责任标准。2001 年，该委员会更名为社会责任国家（SAI），围绕劳动者权益的各方面制定 SA 8000 标准（第一修订版），涵盖童工、强迫劳动、健康与安全、歧视、工作时间、管理体系等九个方面，为维护劳动者权益设立权威、统一且全面的企业社会责任标准。

二是消费者运动。由于消费者可以运用手中的货币选票决定企业的生存与发展，因此消费者运动对企业践行社会责任具有重要的影响。美国是世界上第一个成立消费者权益保护机构的国家。1899 年，美国成立第一个全国性的消费者组织——美国消费者联盟（Consumer Federation of America）。在各种消费者组织的带领下，消费者自我保护意识、消费维权意识逐渐提升，并在美国国内陆续引发数次消费者维权运动。美国消费者运动的开展逐渐引起了美国政府的关注。1962 年，美国政府提出，消费者应享有安全权、了解权、选择权和意见被听取权四项基本权利。1969 年又增设消费者索赔权。除此之外，美国政府还积极通过立法形式，如《商业公司法》《经济、社会和文化权利公约》等规范企业行为，维护消费者的合法权益。

三是环境保护运动。20 世纪以前，美国早期工业化发展对环境和资源造成的影响和破坏并未引起人们的关注。随着人们环保意识的觉醒，美国国内掀起了由民众自发组织的大规模环保主义运动，严重抗议大企业对自然资源和环境的破坏行径。美国各种民间或半民间的环保组织纷纷成立并得到大力发展，促进了企业对环保问题的关注，如塞拉俱乐部（Sierra Club）、纳德搜查队、环境保护基金（Environmental Fund）等。这些民间发起的组织对美国环保运动的持续开展以及企业社会责任治理体系的完善具有十分积极的推动作用。

（2）欧洲非政府组织参与企业社会责任治理。

欧洲的非政府组织是由民间自发组建、以维护公民基本权益为主要目的的组织，主要包括消费者保护协会、环境保护协会、劳动者保护协会。作为发展相对正规和成熟的非政府组织，其已经广泛渗透到社会生活的各个层面，发挥着政策法规制度等无法比拟的重要作用。2002 年，欧洲消费者组织论坛、绿色和平组织、国际人道组织相继成立，推动欧洲企业社会责任进入加速发展阶段。这些非政府组织的服务宗旨是推进社会福利、服务公益。各级政府在进行社会建设的同时，通过财政支持的方式推动非政府组织不断发展壮大。非政府组织遵照法律规定，依据公开、透明等原则，监督约束公益事业的发展，并定期向社会公布未按要求提供报告的企业名单，间接影响消费者的决策。同时，企业也积极参与到非政府组织的活动中，并成立诸如自律性组织百分数俱乐部（Per Cent Club）、社区企业联盟（Business in the Community）、志愿者中心（the Volunteer Centre）、慈善援助基金会（Charities Aid Foundation）等各种非政府团体，推动企业社会责任运动的快速发展。

此外，在欧洲的非政府组织中，一部分是对企业实施企业社会责任进行推广和提供咨询服务的专业化国际组织，如欧洲企业社会责任协会、英国的社会和伦理责任协会（Institute for Social and Ethical Accountability）、丹麦政府创建的哥本哈根中心（The Copenhagen Center）等；另一部分作为利益相关主体的代言人存在，如欧洲工会联盟（European Trade Union Confederation）、英国的道德贸易行动（Ethical Trading Initiative）。

一是欧洲企业社会责任协会。1995 年，欧洲企业社会责任协会（CSR EUROPE）成立，其宗旨是将企业社会责任纳入公司实践，实现企业利润、可持续发展和推动人类进步。目前，该协会成为欧洲在企业社会责任领域内的权威机构，已经成功帮助许多企业将社会责任融入企业战略、组织结构和日常运营当中。

二是欧洲工会联盟。在欧洲，工会与企业雇主联盟间的沟通历史悠久。企业职工主要通过董事会和监事会参与企业经营决策，并拥有对企业管理层的监督权利，如瑞典、奥地利、德国、荷兰等。在德国，企业通过设立企业工会委员会和监事会保证企业职工对公司决策的参与权和对管理层的监督权。同时，工会委员会的职权也受到相关法律的规范和制约。《职工参与决定法》规定，职工参与监事会经营的权限包括获取信息、查阅文件、监督管理、推荐管理人员、建议、反对、投票、谈判等。意大利为有效协调企业职工和资方的关系，设立纺织工会，规定在制定企业合同时，对于涉及职工切身利益的条款，包括工作休息时间、员工被辞退条件、职工与股东税金以及职工技能等问题，企业代表应与工会一同制定合同。在英国和爱尔兰，企业职工主要通过工会影响企业决策。由欧盟制定的下岗法令或企业搬迁法令能够较好地保证企业职工的合法权益。目前，由欧洲 36 个国家联合组成的欧洲工会联盟（ETUF）广泛涵盖 60 多个产业部门，为各国国内的工会联盟提供总的框架协议和企业社会责任准则。

例如，在德国企业社会责任发展中，工会组织发挥着举足轻重的作用。在长期的劳资关系问题处理中形成了比较完善的职工参与制度，并构建了特殊的立法体例，保证劳资双方均可近乎等额地参与到企业经营决策中。为保证企业中各利益主体能够得到公平待遇，德国《公司法》规定，企业需要同时设立监事会和董事会。其中，董事会负责企业日常生产经营活动，监事会负责监督和管理董事会。在两种机构的人员设置上，企业员工和股东拥有平等参与权。并且，为进一步确保劳资双方的平等权益，德国政府还通过出台《煤钢共同决定法》《企业宪法》《共同决定法》等法律制度，明确规定公司的董事会和监事会的代表选举原则和办法，充分体现了法律对非股东利益相关者权益的保护，有效促进了企业社会责任治理的健全。

三是欧洲外贸协会。欧洲外贸协会是欧洲较具代表性的商业团体，在推进欧洲企业践行企业社会责任方面发挥着重要作用。该协会作为欧洲唯一专门从事对外贸易事务、维护对外贸易企业的代表，由 80 多名成员组成。协会以自由贸易为宗旨，倡导世界自由贸易和自由经济发展，并在世贸组织框架内强化多边贸易体系的构建。在激烈的国际竞争背景下，欧洲各国企业面对过重的企业社会责任和众多的行为守则和审核标准，亟待在欧洲范围内制定统一科学的参考工具。2002 年，欧洲外贸协会正式颁布商业社会标准（Business Social Compliance Initiative，BSCI）为欧洲零售业、工业和进口商履行企业社会责任提供操作平台，并为建立统一的欧洲企业社会责任治理体系奠定了基础。

9.3　企业治理层面的经验借鉴

关于企业社会责任的企业治理层面经验，美国、欧盟、日本较为典型，主要经验如图 9－3 所示。

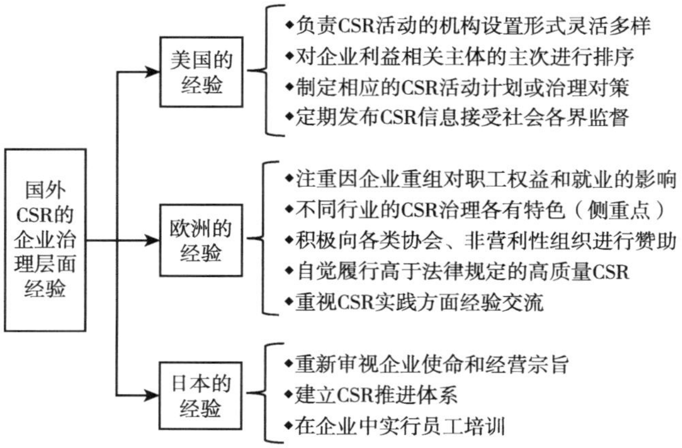

图 9－3　国外 CSR 的企业治理层面经验

9.3.1 美国的经验

（1）公司治理。

在过去相当长一段时间内，美国企业对待企业社会责任一直较为被动，将其视为一种被动的义务进行回应。大多数企业参与企业社会责任治理的目的并非为了实现企业战略性经营目标，而是维护企业声誉。随着美国国内相继发生的劳动者权益运动、消费者运动、环境保护运动以及非政府组织的积极推动，美国政府和企业愈发开始意识到企业社会责任践行和治理的重要意义。从美国企业公开责任信息的历史来看，美国践行企业社会责任始于1992年，哈利伯顿（Halliburton Company）将企业社会责任问题纳入企业管理框架，进而带动其他企业陆续加入践行企业社会责任的队伍当中。进入21世纪，美国企业加入企业社会责任活动的数量呈现增加趋势。发展至今，美国企业社会责任在实践和经验层面已成为发达国家的典范。

美国企业负责企业社会责任活动的机构设置形式灵活，或专设机构，或在董事会中设立责任管理委员或委员会，或设置负责专项事务管理的负责人，对企业利益相关主体的主次进行排序，从企业经营活动的性质出发，制订相应的企业社会责任活动计划或治理对策，并定期发布企业社会责任信息，主动接受社会各界的监督。

鉴于美国各行业生产经营情况的不同，企业在企业社会责任的执行上也存在较大的差别。例如，信息技术、化工、采矿业、石油天然气、生物医药等行业更倾向于关注企业与社会的关系，在发布企业社会责任报告方面较为积极。这些领域内的企业对关乎社会问题的决策多由专门机构负责，通过详细的计划、部署与安排，制订战略性政策，实现企业核心经营产品与社会责任的契合，并主动承担和解决社区、客户或企业员工关注的问题。

（2）案例分析——美国英特尔公司。

英特尔公司成立于1968年，是全球最大的个人计算机零件和CPU制造商，在计算机技术和企业社会责任履行方面均是全球的领导者。

一是企业社会责任治理体系的构建。英特尔企业内设专门的社会责任管理委员会，以咨询顾问部门的形式存在，主要负责对企业利益相关主体进行优先排序并进行相应的管理与沟通，为企业发展方向提供咨询意见，以及定期发布企业责任报告等事宜。企业各事业部的高层管理人员对部门内社会责任工作负有管理责任，共同确保企业社会责任战略的制定与实现。同时，企业组织结构中设立各自独立且完善的社会责任管理系统，包括环境、健康与安全部门、人权部门、社会关系部门、政府事务部门、供应链管理部门以及伦理部门等。各管理系统依据企业制度规定对相关利益主体进行管理，确保其与总体社会责任战略保持一致步调。此外，英特尔还形成了非常完善的社会责任报告研制与发布制度，每次发布都会引起各界的广泛关注。

二是践行企业社会责任的企业文化。英特尔公司十分注重对企业文化的塑造，以“客户服务”“强调纪律”“尝试风险”“人人平等”“质量至上以及结果导向”为企业的文化准则。在员工培训方面，英特尔要求员工入职第一天必须参加关于企业文化的培训。在员工年度评估中，企业也会着重审视员工对于企业文化和企业价值的履行情况。

三是企业利益相关者沟通机制。为确保与企业利益相关者的有效沟通，企业通过广泛的沟通渠道，包括员工博客、网上论坛、电子邮件、社区调查、消费者调查、行业协会、官方会谈、社会责任投资者反馈等多种方式，全面了解和掌握关乎企业社会责任的各种问题，如气候变化、资源保护与节约、劳资关系、人权、艾滋病等，并依据各相关利益主体的重要性及相关问题对企业声誉与发展的影响程度进行优先排序，对企业面临的社会事项进行分类，制订相应的战略政策。经济安全问题是英特尔高度关注和重点管理的问题；工作安全、人权问题、支持社区被视为对英特尔事业有重要影响的问题；关乎节能环保，包括降低能耗、水资源利用和回收网络垃圾问题是更为重要的利益相关事项，这些问题被视为对企业影响程度较大，是重要的企业社会责任事项。

英特尔特别强调企业社会责任规划的系统性与可控性，注重管控各项目稳步推进，全程控制，最终达到目标，如表 9－2 所示。

表 9－2　　英特尔企业社会责任进展和目标

内容	项目	目前进展（2010～2020 年）	未来目标（2020～2030 年）
责任（Responsible）	员工安全和健康	牢固的安全文化	确保超过 90% 的员工相信英特尔拥有强大的安全文化，50% 的员工参与全球企业健康计划
	供应链人权	加强能力建设，应对强迫劳动和抵押劳动的风险和其他人权问题	扩大供应商责任项目，确保尊重 100% 的一级合同供应商和风险较高的二级供应商的人权
	社区正向影响	英特尔员工贡献超过 1000 万小时的志愿者服务	提供 1000 万小时的志愿服务，包括增加以技术为基础的志愿服务

续表

内容	项目	目前进展（2010～2020年）	未来目标（2020～2030年）
包容（Inclusive）	劳动力包容	实现对女性、少数族裔劳动者的重新尊重，实现全球性别薪酬平等	通过创建和采用包容性领导认证项目，确保包容性领导实践和问责制融入全球文化
	可访问性	加强英特尔无障碍项目，吸引和留住残障人才	提高无障碍能力，并将自认为有残疾的员工比例提高到10%
	供应商多样性	对不同供应商的年度支出达到了10亿美元	增加全球与不同供应商的年度支出100%
可持续（Sustainable）	气候/能源	• 实现了31%的绝对范围的减排。 • 将可再生能源的使用在美国和欧盟提高到100%，在以色列提高到50%，在全球范围内提高到70%以上。 • 在2012～2020年节约了45亿千瓦时的能源。 • 推动笔记本电脑产品能效提升14倍，数据中心产品能效提升8.5倍	• 在全球制造业务中实现100%的可再生能源使用。 • 额外节省40亿千瓦时能源。 • 在气候科学的指导下，随着经济增长，推动绝对范围内的碳排放再减少10%。 • 将英特尔客户端和服务器微处理器的产品能效提高10倍
	水	节约440亿加仑的水	节约600亿加仑水和资助外部水恢复项目，实现净正用水
	循环经济	将我们的无害废物回收率由25%提高到93%，并实现了零危险废物填埋。自2015年以来，我们对制造废物的直接再利用和回收增加了275%	与供应商合作，为60%的制造废物推行循环经济策略，实现零废物填埋

资料来源：《英特尔2019～2020年企业责任报告》。

英特尔公司还非常注重企业社会责任的时效性。当下，在全球抗击新冠肺炎疫情的大环境下，英特尔公司将保护员工和服务伙伴的健康安全作为首要任务。其具体措施有：①关心员工。英特尔的流行病领导团队与政府和公共卫生组织开展合作。投资1亿多美元用于员工额外福利。②为客户提供服务。遵守政府限制，继续运营，为供应商提供帮助。③技术支持社区。启动5000万美元的计划，用于病人护理技术的使用和研发。加入XPRIZE大流行病联盟。发起“开放COVID承诺”，向新冠肺炎疫情研究人员免费开放英特尔知识产权；④捐赠物资。英特尔提供6000万美元，加速抗击流行病的技术研究，支持前线医护人员。捐赠1000万美元支持社区，100 万件个人防护装备支持医护人员。

9.3.2 欧洲的经验

（1）公司治理。

欧盟企业非常注重在公司治理过程中积极践行企业社会责任，探索可持续的公司治理模式，有机融入对社会、环境、道德、人权和消费者的关切，促进股东和利益相关者共享企业价值。在世界范围内，欧洲企业的表现普遍优于美国和亚洲企业，赢得了广泛赞誉。

欧洲企业十分注重因企业重组对职工权益和就业的影响。欧洲企业着力削减因企业重组导致的劳资关系紧张、职工抗议罢工的风险。欧洲各国公司的治理多为“大陆模式”（德国、法国、瑞典等），即公司所有者与董事会人员重合交叉，体系较为稳定，并辅以完善的社会协商机制、社会合作伙伴关系和工会组织，企业重组过程中职工参与度和社会责任程度较高，职工利益得到了一定的保障；少部分国家企业为“盎格鲁—撒克逊模式”（英国、爱尔兰），即所有者与董事会分离，市场接管现象频繁，但由于拥有较为强大的工会组织结构，职工权益也能够得到基本保障。

欧洲不同行业的企业社会责任治理各有特色。第一产业如石油业，公司治理主要着眼于企业的环境责任，重视环境资源的有限供应、气候变化问题。第二产业如加工业，以上下游供应链为纽带，重视加强联盟规划、组织一体化管理和上下游企业间关系，在行业资源管理政策方面有突出的治理表现。第三产业如银行业，则着眼于欧盟反贿赂政策和性别平等。

多数企业能够自愿履行社会责任，非常热衷于向各类协会、体育俱乐部和非营利性组织进行赞助，能够履行高于法律规定的高质量企业社会责任，这是欧洲企业社会责任的一大特色。这主要体现在持续追求高水平的企业产品研发和慈善项目建设：一是企业自觉研发更高水平的生产工艺技术，企业产品质量高于行业通行标准，并以更高的环保准则实现资源利用率最大化；二是投入巨额资金用于慈善项目的设立与运行，树立良好的企业形象。

欧洲企业重视企业社会责任实践方面的经验交流。通过深入的经验交流，不仅可以帮助企业更好地理解企业社会责任的本质内涵，还有助于实现企业社会责任领域的有益交流与合作，实现双赢。整体上看，欧洲企业通过加强公司治理，积极履行企业社会责任，降低了成本，增加了企业向心力，赢得了良好的市场口碑，有效增加了企业的声誉和市场竞争力。

（2）案例分析——沃达丰集团。

德国企业和英国企业在企业社会责任创新方面均有不错的举措，并涌现出一批企业社会责任治理规范的企业，如沃达丰集团。

沃达丰（Vodafone Group）是英国第一大电信运营商，总部设在英国波克夏郡的纽布利及德国的杜塞尔多夫。作为一家网络覆盖全球 26 个国家、用户超过 1.79 亿、在全球拥有 7 万多员工的大型企业，沃达丰拥有完备的企业信息管理系统和客户服务系统，构建了完善的企业社会责任治理体系。

沃达丰集团 2001 年起就建构起了企业的社会责任治理体系，把企业责任思想融入企业战略和日常管理行为中，把企业的行为和消费者、员工、供应商、社区等利益相关者紧密联系在一起。在沃达丰，集团执行委员会（ExCo）负责企业的责任管理，沃达丰 CEO 对公司责任绩效负最终责任。沃达丰现任 CEO Arun Sarin 认为“企业责任在帮助沃达丰实现全球战略目标中起着非常重要的作用，我们坚信要想取得可持续的发展成功，企业需要以一种负责任的姿态开展商业活动，这就是我们把商业战略和企业责任结合在一起的原因。”

沃达丰的企业社会责任治理过程分为三个步骤：①通过利益相关者的参与了解他们的需求和期望。企业认为，随着公司业务的发展，新的责任挑战会不断出现，需要通过利益相关者的参与识别问题和挑战，相应地调整公司战略，制订数字化的责任计划。②不断完善企业责任目标和计划以回应来自利益相关者的期望。通过与利益相关方的沟通，沃达丰在 2005 年就制定了详细的五年责任发展规划，并很好地予以贯彻执行，在履行责任方面开创了多个行业先河，如废旧电池回收、供应商责任评估、帮助父母保护子女免受和手机使用有关的潜在风险等。③向利益相关者汇报责任进展。沃达丰集团定期公布责任信息，并有权威机构的认证，非常重视企业社会责任报告的研制，详细披露了公司的社会责任治理体系、治理实践和治理绩效。

沃达丰制定了详细的社会责任治理政策，这些政策包括社会投资政策、健康和安全政策、均等机会政策、责任采购政策、责任营销内容及准则、雇员权利政策、沟通政策、捐赠政策、市场行为和竞争规则等近 30 项针对利益相关者活动的相关政策。在与利益相关者沟通方面，沃达丰通过和利益相关者展开圆桌会议、一对一的讨论、调查问卷等形式，借助专家调查和专家评论等形式持续改进和完善企业的社会责任战略。

9.3.3 日本的经验

（1）公司治理。

相比欧美等国家，日本大公司主要采取家长式的管理方式，在践行企业社会责任时受工会、利益集团等力量的影响较小。企业对职工生活社区承担全部责任，但对职工及社区之外的其他利益主体的关系和利益不太关注。伴随着国际社会广泛推行企业社会责任的标准和法律，日本开始注重对企业节能降耗和环境保护等方面的要求，并通过相应立法的方式对产业部门、运输部门、民生部门提出明确的节能环保要求。同时，要求企业每年按要求公开并上报企业社会责任报告。1993 年，本田汽车有限企业率先公开企业社会责任相关信息。

2007 年，2/3 以上日本大企业联合建立专门的社会责任推进部，半数以上明确企业社会责任的执行方针和政策，4/5 的企业发布了社会责任报告，企业委任专人负责合规、环境、社会贡献、沟通等各项社会责任活动。但是，日本企业对童工和发展中国家的劳动条件关注度较低，对消费者权益、国际劳工组织标准缺乏足够的重视，在国外生产和国际化方面的企业社会责任履行与欧美等国家企业相距甚远。迫于国内社会与国际市场竞争的双重压力，日本企业对企业社会责任治理问题做出以下回应：

第一，重新审视企业使命和经营宗旨。日本企业将企业使命和企业文化建设同社会期望紧密结合，重塑企业使命和经营宗旨。例如，三井物产企业深入挖掘企业社会责任内涵，以“光明正大、以人为本，创新与挑战”为企业价值观，“致力创造一个地球居民梦想的美好未来”；日本理光（Rich Company Ltd）以“爱友邻、爱国家、爱工作”为企业使命；NEC 公司以“自然（Nature），教育（Education）和社区（Community）”为企业核心价值；日立（Hitachi Ltd）公司强调“和”“诚”和“开拓精神”，以及“通过技术贡献社会”。

第二，建立企业社会责任推进体系。日本成立由企业社会责任推进委员会和企业社会责任推进部组成的企业社会责任推进体系。前者由总裁负责，后者属于日常办事机构，并在各部门配备兼职人员。例如，日立集团设有专门的企业社会责任推进委员会，由集团领导或 CEO 担任负责人，下设企业社会责任推进小组负责具体执行各项工作。

第三，在企业中实行员工培训。日本企业在企业社会责任相关工作中着重强调对员工社会责任理念的宣传、培训和提升。例如，日本三井物产公司因员工虚报产品性能数据，董事长何社长主动引咎辞职并在日本媒体上公开道歉。三井物产公司在推进企业社会责任中高度重视并广泛宣传该事件，以此宣传企业文化、警醒企业员工。同时，该企业还经常开展各项企业与员工的沟通交流活动，以开展教育、培训和宣传等方式将企业社会责任理念渗透到每一个员工的思想中。自 2005 年起，日本企业引入社会责任对话机制，邀请企业社会责任领域的专家学者、环境组织和社会团体的代表与企业高管之间展开有效的沟通与对话，并针对企业开展的社会责任工作和上报的社会责任报告提出意见和建议。

（2）案例分析——日立集团。

日立集团（Hitachi Group）崇尚“和”“诚”和“开拓精神”，“通过技术贡献于社会”的企业理念。自 2000 年开始，日立持续公布可持续发展环境报告，并设置一套详尽的制度体系响应企业社会责任治理。集团内设有由领导直接负责任的专门的企业社会责任推进委员会，下设企业社会责任推进小组负责各项具体工作的展开。2005 年，日立制定“日立集团企业社会责任活动参与方针”用于指导整个集团的企业社会责任执行活动，相继召开“日立集团 CSR 责任者会议”，发行《日立集团 CSR 报告书》，将努力成为全球性企业社会责任先进企业作为工作目标，明确各阶段制定目标、关注内容和执行任务。具体如下：

第一阶段，明确利益相关主体并制定交流机制。在全面掌握利益相关主体，包括顾客、商务合作伙伴、当地社区、企业职工等的利益诉求基础上，评估企业社会责任的风险与机遇，建立相应的交流机制。同时，积极与 NPO 展开合作，通过参加社会贡献活动，共同解决社会性难题，提升和强化企业社会形象。

第二阶段，全方位开展战略性企业社会责任实践。在员工培训方面，注重将企业社会价值要素融入培训理念并践行于经营管理体系之中。在环保方面，制定可持续发展指南，以建立一个能够进行重复循环、与自然和谐共存的社会为宗旨。日立投资研发了近千种“生态产品”，并建立生态工厂，通过节能减排来减缓全球变暖等生态问题。在教育方面，日立青年领袖研讨会汇聚亚洲 6 个国家最有才华和前途的学生开展思想交流，培养学生对地区重大问题的关注和解决能力。

第三阶段，加强对企业社会责任活动执行的检查评估和管理评审。通过消费者满意度调查和职工满意度调查，及时反馈利益相关主体对企业践行企业社会责任的评价与要求，提升沟通与管理的有效性。2007 年，日立制作《遵守企业道德规范法律法规手册》，提出“环境构想 2025”，设定了截至 2025 年为全球减排 1 亿吨 CO_2 的目标。同时，广泛推行创新性技术和环保产品的制作和使用，力争到 2025 年用高科技的环保产品替代目前所有产品。自 2008 年开始，日立还将企业经营目标和社会发展方向相结合，为实现企业与社会共同可持续发展制定共同的活动主题和奋斗目标。

日立集团十分重视对企业社会责任政策的贯彻执行。日立集团编制的

《日立集团 CSR 活动方针》，不仅在集团内部得到积极的推广和使用，做到集团近万名管理干部人手一本，还被翻译成英文、中文版本，在全球90多家日立集团企业中广泛推行和实践。此外，日立集团还为跨国集团举办多种形式的现场研讨会，强化海外集团对企业社会责任方针政策的理解与掌握程度。在中国，日立集团的企业社会责任讲座是企业职工入职教育的必修课；在欧洲，日立还推出创意竞赛“Ideas Competition”在集团内部广泛收集职工对于企业社会责任活动的反馈和建议，并对有益建议给予一定鼓励。自 2008 年以来，日立继续扩大企业社会责任活动的规模和范围，在线上编译了中、英、德、法等 12 种语言推广网上学习教材，在线下增办大规模的现场研讨会，极大限度地提升职工的企业社会责任意识。

面对国际形势的重大变化和突发紧急事态，日立集团能够及时采取应对策略，树立企业良好的形象。例如，在 2003 年中国抗击“非典”时，日立向中国捐赠 10 台自产的变频式无插线可移动 X 光仪器；2006 年，向广东省遭受大规模洪涝灾害地区捐赠 50 万元人民币；2008 年汶川地震时期，为灾区捐赠物资合计 1320 万元人民币；2020 年，日立为支援新冠肺炎疫情防控，捐赠 CT 机“日立 Supria16 （5M）”及相关款项和医疗物资总计约 400 万元人民币，这些行为均得到了好评。

9.4 对中国企业社会责任治理的启示

目前，中国企业社会责任发展尚不成熟，亟待建立起完善的治理体系，而以美国、欧盟和日本等发达国家和地区的企业社会责任治理实践提供了有益的经验与启示。借鉴这些经验，将有助于构建中国企业社会责任多中心协同治理体系。国外企业社会责任的实践表明，企业社会治理必须秉承兼顾利益相关者的理念，将利益相关者有机纳入治理体系，实现多元主体协同治理；除了法律、行政手段外，还应当积极运用经济、社会监督等多种手段，充分发挥企业的自觉性与主动性，系统有机推进企业社会责任的履行。对此，本节在国外企业社会责任治理经验借鉴可行性分析的基础上，指出了政府、社会和企业三个层面的治理启示。

9.4.1 国外企业社会责任治理经验借鉴的可行性分析

（1）政府治理层面的可行性分析。

从政府治理的相关经验来看，美国、欧洲及韩国的治理经验大致可分为法律体系构建与完善、对内设立监督管理委员会及治理标准、对外搭建国际交流平台三个方面。

在法律体系构建与完善方面，各国政府均致力于不断拓展完善企业社会责任治理体系，不断加强基础治理、主要利益相关者权益保障以及环境治理等方面的立法。从美国、韩国及欧洲法律体系的大框架来看，公司内部治理、反垄断、消费者和员工权益保障、环境保护等是该体系的主要内容。在这些内容的基础上，结合我国的实际情况，美国、欧洲及韩国在政府层面的治理经验有一定的可取之处，但是并非所有经验都适用于我国现阶段治理的实际情况。具体而言，美国的治理经验强调了企业社会责任治理法律化、体系化的重要性，这对于现阶段我国企业社会责任治理具有一定的指导意义。目前，我国在政府治理层面虽取得一定成就，但是相关法律法规仍存在漏洞和不足，因而我国可以借鉴国外有关规定，进一步细化企业社会责任治理的法律条文，落实相关治理条例。例如，美国在 1912 年的《税法》中便已规定慈善捐赠者可以享受一定的个人所得税税收减免。而我国财政部、国家税务总局也于 2019 年联合发布了《财政部、国家税务总局关于公益慈善事业捐赠个人所得税政策的公告》，并依据所得类型、捐赠支出金额等内容对税收减免方式做了详细规定。此外，随着我国人口老龄化问题日益突出，退休员工权益保障成为关注重点，但是目前我国尚未颁布专门针对退休收入保障的相关法律。因而，我国可以借鉴美国颁布的《雇员退休收入保障法》，进一步完善现有治理体系。可见，国外在公司治理、员工与消费者权益保障、税收激励中的基础法律规定可以为我国相关法律体系的完善提供一定的借鉴经验。

在监督管理委员会及治理标准设立方面，由于我国在基本国情、执政方式、发展模式等方面同其他国家存在差异，因而相关标准及管理委员会的设立不应照搬国外经验。例如，欧盟委员会作为“超国家机构”在企业社会责任治理中具有重要的协调作用，其可以制定适用于欧盟各国的企业社会责任治理评价标准，并促进欧盟成员国间的协调互动。但是，我国很难将欧盟成员国中之间高度的统一性规定应用于我国内部各地区、行业的企业社会责任治理，因而我国并不具有借鉴欧盟监督管理委员会有关治理经验的现实和社会基础。同理，韩国设立了反腐委员会、企业关爱协议会等推动实施企业社会责任治理，而在我国的行政机构中已有专门的纪律监察部门负责主要的腐败监督检查工作。因而，在我国并不需要设立反腐委员会来进一步解决腐败问题。而如果将韩国的治理经验照搬到我国，可能造成权责不清、职能重合等问题，严重影响治理效率。

在国际交流平台搭建方面，我国可以借鉴欧盟、韩国的治理经验，用国际规范和标准推动企业社会责任治理国际化，更加有效地实现治理的专业化、标准化。从我国目前的实际情况来看，各行业同其他国家的联系日益密切，不断拓展海外市场也已成为各企业可持续发展的重要举措。因而，企业社会责任治理国际化势在必行。对此，欧洲和韩国的国际化治理经验可以借鉴。例如，韩国开展了企业社会责任国际化、标准化动向分析计划，这对于把握全球治理方向，更好融入国际市场具有重要意义。我国可借鉴韩国该项举措，定期开展国际治理动态分析会议，及时针对主要国家的治理标准、相关对策修改现行治理标准，进一步打开本国产品与服务的国际市场。此外，借鉴欧盟委员会设立的企业和利益相关者信息交流平台，我国政府也进行借鉴，进一步关注利益相关者的信息沟通平台建设。

（2）社会治理层面的可行性分析。

在企业社会责任审计与监督方面，我国目前并未形成统一的企业社会责任披露准则，也尚未制定完善的相关法律规定，导致我国在企业社会责任审计与监督中存在诸多不足之处。而美、英、法等主要发达国家早在20世纪便已经开始了的企业社会责任信息披露制度探索并取得一定成效。对此，我国可以充分借鉴美国、英国等国家的企业社会责任信息披露方式，逐步从自愿披露过渡到强制披露，实现企业社会责任信息披露的法律化、标准化。当然，从国外信息披露的实际情况来看，信息披露状况较好的国家由于国情不同、发展程度不同，企业披露的信息在内容和形式上的侧重点各异。例如，法国的信息披露要求企业关注职工权益保障，而德国则更加侧重于环境保护等。对此，我国应在结合国情的基础上借鉴国外在信息披露方面的成熟经验，避免信息披露的无效性、形式化，并结合对环境污染等问题的关注程度有侧重点地公开信息。例如，法国早在 1977 年便颁布了证实法令，要求职工超过 750 名的企业以货币方式反映企业履行社会责任情况。但是，我国目前尚未有明确完善的法律规定强制要求企业公开企业社会责任相关信息，这导致我国难以通过企业公开的社会责任信息形成有效的社会监督。对此，我国可以充分借鉴国外的企业社会责任审计的成熟经验，逐步推进企业社会责任信息公开化、透明化。

在非政府组织参与企业社会责任治理方面，美国的利益相关者维权运动与欧洲的行业协会均已形成了一定的社会影响力，因而能够在企业社会责任治理中发挥重要作用。但是，目前我国统一的、权威性的非政府组织数量较少，非政府组织的治理功能有限。针对我国目前缺乏权威的非政府组织的问题，可以借鉴欧洲的发展方式，通过各级政府的财政支持推动非政府组织发展壮大。就现阶段而言，国外在非政府组织参与企业社会责任治理方面已形成成熟经验，但我国国内非政府组织的发展仍处于发展完善阶段，因而很难将其做法完全地应用于国内的非政府组织治理中。当然，我国仍可以借鉴欧洲的治理经验，推广专业化咨询服务的非政府组织，这将有助于推动企业社会责任战略与企业的日常运营相结合。此外，我国也可借鉴美国的利益相关者运动和环境保护运动，通过增强环保、消协等非政府组织的影响力和话语权，对企业的不负责任行为产生威慑力。

（3）企业治理层面的可行性分析。

在公司治理与企业社会责任方面，美国、欧洲和日本的大型企业均在公司内部的组织机构中设立专门的企业社会责任管理机构，由公司领导直接负责相关机构或委员会的日常推进工作，并下设各小组或分支机构开展具体工作，企业的董事长或 CEO 对企业社会责任负最终责任。上述经验可应用于我国的企业社会责任治理，而如何将公司治理与企业社会责任相融合，让更多企业主动进行公司治理是值得关注的问题。

在企业社会责任检查评估中，国外企业大多通过消费者满意度调查和职工满意度调查、员工论坛等方式加强同利益相关者的信息沟通，以进一步明确企业社会责任的履行状况。我国目前仅有少部分企业能够主动通过满意度调查、建立员工论坛等方式评价企业社会责任质量，因此可以借鉴国外企业的有关经验实施进一步改进。此外，日本的公司治理着重强调了员工社会责任理念的宣传、培训工作，而我国目前员工的社会责任意识普遍较低，因而我国可以充分借鉴日本在员工培训的有关经验，在增强员工社会责任意识的同时避免培训的表面化、浅显化。当然，利益相关者信息沟通机制的设置依赖于一定的经济实力，因而上述措施应重点关注我国的大型企业而非中小企业。

在欧洲的公司层面的治理经验中，大多数企业能够自愿履行社会责任，也能够主动改进内部治理措施以提高企业社会责任质量，并积极投身于慈善与产品研发项目中。而我国目前企业社会责任履行较为被动，大多数企业仍不愿意将过多的资源用于企业社会责任，因而大多数企业无法定期开展利益相关者圆桌会议、公布企业社会责任报告、开展企业间社会责任实践经验交流等。因此，欧洲的经验不能盲目照搬。

此外，欧洲、美国等国家根据不同行业的特点有所侧重的治理方式可以为我国所借鉴。例如，欧洲结合行业特点明确了三大产业不同的企业社会责任治理侧重点。对此，我国企业需要将有限的社会责任资源用于关键问题的治理。例如，对于大型钢铁企业等重污染企业，应重点关注其环境污染治理问题，而对于轻污染的第三产业应重点关注消费者和员工权益维护等。

9.4.2 政府治理层面的启示

从政府治理的角度来看，要营造良好的法律、市场、舆论等外部环境。政府要以法律手段为主，系统推进企业社会责任的履行。政府应该加快完善与企业社会责任有关的各项法律法规，如《公司法》《环境保护法》等，构建系统的企业社会责任法制体系，实现企业社会责任履行的制度化、规范化与法制化，从立法上对企业进行约束，引导企业自愿承担环境保护、职工就业及权益保障、生产高质量产品等社会责任。要结合我国实际情况，切实保障法律的可操作性和有效性。

此外，辅助利用金融、投资、采购和奖励优待等经济手段，为社会责任实施企业提供更直接的内在动能，营造良好的经济发展环境。通过将企业社会责任与经济政策相关联的方式，一方面进一步发挥政府的引导作用，增加软激励；另一方面切实帮助社会责任实施企业改善现有经营状况，逐步提高他们的积极性和自律度。同时，也应注意保证经济手段实施过程和结果的合理性和透明度，防止不公平不公正不公开的现象产生。在信贷中重点考察企业社会责任履行状况，投资时重点考虑企业社会责任表现，招商引资时重点关注企业社会责任行为。政府还须从更宏观的协调机制的设计入手，实现系统推进企业履行社会责任的目标。对内而言，政府需要将企业社会责任治理活动纳入战略规划，明确活动实施的目的、过程和优化制度保障，充分利用法律硬约束和经济软激励，充分结合直接性管理措施和间接性控制规范，确保规范指导作用的有效实现；对外而言，政府需要积极打通国际沟通渠道，扮演好引导者和协调人的角色，切实保障各方利益，采取多样化和包容性的法律条款和政策措施推动本国企业社会责任治理与国际接轨。

9.4.3 社会治理层面的启示

从社会协同治理的角度来看，企业社会责任的治理不能仅靠政府的强制力量，还需要借助社会力量的支撑，充分发挥其他利益相关者的外部治理作用。

一是在政府支持下，建立健全规范的非政府企业社会责任组织。发挥非政府组织在劳工权益、消费者利益和环境保护等方面的重要作用，帮助劳动者改善就业环境和维护自身权益，引导确立劳动者保护方面的企业社会责任标准；唤醒消费者的企业社会责任意识，提高消费者的企业社会责任感，切实保障消费者利益；充分发挥非政府组织作用，引导企业将企业社会责任上升到战略高度，融入日常运营，推动企业社会责任治理体系的常态化建设。具体而言，可以通过提供法律政策和财政支持，肯定非政府组织在企业社会责任治理方面的积极作用，为他们的行为提供指导和经济支撑。

二是建立健全完善的行业企业社会责任规则。推动制定符合行业特点的行为准则，促进行业的企业社会责任实践交流与互动，实现行业企业社会责任标准化管理。行业规范的建立一方面可以实现对本国企业的管理和引领，另一方面也可以积极为本国合作企业提供改善社会责任行为的依据。行业具有政府所不具备的专业性和针对性，行业规则与法律法规相比更具灵活性；行业与企业自身相比具有沟通互动和合作共赢的特点，利于实现企业间的治理经验交流和分享，更大范围实现企业社会责任方面的统一行动，促进企业社会责任实践成果的宣传和合作型企业社会责任活动的开展，扩大行业规范的推广与实施范围。

三是大力扶持第三方企业社会责任审计和评估机构的发展。这一措施的积极开展利于实现社会资源的有效投放、企业行为的合理规范和利益相关者的权益保护。在此过程中，需要与政府立法这一强制性保障有机结合，具体可以通过增设企业社会责任相关会计科目和明确规定企业社会责任行为成本处理办法等来实现，从指标、流程和体系建设等多方面进行完善和规范。

四是加强新闻媒体的信息传递作用，完善信息机制，保障民众的监督权。一方面敦促企业按照企业社会责任的相关要求和行为准则开展经营活动；另一方面为利益相关者的利益保障提供权威信息，进一步推动监督范围的扩大和监督效果的提高。首先，规范媒体宣传活动和内容，对企业社会责任行为给予充分重视，积极宣扬践行企业社会责任的最新动向和成果，及时揭露企业损害利益相关者利益的行为，充分发挥媒体信息渠道的受众广和速度快等渠道优势，充分挖掘现代媒体的全方位和多元化主体的优势，提高监督的效度和信度。

9.4.4　企业治理层面的启示

从企业自主治理的角度来看，需要将企业社会责任有机纳入公司治理和战略管理中，推动企业思想更新和制度创新。企业社会责任的内生动力源于企业自身，仅靠政府和社会的外部推动，难以实现企业社会责任的高质量持续发展，因此必须加强公司治理和战略规划，将企业社会责任有机融入。例如，设置专门的社会责任治理机构，将企业社会责任融入企业文化，积极进行企业社会责任宣传教育，加强企业社会责任实践评估，将企业社会责任与品牌战略结合，进行利益相关者的战略整合与管理等。

首先，要树立将企业的社会责任行为与战略性经营活动结合起来的自主意识和企业理念，并通过企业使命、宗旨和价值观的形式传递出来，实现企业自律性和主动性的建立。其次，构建一个闭环的企业社会责任实施流程，具体包括交流与计划、制定与实施和监督与反馈三个方面的内容，增强企业经营目标与社会责任的契合度。了解利益相关者在社会责任方面的需求，认真听取他们的意见，确定企业自主治理的方向。再次，进行具体的制度设计和机构调整，如董事会和监事会的成员组成设计、利益相关者参与机制设计、员工的权益保障规划、消费者友好关系的建立等。最后，通过切实有效的监督，保证活动开展的透明度和有效性。通过闭环设计，建立反馈机制与循环系统，实现目标的逐步升级与完善以及效果的阶段性提升与转化，最终达到提高企业社会治理效果和企业竞争力的目的。

第 10 章　中国企业社会责任的多中心治理体系构建

前面的研究表明，企业社会责任效应是利益相关者之间相互博弈的结果，具有多重性，多元利益相关者有必要对企业社会责任实行多元协同治理。国外企业社会责任实践可以为中国的企业社会责任治理提供有益经验。基于此，本章从利益相关者视角出发，在借鉴国外有益经验的基础上，构建中国企业社会责任的多中心治理制度框架，并对中国企业社会责任治理效率进行测度，为对策研制提供依据。

10.1　多中心治理理论概述

多中心治理理论是诺贝尔经济学奖获得者埃莉诺·奥斯特罗姆（Elinor Ostrom）在公共治理理论方面的卓越贡献。该理论认为个人是具有独立决策能力、能够计算成本收益的“理性人”，但与标准经济学下的“完全理性人”不同，其是可以进行自主决策、受环境影响易犯错误和改正错误、受社群的非正式规范约束的社会人、复杂人。多中心治理理论认为，集权的政府单中心统治未必能够保证或提高效率，同时强调多元主体协同共治的新善治模式。该理论还认为，多中心治理尤其重要，可以充分发挥各方优势，是寻求多方共同合作的有效途径。

在多中心治理体系下，各个治理主体各司其职，代表自己所在的利益集团积极进行公共治理，与其他主体在竞争中合作，在合作中竞争，强调群体自治的优势。目前，多中心治理体系主要应用于城市和农村管理（章平和唐娟，2015；万成伟和于洋，2020；郭武和王晶，2018）、区域协同治理（汪泽波和王鸿雁，2016；耿云，2015；池仁勇等，2019）、保障房监督治理（王一，2012；何元斌和王雪青，2013）和环境治理（王彬彬和李晓燕，2018；宫笠俐，2017；殷杰兰，2016）等方面的研究。Mostert

（2012）以荷兰鹿特丹附近的伊瑟尔蒙德岛公元1000～1953年的水管理体系为典型案例，研究了多中心治理体系的优势所在。Milligan和Gilmour（2012）分析了不同主体在多中心治理时进行的角色定位和存在的互动关系。Mathias等（2017）研究了多中心治理体系中的社会网络，探讨了中心代理人所做的特定决策如何影响由当地人所组成的新兴社会网络。Monios（2019）将多中心治理理论应用于港口治理领域，将公民和环境组织等非正式组织及承运人等外部行为主体纳入港口治理的多中心治理体系。Wit和Freitas（2019）运用多中心治理理论分析了适应性治理在巴西出现的原因及其对于亚马逊河流域的影响，并为该地区的适应性治理策略提出了进一步改进的政策建议。

IAD框架即制度分析与发展框架，是基于多中心治理理论应用于公共政策分析的理论工具，它是多中心治理理论的核心组成部分和行动指南，主导思想是主体之间的互动与评价以及制度的改革与创新。目前IAD框架主要的应用领域有环境监管与治理、旅游业发展、基础设施建设、生态系统管理等公共管理的各个方面，能够提供增强信任与合作的机制设计。IAD框架是把现有制度分解成若干个组成部分来分析各个部分是如何相互影响导致一定结果，致力于解释外生变量对自主治理中政策的影响，并且分析集体行为对制度运作和改变的方式。目前，IAD框架已经在诸多实践领域被广泛应用，取得了良好的实践效果（Ostrom et al.，1993；何凌霄等，2017；Zhang and Zhao，2019；Grafton et al.，2019；Lammers and Hoppe，2019；Bhargava，2019）。

IAD框架除了在以上领域的应用之外，也有学者将IAD框架引入了社会经济政策、产业和金融发展、社会问题等方面的分析。李根和葛新斌（2014）从IAD的框架入手，探究了异地高考政策的制度范围与主体权益等内容，重点根据农民工随迁子女提出了制度改进策略。聂飞（2015）从IAD框架的七类应用规则出发，探讨了我国当前农村普遍存在的留守家庭离散问题及其制度。谭江华（2016）运用IAD框架分析了预算改革这一制度内在的制度要素及结构。董潘和郑雪峰（2017）分析了中国小产权房问题的主体和情景因素，提出了城乡统一化开发与建设的政策性建议。冯朝睿和王上铭（2018）探索了基于IAD框架的精准扶贫新模式。

综合来看，国内外目前以多中心治理理论或IAD框架为基础分析企业社会责任治理的相关文献较少。既有的关于企业社会责任治理的研究没有充分考虑企业决策的外部变量、决策的通用规则、决策者的决策过程等要素。因此，本书将在既有文献的基础上，将多中心治理理论与IAD框架引入对企业社会责任治理的分析之中，理清企业社会责任的制度框架。

10.2 中国企业社会责任的多中心治理体系的框架

从经济学的角度来看，企业社会责任在某些方面具备全球公共物品（Global Public Goods）的属性，存在着一定的非排他性和非竞争性。例如，从环境保护的角度来看，当进行企业社会责任治理时，不论企业、民众或者国家是否为治理付出其相应的成本，都能从中获益，并且不妨碍其他人从中获益。企业工业污染物排放造成的环境问题主要涉及了环境的负外部性，某些企业过度排放污染物会间接地影响人民的生活水平、国家经济的可持续发展及经济发展速度。但是，仅靠政府规制的单一主体企业社会责任治理体系难以有效实现规范社会责任的目标，且如果某地实施了较为严格的企业社会责任政策，会导致当地的社会责任缺失企业为了规避惩罚而大量迁出，从而仅带来了环境问题的区际转移，并没有实现环境保护的治理效果。因此，如何进行企业社会责任的有效治理，如何实现治理主体的合作共赢，值得关注。多中心治理体系适用于公共产品治理方面的研究。因此，为破解我国企业社会责任治理的困局，本书将从政府、企业、消费者、员工、行业和其他利益相关者等多个视角构建适合我国国情的“引导—参与—合作—监督”的企业社会责任多中心治理体系。

10.2.1 企业社会责任多中心治理体系的构建原则

企业社会责任治理缺失会降低企业承担社会责任的积极性和参与度，进一步加重大而不强、环境污染、产品安全、劳资冲突等诸多问题。我国各个地区的经济发展水平和产业结构都存在一定的差异，东南沿海地区因其经济发展迅速，较早关注企业社会责任治理问题，并进行了不少积极探索与试验，但还需要进一步的完善和规范。而在中西部地区，高耗能高排放的重工业是其经济命脉，虽然促进了经济快速发展，但同时带来不少环境问题，并且企业的社会责任承担意识不强，亟须进行有效的企业社会责任治理。因此，各个区域之间需要结合客观实际进行企业社会责任的协调与合作。针对企业社会责任治理问题，各国也在积极地进行理论研究和实践。例如，早在20世纪80年代，美国就开始关注企业社会责任，并对其进行大力推广，注重法律层面的治理，构建了针对环境、利益相关者和公司本身等的一系列的法律体系，为企业承担社会责任提供法律规范与指导。欧洲各国则通过建立企业社会责任协会、工会联盟等非政府组织来对企业的行为进行规范，帮助它们将企业社会责任纳入战略规划之中，保障劳动者的合法权益。此外，韩国也实施多项具体政策措施来为企业承担社会责任创造良好环境、构建激励机制、实施集中扶持等。基于企业社会责任的特性，治理的多中心协调是实现其高效治理的有效手段。因此，本书将构建一个包含政府、企业、消费者、员工和其他利益相关者等各主体互动的企业社会责任多中心治理体系。

首先，在构建企业社会责任多中心治理体系时，各个主体需要遵循有界性、法治性、合作性、透明性和连续性等多个原则。有界性原则是指政府在构建治理制度时，应该对政府自身、各个企业、各个公益组织、政府间组织及社会民众的责任、义务和政府权力边界进行界定。法制性原则是指各个国家或者地区的政府首先应该就企业社会责任的立法问题达成一致，并制定相关的法律法规对各个行为主体进行约束，行为主体在决策时要符合法律法规。合作性原则指的是在各个国家或地区就企业社会责任行为达成共识之后，各地政府和其他参与人都应该就治理问题进行通力合作，严禁逃避应该承担的责任和义务。透明性原则指的是各地政府和企业的社会责任治理情况应该公开，尽量减少各个行为主体之间的信息不对称性，提高企业社会责任治理的效度。连续性原则是指政府在政策实施的过程中应该尽量保持政策的连续性，防止因为流动而导致企业社会责任治理合作的破裂，并且在实际的政策实践过程中对企业社会责任多中心治理体系进行不断地优化和改进，从而实现治理可持续和社会福利逐步提升。

10.2.2 企业社会责任多中心治理体系的模式框架与主体职责

企业社会责任的治理需要政府、企业和其他利益相关者的共同参与，更需要不同治理主体之间的合作和策略互动。本书以两个地区（A 地、B 地）及四个企业（企业Ⅰ、企业Ⅱ、企业Ⅲ、企业Ⅳ）为例，并在治理体系中加入了消费者、员工、行业和其他利益相关者等治理主体和治理因素。具体的多中心治理模式框架如图 10－1 所示。

基于以上企业社会责任多中心治理体系，本书将参与主体分为政府、企业、消费者、员工、行业、其他利益相关者等六类治理主体。这些治理主体之间相互依赖、相互监督，并且治理主体与政策环境相互作用、相互促进，从而保证企业社会责任治理的有效性。

（1）政府：顶层设计与政策引导。

政府是企业社会责任多中心治理体系的顶层设计者和政策引领者，主

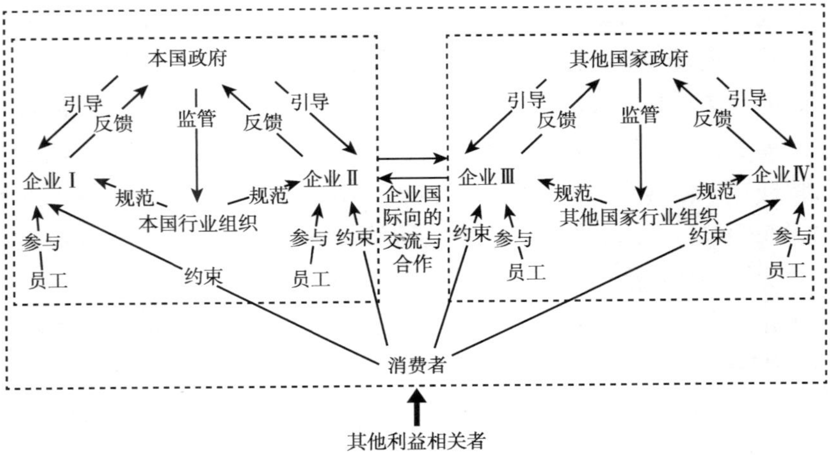

图 10－1　企业社会责任的多中心治理体系

资料来源：笔者自行设计。

要为其他参与主体提供良好的政策环境，并积极引导企业承担社会责任。

对于企业社会责任，政府应当做好相关的制度设计。首先，进一步完善企业社会责任相关法律体系，并且注重细化法律规范，确保可操作性。其次，注重企业社会责任专项法律和信息披露法规的建立，提高法律体系的针对性和监督力度。最后，政府应当充分发挥制度创新和财政支持的职能，供给多样化的激励政策，与法律约束有效互补。例如，责任信贷政策的建立和实施，确保对社会责任践行企业在金融方面的政策倾斜；规划和颁布社会责任投资项目相关政策，降低企业承担社会责任的成本；加大政府采购中的社会责任承担企业的采购比例，直接促进企业营业收入的提高。通过上述政策来促进企业积极承担社会责任，实现政府的引导作用。与此同时，对于企业社会责任治理过程中的法律制定流程、政策实施目的、过程和结果等情况，政府应当尽力保证公开透明。

对于企业，政府应当做好扶持和监管工作。政府在建立企业社会责任治理体系之后，在对企业提供税收优惠和政策支持的同时，也要对企业进行不定期的履责情况检查，并对企业的社会责任相关数据进行及时发布与实时更新。积极培育企业的社会责任意识，及时披露企业社会责任治理过程中不诚信的企业，表彰在治理过程中积极配合的企业。对于政府间的关系，在依靠政府间组织调节的基础上，各地政府也应该积极主动地参与区域合作，主动进行企业社会责任的经验学习与分享，平衡地区企业社会责任治理效果。此外，政府可以通过主流媒体推动企业社会责任的宣传，提高企业社会责任的影响力，促进社会对企业社会责任的认识和理解，从而为企业践行社会责任提供良好社会氛围。

（2）企业：企业社会责任实施主体。

企业是企业社会责任多中心治理体系的关键主体，承担着制造产品、创造经济效益、保护环境、保障消费者权益、保护员工利益等多重责任。

首先，企业要转变自身发展观念，形成自律意识，通过积极主动地承担企业社会责任，实现企业的可持续发展，建立新的竞争优势。其次，企业要将社会责任上升到战略高度，融入战略规划之中，充分发挥社会责任的品牌提升和绩效提高作用，实现企业与社会的双赢。此外，企业要将社会责任纳入公司治理的各个层面。例如，在董事会治理中有机纳入其他利益相关者，完善相关保障制度，将社会责任与公司治理有机结合，在促进企业自身结构优化的同时，切实保护利益相关者的权益。

除此之外，企业也应积极配合政府的监管和公益机构的监督，主动承担社会责任，自觉披露社会责任践行情况。除了基本的报表类披露之外，积极开发多元化的对外互动沟通渠道与平台，并且深入参与由政府牵头或者是行业主导的企业社会责任倡议和会议，为政府政策制定和行业组织的规则建设献计献策。

（3）消费者："用脚投票"。

消费者是企业生存与发展的关键因素，应努力促进企业承担社会责任的意识形成和行动践行。

消费者可以通过社会责任意识的提升、对社会责任承担企业的品牌认可和消费倾斜，有效地规范企业的行为，督促他们为获得经济收益而进行更多的企业社会责任活动。其主要包括：加强对产品安全问题的关注，敢于披露假冒伪劣产品和不良企业，依法维护自身合法权益；重视环境保护问题，积极践行环境保护公益活动；充分利用投诉机制和企业调研渠道，表达自身对社会责任的践行和对企业社会责任信息公开化的要求，积极为企业社会责任治理献言献策。通过消费者"用脚投票"的方式，促使企业出于自身利益的考虑而积极实施企业社会责任，进而提高消费者对于企业的认同感和忠诚度。

（4）员工：参与企业治理。

员工作为企业的利益相关者之一，在企业社会责任治理过程中扮演着重要角色。他们既是企业行为的重要参与者，也是企业行为的有效监督者。

一方面，员工可以通过员工持股、列席董事会和监事会等方式来参与企业的重大决策，确保决策过程充分体现自身利益和社会责任；另一方面，员工可以通过职工代表大会和工会等组织，实施员工的决策影响力，推动企业积极履行社会责任。此外，员工可以通过多渠道传递持股、福利保障和职业发展规划等要求，以此来推动企业制度建设的规范，切实保障员工权益和践行企业社会责任。与此同时，为了确保员工参与的有效性，可将企业内部制度设计和外部监督机制对接。

（5）行业：行业规则和行业合作。

行业也是推动企业社会责任治理的重要力量，承担着服务、沟通、监督等职能。行业组织可以通过制订行业规则和开展行业合作来推动行业中企业的社会责任治理优化。

行业组织可通过制订统一性高、针对性强的行业规则，规范行业企业的行为。其具体包括：企业社会责任的报告规范、企业社会责任相关理论的建设和宣传、行业企业社会责任规范体系的构建等。与此同时，行业组织可以积极开展行业内部的企业合作活动。例如，建立行业企业社会责任协会，通过这一机构实现企业社会责任行为的统一部署与落实。协会可完善监督体系的建设，不定期地对行业企业社会责任情况进行核实与审查，并将相关结果进行公布。此外，行业也可以为竞争对手之间和供应链中企业之间的有序公平竞争与合作共赢创造良好的平台，避免短视行为，促成各方共赢。行业组织之间可以开展深入合作，并且不限于本国。国外的行业组织发展较早，体系相对完善，国内的行业组织可以积极与他们建立合作关系和合作平台，学习借鉴他们企业社会责任治理的先进经验，并结合本国本行业的客观情况加以创新。

（6）其他利益相关者：企业声誉评价和外在约束。

其他利益相关者是企业社会责任多中心治理体系中重要的评价与约束主体，是进行外部监督、实现政府社会责任治理活动和企业社会责任实施活动公开透明的倡导者和推动者。

其他利益相关者可通过关注企业社会责任，建立企业声誉评价机制来促进企业社会责任意识的觉醒和自律行为的实施。评价机制既是对企业社会责任的监督，也是对其的激励，承担企业社会责任的企业可以通过良好的评价获得消费者的认可和员工的忠诚，从而实现企业经济收益和竞争优势的同步提升。具体而言，可以从经济发展、管理效率、环境保护和社区友好程度等多个角度进行评价。此外，其他利益相关者可通过社会舆论媒介来进一步约束企业的社会责任行为，及时公开社会责任缺失行为，宣传积极履行社会责任的企业，引导社会对企业社会责任的关注与重视，全方位监督企业社会责任行为。其他利益相关者还可充分利用发达的互联网技术，开发多主体、宽渠道、跨平台的舆论监督机制，确保监督的客观全面。

基于以上企业社会责任的多中心治理体系构建原则、模式框架和主体职责，政府、企业、员工、消费者、行业和其他利益相关者在该体系中各司其职，形成“引导—参与—合作—监督”的良性企业社会责任治理框架，寻求在实现社会责任高效履行目标的同时增进社会福利，从而达到长期的可持续发展。

10.2.3 应用——平台型企业社会责任多中心治理模式构建

近年来平台型企业发展迅速，成为活跃国民经济的有力力量。但在迅速发展的同时，平台型企业出现了一定程度的社会责任缺失和异化行为，突出表现在用户信息泄露、虚假信息、垄断和不正当竞争行为。基于此，将以上中国企业社会责任多中心治理框架应用于平台型企业，构建多中心治理模式，首要任务是明确社会责任治理的多个主体，以各个主体为核心，形成多个治理中心，发挥协同作用，实现治理目标。平台型企业社会责任治理的主体为平台型企业、政府、社会公众、公共媒体、基层党组织、第三部门等，从这几类主体出发，探索具体治理体系。

（1）平台型企业社会责任的自主治理。

治理平台型企业的社会责任缺失和异化行为，首要和基本的是平台型企业的自主治理。平台型企业首先要构建并维护一个高质量、高效率、高满意度的平台，完善平台自身基础性功能，这是平台型企业进行一切经济活动、创造价值和履行社会责任的前提。设立首席社会责任官和企业社会责任办公室，对平台型企业的社会责任行为进行统筹、规划与管理。将社会责任纳入公司战略和企业文化建设体系，建立健全企业履责相关规章制度，在企业内部形成履行社会责任的积极氛围，加强社会责任履行和治理的自主性，树立并强化社会责任治理主体责任意识。在高速发展的数字经济时代，用户数据信息是平台型企业生存与发展的重要战略资源，谨防用户信息泄露、保护平台用户权益是平台型企业履责的重要体现。应当积极进行技术创新，强化平台系统安全性，加强内部员工管理，谨防信息泄露。在履行强制性社会责任的基础上，时刻关注并回应社会期望与关切，借助自身平台开展具有价值创造性、公益性的社会活动，特别是头部平台型企业，应发挥模范带头作用，引领全行业甚至全社会的履责行为。

在平台商业生态圈内部的社会责任治理中，平台型企业需要将外部的社会责任制度内化于平台自身创建的运行规则，增强生态圈内各用户的履责自愿性与积极性。平台型企业对双边用户的社会责任监督与管理具有主导权，制订科学、动态的双边用户准入与退出机制，从价值观、意愿、能力等维度考察双边用户，判断是否将其纳入平台商业生态圈内。准确研判供给侧用户的职业水平和道德水平，科学审核供给侧用户利用平台提供的产品和服务，判断其产品和服务是否符合市场规范与国家法律法规和社会道德，保证产品和服务质量；针对需求侧用户，建立健全严格的行为规范制度，采用现代科技手段整治买方信息伪造、信息披露不完备及虚假等问题，引导买方用户树立正确消费观，促使其消费行为合理化。平台型企业应设计科学的用户信誉评价制度、负面清单制度等，对双边用户的社会责任行为进行动态监控与评价；为双边用户提供社会责任治理的基础设施如社会责任知识学习界面、社会责任信息披露界面等。同时，为防止双边用户间的恶性竞争，平台型企业应完善相应的管理规章，利用数据平台对用户间竞争势态进行严密监控，建立用户举报制度等，维护公平的市场竞争秩序和平台商业生态圈的稳定。通常，平台型企业的双边用户分为核心用户与边缘性用户，在社会责任治理过程中，平台型企业既要针对双边用户存在的具有共性的社会责任问题制订统一可行的解决方案，也要针对生态圈内不同地位的双边用户建立分层、分类治理机制，实现社会责任针对性治理。建立健全生态圈内激励与惩罚机制，营造积极履责氛围。

作为社会资源配置平台，平台型企业要充分考虑社会福利，除为社会提供更多就业岗位外，还应利用自身的经济、技术实力、社会影响力与政府、第三部门等积极配合，着力解决社会问题，服务社会公众。特别是在突发性重大公共危机治理过程中，平台型企业应积极为社会提供信息传递、物资供应与保障等服务，助力社会稳定。

关于平台型企业垄断行为的治理，平台型企业首先要深入了解政府及有关部门对平台型企业垄断行为的定义、内容、当前市场环境变化等，严格自查自身经营行为，提升企业内部治理水平。在企业内部建立健全反垄断管理机制，从高层管理者到基层员工要对垄断行为及其界定有清晰的认知，对企业市场经济行为准确把握，强化平台型企业反垄断监管主体责任意识。秉承公平竞争原则，避免采用“杀手式并购”等不正当手段挤压其他市场主体生存空间，不得阻碍中、小微平台型企业的健康发展，并积极配合政府、第三部门等开展的反垄断宣传活动。

（2）平台型企业社会责任治理的政府主导。

政府是多中心治理中至关重要的主体，在多中心治理中处于主导地位，这是由政府的性质、职能和价值追求决定的。平台型企业社会责任的治理不同于传统企业社会责任的治理，因而对政府治理有新的、更高的要求。政府作为制度资源供给的主体，必须被纳入多中心治理这一网络布局中，发挥其制度供给、监管、审核等职能，必须进行制度创新、范式创新、手段创新，这是政府在平台型企业社会责任治理中的重要任务。

政府需要结合社会经济发展需要和平台经济的特性，完善相关法律法规和政策，为平台型企业社会责任的有效治理奠定坚实的制度基础。针对不同类型、不同行业、不同发展阶段的平台型企业采取分类、分层次、分阶段的社会责任治理措施，科学界定各类平台型企业的社会责任内容，制订有针对性的治理与监管措施，进行全方位、动态、可持续的监管，避免社会责任治理的“真空”与“失灵”。与社会上具备较大影响力的平台型企业合作，实现社会责任治理的平台化与智能化。构建并维护平台型企业社会责任信息反馈渠道，允许并鼓励社会公众、公共媒体等通过渠道反映信息、举报平台型企业违规失责行为。同时，政府应主导并联合其他社会责任治理主体建立平台型企业社会责任等级评价制度，对平台型企业的社会责任等级评价，确保等级评价过程必须全程透明、公正，程序合理合法；根据等级评价结果实施不同等级的奖励与惩罚；定期向社会公示等级评价结果，接受全社会监督，形成履行社会责任的辐射效应。

针对平台经济领域的垄断行为，政府要充分履行好监管职能，建立健全数据管理制度，加强平台运营规范，完善市场竞争政策，塑造公平竞争型市场。平台型企业具备不同于传统企业的网络效应和规模优势，政府对平台型企业进行监管要处理好“充分发挥平台型企业的网络效应和规模优势”和“防范平台型企业凭借技术、数据和算法优势实施垄断，阻碍市场公平竞争和创新”两者之间的关系。政府有关职能部门应及时出台反垄断监管细则，为打击垄断行为提供更细化的法律依据；建立科学有效的评估体系，改变传统的垄断行为判别方式，结合数据资源、互联网热度、行业创新力等因素，综合考量平台型企业是否涉嫌垄断。

转变监管理念，由过去“包容审慎”的监管理念转变为积极、依法、审慎、协同的监管理念。坚持事前规制优先于事后规制的原则，通过约谈企业、行政指导、经济处罚、大众媒体宣传等多元化的监管方式遏制平台型企业的垄断行为。引入反垄断合规监管，加大《中华人民共和国反垄断法》在平台经济领域实施力度，严格执行落实《关于平台经济领域的反垄断指南》（国反垄发〔2021〕1 号），鼓励平台型企业建立反垄断合规内控制度，营造公平的市场竞争氛围。对于平台经济领域垄断行为的治理，一方面要遏制大型平台型企业的恶意扩张、经营者集中行为；另一方面也要为中小微平台型企业提供更大的生存与发展空间。政府要打破行业内部有形或无形的壁垒，优化市场准入标准，畅通中小微平台型企业进入与退出渠道，为符合高质量发展要求、具备创新优势的中小微平台型企业提供适当的优惠扶持政策，鼓励、支持、引导平台型企业技术创新并在自身力量夯实的基础上为社会提供公共服务，积极履行社会责任。

政府也要对参与平台型企业社会责任治理的公职人员进行职业道德和社会责任道德知识教育，引领公职人员树立正确价值取向，把社会公众利益放在首位，谨防社会责任“寻租”现象。

（3）平台型企业社会责任治理的社会公众、公共媒体参与。

平台型企业涉足餐饮、娱乐、物流、出行等多个领域，与人们的生产生活紧密相关，因此，平台型企业社会责任的治理离不开社会公众高质量的广泛参与。社会公众要树立和培养履行社会责任的意识，树立正确的消费观念、绿色消费、合理消费，注重环境保护。转变履责观念，从“被动”转为“主动”，增强发现平台型企业社会责任缺失或异化行为的能力，在依据事实的情况下，积极通过合法合理渠道向社会大众及政府相关部门反映违法违规行为。同时，积极配合平台型企业社会责任等级评价，确保评价内容真实有效。

公共媒体在社会治理中承担着引导社会舆论、弘扬主流价值、凝聚社会共识等责任，公共媒体尤其是新媒体，对国家政治、经济、文化等各方面具有深刻影响，如今已成为社会治理的重要平台和工具。公共媒体要对平台型企业履行社会责任的行为进行典型宣传，发挥舆论导向功能，引导社会对平台型企业社会责任的关注与重视。公共媒体领域同样存在平台型企业，庞大的用户量、及时的新闻资讯和良好的用户体验等特质使这些传媒类平台具有信息传播迅速、舆论导向作用显著等优势。一般而言，公共媒体是通过与其他社会责任治理主体进行合作来发挥其作用的。政府、平台型企业、第三部门等通过公共媒体发布相关社会责任治理信息，实现信息实时、大范围传播目的，这些主体也可通过公共媒体平台对平台型企业履责情况进行反馈；在制订相关法律法规、行业规则、企业规章制度时，政府、第三部门等治理主体可通过公共媒体平台进行意见、建议的征集，把握社会舆论走向，研制符合社会期望的规章制度。公共媒体需要秉承服务理念，实现服务型媒体的转型，更多地向大众、基层、边缘渗透，揭露隐形的平台型企业社会责任问题，督促平台型企业积极解决问题、履行社会责任，推动平台型企业社会责任治理效率的提升。同时，公共媒体类平台型企业也要遵守企业规范、行业规范与相关法律法规，托举传播伦理，传播的信息必须保证真实性与有效性，严禁传播虚假消息误导社会公众、营造负面情绪、削弱治理科学性、破坏平台型企业社会责任治理效果。

（4）平台型企业社会责任治理的第三部门参与。

第三部门作为公共治理中的有机主体，在公共服务机制中发挥着重要作用。第三部门独立于政府和私人部门之外，不以营利为目的，宗旨是谋求公共利益，形式灵活多样，具有市场能动性，能够对社会公共需求快速做出反应，善于创新、开拓公共服务新领域和提供公共服务的新方法，在整合社会各种闲置资源上具有优势，利于满足社会多元化需求。平台型企业社会责任治理中主要发挥作用的第三部门包括行业协会、消费者协会等。目前，我国平台型企业的社会责任自律机制较为欠缺，除政府监管与引导外，引进第三部门对平台型企业履责行为进行监督、评估十分必要。可成立平台型企业履责监管协会，鼓励市场上具有一定影响力的平台型企业加入协会，研制平台型企业履责准则、评估体系和奖惩办法，定期将平台型企业履责情况向社会公布，推动和引导平台型企业加大对履行社会责任行为的投入与支持。同时，重视消费者协会等第三部门维权渠道的建设与维护，及时对平台型企业的失责行为实施有效治理。

（5）平台型企业社会责任多中心治理模式的有效运行。

平台型企业社会责任的治理是一个动态的过程，治理目标的实现不仅需要构建多元治理模式，还必须保证多元治理模式的有效运行，而这一模式能否有效运行取决于多元治理网络目标是否一致、多元主体间的协调性、运行环境和制度设计等。

多元治理模式的有效运行，需要确保整个治理网络的目标一致。政府在平台型企业社会责任治理的目标确定过程中处于主导地位，应根据现阶段我国平台经济发展现状、高质量发展要求及其他政策要求，悉心听取平台型企业、专家学者、相关社会组织和公众的建议，合理确定平台型企业社会责任多元治理的整体目标。整体目标对多元治理网络具有导向性，多元主体在整体目标的指引下设立社会责任治理分目标，分目标须与整体目标保持一致，并为其服务；多元主体的分目标间不能存在分歧与冲突，具有协调性，以保证多元主体形成合力，保障多元治理网络整体目标的实现。在多元治理模式运行过程中，政府应实时监控多元主体的社会责任治理行为是否偏离目标，并及时纠错；平台型企业作为平台商业生态圈的核心领导者，其目标设置影响双边用户及其他利益相关者，因此平台型企业必须设置合理的社会责任治理目标，并将这一目标高效及时地传递给平台商业生态圈的用户，确保用户对目标的准确接收与理解；社会公众、公共媒体、党组织和第三部门等主体以多元治理网络的整体目标为指导，设置符合社会期望与自身能力的分目标。目标一致性不意味着目标一成不变，而是需要根据多元治理模式内外部环境变化实现动态调整，保证目标的连贯性，以此实现平台型企业社会责任多元治理的连续性。

平台型企业社会责任的多元治理强调多元主体间应具有协调性。为实现多元主体间的有机协调，必须保证相关制度健全、多元治理主体参与社会责任治理的渠道顺畅、参与成本能够得到有效控制。此外，信息共享渠道的多元与顺畅也是实现多元主体间有机协调的保障，特别是在平台经济时代，平台型企业和政府作为大数据资源的掌握者，在信息资源方面相比其他治理主体更具优势。因此，由政府相关职能部门牵头，市场上具有较大影响力的平台型企业提供技术、人才等支持，多方利益相关主体发挥监督作用，建立平台型企业社会责任信息共享平台，通过信息共享，增强社会公众对平台型企业履行社会责任信息的获取，充分发挥对平台型企业的监管作用。此外，公共媒体应发挥中介作用以协调多元主体，从信息的类型、数量、质量等多个维度满足不同治理主体对社会责任信息的需求。

多元治理模式的运行环境包括内部环境与外部环境，内部环境的平稳以多元主体间的目标一致和协调性为保障。多元治理模式所处外部环境复杂多变，充满不确定性，经济政治条件的变革、平台经济的发展与扩张、行业发展走向以及社会公众认知等条件的变化都会对平台型企业社会责任多元治理模式的运行方向与运行效果产生不同程度的影响。各个治理主体要有敏锐的洞察力，及时掌握外部环境变化对平台型企业社会责任治理带来的挑战，并通过信息共享平台共享外部环境变化信息，保证多元治理网络对外部环境的敏感性。多元治理模式正是通过对内外部运行环境的有机协调，保障自身有效运行。

平台型企业社会责任多元治理模式的有效运行必须以科学合理的制度设计为保障。在多元治理模式中，多元治理主体应始终保持协同合作关系。从平台型企业社会责任治理实际来看，政府往往需要采取刚性手段，利用法律机制保障多元治理主体间协同合作关系的正常运转。政府应根据多元治理模式运行需要，完善相关法律法规，明确不同治理主体的权责关系，实现平台型企业制度规则、第三部门规章及相关法律法规制度间的高效耦合，确保多元主体协同能力的发挥。制订面向各个主体的多元治理规则，以制度形式明确不同治理主体的权限范围，既要鼓励各类主体积极参与到平台型企业社会责任治理过程中，又要防止各类主体的过度参与影响平台经济的正常运行。

整体来看，高效的平台型企业社会责任多元治理模式是通过多元主体目标一致、相互协调，良好的运行环境，科学、合理的制度设计，来保障平台型企业社会责任多元治理模式有效运行，进而实现平台型企业社会责任动态、可持续的高效治理，如图 10－2 所示。

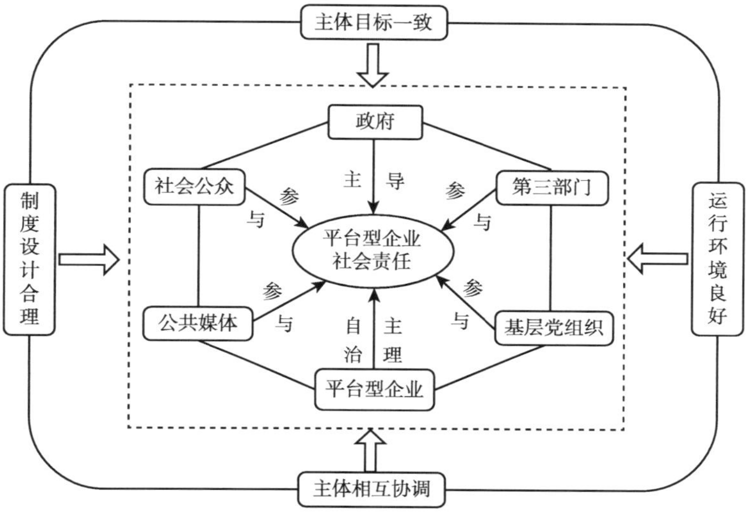

图 10－2　平台型企业社会责任多中心治理模式

资料来源：笔者自行设计。

10.3　中国企业社会责任多中心治理的 IAD 框架

10.3.1　IAD 框架的搭建

当前中国的企业社会责任治理，仍存在着企业社会责任法制不够健全、企业自我约束较弱、外部监督不强等问题。为厘清企业社会责任的制度逻辑，积累企业社会责任的经验知识，评估企业社会责任的实践成效，本部分运用 IAD 框架（Ostrom，1996），阐述企业社会责任治理的制度变迁路径。具体的企业社会责任 IAD 框架总结如图 10－3 所示。

10.3.2　制度环境：企业社会责任的外部变量

企业社会责任形成的外部变量及制度环境是影响企业社会责任的重要因素，只有明确外部变量，才能明确地探索企业社会责任的制度逻辑。

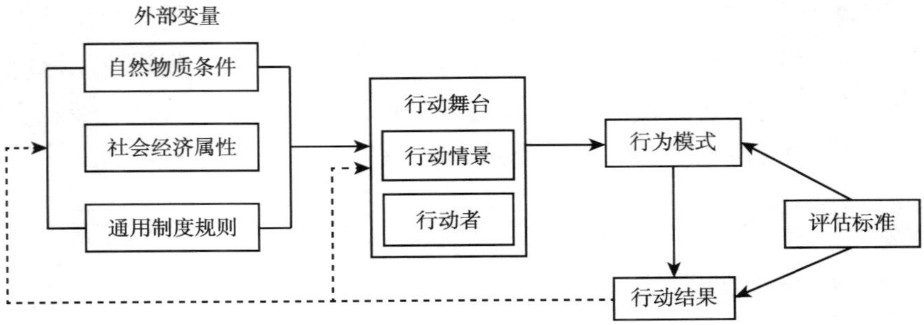

图 10－3　企业社会责任 IAD 框架

资料来源：Ostrom E. Understanding institutional diversity [M]. Princeton: Princeton University Press, 2005.

（1）企业社会责任的自然物质条件。

在本书语境下，企业社会责任的自然物质条件指的是相关企业所拥有的建筑物、运输工具、机器设备、存货及技术条件等物质资本，即企业所拥有的物质资源。企业所拥有的资源和经营管理效率共同决定了企业作为企业社会责任这一过程的参与人所做出的决策。企业通过利用所拥有的自然物质条件，在追求利润的同时，力图使其发展符合社会规范，维护利益相关者权益，特别是在劳动者保护和环境保护等方面做出贡献，以实现企业的可持续发展，即承担企业社会责任。

（2）企业社会责任的社会经济属性。

企业社会责任的社会经济属性指的是企业所处的环境中的社会经济因素，如经济发展水平、社会性质、群体的行为规范和社会偏好等。我国企业社会责任缺失的原因之一在于法律体系不够健全和奖惩机制不够完善。例如，《中华人民共和国产品质量法》中虽然对产品安全进行了规范，但较为笼统，不够具体明确。此外，《中华人民共和国公司法》中虽涉及了关于企业社会责任的法律规范，但某些情况下可操作性不强。至于奖惩机制，在环境问题日益严峻的情形下，企业污染行为仍屡禁不止，政府的惩罚力度和惩罚措施有待进一步完善。还有观点认为，企业自身发展观念的落后是根本原因。这表现在企业未将企业社会责任纳入战略规划和治理结构之中，导致企业无法实现长期利益与短期收益的权衡，并且无法为企业社会责任的实施提供制度保障，最终使企业片面追求利润最大化而牺牲企业可持续发展的机会。

从群体行为规范和社会偏好的角度来看，不同群体的企业社会责任偏好存在差异。政府促进企业社会责任发展的目的是规范企业生产经营活动，维护利益相关者权益，保障社会秩序和促进社会的和谐发展。而企业的目标则与政府存在差异，大量企业承担社会责任主要还是为了实现经济利润的最大化，除此之外，还考虑到企业形象的树立、企业竞争优势的建立等因素。参与人的行为规范由企业社会责任的相关法律和社会规范来定义，受各地文化的影响较大。

（3）企业社会责任的通用制度规则。

企业社会责任的通用制度规则指的是参与人的共同协议，主要包括七类规则：边界规则、位置规则、决策规则、信息规则、聚合规则、支付规则、范围规则。这七类规则共同作用于企业社会责任行动情景中的七个要素，具体作用模式如图 10－4 所示。

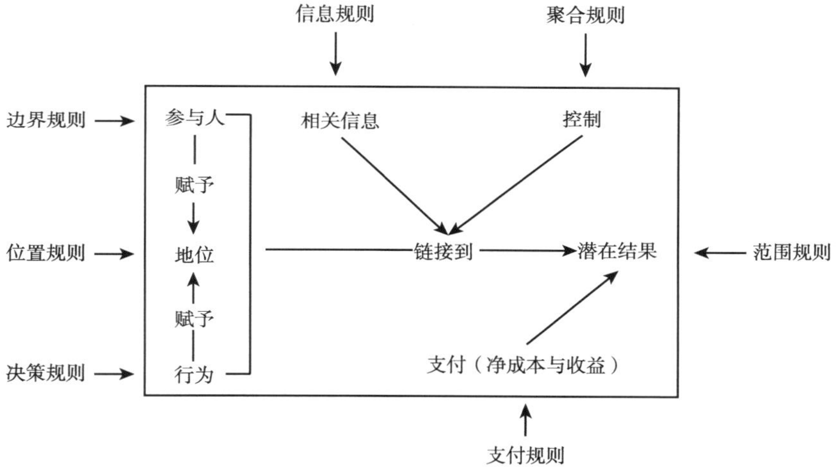

图 10－4　企业社会责任通用规则制度作用模型

资料来源：Ostrom E. Understanding institutional diversity [M]. Princeton: Princeton University Press, 2005.

企业社会责任的边界规则界定了参与企业社会责任的参与人的数量（例如，政府和企业），以及这些参与人如何进入和退出企业社会责任的决策过程。位置规则定义了参与人在企业社会责任计划过程中所处的地位（例如，引导者、实施者、参与者）。决策规则具体说明了可以在特定时间点采取的一系列行动，例如，根据非正式协议或政策文书、法律或条例采取的行动。信息规则指定各个参与人可获得的有限信息的数量、类型和内容以及如何使用和共享这些信息来达到其目的。聚合规则定义各个参与人决策的内容，主要说明参与人是否与其他参与人进行合作。支付规则详细地说明了参与人从其特定的行动和结果中产生的成本和收益，如环境优化、劳资关系改善、社会福利增加等成果和企业社会责任承担成本在参与人之间的分配状况。范围规则定义了企业社会责任潜在的结果及其所有权和性质。在我国，企业承担社会责任的行为容易导致“企业办社会”的争议，企业通过承担社会责任，帮助政府促进社会和谐发展，但容易发生与政府责任的交叉，进而产生推诿现象。因此，这需要政府出台相应的政策和法律来鼓励企业承担社会责任并保护他们的利益。近年来，我国的企业社会责任实践快速发展，这主要得益于企业和公众的责任意识尤其是环境保护意识的不断加强。同时，全球化的不断深入使企业社会责任的实施范围更为广泛，形式更为多样，扩大了受益范围，丰富了实现途径，改变了范围规则和聚合规则，促进了企业之间的合作共赢。

10.3.3 制度空间：企业社会责任的行动舞台

企业社会责任的行动舞台包括企业社会责任的行动者及其行动情景，是企业社会责任 IAD 框架中参与人进行决策的制度空间。

（1）行动者。

对于企业社会责任实施过程，行动者主要包括政府、企业和其他利益相关者。政府主要发挥监管者和倡议者的作用，完善法律制度，保护利益相关者权益，监督企业社会责任行为。企业既是企业社会责任的承担者和践行者，也是社会责任领域的主要开拓者。企业在激烈的市场竞争中，通过实施企业社会责任，既可以构建与利益相关者的良好关系，又可以建立企业竞争优势、优化竞争环境。其他利益相关者主要发挥着外部监管的功能，通过“用脚投票”、新闻媒介等多种形式对企业履行社会责任产生外部压力。

（2）行动情景。

企业社会责任过程中行动者分别为承担社会责任企业和不承担社会责任企业的情况下的行动情景见表 10－1。

表 10－1　　企业社会责任企业的行动情景

要素	企业社会责任	
行动者	承担社会责任企业	不承担社会责任企业
地位	社会责任承担者	社会责任缺失者
行为	进行体现企业社会责任活动	不进行体现企业社会责任活动
信息	信息优势	信息劣势
支付	生产成本、社会责任成本、得到收益 C	生产成本、得到收益 F
控制	高	低
潜在结果	生产产品和承担社会责任，获得收益 C	生产产品，获得收益 F

资料来源：笔者自行设计。

承担社会责任的企业需要投入额外的成本进行相关活动，而不承担企业社会责任企业只有生产成本，但获得的收益也不同。承担社会责任企业的收益为 C，这其中既包括销售生产产品获得的销售收入，又包括进行企业社会责任活动获得的有形和无形的附加收益。有形收益包括增加的销售量、提升的销售价格、政府的补贴和投资等，无形收益则包括品牌形象的提升、竞争优势的建立等。不承担社会责任的企业的收益为 F，这其中既包括销售收入也包括不履行企业社会责任造成的有形和无形的额外损失。例如，销售量下降、销售价格降低、政府的罚款等有形损失，品牌形象受损和竞争优势丧失等无形损失。承担社会责任的企业在竞争过程中容易夺得市场先机，而不承担社会责任的企业则处于相对较弱的控制地位。承担社会责任的企业在这一竞争过程便于掌握更为准确的市场信息，了解消费者的需求，是市场信息的私有者，处于信息优势地位。而不承担社会责任的企业处于信息弱势地位，生产的产品无法精准地匹配消费者多样化的需求。承担社会责任的企业支付的成本和收益分别是生产成本、实施社会责任需要付出的成本以及从竞争中获得的收益 C，不承担社会责任的企业支付的成本和收益分别是生产成本和收益 F。较高的收益 C 和较低的社会责任承担成本是不承担社会责任企业转变为承担社会责任的主要动力之一。

10.3.4 制度评价：企业社会责任的行动绩效

对于企业社会责任改善企业绩效并提高利益相关者权益的效率，需要一个综合性的评估体系，包括企业社会责任过程中参与人的行为模式、在此模式下的行动结果以及企业社会责任的绩效评估标准。

（1）行为模式。

企业履行社会责任的行为是拥有不完全信息的参与人在有限信息下做出的决策。企业在这一过程中的行为取决于其所处的外部环境和自身目标，外部环境和目标的异质性导致了企业行为的异质性。在企业履行社会责任的过程中，参与人会确定承担社会责任需要付出的成本和可获取的附加收益或者是不承担带来的额外损失，通过了解利益相关者诉求和对企业自身资源和能力状况的深入考察，确定是否继续承担企业社会责任或者是向承担企业社会责任身份转变。

（2）行动结果。

在制度分析与发展框架中，行动结果指的是参与人在其特定行为模式下所得到的收益。从微观上来看，对于承担社会责任的企业，其通过共享产能获得的收益便是从生产活动和社会责任活动中获得的收益加总后的总收益 C。对于不承担社会责任的企业，其收益为从生产活动中获得的收益和不进行社会责任活动带来的损失综合后的收益 F。从宏观上来看，企业社会责任的行动结果是劳资冲突得到缓解、消费者满意度提高、行业健康发展、环境状况得到改善、社会和谐发展得到促进。

（3）评估标准。

企业社会责任的绩效评估标准是评估其行动结果和企业社会责任效率的准则。评估标准包括定性的评估标准和定量的评估标准。对于企业社会责任效率的定性评估，可以通过对比企业履行社会责任前后，企业的获利能力、市场满意度、品牌价值、竞争地位的提升与否来判断参与企业社会责任是否提高了该企业的形象和竞争优势。定量评估是指可以利用 DEA 模型、随机前沿分析法等来测度企业社会责任绩效，通过综合对比绩效指标在参与企业社会责任前后的变化来定量分析其影响。

10.4 基于三阶段 DEA 的中国企业社会责任治理效率测度

科学测度中国企业社会责任的治理效率，找出存在的问题，可以为高效实施中国企业社会责任多中心治理体系，促进中国企业高质量发展的对策研制提供必要的依据。基于此，本部分基于四类企业社会责任的划分与 IAD 框架，采用三阶段 DEA 方法，对中国企业社会责任治理效率进行测度。

10.4.1 方法介绍

（1）DEA 模型。

数据包络法（Data Envelopment Analysis，DEA），是评价相同类型组织或部门技术效率，如融资效率、创新效率等的一种有效技术方法，被广泛应用于社会经济的众多领域。

目前，有学者专门利用 DEA 来测度企业社会责任效率，对本研究有一定的借鉴。张英奎和翟垒垒（2013）运用 DEA 分析方法对我国食品行业的企业社会责任履行情况进行剖析，指出企业在履行过程中存在的问题并为其可持续发展提出了若干建议。赵宇哲和张秀秀（2014）利用 DEA 模型对航空公司企业社会责任效率进行了分析，认为国家、规模和员工配置等都会对企业的社会责任效率产生影响。雷辉和龙泽（2016）利用 DEA 方法对制造和信息两个行业的企业社会责任效率进行了测度。研究发现，技术效率较低导致行业企业社会责任履行效率的平均水平不高，但不同行业之间存在差异。罗鹏飞等（2020）利用 DEA 方法对上市快递企业的企业社会责任效率进行了测度，发现目前中国的上市快递企业的社会责任水平不高，效率总体较低。唐亮等（2020）通过 DEA 方法测度了医药企业的社会责任履行效率，并对其均衡性进行分析。研究结果表明，投入结构的改善有助于企业社会责任效率的提升和企业绩效的提高。此外，还有学者从金融企业履行社会责任的主客体、行为动机、过程方法及最终结果等角度出发，对企业承担社会责任的机制设计、框架建设、方式创新和约束设定等方面进行探讨，为进一步完善现有金融企业社会责任体系提供方向指引（熊学敏，2011；张胜荣、李鹤，2015）。

（2）三阶段 DEA 模型。

传统 DEA 方法存在诸多优点，但也存在一些缺陷，突出表现在不考虑随机问题以及市场环境、政府政策、GDP 等外部环境因素。基于此，学者们对传统 DEA 模型进行了扩展，创造出了三阶段 DEA 方法（Fried et al.，2002），运用了随机前沿模型过滤掉了传统 DEA 模型中环境和随机因素对评估对象的影响，进而提高了测度的准确性和有效性，可以更准确地分析管理无效。

三阶段 DEA 模型一经提出就得到了学者们的广泛应用，Hu（2020）基于 2007～2016 年中国省级面板数据，通过三阶段 DEA 模型测度发现 29 个省区市的社会保障支出效率水平没有达到效率前沿。Cheng（2021）将传统的三阶段 DEA 模型与区间 DEA 方法相结合，实现了区间数据效率的度量。Feng（2019）基于三阶段 DEA 模型，对我国 30 个省区市 2006～2015 年的产业绿色转型效率进行了测度，并提出了促进产业绿色转型的建议。Shyu（2015）采用三阶段 DEA 模型测算了台湾、香港、大陆三地银行业的真实管理效率，实证结果表明环境条件对银行效率有显著影响。夏星（2020）等运用三阶段 DEA 模型测度了 31 个省区市科技企业孵化器的运行效率，研究表明增大 FDI（外国直接投资）占 GDP 的比重可以促进孵化器运行效率的提升。刘飒（2020）等利用三阶段 DEA 模型对中小高新技术企业的创新投入及其效率进行测度，发现可以通过增强企业创新投入的力度来促进中小高新技术企业的创新投入效率。徐建中和赵亚楠（2021）利用改进的 J－SBM 三阶段 DEA 模型测算区域低碳创新网络效率，发现在未考虑环境因素和随机干扰时，绝大多数地区的低碳创新网络效率被低估，除北京、上海外的大部分地区都有较大的提升空间。杨洋洋和谢雪梅（2021）等采用三阶段 DEA 模型测度了政府对舆情的治理效率，发现信息技术环境和经济发展环境这两个因素对治理效率有很大程度的影响。而舒欢和洪伟（2020）则运用三阶段 DEA 测算了建筑行业的企业社会责任效率状况。

三阶段 DEA 方法的基本思路是：第一阶段，运用传统 BCC 模型测度各决策单元的相对效率；第二阶段，运用随机前沿模型（SFA）过滤掉外部因素的影响，得到只反映经营管理水平的效率值；第三阶段，运用调整后的 DEA 模型来重新测度技术效率，得出的结果更加客观有效。

因企业规模、治理结构水平、所有制、地区经济发展水平存在较大差异，中国企业社会责任水平受外部环境的很大影响。因此，采用三阶段 DEA 模型可以有效地剥离环境因素的影响，更全面地测度当下中国企业社会责任治理效率。

10.4.2 研究设计

10.4.2.1 样本选取

以润灵环球 ESG 报告和制造业内社会责任排名靠前的上市公司为研究对象，考虑到数据收集的可行性，同时剔除指标为负数的企业，最终选取了 105 家上市制造业企业。企业原始财务数据来自企业年报、新浪财经网、相应公司官网、企业社会责任报告披露以及国泰安数据库等，地方人均 GDP 来自所在省区市统计年鉴，确保数据的真实性和可靠性。Deap 2.1 软件要求决策单元个数不能小于投入、产出指标个数和的 2 倍，因此设计的投入、产出指标共有 12 个，搜集的 105 个企业的财务数据能较好符合实证要求，保证了可信度。

10.4.2.2 变量选取与说明

测度的目的在于考察既定制度下企业对企业社会责任的投入效果。如果在相同的投入下效率更高，则可认定为企业治理体系更有效。秉承这一理念，具体设计如下。

（1）投入指标。投入指标主要考虑企业履行社会责任的能力和对应投入，应当反映企业的规模、效益和成长性，选取 4 个层面考察企业在社会责任治理方面的投入，分别是企业的盈利能力、员工规模、运营能力和研发投入。盈利能力用总资产报酬率、净资产收益率表示（张英奎和翟垒垒，2013），企业盈利是社会责任投入的来源，企业盈利能力越强，越能在社会责任方面投入更多。总资产报酬率是净利润与平均股东权益的百分比，可以衡量每单位资产带来的利润，该值越高，说明投资的收益回报越高。净资产收益率是企业主要的财务绩效，直接反映了上市公司的获利能力，净资产收益率=税后利润/所有者权益。企业员工规模用员工人数表示，可以间接反映企业规模，企业为员工提供就业岗位是企业履行社会责任的一种体现，员工规模越大，越能体现企业在社会责任方面的投入。运营能力用存货周转率（次数）来表示。研发投入用企业研发支出率表示。

（2）产出指标。产出指标主要为样本企业的企业社会责任状况，为充分体现企业社会责任的利益相关者属性，从四类企业社会责任类型出发，选取了以下7个产出指标。企业对社区的责任指标用就业贡献率表示，企业既能利用社区的资源，也能给社区带来一定的好处，如为社区提供就业机会等。企业的运营离不开劳动力，企业能为当地创造出许多就业岗位，解决部分居民的就业问题，回馈当地民众，因此企业对社区的责任可用就业贡献率表示。企业对债权人的责任指标用资产负债率表示，企业在债权人方面的社会责任表现在对合同的遵守、及时支付账款、按本付息，因此用资产负债率作为对债权人的责任指标。企业对供应商的责任指标用应付账款周转率表示，供应商和企业的关系是合作伙伴，应付账款周转率反映了企业偿还供应商贷款的效率。企业对政府的责任指标用总资产税费率表示，所得税是国家宏观调控经济的重要税收工具，企业对政府的直接责任就是依法纳税，因此可将资产税费率作为投入指标来衡量对政府的责任。企业对股东的责任指标用每股净收益表示，股东作为企业的直接投资人，企业有责任向股东披露企业相关信息，为股东带来一定的利润回报，每股收益能够衡量普通股的获利能力，是企业对股东责任的直接体现。企业对员工的责任指标用员工获利水平表示（张英奎和翟垒垒，2013），企业对员工的社会责任表现为有竞争力的薪酬收入，而员工获利水平能够较好地反映这一指标。企业对消费者的责任指标用主营业务成本率表示（宋效中等，2013），企业要保障消费者知情权、选择权等，参照已有研究，主营业务成本率能较好地衡量企业对消费者的责任指标。

（3）环境指标。在参考已有文献的基础上，选取企业性质、上市年份和地区发展这3项作为外部环境指标。企业性质方面，相比于民营企业主要追求营业利润，国有企业还会着重考虑其他有关民生的问题，因此选择企业性质为外部环境变量，企业是国有企业该指标取1，否则取0（舒欢和洪伟，2020）。在上市年份方面，企业上市时间长，相关社会责任履行会更有经验。地区发展方面，每个地方的经济状况和发展状况与企业的发展紧密相连，因此用地区人均GDP来表示地区发展。

基于以上分析，构建中国制造业企业社会责任治理效率指标体系，具体如表10-2所示。

表 10－2　　中国制造业企业社会责任治理效率指标体系

变量类型	对象	变量	公式
投入指标	盈利能力	总资产报酬率	净利润/总资产；
		净资产收益率	净利润/平均净资产
	员工规模	员工人数	
	运营能力	存货周转率（次数）	营业成本/存货平均余额
	研发投入	企业研发支出率	研发支出/主营业务收入总额
产出指标	社区	就业贡献率	支付给员工和为员工支付的现金/ 平均净资产
	债权人	资产负债率	负债总额/资产总额
	供应商	应付账款周转率	（主营业务成本＋期末存货－期初存货）/平均应付账款
	政府	总资产税费率	（所得税额＋税金及附加＋增值税额）/资产总额
	股东	每股净收益	净利润/普通股股数
	员工	员工获利水平	支付给员工和为员工支付的现金/营业收入总额
	消费者	主营业务成本率	主营业务成本/主营业务收入
外部环境指标	企业性质	国营取 1，民营取 0	
	地区发展	地区人均 GDP	
	上市时间	上市至今的年份	

10.4.3　实证结果分析

10.4.3.1　第一阶段

第一阶段利用 Deap 2.1 软件对选取的 105 个制造业企业社会责任治理效率水平进行测度，结果如表 10－3 所示。

表 10－3 显示了 2019 年各制造业企业的社会责任治理效率的综合技术效率及效率分解。可以看出，2019 年各制造业企业的社会责任治理效率的综合技术效率均值为 0.868，说明在现有的投入条件下，这些制造业企业的社会责任治理效率还是较好的，不过仍存在进步空间。纯技术效率均值为 0.905，略小于规模效率均值 0.96，在一定程度上表示出这些企业不仅在技术方面的投入得到了回报，资源的配置相对合理，也表明企业生产规模接近最优生产规模。

根据表 10－3 的运行结果，有 55 家企业为 DEA 有效决策单元，结果说明这 55 家企业的社会责任治理效率一直处于前沿面，综合技术效率最优为 1，发展较为稳定且具有协调性。

表 10-3　　企业第一阶段效率

firm	crste	vrste	scale		firm	crste	vrste	scale	
中集集团	1	1	1	-	沙钢股份	1	1	1	-
潍柴动力	0.96	1	0.96	drs	露天煤业	1	1	1	-
柳工	0.902	0.975	0.925	drs	森源	1	1	1	-
攀钢钒钛	0.857	0.857	1	-	沪电股份	0.692	0.713	0.972	drs
燕京啤酒	1	1	1	-	杭钢股份	0.747	1	0.747	drs
太钢不锈	0.489	0.49	0.998	irs	亨通光电	0.674	0.677	0.996	drs
云南铜业	1	1	1	-	洲际油气	1	1	1	-
鞍钢股份	0.813	1	0.813	drs	晋控煤业	0.867	1	0.867	drs
锡业股份	1	1	1	-	节能风电	1	1	1	-
金风科技	0.851	0.881	0.966	drs	中国西电	0.708	0.765	0.926	irs
赣锋锂业	1	1	1	-	景旺电子	0.64	0.651	0.984	drs
康弘药业	1	1	1	-	依顿电子	0.59	0.638	0.925	drs
上汽集团	1	1	1	-	包钢股份	1	1	1	-
复星医药	0.931	1	0.931	drs	山东钢铁	0.602	0.778	0.774	drs
中天科技	0.598	0.625	0.956	drs	南钢股份	0.65	0.651	0.999	irs
华新水泥	1	1	1	-	酒钢宏兴	0.718	0.745	0.963	drs
东方电气	1	1	1	-	安阳钢铁	1	1	1	-
中国神华	1	1	1	-	新钢股份	0.652	1	0.652	drs
环旭电子	0.537	0.552	0.973	drs	马钢股份	0.72	0.867	0.831	drs
中国铝业	1	1	1	-	富奥股份	0.506	0.535	0.946	drs
上海电气	0.64	0.677	0.945	drs	中国重汽	1	1	1	-
中国中车	0.63	0.632	0.996	irs	凌云股份	1	1	1	-
正泰电器	0.793	0.796	0.997	drs	上海凤凰	1	1	1	-
金钼股份	0.789	1	0.789	drs	常熟汽饰	1	1	1	-
中国核电	1	1	1	-	福达股份	0.919	0.93	0.988	irs
华友钴业	1	1	1	-	岱美股份	1	1	1	-
洛阳钼业	1	1	1	-	襄阳轴承	1	1	1	-
许继电气	0.638	0.645	0.99	irs	东风科技	0.778	0.846	0.92	drs
铜陵有色	1	1	1	-	林海股份	1	1	1	-
河钢股份	0.696	0.741	0.939	drs	亚星客车	1	1	1	-
新兴铸管	0.733	0.733	1	-	福耀玻璃	0.714	0.727	0.982	drs
云铝股份	1	1	1	-	交运股份	1	1	1	-
首钢股份	1	1	1	-	金龙汽车	1	1	1	-

续表

firm	crste	vrste	scale		firm	crste	vrste	scale	
中科三环	1	1	1	-	ST 天雁	1	1	1	-
山西焦煤	0.899	1	0.899	drs	一汽富维	1	1	1	-
三钢闽光	0.731	1	0.731	drs	ST 电能	1	1	1	-
中航光电	0.76	0.761	1	-	渤海汽车	0.975	0.979	0.996	drs
海亮股份	0.773	0.939	0.823	drs	骆驼股份	1	1	1	-
天融信	0.78	0.783	0.996	irs	长城汽车	0.452	1	0.452	drs
大洋电机	1	1	1	-	拓普集团	0.609	0.656	0.929	irs
宝钢股份	0.559	0.608	0.92	drs	星宇股份	1	1	1	-
上海电力	1	1	1	-	中国汽研	0.846	1	0.846	drs
嘉化能源	1	1	1	-	亚普股份	0.796	0.817	0.974	drs
中国动力	1	1	1	-	凯众股份	1	1	1	-
川投能源	1	1	1	-	腾龙股份	1	1	1	-
国电电力	0.88	1	0.88	drs	科华控股	1	1	1	-
四川长虹	1	1	1	-	新泉股份	1	1	1	-
国投电力	1	1	1	-	保隆科技	1	1	1	-
淮北矿业	0.721	0.782	0.922	drs	日盈电子	1	1	1	-
柳钢股份	0.59	0.617	0.956	drs	东方时尚	1	1	1	-
潞安环能	0.795	1	0.795	drs	隆鑫通用	0.448	0.449	0.998	irs
美锦能源	1	1	1	-	泉峰汽车	0.879	0.882	0.996	drs
华菱钢铁	0.663	0.664	0.998	drs	mean	0.868	0.905	0.96	

由于总效率 = 规模效率 × 技术效率，可以将综合技术效率分解为规模效率和技术效率。从综合技术效率来看，社会责任治理效率的综合技术效率达到最优值 1 的有 55 家企业，综合技术效率在 0.9 以上的有 60 家企业，表现优异；综合技术效率在 0.6 ~ 0.9 的有 36 家企业，这些企业表现良好，但可以进一步提升治理效率；综合技术效率小于 0.6 的企业有太钢不锈、中天科技、环旭电子、宝钢股份、柳钢股份、依顿电子、富奥股份、长城汽车、隆鑫通用 9 个企业，其中隆鑫通用企业的综合技术效率最低，仅为 0.448，长城汽车和太钢不锈企业也都表现较差，存在较大的上升空间。

从纯技术效率来看，仅有 4 个企业的纯技术效率在 0.6 以下，其中最低的是隆鑫通用企业的 0.449，纯技术效率的低下说明企业的资源配置能力、技术水平以及管理水平等方面存在不足，有待加强和改进。

从规模效率来看，104 家企业的规模效率都在 0.6 以上，其中有 57 个企业的规模效率为 1，大部分企业的规模都比较合理，仅有长城汽车的规模效率在 0.6 以下，为 0.452，表明该企业的企业规模影响了企业社会责任治理效率。

从规模收益来看，有 38 家企业处于规模报酬递减的阶段，说明企业目前的生产规模不太合理，需要考虑减小规模来避免规模过大带来的社会责任治理效率下降。太钢不锈、中国中车、许继电气、天融信、中国西电、南钢股份、福达股份、拓普集团、隆鑫通用这 9 个企业规模收益递增，说明厂商的生产规模较小，应当加大生产投入，扩大规模。有 58 家企业的规模收益不变，表明其规模适中。

从企业层面来看，潍柴动力、鞍钢股份、复星医药、金钼股份、山西焦煤、三钢闽光、国电电力、潞安环能、杭钢股份、晋控煤业、新钢股份、长城汽车、中国汽研这 13 家企业的技术有效规模效率无效，属于弱 DEA 有效，说明是企业的规模效率低下拉低了综合技术效率。攀钢钒钛、新兴铸管、中航光电这 3 个企业技术无效规模效率有效，规模收益不变，说明企业的生产规模较为合理，需要着重解决企业在管理、技术层面的问题。有 34 个企业技术效率和规模效率都无效，属于非 DEA 有效企业，说明在目前投入基础上，不能仅通过增加投入来提高企业社会责任治理效率，还需要考虑改变结构、合理调整企业规模。

10.4.3.2　第二阶段

在实证的第二阶段，将第一阶段投入的总资产报酬率、净资产收益率、员工人数、企业研发支出率和存货周转率（次数）等变化量所对应的松弛变化量作为被解释变量；企业的性质、地区人均 GDP 和上市年份为环境解释变量。用 Frontier 4.1 软件进行分析，第二阶段模型得出的结果，见表 10－4。

根据第二阶段的随机前沿分析结果，LR 分布的检验标准值在自由度为3，0.1% 的显著水平下 LR 的值为 15.357，以上五项投入松弛变量对应的 SFA 模型的单边似然检验统计量 LR 都要高于 15.357，这说明管理非效率是存在于混合误差中的，同时也说明拒绝原假设，接受模型的估计结果，这一步剔除外部环境变量是有必要的。每个投入变量的松弛变量 gamma 值都等于 1，表明第二阶段适合用随机前沿模型。

从环境因素来看，企业所在地区人均 GDP、上市年份的增加以及国有企业背景都会对总资产报酬率松弛变量、净资产收益率松弛变量、员工人数松弛变量、存货周转率松弛变量、企业研发支出率松弛变量有一定的影响，具体来说：

（1）企业所在地区人均 GDP。该变量与总资产报酬率、存货周转率投入冗余呈显著负相关，即人均 GDP 增加时，对应投入冗余减少，利于促进企业社会责任治理效率的提高。环境变量地区人均 GDP 与员工人数投入冗余呈正相关，说明企业所在地区人均 GDP 越高，对企业社会责任治理效率的进一步提高越不利。从整体来看，地区人均 GDP 这一环境因素的影响是不确定的。

（2）上市年份。该变量与总资产报酬率、企业研发支出投入冗余呈显著负相关，即上市年份大，对应的总资产报酬率、企业研发支出投入变量冗余均有不同程度的减少，促进企业社会责任治理效率的提升。

（3）是否是国有企业。该变量与存货周转率、企业研发支出投入冗余呈显著负相关。

表 10－4　　　　SFA 回归

变量	总资产报酬率（%）松弛变量	净资产收益率（%）松弛变量	员工人数（千人）松弛变量	存货周转率松弛变量	企业研发支出率（%）松弛变量
常数项	0.0109 * （1.453）	－1.01 *** （－3.760）	－10.4 （－10.153）	0.015 （0.346）	0.000105 （0.135）
地区人均 GDP	－0.0000507 * （－1.437）	－0.00334 （－0.825）	0.0303 ** （1.828）	－0.00147 ** （－1.681）	－0.00000308 （－0.243）
上市时间	－0.00491 ** （－1.773）	0.0288 *** （2.452）	0.208 ** （1.699）	－0.000752 （－0.437）	－0.000104 * （－1.614）
是否国企	0.0548 ** （1.886）	0.251 * （1.361）	0.224 （0.224）	－0.102 *** （－4.283）	－0.00379 *** （－6.751）
sigma－squared	3.99 *** （7.339）	18.1 ** （20.876）	460 *** （459.567）	10 *** （22.575）	1.62 *** （25.349）
gamma	1.00 *** （3720798.2）	1.00 *** （666733.63）	1.00 *** （100811.61）	1.00 *** （1766423.2）	1.00 *** （69989623）
L	－148.6672	－208.5539	－378.2024	－198.6571	－87.5526
LR 值	115.9225 ***	87.6208 ***	95.9693 ***	126.8371 ***	116.4076 ***

注：***、** 和 * 分别表示变量在 1%、5% 和 10% 的水平上显著；括号内为系数相应的标准误差。

10.4.3.3　第三阶段

在实证的第三阶段，剔除环境变量之后再用 Deap 2.1 进行一次 BCC

模型的效率评估，表 10－5 为第一阶段和第三阶段中国企业社会责任治理效率的结果对比。

表 10－5　　　　第一、第三阶段效率对比

DMU	第一阶段				第三阶段			
	crste	vrste	scale	规模收益	crste	vrste	scale	规模收益
中集集团	1	1	1	－	1	1	1	－
潍柴动力	0.96	1	0.96	drs	0.976	1	0.976	drs
柳工	0.902	0.975	0.925	drs	0.949	1	0.949	drs
攀钢钒钛	0.857	0.857	1	－	0.922	0.924	0.998	irs
燕京啤酒	1	1	1	－	1	1	1	－
太钢不锈	0.489	0.49	0.998	irs	0.561	0.562	0.998	drs
云南铜业	1	1	1	－	1	1	1	－
鞍钢股份	0.813	1	0.813	drs	0.889	1	0.889	drs
锡业股份	1	1	1	－	1	1	1	－
金风科技	0.851	0.881	0.966	drs	0.868	0.875	0.992	drs
赣锋锂业	1	1	1	－	1	1	1	－
康弘药业	1	1	1	－	1	1	1	－
上汽集团	1	1	1	－	1	1	1	－
复星医药	0.931	1	0.931	drs	0.951	1	0.951	drs
中天科技	0.598	0.625	0.956	drs	0.642	0.643	0.998	drs
华新水泥	1	1	1	－	1	1	1	－
东方电气	1	1	1	－	1	1	1	－
中国神华	1	1	1	－	1	1	1	－
环旭电子	0.537	0.552	0.973	drs	0.544	0.562	0.968	drs
中国铝业	1	1	1	－	1	1	1	－
上海电气	0.64	0.677	0.945	drs	0.661	0.69	0.958	drs
中国中车	0.63	0.632	0.996	irs	0.661	0.663	0.997	irs
正泰电器	0.793	0.796	0.997	drs	0.802	0.804	0.997	drs
金钼股份	0.789	1	0.789	drs	0.787	1	0.787	drs
中国核电	1	1	1	－	1	1	1	－
华友钴业	1	1	1	－	1	1	1	－
洛阳钼业	1	1	1	－	1	1	1	－
许继电气	0.638	0.645	0.99	irs	0.697	0.711	0.98	irs
铜陵有色	1	1	1	－	1	1	1	－
河钢股份	0.696	0.741	0.939	drs	0.716	0.755	0.949	drs

续表

DMU	第一阶段				第三阶段			
	crste	vrste	scale	规模收益	crste	vrste	scale	规模收益
新兴铸管	0.733	0.733	1	–	0.773	0.777	0.996	drs
云铝股份	1	1	1	–	1	1	1	–
首钢股份	1	1	1	–	1	1	1	–
中科三环	1	1	1	–	1	1	1	–
山西焦煤	0.899	1	0.899	drs	0.912	1	0.912	drs
三钢闽光	0.731	1	0.731	drs	0.788	1	0.788	drs
中航光电	0.76	0.761	1	–	0.803	0.808	0.994	irs
海亮股份	0.773	0.939	0.823	drs	0.75	0.813	0.923	drs
天融信	0.78	0.783	0.996	irs	0.725	0.766	0.947	irs
大洋电机	1	1	1	–	1	1	1	–
宝钢股份	0.559	0.608	0.92	drs	0.601	0.64	0.939	drs
上海电力	1	1	1	–	1	1	1	–
嘉化能源	1	1	1	–	0.912	0.921	0.99	irs
中国动力	1	1	1	–	1	1	1	–
川投能源	1	1	1	–	1	1	1	–
国电电力	0.88	1	0.88	drs	0.932	1	0.932	drs
四川长虹	1	1	1	–	1	1	1	–
国投电力	1	1	1	–	1	1	1	–
淮北矿业	0.721	0.782	0.922	drs	0.747	0.795	0.939	drs
柳钢股份	0.59	0.617	0.956	drs	0.607	0.62	0.98	drs
潞安环能	0.795	1	0.795	drs	0.818	1	0.818	drs
美锦能源	1	1	1	–	1	1	1	–
华菱钢铁	0.663	0.664	0.998	drs	0.68	0.683	0.996	drs
沙钢股份	1	1	1	–	0.933	1	0.933	drs
露天煤业	1	1	1	–	1	1	1	–
森源	1	1	1	–	1	1	1	–
沪电股份	0.692	0.713	0.972	drs	0.706	0.725	0.973	drs
杭钢股份	0.747	1	0.747	drs	0.843	1	0.843	drs
亨通光电	0.674	0.677	0.996	drs	0.698	0.703	0.993	drs
洲际油气	1	1	1	–	1	1	1	–
晋控煤业	0.867	1	0.867	drs	0.874	1	0.874	drs
节能风电	1	1	1	–	1	1	1	–

续表

DMU	第一阶段				第三阶段			
	crste	vrste	scale	规模收益	crste	vrste	scale	规模收益
中国西电	0.708	0.765	0.926	irs	0.726	0.771	0.942	irs
景旺电子	0.64	0.651	0.984	drs	0.641	0.65	0.987	drs
依顿电子	0.59	0.638	0.925	drs	0.564	0.57	0.99	drs
隆鑫通用	0.448	0.449	0.998	irs	0.485	0.486	0.997	irs
泉峰汽车	0.879	0.882	0.996	drs	0.713	0.726	0.982	irs
包钢股份	1	1	1	–	1	1	1	–
山东钢铁	0.602	0.778	0.774	drs	0.673	0.837	0.804	drs
南钢股份	0.65	0.651	0.999	irs	0.691	0.691	1	–
酒钢宏兴	0.718	0.745	0.963	drs	0.724	0.749	0.967	drs
安阳钢铁	1	1	1	–	1	1	1	–
新钢股份	0.652	1	0.652	drs	0.682	1	0.682	drs
马钢股份	0.72	0.867	0.831	drs	0.772	0.889	0.869	drs
富奥股份	0.506	0.535	0.946	drs	0.548	0.564	0.972	drs
中国重汽	1	1	1	–	1	1	1	–
凌云股份	1	1	1	–	1	1	1	–
上海凤凰	1	1	1	–	1	1	1	–
常熟汽饰	1	1	1	–	0.864	0.873	0.99	drs
福达股份	0.919	0.93	0.988	irs	0.763	0.796	0.959	irs
岱美股份	1	1	1	–	1	1	1	–
襄阳轴承	1	1	1	–	1	1	1	–
东风科技	0.778	0.846	0.92	drs	1	1	1	–
林海股份	1	1	1	–	1	1	1	–
亚星客车	1	1	1	–	1	1	1	–
福耀玻璃	0.714	0.727	0.982	drs	0.734	0.75	0.978	drs
交运股份	1	1	1	–	1	1	1	–
金龙汽车	1	1	1	–	1	1	1	–
ST 天雁	1	1	1	–	1	1	1	–
一汽富维	1	1	1	–	1	1	1	–
ST 电能	1	1	1	–	1	1	1	–
渤海汽车	0.975	0.979	0.996	drs	0.953	0.957	0.996	irs
骆驼股份	1	1	1	–	1	1	1	–
长城汽车	0.452	1	0.452	drs	0.474	1	0.474	drs

续表

DMU	第一阶段				第三阶段			
	crste	vrste	scale	规模收益	crste	vrste	scale	规模收益
拓普集团	0.609	0.656	0.929	irs	0.61	0.66	0.925	irs
星宇股份	1	1	1	–	1	1	1	–
中国汽研	0.846	1	0.846	drs	0.73	0.731	0.999	irs
亚普股份	0.796	0.817	0.974	drs	0.756	0.758	0.997	drs
凯众股份	1	1	1	–	0.925	0.98	0.944	irs
腾龙股份	1	1	1	–	0.942	0.952	0.99	drs
科华控股	1	1	1	–	1	1	1	–
新泉股份	1	1	1	–	1	1	1	–
保隆科技	1	1	1	–	1	1	1	–
日盈电子	1	1	1	–	0.908	0.948	0.958	drs
东方时尚	1	1	1	–	1	1	1	–
Mean	0.868	0.905	0.96		0.872	0.903	0.967	

对比 DMU 分析第一阶段和第三阶段的结果，有 49 个企业 2019 年的企业社会责任治理效率的综合技术效率始终都为 1，占样本的 46.7%，说明这 49 个企业的社会责任治理情况较好，企业规模和管理、技术层面，企业的盈利能力、员工规模、运营能力、研发投入的程度可以实施较好的企业社会责任治理。有 59.0% 的企业在剔除环境影响后综合技术效率达到 0.9 以上，有 94.3% 的企业在剔除环境影响后综合技术效率达到 0.6 以上。

嘉化能源、沙钢股份、常熟汽饰、凯众股份、腾龙股份、日盈电子这 6 个企业在剔除环境变量后，综合技术效率由 DEA 有效转化为弱 DEA 有效，金钼股份、海亮股份、天融信、依顿电子、福达股份、渤海汽车、中国汽研、亚普股份、泉峰汽车企业在剔除环境因素后的综合技术效率有所下降，说明外部环境对这些企业的企业社会责任治理有促进作用。东风科技企业在调整前后由 DEA 无效转化为 DEA 有效，说明东风科技社会责任治理效率受外部环境影响较大，其他大部分非 DEA 有效的企业在剔除外部环境影响后的综合技术效率都有所提高，这说明外部环境对这些企业的社会责任治理产生了不利影响。非 DEA 有效的企业情况不尽相同，潍柴动力、鞍钢股份、复星医药等企业纯技术效率已然为 1，说明企业的资源利用是有效率的，但规模效率小于 1，企业还处于规模收益递减的情况，因此应该适当减小规模。金钼股份、三钢闽光等企业纯技术效率和规模效率都不为1，但规模效率都小于纯技术效率，说明这些企业更应该侧重于对公司规模进行合理调整；而太钢不锈、中天科技等企业则是纯技术效率小于规模效率，企业技术水平低下，应该更加侧重于公司管理能力和资源配置能力的提升。

10.4.4 结论

根据前面的实证结果，得出以下结论：

第一，从整体来看，样本企业在第一阶段和第三阶段的效率平均值的变化不明显。其中，综合技术效率和规模效率的平均值有所上升，纯技术效率则有所下降。

第二，从样本企业的企业社会责任治理效率情况来看，整体企业社会责任治理良好，但各企业的社会责任治理效率有明显差异。有49个公司表现较好，在第一、第三阶段调整前后效率始终为1，占样本的46.7%。一部分企业在剔除环境因素调整后综合技术效率有所下降，说明企业的管理与技术水平需要进一步提升。还有部分企业在调整后综合技术效率都有所提高，这些公司所处的环境不利于其企业社会责任治理。针对不同企业的管理技术水平、所处环境和社会责任治理情况，应当采取不同的措施来提升企业的社会责任治理效率。

第三，从整体上看，中国以制造业为代表的企业社会责任治理效率水平表现良好，不同企业的企业社会责任治理效率水平表现良好，不同企业的企业社会责任治理效率存在显著差异，大部分企业仍未达不到前沿水平，在纯技术效率或者规模效率方面需要改进。

第11章　促进企业社会责任利益相关者高效协同治理的对策

为了最大限度地发挥企业社会责任的正面效应，需要在厘清其效应机理的基础上构建科学的治理体系，而治理体系的运行需要科学有效的对策给予支撑。基于此，在已构建的企业社会责任多中心治理体系的基础之上，结合国外企业社会治理有益经验，立足于中国国情，从政府、企业、行业及其他利益相关者层面提出促进企业社会责任利益相关者实现高效协同治理的保障性对策。

11.1　政府层面的对策建议

11.1.1　加强企业社会责任相关法律建设

我国当前的法律制度体系整体上体现出了企业的社会责任要求。在公司治理方面，我国出台了《公司法》《反不正当竞争法》《价格法》等。在利益相关者方面，现有《社会保险法》《产品质量法》《消费者权益保护法》《劳动合同法》《妇女儿童权益保护法》《职业病防治法》等。在环境保护方面，政府制定了《环境保护法》《循环经济促进法》等一系列法律。我国现有的法律基本涵盖了国际上普遍认同的企业社会责任内容，但仍然存在着不少问题，需要对现有法律体系进行持续的规范和完善，构建以《公司法》为核心的企业社会责任法制系统框架，进一步完善相关法律制度，促进企业社会责任的制度化、规范化、法制化。

第一，要进一步细化相关法律规定，推动实现企业社会责任领域的责任分明，增强法律的具体性和可操作性。例如，在《中华人民共和国产品质量法》尚未对产品安全做出具体规定，同时也缺乏完善的处罚措施，在一定程度上容易导致企业忽视产品安全的社会责任而只关注产品合格问题。此外，《公司法》虽然在某种程度上实现了企业社会责任的法律规范，但是法律规定停留在原则层面，有待进一步加强具体性和可操作性。因此，政府需要持续完善优化现有法律体系，进一步细化法律规定，填补原有法律在监督管理方面的空白，切实保护利益相关者权益。例如，以法律条文的形式将企业社会责任纳入《公司法》，对企业应履行的社会责任内容、违规行为的界定与处罚进行清晰的规范，形成有效的法律约束。同时，围绕《公司法》对现有的《产品质量法》《消费者权益保护法》等相关法律实施系统化审视，及时发现其中存在的问题，进一步细化完善针对性法律，推动实现各类法律法规的有机结合。

第二，加强污染防治，提高失信惩治力度。从我国污染治理的相关法律来看，现行法律在环境治理、监督等方面仍有待进一步完善。目前，相关法律法规并没有实现环境治理各个环节的全覆盖，在一定程度上影响了法律的综合治理作用。借鉴日本《环境影响评价法》中对信息公开的相关规定，我国应进一步完善《环境信息公开办法》，制定成文法《环境信息公开法》。此外，我国应进一步健全现有法律法规，给予企业有力度的失责处罚，避免因为处罚力度过轻而影响法律的实施效果。

第三，进一步健全强制信息披露的法律法规。目前我国已经出台了《上市公司信息披露管理办法》《环境信息公开办法》等一系列制度，但是尚未建立完善的信息披露监督保障体系。例如，在消费者知情权方面，企业的优势地位造成了其与消费者之间的信息不对称问题。随着网络技术的日益发达，信息不对称问题日益突出，严重损害了消费者权益。因此，应对我国《消费者权益保护法》予以修正，进一步明确企业的强制性信息披露义务，完善《食品安全法》《广告法》等相关法律中有关企业信息披露的规定。政府部门应该根据企业的实际情况探索并制定相关披露机制，通过具体可行的法律法规约束企业行为，严格要求企业定期向社会公开信息，实现企业社会责任的有效监督。这样既有利于解决企业与其他社会主体之间信息不对称问题，也可以起到督促企业履行社会责任的目的。

第四，构建企业社会责任专项法规。例如，建议政府研制《企业社会责任信息披露管理办法》，兼顾企业社会责任的多重属性和企业履行社会责任的多样性，让企业披露的信息更具对比性，满足投资者、客户等利益相关方的需求。《企业社会责任信息披露管理办法》需要对社会责任信息披露的基本框架做出明确的规范，包括企业的经营模式、企业制定的社会责任战略、战略的实施效果等。

11.1.2 引导企业社会责任的宣传教育

第一，充分发挥主流媒体在企业社会责任宣传中的引导作用。就企业社会责任的宣传工作而言，我国主流媒体发挥着重要作用。政府应当充分重视媒体在企业社会责任上的舆论引领作用，加大对企业和公众普及企业社会责任相关知识的力度，引起社会各界对企业社会责任的广泛关注，营造良好的履责氛围，使企业认识到企业社会责任的重要性。

第二，对企业社会责任状况良好的企业进行表彰宣传。每年可以由政府有关职能部门开展企业社会责任履行情况调查与评比，加大媒体宣传力度鼓励，引导社会公众积极参与，树立典型标杆，对履行社会责任优秀的企业进行表彰。例如，深圳、常州、浦东等地方政府都已经设立了“企业社会责任奖”，这些有益的经验和做法值得推广。

第三，加强关于企业社会责任的全面教育。科学宣传企业社会责任的内涵，纠正社会各界，特别是公众对企业社会责任的认知偏差。目前，我国部分企业为了营造所谓的“良好社会形象”，在公众容易关注到的慈善事业上大肆鼓吹自己所做的贡献，而在保证产品质量、公平正当竞争、维护利益相关者权益、保护生态环境等缺乏信息公开的方面做出违法违规行为。对此，政府应借助媒体的力量揭露企业的“伪社会”责任行为，让公众对企业社会责任有更加科学全面的理解，正确合理地引导公众对企业社会责任的认识，形成强大的社会舆论监督力量，更加有效地推进企业积极履行社会责任。政府可派专职专员定期对社区群众开展社会责任普及教育，让企业社会责任大众化、平民化，让公众切实感受到企业履行社会责任能够带给自身的利益，形成监督与被监督、互惠互利的整体氛围，从而激发社会舆论，帮助协调政府的治理工作。

第四，发挥好新闻媒体的监督作用。在自媒体时代，政府要通过相关法律法规规范媒体宣传活动，避免出现肆意传播虚假信息、发表煽动性言论、渲染社会矛盾等现象。目前，我国政府已经出台了《全国人民代表大会常务委员会关于维护互联网安全的决定》《互联网信息服务管理办法》等多项法律法规，从法律上为新媒体的发展提供了法律约束。但是，现有法律法规在信息化、网络化时代发挥的作用会面临一些限制，约束监督作用有限，相应的处罚措施也有待进一步完善。因此，政府应加快完善相关法律法规，增强对媒体宣传的法律约束，并对违法行为给予相应的处罚。

11.1.3 完善企业社会责任激励机制

第一，采用补贴、税收优惠、奖金等多元激励手段。补贴和税收可以有效弥补企业履行企业社会责任的成本，是鼓励与引导企业履行社会责任的重要手段。首先，可以采用政府采购或者直接财政补贴的方式对履责优异的企业进行鼓励；其次，在鼓励企业履行社会责任的过程中，政府可以根据企业履行社会责任的情况予以相应的减免税收优惠，我国现行税法对公益性捐赠实行抵扣所得税制度，但又对公益性捐赠的范围做出种种限制，实际扣税比例不高，因此，可以考虑扩大免税受赠主体的范围，简化捐赠免税或退税的手续，将税收优惠落到实处；再次，在征税过程中，政府可以适当提高优惠税额，考虑再度扩大免税受赠主体范围，简化减税、退税办理流程，让企业因社会责任行为能够切实享受到税收优惠政策；最后，对于一些可能破坏环境、威胁生物安全的生产活动，应当加强监管，实施负向激励。

第二，以项目支持引导企业履行社会责任。首先，政府可以在招标重要政府项目时适度倾斜履责表现良好的企业，充分激发企业的积极性，将项目交给评估良好的企业既可实现对企业履行社会责任的鼓励，又可通过企业间竞争的方式给予企业压力，从而督促企业更好地履行社会责任，形成企业竞相履行社会责任的良好风气；其次，充分灵活运用财政手段，对企业社会责任状况良好的企业予以扶持，以经济利益的方式激励企业更好地履行社会责任；再次，通过项目公开招标的方式，将项目委托给积极履行社会责任的企业，提高企业对社会责任的重视程度，并在此过程中实现政企合作共赢；最后，将企业社会责任纳入政府发展规划中，充分发挥政府的引领作用，开发建设与企业社会责任相关的项目。实现政府与企业合力促进地方经济，增加就业机会，完善公共建设。

第三，积极推行责任信贷。一直以来，贷款问题是关系企业生存发展的重点问题。政府可以与银行合作推出责任信贷，在符合政策条件的前提下给社会责任感强的企业提供贷款，或者将贷款投入社会责任相关项目中，如节能环保项目等。在合作推进责任信贷过程中，银行可以以政府提供的企业履责信息作为贷款的重要依据。具体而言，可以根据社会责任承担水平进行贷款额度和贷款利率等级设计，运用责任信贷的方式，对积极履行社会责任的企业给予扶持和奖励，帮助其改善经营状况，增强其履行社会责任的主动性和自觉性。

第四，对中小企业的激励要适度。政府对中小企业要“区别对待”，采取更宽容的态度引导中小企业履行社会责任，并且要扩宽治理的广度。中小企业由于规模小，在资源获取方面存在短板，在企业结构功能性质等方面也与大企业有显著性的差别，并且中小企业自身发展受限，更不能强求中小企业过多履行社会责任。适度引导中小企业在当地建立起一个与社区和政府相关联的企业生态圈，让中小企业对社区居民的生活提供便利，履行好对基层的社会责任。总之，政府对于中小企业的治理，要考虑企业的发展状况和社会责任的履行难度，综合考量企业对周围利益相关者的利益影响，结合实际判断企业能够履行的社会责任，不能将大企业与中小企业一概而论，用同一种评判标准进行治理，而应对中小企业实行更加包容的治理方式。

11.1.4　打造高效的服务型责任型政府

政府的职能设计、行为方式对企业社会责任行为具有深刻影响，在企业社会责任监督中发挥着重要作用。一方面，要充分发挥市场的决定性作用，建设服务型政府。政府要坚持以人为本的执政理念，增强执政的透明化、法制化，提高执政效率和水平。在尊重市场规律的前提下行使监督权，避免对企业日常活动的过度干预，落实服务型政府的执政理念。政府应当积极运用行政、法律和经济手段维护各类市场主体的合法权益，对市场中的各类组织行为进行规制，充分落实核算、质量、技术、环境等方面的监督职责，构建公平有序的市场秩序，为企业社会责任的履行营造良好的社会氛围。另一方面，政府要密切结合企业实际，有针对性地做好审计、会计等方面的工作，定期开展企业社会责任情况检查。对于企业的违法行为，政府要客观公正地给予处理，实现政府监督管理的规范化、透明化，切实避免徇私舞弊行为。政府应熟悉企业社会责任相关知识，阅读国家质检总局和国家标准委联合发布的《社会责任指南》《社会责任报告编写指南》《社会责任绩效分类指引》等社会责任国标，提炼和总结符合当地企业的可行性社会责任架构，明确企业应该从哪些方面具体履行社会责任，更应明确政府在监管的过程中应该注重哪些方面的管理，如此可起到事半功倍的效果。

此外，打造负责任的高效政府，为企业社会责任履行树立一个良好的标杆，更好地推动企业社会责任的监管激励工作。政府要积极转变职能，持续打造公共型、服务型政府，注重经济社会和环境的协调发展，追求公平与效率的有机统一，以此来督促企业在追求利润的同时承担起相应的社会责任。地方政府要深刻领会中央有关指导精神，将解决历史遗留问题作为近年来工作的重中之重，积极出台相关配套政策，进一步完善社会保障体系，保障企业离退休、下岗人员的生活，为企业剥离办社会职能奠定良好的社会保障；通过成立专门的改革基金、投资补贴和税收优惠等多种方式，合理承担历史遗留问题解决成本，进一步推进国有企业历史欠税豁免政策的实施，要健全政策实施机制，以此帮助国有企业轻装上阵，摆脱不必要的社会责任。

在国有企业的社会责任治理问题方面，政府应避免对国有企业的过度干预，不应将企业的政策性负担与企业社会责任等同，而应从国有企业角度出发增强其承担社会责任的积极性和主动性。从长远来看，企业社会责任应该是国有企业的一种主动行为，其作为企业的战略投资与企业的财务绩效正相关。因而，对于大型国有企业而言，政府应更多地发挥市场机制的作用，避免过度干预国有企业的经营活动，通过构建公平有序的市场环境增强企业承担社会责任的主动性。部分垄断性国有企业由于过多地背负政策性负担而过度依赖政府扶持，在一定程度上导致了资源配置的低效率。与此同时，资源配置的不合理也使得国有企业无法将更多的资源用于企业社会责任战略投资，降低了其承担社会责任的主动性。因此，政府应该充分认识到政策性负担并非企业社会责任，牢固树立服务意识，释放国有企业生产经营活力，维护好重要行业的市场秩序。

11.2　企业层面的对策建议

11.2.1　牢固树立企业社会责任理念

在中国经济新常态的背景下，将企业社会责任融入企业的生产经营理念是企业的必然选择。企业积极承担社会责任首先要转变思想观念，增强社会责任感，提高履行社会责任的主动性。

第一，转变发展观念，提高履行社会责任的主观能动性。企业积极履行社会责任能够提升企业核心竞争力、保持企业竞争优势。在全球化竞争日益激烈的今天，企业社会责任缺失会制约企业的长远发展，更不利于我国企业整体发展质量的提升。因此，企业尤其是大型国有企业要秉承新发展理念，充分认识到积极承担社会责任对可持续发展的重要性。企业应该将社会责任看作一种竞争优势，而不是一项受政府、社会公众约束的强制性任务，更不是一种额外的负担。在新的竞争机会面前，企业只有以积极主动的态度承担自己应该承担的社会责任，才能真正地在竞争中掌握主动权。具体而言，包括树立综合价值最大化的企业目标，建设社会价值创造的运营体系，完善社会责任落实的管理机制。在这个过程中，大型企业尤其是央企要发挥好引领作用，充分认识到自身承担的企业社会责任，切实做好企业社会责任践行的“排头兵”，在国内国外市场中打造中国特色的企业社会责任品牌。总之，企业应尽快转变发展观念，树立企业社会责任理念，以此来激发企业承担社会责任的主观能动性。

第二，强化自律意识，不断增强企业社会责任感。企业应强化自律精神，增强社会责任意识，营造负责任的良好企业形象。通过将企业社会责任融入企业使命与愿景，强化其在企业文化中的分量等，实现企业社会责任感在内部的传承与发展，进一步强化自律意识。此外，要确保企业决策和行为符合社会责任要求，在坚守法律和道德底线的基础上，自觉履行企业社会责任。面对激烈的市场竞争和投资者压力，企业应保持对社会负责任的态度，坚决避免逃避、推脱社会责任的行为，充分发挥企业的主观能动性，在社会上树立良好的企业形象，实现企业的长远发展。

第三，弘扬优秀传统文化，深化社会责任理念认知，强化社会责任意识。“义利统一”“以人为本”“和为贵”“中庸之道”“家国一体”“天人合一”等经典传统思想与价值观需要大力弘扬，对于深化企业社会责任理念大有裨益。具体而言，孔子、孟子等儒家著名思想家有很多关于“义”与“利”间辩证统一关系的名言：“礼以行义，义以生利”“见利思义”“利者，义之和也”“不义而富且贵，于我如浮云”。儒家认为“利”与“义”应该相伴相生的，“义”能给人带来更多的“利”，所以不可赚取“不义之财”，不能“见利忘义”。企业在盈利的同时，积极承担针对员工、消费者、社区、政府、环保组织等利益相关者的社会责任，才能做到“义利并举”，有效平衡短期利益与长期利益，实现可持续发展。孟子认为“人皆有不忍人之心”，即人们都有怜悯体恤别人的心情。儒家思想认为，在为政、治民、兴业等问题上，要“以人为本”，体现了对人的价值的尊重和对人的终极关怀。企业“以人为本”就是要积极履行员工层面的社会责任，尊重员工，关注员工利益与成长，超越冷冰冰的市场契约关系，增加人文关怀，与员工建立情感共同体、利益同盟，员工才能“爱企如家”，勤奋努力工作，促进企业发展。我国传统文化倡导“和为贵”“和气生财”，认为成功需要借助“天时、地利、人和”，这些思想均强调和谐的重要性，有助于企业营造和谐氛围、创建和谐企业，与竞争对手、供应商、客户和谐共处，从而履行好员工、行业层面的社会责任。“中庸之道”强调“中”的标准，即做人做事要追求适中标准，不偏执，要恰到好处、适可而止，这启示企业不可片面、单纯地追求股东利益最大化，忽视员工、消费者、供应商等利益相关者的利益，应该顾及各方利益，实现平衡。“家国一体”“天人合一”“天下兴亡，匹夫有责”强调局部利益与整体利益密切相关，这些思想能够启示企业要注重环境保护、爱护自然，自身的环保行为与整体的生态环境状况紧密相关，从而有助于企业积极履行生态环境保护方面的社会责任。

11.2.2 制定可持续的企业社会责任战略

企业在战略决策时不仅要考虑经济绩效，还要考虑社会绩效、生态绩效等。企业社会责任战略既能让企业受益，又能造福于社会，实现企业与社会责任的有机统一。企业要将企业社会责任与企业战略紧密结合，否则将会导致企业社会责任履行成本过于高昂，从而导致履行意愿不足。要做到这一点，企业必须有系统性、战略性的整体思维，以实现企业社会责任和经济追求的有机融合。

第一，以高质量企业社会责任推进世界一流企业建设。建设世界一流企业是我国企业高质量发展的目标，而企业社会责任是世界一流企业的重要标准。大型国有企业尤其是央企在建设世界一流企业的过程中，要带头履行高质量的企业社会责任，高标准、严要求，将企业社会责任融入生产经营各个环节，有机纳入世界一流企业的建设规划之中，为其他企业树立典型标杆。在国际海外贸易过程中，牢固树立并贯彻人类命运共同体理念，以共享互赢为目标，在海外积极践行中国特色的社会责任，积极融入推动当地社会经济发展，打造一批有海外影响力的社会责任品牌，进而扩大企业的国际竞争力和国家的影响力。

第二，企业要制订符合自身情况的企业社会责任战略。企业积极承担社会责任固然会得到利益相关者的赞誉，但是企业社会责任策略的制定一定要基于实际，不可超出自己的承受能力。尤其是竞争性的国有企业，不可承担过重的政策性负担。企业应当充分结合自身实际情况，制订符合企业发展要求的社会责任战略，实现企业社会责任与企业利益的有机融合。企业除了承担提高产品质量、保障员工福利等基本社会责任之外，更要根据企业实际情况合理承担其他社会责任，如捐资助学、服务社区等。将企业行为有效融入社会经济发展的潮流之中，明确企业社会角色定位和发展使命，提高企业的战略效度。

第三，将企业社会责任与品牌战略、投资战略相结合。对于企业品牌战略，企业应将履行社会责任提升到品牌战略高度，从战略层面建立并完善社会责任管理体系与管理制度。具体而言，可以通过对目标群体的情感态度和价值取向的深入研究和挖掘，赋予产品以特定的社会责任活动标识，提高企业社会责任行为对产品价值和品牌价值的提升作用。通过这些渠道，向公众明确展示自己的社会责任观，给社会塑造一个负责任的正面形象。对于企业投资战略，当前 ESG 投资已经成为资本市场的热点。ESG 投资是 E（Environment）、S（Social）、G（Governance）三个英文单词的组合，是一种关注企业环境、社会、治理绩效的投资理念和企业评价标准，可通过 ESG 绩效评估企业在促进经济可持续发展、履行社会责任方面的贡献。截至 2020 年底，联合国责任投资原则组织发布的“责任投资原则（PRI）”签署机构达 3038 家，较 2006 年增长约 42 倍；管理资产总额超过 100 万亿美元，较 2006 年增长约 16 倍。在此背景下，中国企业尤其是央企应当顺势而为，解放思想，与时俱进，深入研究 ESG 体系并努力实现其本土化应用，完善各类支撑硬件与软件，以其作为高质量发展的重要手段。

第四，立足于企业社会责任的战略高度，对利益相关者进行综合管理。这不仅能提高企业的财务绩效，而且可以为企业创造难以替代的持续竞争优势，实现企业的可持续发展。企业应主动从企业社会责任识别、沟通以及协调三个战略管理流程的整合和反馈入手，打造独特、有竞争力的企业社会责任战略管理模式与专业高效的运营管理体系。从长远来看，考虑经济环境对企业可能造成的冲击，企业社会责任战略识别应当上升为企业的自觉认识，实现对潜在风险的有效规避。此外，通过与利益相关者的充分沟通，了解他们在社会责任方面的情感诉求，并进一步分析他们的价值取向，最后结合企业自身的资源状况进行有效协调，提升资源利用效率，保持企业的持续竞争优势，获取长期效益。从企业的战略层面进行社会责任活动的设计，综合考虑各个利益相关方的需求与资源能力，实现与利益相关者之间的权衡和有效管理，提高企业战略的长远性和可行性的融合程度，充分发挥各方优势，助力企业履行高质量的社会责任。

第五，抑制企业社会责任异化行为，树立良好企业形象。企业要高度重视生态环保建设，促进生产方式绿色转型，积极进行减排技术研发与创新，在“碳达峰”“碳中和”的背景下切实降低碳排放强度，实现环境友好。坚决避免“口是心非、言行不一、阳奉阴违”的伪企业社会责任行为发生，转变履责观念，积极履行社会责任，真正将履行社会责任转化为自身的竞争优势。同时，“报喜不报忧”之类的片面性报告只能受到越来越多的质疑，所以应避免片面追求社会责任报告“颜值”的形式主义，改变“报告中心论”的错误做法，诚实守信、真实准确地展现真实的社会责任履行情况，如此方能真正取信于各类利益相关者，从而实现企业的可持续发展，打造经得起市场考验的知名品牌。

第六，阶段性地推进企业履行社会责任。对于处于成长初期的企业来说，承担过多的企业社会责任显然不切实际。当企业进入成熟发展期后，或者已经在市场竞争中谋取一定位置、拥有较强的竞争力时，可以适当承担起相应的企业社会责任，将其逐步纳入企业的发展战略之中，实现企业可持续发展与企业社会责任担当的相互融合与促进。对于发展已经达到相当规模的大型企业而言，要主动承担起更多维度的企业社会责任，不仅要履行好自己的责任，还要在行业内发挥好引导示范作用，引导更多的企业践行社会责任。在这个过程中，中央企业作为国民经济的重要骨干和中坚力量，理应成为各行业践行高质量企业社会责任的标杆，其也应承担更多更广泛的企业社会责任。

11.2.3 积极创新企业社会责任实践模式

合理的社会责任实践模式有助于提高企业的社会责任履责资源投入产出比，在有限的资源投入条件下获得良好的社会责任实践效果，提高企业履行社会责任的积极性。

在企业社会责任的具体实践中，应将企业社会责任有机融入企业发展战略、经营管理、制度流程，打造“三位一体”的企业社会责任体系，打造企业特色软实力。多向专业机构进行咨询，全面评估社会责任项目对各类利益相关者的影响，探索合理有效的社会责任实践模式；选择合适的工具与方法，实现对企业社会责任投资与收益的量化，定期对企业的社会责任履行绩效进行科学评价，逐渐调整优化社会责任实践模式。企业可以考虑以项目形式进行履责资源的投入，并充分结合自身技术优势与资源优势，积极开展实施有企业特色的履责项目，构建以项目为载体的履责新体系，不断提高社会责任实践效果。企业要谋求与政府、消费者、新闻媒体及其他利益相关者的有效合作，积极参与政府的社会经济问题治理，加强与消费者与新闻媒体的流畅沟通，不断开拓履责内涵，动态优化企业社会责任决策。全面理清不同类型企业社会责任的内涵与外延，从关系实践、法律实践、伦理实践、慈善实践、生态实践等多个维度去探索不同的实践模式组合。将企业社会责任要素深入融入产品服务项目研发与创新，以研发创新推动企业品牌、公关、营销的重塑，将企业的产品、服务、项目打造了具有共享价值的生产要素，实现企业生产经营与社会经济问题解决的有机融合。

11.2.4 加强企业社会责任公司治理

在履行社会责任方面，企业要完善治理结构，提高治理效率，确保运营合法规范，兼顾利益相关者权益。具体而言，主要包含以下五个方面。

第一，优化董事会结构，彰显企业社会责任。因地制宜、适度引进利益相关方的董事或独立董事，建立健全银行董事制度、政府代表董事制度、消费者董事制度等其他利益相关者董事制度。董事会规模的合理扩张有利于决策信息的丰富与科学的企业发展战略的制定。同时，企业应适当增加专业素质和专业能力强的独立董事人员，有效引导企业履行社会责任。另外，要增强董事会成员的社会责任意识，定期进行社会责任会议和培训活动，使其了解企业社会责任发展动态，明确企业的社会责任发展方向。

第二，在董事会下设立社会责任专门委员会，委员会下设社会责任管理部，负责企业社会责任战略的制定、社会责任实施的监督和与外界相关主体的沟通等。此外，考虑到我国绝大部分企业存在规模较小、管理能力不足的问题，企业可能不具备建立专门的社会责任管理部门的条件，此时可以在办公室等管理部门中安排专门人员负责企业社会责任的相关工作。同时，为了避免部门或者岗位的虚设，需要其在董事会会议上设置必要的汇报环节，一方面增进董事成员对企业社会责任履行情况的了解，提升他们的自主意识；另一方面督促他们为企业的社会责任建设提供可行性建议，进一步完善企业的社会责任体系。

第三，引入利益相关者参与公司治理，落实员工参与公司治理以及消费者、供应商、社区与企业的联络制度。建立一种企业与利益相关者之间相互沟通的机制，实现信息的及时公开，充分发挥利益相关者的监督作用，建立多元化约束机制。同时，员工作为重要的利益相关者之一，参与公司经营管理活动能发挥有效监督作用。员工主要通过两种方式参与公司经营：一是参与监事会，二是进入公司董事会参与重大经营决策。值得注意的是，在监事会会议上，员工监事权利的行使必须以职工代表大会或者工会的集体意见为原则。企业要切实增强员工监事在企业决策中的话语权，充分保护利益相关者权益。

第四，适时设立负责企业社会责任全面管理的组织机构。企业社会责任的高效履行必须依赖于配套的组织机构，并实施科学评估与监管。企业在发展到一定阶段后，可以考虑建立专门的企业社会责任组织机构，负责制订企业社会责任战略和制订与评估具体计划，并负责协调企业与各类利益相关者之间的关系，确保企业社会责任战略高效执行。通过专门组织的设立，将履行企业社会责任行动融入部门和员工的绩效考核，督促其自觉积极履责。建立健全完善的企业社会责任危机防控体系，预防和控制各类可能出现的风险。

第五，建立完善的企业社会责任会计制度、审计制度。充分借鉴国外有益经验，完善会计账簿，探索能够体现企业社会责任的新的会计制度。督促企业建立健全符合新时代高质量发展要求的审计制度，对自身企业社会责任的履行情况进行定期或不定期监察，确保企业社会责任得到切实履行。此外，还要充分重视向社会及时传递各类企业社会责任信息，如债务情况、员工权益保障、消费者反馈、环境污染治理和社区关系等。

第六，发挥党组织在企业社会责任治理中的重要作用。关于基层党组织在企业社会责任治理方面功能的研究较少，但基层党组织的组织力不可忽视。其主要表现在三个方面：一是对党和国家的方针政策的宣传力和执行力；二是基层党组织具有的革新力和锻造力；三是对社会公众具有动员力和发展力。基于此，基层党组织完全可以在企业社会责任治理中发挥积极作用。首先，企业要积极加强基层党组织建设，吸纳平台型企业内部优秀员工，特别是骨干管理者加入党组织并发挥其先锋作用，着力提升企业内部员工的思想道德水平和社会责任意识，引领企业的企业文化建设，培养积极履责的企业氛围；其次，将党组织与董事会、监事会和股东大会等现代企业治理制度有机融合，充分发挥党组织在政治方面、企业战略方面的引领作用，积极引导企业在生产经营决策中重视并积极履行企业社会责任；再次，充分发挥基层党组织的监督职能，指导并监督企业提高社会责任信息披露水平，并把党组织嵌入企业社会责任信息披露的监督机制中；最后，企业的基层党组织应与外部监管部门建立联动机制，实现信息互通，实现内外部监管的有机联动；此外，充分发挥党组织的政治引领作用，从党员干部和领导班子入手，切实增强企业的社会责任意识。加强党建工作，在党建工作中充分融入企业社会责任治理思想，加大思想宣传工作力度，切实将党建工作有机融入企业社会责任治理。例如，可借助“党建工作与业务工作交叉轮换”的高管培养模式，以高管为媒介促进党组织融入企业社会责任治理工作，特别是推动企业社会责任管理委员会与党建部门融合发展。

11.2.5 保障好维护好员工权益

第一，因地制宜，稳步推进员工持股计划等。员工持股计划可以成为企业履行对员工企业社会责任的重要手段，企业应当因地制宜地进行推进。要在已有试点的基础上，不断扩大试点范围，在不断纠错的过程中探索具有中国特色的员工持股制度。切忌“一刀切”，鼓励不同行业、不同类型的国有企业根据自身绩效、股权结构、员工情况自行探索员工持股方案，做到“一企一策”，探索并创新合适的员工权益保障方案。一方面，不过度夸大员工持股的重要性，禁止盲目给予员工过高比例的股权，在重要行业和关键领域确保国有资本的控股权；另一方面，要通过足量的股权比例激发员工参与企业发展热情，提升员工的话语权和权益保障力量，通过增强员工归属感推进企业发展。应当塑造良好的法律监管环境，坚持公平公正原则，逐步推进员工持股立法建设，增强制度强制力。围绕员工适用范围、股票来源、股权定价、员工持股比例安排、退出机制和员工持股主体等关键问题，在现有政策的基础上，出台具体的实施细则，然后根据试点效果不断修正完善，再不断扩大试点范围，形成适用于各类国有企业的总体性员工持股指导意见，最后进行成文法设计，构建一套符合国情的国有企业员工持股制度体系，为科学的员工持股比例的形成提供制度保障。还应当深化股权分配体制改革，加强对资本市场的建设与监管力度，稳定股票交易市场，打击违法违规的机会主义行为。借助独立专业的评价机构，对员工持股进行公开透明的评估。建立健全员工股股权交易机制，明确员工持股的退股、转让、兑换等事项，促进员工股的高效流动。

第二，统一思想认识，妥善处理企业与员工的关系。正确的企业社会责任认知有助于员工形成正确的行为倾向，发挥员工治理的积极作用，形成最优的员工友好型企业社会责任水平。应当加大对员工的企业社会责任宣讲力度，让其正确认识并感受到企业对员工利益的重视，培育其企业社会责任感，充分发挥工人阶级的主人翁意识。各方要统一认识，解放思想，共同推进员工持股计划。应当建立政府、企业、员工三方参与的协调机制，设立专门的组织机制确保员工权益，协调好员工持股会与“老三会”和“新三会”之间的权责利关系。加强沟通协调，共同研究解决涉及员工权益的相关问题，平衡不同利益群体的诉求。通过企业社会责任在员工层面的实施来缓解企业与员工之间的利益冲突，同时通过员工权益保障制度的健全来进一步提升企业的社会责任承担水平。

第三，完善福利体系，提高员工福利水平。员工福利的有效保障不仅可以实现员工自身的生活水平提升，还可以通过溢出效应实现社会福利的整体改善，扩大企业社会责任的受益范围。除了严格实施法定福利之外，应根据自身实际完善福利体系，为员工提供有针对性、多样化的福利项目，优化创新现有员工福利机制，满足员工多样需求，激发其工作积极性。将企业发展与员工发展有机结合，通过个性化培养方案实现员工的全面发展。例如，企业可以自办大学，将课程与员工业务目标、职业发展相结合，不断增强员工的社会责任感，如修正药业设立的修正大学。

11.2.6 全方位建设消费者友好型企业

消费者是企业重要的利益相关者，通过履行企业社会责任与他们建立友好互动关系，促进他们对企业的了解和认同。首先，就产品层面而言，进行环保绿色产品的设计，生产无公害低污染产品，提高产品的市场认可度和环境友好度；其次，在经营活动上，遵守道德伦理，诚信公平交易，树立良好的企业形象；最后，建立完善的售后服务体系和投诉处理机制，了解消费者在企业社会责任方面的需求和期望，不断进行企业社会责任行为的调整和改进，促进消费者信任度和忠诚度的转化。通过消费者与企业的良性互动，增进消费者对企业社会责任的认识与响应，同时也通过可观的经济回报促进企业履行社会责任的自主性和积极性，实现消费者和企业间良性循环与互动。

11.2.7 进一步完善信息披露制度

企业应与政府职能部门、社会公益组织、社会公众协同建立起通畅高效的信息沟通平台，逐步完善企业社会责任信息披露制度。企业要高度重视与社会各界的信息沟通建设，必要时通过设立专门的媒体公关部门来实现重要信息的及时公开，建设健全官方微博、微信公众号、官方网站等对外沟通平台。此外，还需要建立健全信息反馈机制，如对于消费者投诉，要通过各类渠道进行信息搜集，并及时处理和改进，提升问题响应度和消费者的认同感，树立起良好的企业形象。此外，通过建立完善的信息披露机制，实现企业信息的公开透明化，避免因信息公开不及时、不到位所产生的虚假信息和谣言对企业形象的损害。

11.3 行业层面的对策建议

行业组织在中国企业社会责任发展过程中发挥了重要的作用，其基本职能包括服务、沟通、研究、监督等八个方面。例如，中国企业联合会全球契约推进办公室在帮助中国企业加入全球契约、撰写和发布企业社会责任报告、开展社会责任理论研究等方面作出重要贡献。因此，我国需要进一步加强行业组织建设，完善企业社会责任促进机制，充分发挥行业组织的监督管理作用，推动其制订统一的行为标准、评估标准等。

11.3.1 建立健全本行业的企业社会责任管理体系

通过系统化的管理体系规范企业行为，改善社会责任的管理状况，制订并完善行业内企业社会责任标准。要解决我国企业社会责任标准不统一的问题，不仅需要政府主导构建统一的评价体系，更需要发挥行业组织的管理作用，推动其制定符合本行业特点的行为准则，切实保护利益相关者权益。准确研判企业社会责任发展趋势，结合 ISO 26000 社会责任国际标准，探索建立符合本行业实际的企业社会责任规范标准，推进企业社会责任治理的规范化、标准化和国际化。例如，中国纺织工业协会制定的企业社会责任管理体系（CSC 9000T）是中国首个纺织行业自律标准，切实保障了行业内的良性竞争和发展。

11.3.2 设立管理行业企业社会责任的专门机构

行业协会要统一部署、规划落实，定期对企业社会责任履行状况进行考核与审查，及时公布相关信息。可以建立分区域行业协会，实现多个行业组织的协调统一、统筹管理。加强对区域企业社会责任的考核，制订符合本地区的社会责任考核体系，推动企业社会责任的协调联动。同时，行业组织要加强与国外社会责任组织的互动与交流，积极吸收国外的管理经验。通过加强与国外社会责任组织的交流协作，借鉴国外关于企业社会责任评价审核的有益经验，丰富企业社会责任管理理念，促进出口导向型企业适应国际社会责任的要求，更好地推动国内企业与国际接轨，增强本土企业的国际竞争力，实现行业企业的国际化高质量发展目标。

11.3.3 充分发挥在企业社会责任方面的多重职能

行业组织要加大宣传教育力度，帮助企业理清企业竞争的本质和关键资源，明确战略型社会责任观指导下的企业社会责任边界，指导企业战略性地选择社会责任项目，保持社会责任的维度和方式与企业战略的一致性，促使企业在做好慈善捐助事业的同时也能履行好其他社会责任。

充分发挥行业组织的权威性和广泛性，搭建国内外企业社会责任实践交流平台，吸收并推广国外有益经验，建立健全开放性的行业社会责任体系。在行业企业中选取履责标杆企业，大力进行宣传，在行业内营造积极履行社会责任的良好氛围。将自我约束与社会监督有机融合，构建政府、行业、企业与社会“四位一体”、多元协同的社会责任治理模式，对行业企业履责形成强有力的内外约束。基于行业实际，建立健全企业社会责任报告机制，打造行业层面的信息交流平台，推进企业社会责任信息的高效交流。加强行业内部监督，研制符合行业特点的监管条例，对行业内企业的履责行为开展全面细化监督。结合各行业协会实际，积极开展以服务企业、行业以及政府为主要内容的社会责任理论摸索与实践操作，充分发挥行业协会的先锋模范作用。

11.4 其他利益相关者层面的对策建议

11.4.1 加强新闻媒体和公众的外部监督

第一，提升媒体团队及人员的专业能力。媒体采编人员应有一定的社会敏感度，详细了解企业社会责任的相关知识，丰富新闻内容，挖掘新闻热点，增加新闻报道的深度，尽量避免表面化、形式化的企业社会责任新闻报道，更要避免出现歪曲事实、淡化负面影响的报道，坚持新闻的真实性、公正性和客观性，为社会公众传递最具时效性的企业社会责任信息，实现对社会中的国内外企业尤其是大企业形成强有力的媒体监督。

第二，实施因地制宜的监督。对于企业社会责任的监督问题，媒体应该细分监督职能，针对不同类型企业确定不同的监督内容和侧重点。例如，相比于网络企业，能源企业的环境责任尤为重要，因此应给予能源企业的环境责任以更多关注。对于高污染、高能耗企业，建立有针对性的监督体系，并将企业环境责任作为重点监督内容，确保监督的有效性。此外，考虑到企业的地域特点，媒体需要根据对不同地区、不同行业的企业进行分类，实行地区性的企业社会责任监督，充分考虑地域特点对企业社会责任的不同要求，提高监督的质量和效率。

第三，建立媒体和公众共同参与下的社会责任披露体系。社会责任披露体系可以综合运用全方位的监督媒介，通过主流媒体、专业网站以及公众的微信朋友圈等渠道，以微信推文、新闻报道等形式，实现对积极履责企业的宣传，提升社会责任状况良好的企业知名度和品牌影响力，并对未能按要求履行社会责任的企业给予曝光。通过构建媒体和公众共同参与的社会责任披露体系，让企业认识到积极履行社会责任的重要性。

11.4.2 建立健全社会的企业社会责任外部监督体系

社会舆论媒介、消费者协会、工会等团体组织应严格规范和监督企业的社会责任行为，通过多样化的舆论宣传，形成对企业多层次、多渠道的监督体系，促进社会公众对企业社会责任履行的全面监督，通过社会舆论压力提高企业对社会责任的重视程度。

第一，充分发挥社会舆论的监督作用，引导社会公众对企业社会责任的关注和思考。在自媒体时代，充分发挥社会舆论媒介的作用，将企业社会责任信息通过广泛的媒介进行传播，以社会舆论压力督促企业履行社会责任，让公众对企业的社会责任履行状况有更全面的了解，这有助于消费者做出符合科学理性的决策，让积极践行社会责任理念的企业获得更多的消费者认同，帮助企业提高品牌的核心竞争力。

第二，通过非政府组织积极推进企业社会责任的履行。非政府组织已经成为国家乃至国际社会范围内具有重大影响力的集团。非政府组织的作用：一是为社会提供基本服务，如救济贫困人口、保护贫困人口的合法权益、提倡并实施环境保护等。二是可以监督政府和企业决策，抵制经济组织的违法行为。在欧美等经济发达国家和地区，非政府组织在积极推进企业社会责任运行机制的建立健全方面发挥了重要作用。我国可以借鉴欧美国家成功的发展经验，在条件允许的情况下适度发挥非政府组织在企业社会责任监督管理中的作用，建立健全社会责任非政府组织监督机制，帮助解决政府主导型社会责任推动机制所造成的资源浪费问题。

第三，建立完善的第三方评估机制。建立第三方评估机制已经成为社会治理创新的一个重要途径。第三方评价机构的介入，对企业履行社会责任既是一种督促又是一种激励，有利于营造企业间良性竞争、竞相履行社会责任的氛围。近年来，我国《南方周末》等媒体会针对企业的社会责任进行评估，并向社会公布年度企业社会责任的评估结果。这类的评估机制可以积极推广和完善。

第四，发挥机构投资者在企业社会责任治理中的重要作用。机构投资者在进行投资决策时应给予企业社会责任信息以更多关注，激励企业增强对社会责任的关注程度，推动其增加企业社会责任投资。机构投资者应积极通过实地调研等方式考察企业社会责任状况，避免企业的“伪社会”责任行为。通过各类实地调研，机构投资者可以更加客观、准确地判断企业社会责任状况，对企业的社会责任行为产生无形的约束力，让企业将更多的资源投入企业社会责任，从而实现经济效益和企业社会责任质量的良性互动。

第五，发挥证券交易所在上市公司社会责任治理中的监督作用。证券交易所作为一线上市公司管理机构，其发布的市场信息是投资者投资决策的重要依据。证券交易所强化对上市公司关于企业社会责任信息披露的规范性要求，并将企业社会责任报告或企业可持续发展报告作为上市规则之一，定期公布上市公司披露公司治理状况以及承担各类社会责任情况等信息。

结　　论

本书立足新时代高质量发展背景，以企业社会责任高质量发展问题为导向，借鉴并整合产业组织、博弈论、企业管理、多中心治理等多元理论，从利益相关者视角出发，建构中国企业社会责任效应与治理的系统研究框架。首先，揭示了利益相关者与企业社会责任之间的内在关联，从利益相关者维度将企业社会责任进行了划分，阐述了企业社会责任对利益相关者的各类效应。其次，对中国企业社会责任发展历史沿革及目前的发展与治理现状进行了梳理。再次，根据四类企业社会责任特征，分别构建了相应的寡头垄断模型，剖析了四类企业社会责任对企业、员工、消费者、行业和其他利益相关者的直接和间接效应，揭示其内在机理，并进行了实证检验。最后，梳理了国外企业社会责任治理实践并总结出对中国有益的经验与启示，在此基础上构建了中国企业社会责任的多中心治理体系和IAD框架，并从政府、企业、社会和其他利益相关者视角提出了相应的对策。理论上，本书从利益相关者视角构建企业社会责任系统的理论分析框架，有助于推进基于寡头垄断模型的企业社会责任研究，促进多中心治理理论与其IAD框架在企业社会责任研究领域上的中国本土化应用。实践上，本成果有利于以高效治理促进中国企业社会责任高质量发展；提升企业核心竞争力，助力培育世界一流企业；促进习近平新时代中国特色社会主义市场经济下的共享共赢实践。通过研究，本书得出以下结论。

第一，利益相关者是分析企业社会责任效应和治理的切入点。企业社会责任与利益相关者之间密不可分，高质量企业社会责任的显著特征是能够有效兼顾尽可能广泛的利益相关者。中国企业社会责任发展至今，取得了显著的成绩，但是仍然存在着诸多问题，发展质量不高，突出表现在对不同利益相关者的兼顾不充分。根据兼顾的利益相关者不同，企业社会责任可分为员工友好型、消费者友好型、行业友好型与其他利益相关者友好型。基于企业社会责任的利益相关者分类，需要因地制宜地去剖析不同类型企业社会责任的效应与治理问题，把握一般性与特殊性的有机统一，这是实现中国各行业企业社会责任高质量发展的逻辑前提。在新时代高质量发展背景下，要谋求有机兼顾各个利益相关者的高质量企业社会责任，这是企业向高质量发展转型过程中不可忽视的重要内容。

第二，企业社会责任对不同的利益相关者具有多种效应，受到企业社会责任类、政策类、市场类和企业类等多种因素的影响。通过不断改进博弈模型，分析博弈均衡结果，研究发现：不同类型的企业社会责任都会对所涉及的利益相关者产生效应，不同情境下的效应存在差异；政府规制政策、市场竞争类型、企业生产技术与产品差异化、企业所有权性质、市场敏感度等诸多因素都制约着企业社会责任的效应；企业社会责任是企业在一定情境下的理性行为，不同的利益目标会导致效应的差异，存在利益相关者间的冲突；在不同的行为目标的引领下，企业社会责任存在着最优水平，同样也受到各类政策性、市场性和企业性因素的影响；企业社会责任是否内生对企业社会责任的效应具有重要影响；从整个社会福利来看，最优企业社会责任水平并非越高越好，对企业社会责任的政策激励不可盲目；企业社会责任可以作为政府引导企业高质量发展，促进市场经济有序、均衡发展的有效政策工具，与直接的政府规制相比，这一政策工具更具有间接性，更符合市场经济规律，有必要加强高水平的政策研制。

第三，要协调好利益相关者间的关系、缓解矛盾和冲突、最大限度发挥企业社会责任的正面积极效应，需要因地制宜地构建利益相关者多元协同治理的高效制度框架，实现政府、企业、员工、消费者、行业和其他利益相关者的多中心治理。新时代中国企业社会责任治理应以实现利益相关者可持续的共享共赢为目标，构建公平与效率兼容的价值分配体系，惠及不同的利益相关者，助力企业实现高质量发展，而非仅追求短期利益；高效能的企业社会责任多元协同治理体系应充分发挥中国制度的显著优势，实现政府治理、市场治理和主体治理的有机融合，总结“中国经验”，开辟中国企业社会责任的特色发展之路。在这个过程中政府的顶层制度设计和企业社会责任的公司治理尤其关键，外部的社会力量治理亦不可少。

参考文献

[1] [韩] 金仁仙. 全球化背景下的企业社会责任研究——以韩国政府和企业为例 [M]. 北京: 对外经贸大学出版社, 2017.

[2] 阿布都合力力·阿布拉. 低碳经济下的企业社会责任会计探讨 [J]. 生态经济, 2017, 33 (6): 69-72, 77.

[3] 本书课题组. 新时代员工与企业社会责任 [M]. 北京: 中国经济出版社, 2020.

[4] 曹裕, 周默亭, 胡韩莉. 考虑政府补贴与企业社会责任的两级供应链优化 [J]. 中国管理科学, 2020, 28 (5): 101-111.

[5] 曾铭, 魏远竹. 企业社会责任满意度对消费者购买行为影响的实证研究 [J]. 河南师范大学学报 (哲学社会科学版), 2018, 45 (5): 33-37.

[6] 曾珍香, 张云飞, 王梦雅. 供应链社会责任协同治理机制研究——基于复杂适应系统视角 [J]. 管理现代化, 2019, 39 (3): 98-104.

[7] 陈承, 王宗军. 广义资本视角下企业社会责任内涵界定 [J]. 科技进步与对策, 2013, 30 (12): 92-97.

[8] 陈俊龙, 汤吉军, 汤昊. 企业交叉所有权行为与政府规制研究——兼论混合所有制企业的国有股最优比例 [J]. 中国软科学, 2018 (1): 171-182.

[9] 陈俊龙, 牛月. 市场不确定性、政府规制与产能过剩分析 [J]. 软科学, 2018, 32 (10): 38-42.

[10] 陈俊龙, 王沐笛, 高雅馨. 混合所有制、专利授权与国有股最优比例——基于混合寡占模型的研究 [J]. 科学学与科学技术管理, 2018, 39 (6): 34-48.

[11] 陈可喜, 张畅. 研发支出、社会责任对企业财务绩效的影响研究 [J]. 财会通讯, 2018 (27): 111-117+123.

[12] 陈留彬. 我国企业社会责任的治理及实现 [J]. 东岳论丛, 2006 (1): 78-80.

［13］ 陈旭，哈今华．企业社会责任贡献，技术创新投入与企业价值创造关系研究［J］．预测，2021，40（3）：32－38.

［14］ 陈煦江，刘婷婷．企业社会责任管理与实践能力对公司绩效的影响［J］．技术经济，2021，40（6）：140－148.

［15］ 陈银飞，茅宁，田人伊．全球价值链分工地位、工序贸易公平感知与企业社会责任［J］．华东经济管理，2018，32（10）：151－160.

［16］ 陈远高．供应链社会责任的概念内涵与动力机制［J］．技术经济与管理研究，2015（1）：75－78.

［17］ 程雪莲，王夏阳，陈宏辉．企业管理者真的在意社会责任问题吗？［J］．中山大学学报（社会科学版），2018，58（1）：196－208.

［18］ 程延军，李湃．我国企业社会责任领域的发展、成就及展望［J］．湖南人文科技学院学报，2018，35（4）：11－18.

［19］ 池仁勇，胡倩倩，周必彧．湾区经济时代杭州湾多中心协同现状与发展机制［J］．技术经济，2019，38（7）：91－99.

［20］ 邓新明，张婷，许洋，等．企业社会责任对消费者购买意向的影响研究［J］．管理学报，2016，13（7）：1019－1027.

［21］ 丁少中．企业社会责任的现状剖析与未来展望［J］．WTO 经济导刊，2014（12）：68－69.

［22］ 丁小花，杨榛，王真，等．女性董事与企业社会责任披露的关系研究［J］．财会通讯，2018（18）：72－76.

［23］ 董潘，郑雪峰．小产权房现实与政策要求背离——基于制度分析与发展（IAD）框架的商榷意见［J］．学术界，2017（10）：118－130.

［24］ 杜刚，魏宁．考虑企业社会责任的供应商激励机制研究［J］．管理现代化，2014，34（6）：37－39＋71.

［25］ 段军山，庄旭东．社会责任履行对企业创新投入的分层影响机制研究——基于中国上市公司的经验证据［J］．南方经济，2020（8）：49－64.

［26］ 樊帅，田志龙，张丽君．虚拟企业社会责任共创心理需要对消费者态度的影响研究［J］．管理学报，2019，16（6）：883－895，948.

［27］ 冯朝睿，王上铭．主动协商型扶贫：基于 IAD 框架的精准扶贫新模式分析［J］．学术探索，2018，222（5）：81－87.

［28］ 冯锋，张燕南．企业社会责任与公司绩效关系再讨论——基于上市公司企业社会责任评级数据的实证分析［J］．吉林大学社会科学学报，2020，60（6）：154－166，235.

[29] 冯晓晴，文雯，靳毓．多个大股东与企业社会责任 [J]．财经论丛，2020 (10)：64 -74.

[30] 浮婷，王欣．平台经济背景下的企业社会责任治理共同体——理论缘起、内涵理解与范式生成 [J]．消费经济，2019，35 (5)：77 -88.

[31] 高云龙，徐乐江，谢经荣．中国民营企业社会责任报告 (2019) [M]．北京：社会科学文献出版社，2020.

[32] 耿云．新区域主义视角下的京津冀都市圈治理结构研究 [J]．城市发展研究，2015，22 (8)：15 -20.

[33] 宫笠俐．多中心视角下的日本环境治理模式探析 [J]．经济社会体制比较，2017 (5)：116 -125.

[34] 龚玉晶．上市公司履行企业社会责任的研究 [M]．北京：经济科学出版社，2020.

[35] 郭岚．政府、社会、行业协会与企业社会责任：一个嵌套框架 [J]．四川理工学院学报（社会科学版），2018，33 (4)：35 -53.

[36] 郭武，王晶．农村环境资源"多中心治理"法治格局初探 [J]．江苏大学学报（社会科学版），2018，20 (3)：60 -65.

[37] "河北省产能过剩的测度、成因与化解：理论与实证研究"项目组．基于制度分析与发展框架的产能共享多元协同治理研究 [J]．经济视角，2019 (1)：31 -39.

[38] 何辉．如何理解我国的企业社会责任现状：政府和企业关系的视角 [J]．中国社会科学院研究生院学报，2013 (3)：141 -146.

[39] 何凌霄，张忠根，南永清，等．制度规则与干群关系：破解农村基础设施管护行动的困境——基于 IAD 框架的农户管护意愿研究 [J]．农业经济问题，2017 (1)：10 -22 +111.

[40] 何元斌，王雪青．创新我国保障性住房的融资模式研究 [J]．经济问题探索，2013 (1)：29 -35.

[41] 侯立松，刘永新，张燚．品牌与利益相关者的互动机理和互动模式研究 [J]．云南财经大学学报，2014，30 (6)：36 -43.

[42] 胡迟．国企改革：四十年回顾与未来展望 [J]．经济纵横，2018 (9)：18 -27，2.

[43] 胡其昊，朱雨诺．社会责任、产权性质与企业避税 [J]．中南财经政法大学研究生学报，2020 (1)：80 -89.

[44] 胡曲应．上市公司环境绩效与财务绩效的相关性研究 [J]．中国人口·资源与环境，2012，22 (6)：23 -32

［45］胡小梅．企业社会责任存在的问题与对策研究［J］．淮海工学院学报（人文社会科学版），2019，17（4）：105－107.

［46］黄群慧，钟宏武，张蒽，等．中国企业社会责任研究报告［M］．北京：社会科学文献出版社，2019.

［47］姜启军．浅析企业社会责任战略管理和实施［J］．江淮论坛，2007（4）：63－67.

［48］金仁仙．中国企业社会责任政策的分析及启示［J］．北京社会科学，2019（8）：22－33.

［49］靳小翠，郑宝红．国有企业董事长的自恋性与企业社会责任研究［J］．管理评论，2020，32（10）：229－244.

［50］荆龙姣．公司治理机制、市场化进程与企业社会责任［J］．统计与决策，2020，36（9）：168－172.

［51］孔龙，宋天邦．经济新常态下我国企业社会责任战略管理框架的构建［J］．北京交通大学学报（社会科学版），2016，15（3）：59－66.

［52］孔龙，谭莹霞．从北京雾霾看中国企业环境社会责任［J］．石家庄经济学院学报，2016，39（1）：99－101.

［53］雷辉，龙泽．企业社会责任效率与生产前沿面研究［J］．财经理论与实践，2016（6）：107－113.

［54］雷鸣，张桂蓉．企业社会责任与社区建设［J］．改革与放，2010（24）：120－121.

［55］黎文靖．所有权类型、政治寻租与公司社会责任报告：一个分析性框架［J］．会计研究，2012（1）：81－88，97.

［56］黎文靖．政治寻租视角下的公司社会责任研究——基于中国转轨经济的一个新政治经济学解读［J］．财政研究，2011（2）：42－46.

［57］李丹．高管变更、团队稳定性与企业社会责任关系研究——基于工业企业上市公司数据［J］．预测，2021，40（4）：67－73.

［58］李根，葛新斌．农民随迁子女异地高考政策制定过程透析——从制度分析与发展框架视角出发［J］．高等教育研究，2014，35（4），16－22，28.

［59］李江，蒋玉石，王烨娣，等．企业社会责任对消费者品牌评价的影响机制研究［J］．软科学，2020，34（8）：19－24.

［60］李金华，黄光于．供应链社会责任治理机制、企业社会责任与合作伙伴关系［J］．管理评论，2019，31（10）：242－254.

［61］李岚．消费者企业社会责任响应研究——基于利益相关者的视

角［J］. 河南社会科学，2018，26（8）：95－100.

［62］李砾. 食用菌生产企业社会责任与财务绩效的互动关系分析［J］. 中国食用菌，2020，39（3）：174－176，180.

［63］李玲. 基于利益相关者理论的企业社会责任报告研究［D］. 北方工业大学，2011.

［64］李四海，李晓龙，宋献中. 产权性质、市场竞争与企业社会责任行为——基于政治寻租视角的分析［J］. 中国人口·资源与环境，2015，25（1）：162－169.

［65］李文. 中国企业社会责任十年回望与畅想［J］. WTO经济导刊，2016（12）：85－88.

［66］李文君，王海兵. 基于绿色供应链管理的企业社会责任内部控制研究［J］. 会计之友，2017（16）：97－102.

［67］李新娥. 企业社会责任和企业绩效——企业社会回应管理视角［M］. 北京：经济管理出版社，2010.

［68］李颖. 中国企业社会责任实践的现状及成因分析［J］. 西安财经学院学报，2011，24（1）：105－109.

［69］李园园，李桂华，张会龙. 企业社会责任、技术创新与品牌价值［J］. 中国科技论坛，2019（3）：71－79.

［70］李园园，刘建华，段珅，等. 企业社会责任、技术创新与品牌价值的门槛效应研究［J/OL］. 软科学：1－10［2020－06－07］. http：//kns.cnki.net/kcms/detail/51.1268.G3.20200422.1141.010.html.

［71］李增元. 协同治理及其在当代农村社区治理中的应用［J］. 学习与实践，2013（12）：98－106.

［72］廉春慧. 企业社会责任信息、企业声誉与利益相关者行为意向研究［M］. 北京：企业管理出版社，2018.

［73］刘非菲. 上市公司企业社会责任缺失信息披露分析［J］. 财会通讯，2015（19）：18－21，4.

［74］刘宏宇. 企业社会责任沟通对品牌态度影响的实证研究［J］. 技术经济与管理研究，2018（5）：66－70.

［75］刘计含，王建琼. 基于社会网络视角的企业社会责任行为相似性研究［J］. 中国管理科学，2016，24（9）：115－123.

［76］刘继峰，吕家毅. 企业社会责任内涵的扩展与协调［J］. 法学评论，2004（5）：143－147.

［77］刘飒，万寿义，黄诗华，等. 中国中小型高新技术企业创新投

入效率实证研究——基于三阶段 DEA 模型［J］. 宏观经济研究，2020（3）：120－131.

［78］刘姝雯，刘建秋，阳旸，杨胜刚. 企业社会责任与企业金融化：金融工具还是管理工具？［J］. 会计研究，2019（9）：57－64.

［79］刘文纲. 供应链、产业集群与中小企业社会责任管理模式［J］. 经济研究参考，2015（69）：17－23.

［80］刘小平，杨屹，陈霜. 消费者参与社交媒体 CSR 活动影响机制研究［J］. 管理案例研究与评论，2020，13（5）：589－601.

［81］刘艳丽. 浅议我国企业社会责任现状及对策［J］. 现代营销（学苑版），2012（1）：20.

［82］龙贤义，邓新明，杨赛凡，等. 企业社会责任、购买意愿与购买行为——主动性人格与自我效能有调节的中介作用［J］. 系统管理学报，2020，29（4）：646－656.

［83］陆晓丽. 我国企业社会责任的现状［J］. 法制与社会，2012（19）：170－171.

［84］陆旸，刘振艳，丁棠丽. 公司治理对企业社会责任的影响研究［J］. 商业会计，2018（24）：44－49.

［85］路易斯·凯尔索，帕特里西亚·凯尔索著，赵曙明译. 民主与经济力量——通过双因素经济开展雇员持股计划革命［M］. 南京：南京大学出版社，1996.

［86］罗鹏飞，蒋秀兰，于晨. 基于 DEA 的上市快递企业社会责任效率研究［J］. 石家庄铁道大学，2020，14（1）：56－62.

［87］罗正英，姜钧乐，陈艳，等. 行业竞争、高管薪酬与企业社会责任履行［J］. 华东师范大学学报（哲学社会科学版），2018，50（4）：153－162，177.

［88］骆南峰. 企业社会责任测量与评价［M］. 北京：经济管理出版社，2017.

［89］骆艳琳. 地方治理下政府推进企业社会责任的对策研究［D］. 北京：首都经济贸易大学，2014.

［90］马龙龙. 企业社会责任对消费者购买意愿的影响机制研究［J］. 管理世界，2011（5）：120－126.

［91］买生，张纹瑞，郑洁. 企业社会责任与企业社会资本——基于市场化程度与行业竞争地位的调节效应［J］. 会计之友，2020（2）：13－19.

［92］闵志慧，何艳敏. 企业社会责任、股权质押与非效率投资［J/OL］.

重庆理工大学学报（社会科学版）：1－15［2021－08－14］. http：//kns.cnki.net/kcms/detail/50.1205.T.20210802.1605.002.html.

［93］聂飞．农村留守家庭离散问题的制度与规则分析——基于 IAD 框架的应用规则模型［J］．内蒙古社会科学，2015，36（4）：18－23.

［94］宁亚春，罗之仁．政府管制与双寡头企业社会责任行为的博弈研究［J］．中国管理科学，2010，18（2）：157－164.

［95］彭书雄．我国企业社会责任承担现状与对策研究［J］．荆楚学刊，2014，15（4）：89－93.

［96］齐殿伟，孙明艳，张文公．企业社会责任、企业文化与财务绩效［J］．会计之友，2020（17）：74－80.

［97］乔虹．企业社会责任报告择时披露研究［J］．财经问题研究，2017（4）：75－81.

［98］钱洁．欧盟企业社会责任的研究及其启示［D］．上海：上海交通大学，2008.

［99］青木昌彦．比较制度分析［M］．上海：上海远东出版社，2001.

［100］冉戎，聂军．地区社会信任与企业客户社会责任履行［J/OL］．中南财经政法大学学报：1－13［2020－06－07］．https：//doi.org/10.19639/j.cnki.issn1003－5230.20200427.007.

［101］任荣明，朱晓明．企业社会责任多视角透视［M］．北京：北京大学出版社，2009.

［102］邵兴全，胡业勋．企业参与社区治理的角色重构与制度安排研究——基于多元合作治理的分析框架［J］．理论与改革，2018（3）：157－168.

［103］沈鹏熠，万德敏．在线零售企业社会责任能促进在线顾客忠诚吗？——一个被调节的中介效应模型检验［J］．哈尔滨商业大学学报（社会科学版），2019（5）：89－100.

［104］沈奇泰松，蔡宁．地方政府推动企业社会责任承担的发生机制研究——基于浙江县（市、区）级数据的模糊集定性比较分析［J］．浙江大学学报（人文社会科学版），2021，51（3）：208－223.

［105］舒欢，洪伟．基于三阶段 DEA 的企业社会责任效率分析［J］．统计与决策，2020，36（2）：183－185.

［106］宋效中，马欣，王志敏．我国煤炭上市公司社会责任的效率研究——基于 DEA 模型的 37 家煤炭上市公司［J］．会计之友，2013（7）：62－64.

［107］隋舵，隋阳．再就业：资源型独立矿区国有企业应承担的社会责任——以大庆油田为例［J］．学术交流，2003（10）：64－66.

［108］孙即，张望军，周易．员工持股计划的实施动机及其效果研究［J］．当代财经，2017（9）：45－58.

［109］孙建强，吴晓梦．企业社会责任漂绿对财务绩效影响研究——以中石油为例［J］．财会通讯，2019（22）：7－13.

［110］孙仁祥．中小企业社会责任缺失及构建的策略探讨［J］．太原城市职业技术学院学报，2018（1）：28－30.

［111］孙小丽．企业社会责任与品牌价值的关系研究——基于食品行业消费者购买意愿的实证分析［J］．价格理论与实践，2019（7）：116－119.

［112］孙孝文．中国特色企业社会责任发展与演化［M］．北京：经济管理出版社，2018.

［113］孙芝慧．CSR 信息披露对企业融资约束的非单调作用机制——基于和讯网企业社会责任评级数据的分析［J］．绿色财会，2016（4）：16－23.

［114］谭晖．基于公司治理与政府监督下的食品行业企业社会责任研究［J］．中国商论，2016（34）：156－157.

［115］谭江华．预算改革的制度逻辑——基于 IAD 框架的分析［J］．湖南社会科学，2016（2）：117－123.

［116］谭文双，吕沙，王思力，刘江华，代钰婷．社会责任信息披露、媒体关注与企业绩效［J］．中国商论，2021（15）：151－155.

［117］唐久芳，李鹏飞，林晓华．社会责任报告与环境绩效信息披露的实证研究——来自中国证券市场化工行业的经验数据［J］．宏观经济研究，2012（1）：67－72.

［118］唐亮，王青青，侯姗姗．医药企业社会责任履行效率测度及均衡性评价分析［J］．财经理论研究，2020（1）：96－104.

［119］陶林．新时代国有企业社会责任的困境和突围［J］．理论月刊，2018（9）：134－142.

［120］田虹，所丹妮．基于企业社会责任导向的环境变革型领导对环境组织公民行为的影响机制研究［J］．管理学报，2020，17（5）：755－762.

［121］田虹．企业社会责任效应研究［D］．长春：吉林大学，2007.

［122］田敏，陈艺妮，范黎娜．CSR 信息方式对消费者感知价值和品牌认同的影响——信息传递方式与信息呈现方式的作用［J］．软科学，2019，33（1）：140－144.

[123] 田敏，萧庆龙，陈艺妮．参与企业社会责任活动方式对消费者响应的影响——基于品牌认同的中介作用 [J]．预测，2020，39 (5)：37-44.

[124] 万成伟，于洋．公共产品导向：多中心治理的城中村更新——以深圳水围柠盟人才公寓为例 [J/OL]．国际城市规划：1-15 [2020-05-26]．http：//kns.cnki.net/kcms/detail/11.5583.TU.20200525.1418.004.html.

[125] 汪泽波，王鸿雁．多中心治理理论视角下京津冀区域环境协同治理探析 [J]．生态经济，2016，32 (6)：157-163.

[126] 王彬彬，李晓燕．基于多中心治理与分类补偿的政府与市场机制协调——健全农业生态环境补偿制度的新思路 [J]．农村经济，2018 (1)：34-39.

[127] 王海兵．企业社会责任内部控制研究 [M]．成都：西南财经大学出版社，2020.

[128] 王化中，李超．社会责任、公司治理与财务绩效关系研究——基于食品上市公司面板数据的实证分析 [J]．价格理论与实践，2019 (12)：145-148.

[129] 王砾，代昀昊，孔东民．激励相容：上市公司员工持股计划的公告效应 [J]．经济学动态，2017 (2)：37-50.

[130] 王能，李万明，郭文頔．经济新常态背景下企业社会责任履行的经济效应 [J]．经济问题，2018 (3)：66-72，117.

[131] 王秋鸣．我国企业履行社会责任现状及存在问题探究 [J]．金融经济，2011 (8)：9-10.

[132] 王婷婷．企业社会责任的法律规制 [J]．人民论坛，2017 (15)：102-103.

[133] 王文彬，李辉．中小微企业履行社会责任的现状及对策研究 [J]．当代经济管理，2013，35 (11)：27-30.

[134] 王小东，邓康一．企业社会责任评价体系的构建 [J]．统计与决策，2019，35 (10)：174-177.

[135] 王一．多中心治理视角下的保障性住房问题研究 [J]．学术探索，2014 (1)：56-60.

[136] 王勇，冯骅．平台经济的双重监管：私人监管与公共监管 [J]．经济学家，2017 (11)：73-80.

[137] 王正军，谢晓．企业社会责任履行、研发投入与财务绩效——

基于内外部利益相关者视角［J］. 财会通讯，2020（7）：51－55.

［138］韦院英，胡川．环境政策、企业社会责任和企业绩效的关系研究——基于重污染行业环境违规企业的实证分析［J］. 华东理工大学学报（社会科学版），2021，36（3）：125－133.

［139］魏华，万辉．网络零售企业社会责任对消费者购买意愿的影响——基于SOR模型的实证［J］. 哈尔滨商业大学学报（社会科学版），2020（3）：64－73.

［140］文雯，宋建波．高管海外背景与企业社会责任［J］. 管理科学，2017，30（2）：119－131.

［141］文雯，张晓亮，刘芳．CEO境外居留权与企业社会责任——基于社会身份认同理论的实证研究［J］. 中南财经政法大学学报，2021（4）：61－73.

［142］吴定玉，辛雅洁．企业消费者社会责任对消费者购买意愿的影响研究——基于理性行为理论视角［J］. 消费经济，2018，34（3）：54－61.

［143］吴定玉．供应链企业社会责任管理研究［J］. 中国软科学，2013（2）：55－63.

［144］夏星，张珍．基于三阶段DEA模型的科技企业孵化器运行效率测度［J］. 统计与决策，2020，36（24）：156－160.

［145］肖红军，李平．平台型企业社会责任的生态化治理［J］. 管理世界，2019，35（4）：120－144＋196.

［146］肖红军，阳镇，姜倍宁．平台型企业发展："十三五"回顾与"十四五"展望［J］. 中共中央党校（国家行政学院）学报，2020，24（6）：112－123.

［147］肖红军，阳镇．平台企业社会责任：逻辑起点与实践范式［J］. 经济管理，2020，42（4）：37－53.

［148］肖红军，阳镇．新中国70年企业与社会关系演变：进程、逻辑与前景［J］. 改革，2019（6）：5－19.

［149］肖红军，阳镇．中国企业社会责任40年：历史演进、逻辑演化与未来展望［J］. 经济学家，2018（11）：22－31.

［150］肖红军，张俊生，李伟阳．企业伪社会责任行为研究［J］. 中国工业经济，2013（6）：109－121.

［151］肖红军，张哲．企业社会责任寻租行为研究［J］. 经济管理，2016，38（2）：178－188.

［152］肖红军．共享价值式企业社会责任范式的反思与超越［J］. 管

理世界，2020，36（5）：87－115，133，13.

［153］肖雅韵，陈俊龙．基于利益相关者视角的企业社会责任多重效应分析［J］．科技创业月刊，2021，34（3）：116－121.

［154］谢名一．跨国公司的社会责任［M］．北京：经济科学出版社，2016.

［155］谢玉华，刘晶晶，谢华青．内外部企业社会责任对员工工作意义感的影响机制和差异效应研究［J］．管理学报，2020，17（9）：1336－1346.

［156］辛晴，綦建红．企业承担社会责任的动因及实现条件［J］．华东经济管理，2008（11）：16－19.

［157］熊学敏．金融机构企业社会责任研究［D］．广州：华南理工大学，2011.

［158］徐辉，周孝华．CSR 信息披露质量与现金持有决策［J］．审计与经济研究，2019，34（5）：75－84.

［159］徐建中，赵亚楠．基于 J－SBM 三阶段 DEA 模型的区域低碳创新网络效率研究［J］．管理评论，2021，33（2）：97－107.

［160］徐莉萍，刘雅洁，张淑霞．企业社会责任及其缺失对债券融资成本的影响［J］．华东经济管理，2020，34（1）：101－112.

［161］徐尚昆，杨汝岱．企业社会责任概念范畴的归纳性分析［J］．中国工业经济，2007（5）：71－79.

［162］徐玮茜，高传胜．多中心治理视角下保障房供给机制研究［J］．南京工程学院学报（社会科学版），2014，14（3）：38－43.

［163］许慧，张悦．企业环境绩效对财务绩效的互动性检验——基于生命周期视角［J］．财会通讯，2020（17）：75－78.

［164］阳镇，陈劲．数智化时代下企业社会责任的创新与治理［J］．上海财经大学学报，2020，22（6）：33－51.

［165］阳镇，许英杰．平台经济背景下企业社会责任的治理［J］．企业经济，2018，37（5）：78－86.

［166］阳镇，尹西明，陈劲．新冠肺炎疫情背景下平台企业社会责任治理创新［J］．管理学报，2020，17（10）：1423－1432.

［167］杨冬云，谢杨．企业社会责任、绿色创新能力与企业环境绩效［J］．财会通讯，2019（6）：100－104.

［168］杨瑞龙，周业安．交易费用与企业所有权分配合约的选择［J］．经济研究，1998（9）：27－36.

［169］杨瑞龙，周业安．一个关于企业所有权安排的规范性分析框架

及其理论含义［J］. 经济研究，1997（1）：12－22.

［170］杨姗姗. 企业社会责任与财务绩效——基于公司治理角度的分析［J］. 中国注册会计师，2020（11）：60－64.

［171］杨洋洋，谢雪梅. 信息技术、经济发展与政府舆情治理效率——基于三阶段DEA模型的实证分析［J］. 现代情报，2021，41（3）：159－167.

［172］杨韵，罗世华. 地方性政策法规引导企业社会责任分析［J］. 合作经济与科技，2017（1）：186－188.

［173］叶陈毅，陈依萍. 企业社会责任表现、核心竞争力与商业信用融资［J］. 财会月刊，2020（8）：16－23.

［174］易开刚. 企业社会责任的多重价值博弈与长效实现机制——基于公司治理的视角［J］. 经济理论与经济管理，2011（12）：61－67.

［175］殷格非，陈锋. 关于构建中国特色企业社会责任法律体系的思考［EB/OL］. http：//chinawto. mofcom. gov. cn/article/br/cm/201706/20170602590928. shtml，2015－03－13.

［176］殷杰兰. 论全球环境治理模式的困境与突破［J］. 国外社会科学，2016（5）：75－82.

［177］尹旭鸿. 企业社会责任存在的问题及解决办法［J］. 区域治理，2020（3）：222－224.

［178］余官胜，吴琦琦，董直让. 社会责任提升是否有助于我国跨国企业应对国际投资保护？——基于海外子公司视角的实证研究［J］. 财经研究，2021，47（7）：154－168.

［179］俞欣，郑宝云，陆玉梅. 民营企业员工社会责任履践机制与行为效应研究［J］. 财会通讯，2018（29）：40－44.

［180］张炳雷. 国有企业海外投资的困境分析：一个社会责任的视角［J］. 经济体制改革，2011（4）：116－119.

［181］张桂蓉. 企业社会责任与城市社区建设［J］. 城市问题，2011（1）：94－100.

［182］张宏，罗兰英. 竞争战略与社会责任对企业市场绩效的协同效应研究［J］. 管理学报，2021，18（8）：1204－1211，1219.

［183］张嘉菁，杨骏. 企业社会责任与竞争优势文献综述［J］. 当代经济，2020（4）：107－110.

［184］张磊. 绿色生产视野下农村小微企业社会责任的实现与管理转型［J］. 农业经济，2019（2）：105－107.

［185］张胜荣，李鹤．基于行为理论的金融业社会责任分析［J］．青海金融，2015（5）：39－42.

［186］张卫东，卜偲琦．由独享到共享的制度逻辑［J］．长安大学学报（社会科学版），2018，20（3）：49－57.

［187］张晓盈，杨榛．政商关系与企业社会责任：相得益彰还是欲盖弥彰［J］．现代经济探讨，2017（12）：15－23.

［188］张英奎，翟垒垒．基于DEA的我国食品企业社会责任效率评析［J］．华东经济管理，2013（2）：103－105.

［189］张长江，温作民，徐晴．重污染行业上市公司环境绩效与财务绩效互动关系实证研究［J］．生态经济，2016，32（11）：20－26.

［190］张正勇，邓博夫．企业社会责任、货币政策与商业信用融资［J］．科研管理，2018，39（5）：94－102.

［191］张忠民．企业伪社会责任的内部动因及治理［J］．企业管理，2016（5）：39－41.

［192］章平，唐娟．城中村城市化过程中的多中心复合治理模式构建——以深圳市宝安区城中村城市管理为例［J］．生态经济，2015，31（4）：188－191.

［193］赵畅，罗翠，何丽梅．GRI在上市公司社会责任信息披露中的应用研究［J］．现代商业，2012（32）：130－131.

［194］赵红丹，孙文愿，徐晶．互联网企业伪社会责任事件的演进及治理——基于事件系统理论的案例分析［J］．企业经济，2018，37（10）：93－100.

［195］赵锦辉．中国国有企业70年发展回顾与展望［J］．山东社会科学，2019（9）：75－80.

［196］赵宇哲，张秀秀．基于SBM－DEA的航空公司企业社会责任效率分析［J］．软科学，2014（10）：65－69.

［197］郑景丽，王喜虹，李忆．企业社会责任、政府补助与创新意愿［J/OL］．重庆大学学报（社会科学版）：1－12［2021－08－14］．http：//kns. cnki. net/kcms/detail/50. 1023. c. 20210611. 1415. 002. html.

［198］郑培，李亦修，何延焕．企业社会责任对财务绩效影响研究——基于中国上市公司的经验证据［J］．财经理论与实践，2020，41（6）：64－71.

［199］钟鹏，吴涛，李晓渝．上市公司企业社会责任报告、社会责任缺失与财务绩效关系的实证研究［J］．预测，2021，40（1）：17－23.

［200］ 仲伟周，葛麒．企业履行社会责任与品牌价值的相关性分析——基于上市公司著名品牌的实证研究［J］．科技管理研究，2015，35（12）：242－246.

［201］ 周其仁．市场里的企业：一个人力资本与非人力资本的特别合约［J］．经济研究，1996（6）：71－80.

［202］ 朱文忠，尚亚博．我国平台企业社会责任及其治理研究——基于文献分析视角［J］．管理评论，2020，32（6）：175－183.

［203］ 朱晓娟，李铭．电子商务平台企业社会责任的正当性及内容分析［J］．社会科学研究，2020（1）：28－36.

［204］ 朱永明，李佳佳，姜红丙．CSR 对品牌资产的作用机制研究——以短视频行业的经验数据为证［J］．会计之友，2019（22）：10－16.

［205］ ABBOTT W F，MONSEN R J. On the measurement of corporate social responsibility：self－reported disclosures as a method of measuring corporate social involvement［J］. Academy of Management Journal，1979，22（3）：501－515.

［206］ ADNAN S M，HAY D，VAN STADEN C J. The influence of culture and corporate governance on corporate social responsibility disclosure：A cross country analysis［J］. Journal of Cleaner Production，2018，198：820－832.

［207］ AFSAR B，UMRANI W A. Corporate social responsibility and pro－environmental behavior at workplace：The role of moral reflectiveness，coworker advocacy，and environmental commitment［J］. Corporate Social Responsibility and Environmental Management，2020，27（1）：109－125.

［208］ AĞAN Y，KUZEY C，ACAR M F，et al. The relationships between corporate social responsibility，environmental supplier development，and firm performance［J］. Journal of Cleaner Production，2016，112：1872－1881.

［209］ AGERON B，GUNASEKARAN A，SPALANZANI A. Sustainable supply management：An empirical study［J］. International Journal of Product Economic，2011，140（1）：168－182.

［210］ AGHION，P，VAN REENEN，J，ZINGALES，L. Innovation and Institutional Ownership［J］. American Economic Review，2013，103（1）：277－304.

［211］ AHMAD I，DONIA M B L，SHAHZAD K. Impact of corporate social responsibility attributions on employees' creative performance：The mediating role of psychological safety [J]. Ethics & Behavior, 2019, 29 (6): 490 -509.

[212] ALI H Y, DANISH R Q, ASRAR - UL - HAQ M. How corporate social responsibility boosts firm financial performance: The mediating role of corporate image and customer satisfaction [J]. Corporate Social Responsibility and Environmental Management, 2020, 27 (1): 166 - 177.

[213] ALLEY W A. Partial ownership arrangements and collusion in the automobile industry [J]. Journal of Industrial Economics, 1997, 45 (2): 191 - 205.

[214] ALOUI C, JEBSI K. Platform optimal capacity sharing: Willing to pay more does not guarantee a larger capacity share [J]. Economic Modelling, 2016, 54: 276 - 288.

[215] AMAESHI K, ADEGBITE E, OGBECHIE C, et al. Corporate social responsibility in SMEs: A shift from philanthropy to institutional works? [J]. Journal of Business Ethics, 2016, 138 (2): 385 - 400.

[216] APPIAH J K. Community - based corporate social responsibility activities and employee job satisfaction in the U. S. hotel industry: An explanatory study [J]. Journal of Hospitality and Tourism Management, 2019, 38: 140 - 148.

[217] ARCHIMI C S, REYNAUD E, YASIN H M, et al. How perceived corporate social responsibility affects employee cynicism: The mediating role of organizational trust [J]. Journal of Business Ethics, 2018, 151 (4): 907 - 921.

[218] ARROW K J. Economic welfare and the allocation of resources for inventions // Nelson R. The rate and direction of inventive activity: Economic and social factors [M]. Princeton: Princeton university press, 1962.

[219] ASANTE BOADI E, HE Z, BOADI E K, et al. Consequences of corporate social responsibility on employees the moderating role of work motivation patterns [J]. Personnel Review, 2019, 49 (1): 231 - 249.

[220] ASHISH A, ANDREA F. Licensing the market for technology [J]. Journal of Economic Behavior & Organization, 2003, 52 (2): 277 - 295.

[221] AUPPERLE K E, CARROLL A B, HATFIELD J D. An Empirical Examination of the relationship between corporate social responsibility and profitability [J]. The Academy of Management Journal, 1985, 28 (2): 446 - 463.

[222] AWAYSHEH A, HERON R A, PERRY T, et al. On the relation

between corporate social responsibility and financial performance [J]. Strategic Management Journal, 2020, 41 (6): 965 -987.

[223] BANKS G, SCHEYVENS R, MCLENNAN S, et al. Conceptualizing corporate community development [J]. Third World Quarterly, 2016, 37 (2): 245 -263.

[224] BARAKAT S R, ISABELLA G, BOAVENTURA J M G, et al. The influence of corporate social responsibility on employee satisfaction [J]. Management Decision, 2016, 54 (9): 2325 -2339.

[225] BARCENA - RUIZ J C, GARZÓN M B. Capacity choice in a mixed duopoly under price competition [J]. Economics Bulletin, 2007, 12 (26): 1 -7.

[226] BÁRCENA - RUIZ J C, GARZÓNarzón M B. Partial privatization in an international mixed oligopoly under product differentiation [J]. Journal of Economics, 2020, 131 (1): 77 -100.

[227] BARON D P. Managerial contracting and corporate social responsibility [J]. Journal of Public Economics, 2008, 92 (1 -2): 268 -288.

[228] BAUMAN C W, SKITKA L J. Corporate social responsibility as a source of employee satisfaction [J]. Research in Organizational Behavior, 2012, 32: 63 -86.

[229] BAUMEISTER R F, LEARY M R. The need to belong: Desire for interpersonal attachments as a fundamental human motivation [J]. Psychological Bulletin, 1995, 117 (3): 497.

[230] BECKER H S. Notes on the concept of commitment [J]. American Journal of Sociology, 1960, 66 (1): 32 -40.

[231] BELLO Z Y. Socially responsible investing and portfolio diversification [J]. Journal of Financial Research, 2005, 28 (1): 41 -57.

[232] BELTRÁN - ESTEVE M, PICAZO - TADEO A J. Assessing environmental performance trends in the transport industry: Eco - innovation or catching - up? [J]. Energy Economics, 2015, 51: 570 -580.

[233] BEN - NASR H, COSSER J. State Ownership, Political Institutions, and Stock Price Informativeness: Evidence from Privatization [J]. Journal of Corporate Finance, 2014, 29: 179 -199.

[234] BHARGAVA M. Interactive governance atAnasagar lake management in India: Analyzing using institutional analysis development framework

[M]. Interactive Approaches to Water Governance in Asia. Springer, Singapore, 2019: 197 -225.

[235] BHATTACHARYA C B, SEN S. Doing better at doing good: When, why, and how consumers respond to corporate social initiatives [J]. California Management Review, 2004, 47 (1): 9 -24.

[236] BIAN J, LI K W, GUO X. A strategic analysis of incorporating CSR intomanagerial incentive design [J]. Transportation Research Part E: Logistics and Transportation Review, 2016, 86: 83 -93.

[237] BOCQUET R, LE BAS C, MOTHE C, et al. Are firms with different CSR profiles equally innovative? Empirical analysis with survey data [J]. European Management Journal, 2013, 31 (6): 642 -654.

[238] BOUBAKRI N, COSSET J, SAFFAR W. The constraints on full privatization: International evidence [J]. Journal of Corporate Finance, 2017, 392 -407.

[239] BOUBAKRI N, EL GHOUL, S, GUEDHAMI, O, et al. The market value of government ownership [J]. Journal of Corporate Finance, 2018, 50: 44 -65.

[240] BOWEN H R. The social responsibilities of the businessman [M]. Iowa: University of Iowa Press, 1953: 266.

[241] BOWMAN E H, HAIRE M. A strategic posture toward corporate social responsibility [J]. California Management Review, 1975, 18 (2): 49 -58.

[242] BROTONS J M, SANSALVADOR M E. The relation between corporate social responsibility certification and financial performance: An empirical study in Spain [J]. Corporate Social Responsibility and Environmental Management, 2020, 27 (3): 1465 -1477.

[243] BROWER J, DACIN P A. An institutional theory approach to the evolution of the corporate social performance -corporate financial performance relationship [J]. Journal of Management Studies, 2020, 57 (4): 805 -836.

[244] BROWN T J, DACIN P A. The company and the product: Corporate associations and consumer product responses [J]. Journal of Marketing, 1997, 61 (1): 68 -84.

[245] CARLO G, RANDALL B A. Are all prosocial behaviors equal? Asocioecological developmental conception of prosocial behavior [J]. Advances

in Psychology Research, 2001 (2): 151 - 170.

[246] CARROLL A B. A three - dimensional conceptual model of corporate performance business and society review [J]. Academy of Management Review, 1979, 4 (4): 497 - 505.

[247] CARSON J, SIEVERT J, WILLIAMSON R. Nationalization and theIncumbency Advantage [J]. Political Research Quarterly, 2020, 73 (1): 156 - 168.

[248] CARUANA R. Morality and consumption: Towards a multidisciplinary perspective [J]. Journal of Marketing Management, 2007, 23 (3 - 4): 207 - 225.

[249] CASTRO - GONZÁLEZ S, BANDE B, KIMURA T. How and when corporate social responsibility affects salespeople's organizational citizenship behaviors?: The moderating role of ethics and justice [J]. Corporate Social Responsibility and Environmental Management, 2019, 26 (3): 548 - 558.

[250] CHA M K, YI Y, BAGOZZI R P. Effects of customer participation in corporate social responsibility (CSR) programs on the CSR - brand fit and brand loyalty [J]. Cornell Hospitality Quarterly, 2016, 57 (3): 235 - 249.

[251] CHAN W, PU - YAN N, YAN M. Duopoly competition with corporate social responsibility [J]. Australian Economic Papers, 2018, 57 (3): 327 - 345.

[252] CHANG C W, LI C C, LIN Y S. The strategic incentive of corporate social responsibility in a vertically related market [J]. International Review of Economics and Finance, 2019, 59: 88 - 97.

[253] CHANG S, MAYERS D. Managerial vote ownership and shareholder wealth [J]. The Journal of Finance, 1992, 32 (1): 103 - 131.

[254] CHANG X S, FU K, LOW A, et al. Non - executive employee stock options and corporate innovation [J] . Journal of Financial Economics, 2015, 115 (1): 168 - 188.

[255] CHANGW, CHEN F. Strategic managerial delegation and industrial policy competition in vertically - related markets [J]. International Review of Economics &Finance, 216, 429 - 442.

[256] CHARKHAM J P. Corporate governance: Lessons from abroad [J]. European Business Journal, 1992, 4 (2): 8.

[257] CHARNES A, COOPER W W, RHODES E. Measuring the effi-

ciency of decision making units [J]. European Journal of Operational Research, 1978, 2 (6): 429-444.

[258] CHEEMA S, AFSAR B, JAVED F. Employees' corporate social responsibility perceptions and organizational citizenship behaviors for the environment: Themediating roles of organizational identification and environmental orientation fit [J]. Corporate Social Responsibility and Environmental Management, 2020, 27 (1): 9-21.

[259] CHEN J L, LIU J L, LONG Y C, et al. Medicine pricing, optimal patent length and social welfare [J]. Revista De Cercetare Si Interventie Sociala, 2019, 67: 352-365.

[260] CHEN J L, LIU J L, MO F F, et al. The optimal proportion of employee stock in the duopoly competition [J]. Transformations in Business & Economics, 2019, 18 (3C): 512-529.

[261] CHEN J L, LIU J L, QIN J C. Corporate social responsibility and capacity selection [J]. Transformations in Business & Economics, 2019, 18 (3C): 530-545.

[262] CHEN J L, LIU R, NIU Y, et al. Impact of product heterogeneity and soft budget constraint on excess capacity in Chinese energy industry based on the duopoly model [J]. Chinese Journal of Population Resources and Environment, 2019, 17 (2): 123-134.

[263] CHEN J L, TANG H, LIU J L. Duopoly, optimal proportion of state-owned shares and international cross-ownership [J]. Revista de Cercetare si Interventie Sociala, 2019, 64.

[264] CHEN J L, WANG M D, GAO Y X, et al. Duopoly, mixed ownership, and the optimal proportion of employee stocks in state-owned enterprises in China [J]. Managerial and Decision Economics, 2019, 40 (5): 550-558.

[265] CHEN J L, WANG X M, CHU Z P. Capacity sharing, product differentiation and welfare [J]. Economic Research-Ekonomska Istraživanja, 2020, 33 (1): 107-123.

[266] CHEN J L, XIE X R, LIU J L. Capacity sharing with differentoligopolistic competition and government regulation in a supply chain [J]. Managerial and Decision Economics, 2020, 41 (1): 79-92.

[267] CHEN J L, XU L C, MO F F, et al. Regulation of education market access based on mixed oligopoly model [J]. Educational Sciences: Theory

& Practice, 2018, 18 (5): 1389 -1399.

[268] CHEN J, LIU J, MO F, et al. The optimal proportion of employee stock in the duopoly competition [J]. Transformations in Business & Economics, 2019, 18 (3C): 512 -529.

[269] CHEN J, TANG H, LIU J. Duopoly, optimal proportion of state - owned shares and international cross - ownership [J]. Revista de Cercetare Si Interventie Sociala, 2019, 64, 352 -365. https: //doi. org/10. 33788/rcis. 64. 26.

[270] CHEN J, WANG M, GAO Y, Long Y. Duopoly, mixed ownership, and the optimal proportion of employee stocks in state - owned enterprises in China [J]. Managerial and Decision Economics, 2019, 40 (5): 550 -558.

[271] CHEN R, EL GHOUL S, GUEDHAMI O, et al. State Ownership and Corporate Cash Holdings [J]. Journal of Financial and Quantitative Analysis, 2018, 53 (5): 2293 -2334.

[272] CHEN T. Privatization and efficiency: a mixed oligopoly approach [J]. Journal of Economics/ Zeitschrift furNationalokonomie, 2017, 120 (3): 251 -268.

[273] CHEN Y C, HUNG M Y, WANG Y X. The effect of mandatory CSR disclosure on firm profitability and social externalities: Evidence from China [J]. Journal of Accounting and Economics, 2018, 65 (1): 169 -190.

[274] CHEN Y H, NIE P Y, YANG Y C. Effects of corporate social responsibility on food safety [J]. Agricultural Economics, 2017, 63 (12): 539 -547.

[275] CHENG B, IOANNOU I, SERAFEIM G. Corporate social responsibility and access to finance [J]. Strategic Management Journal, 2014, 35 (1): 1 -23.

[276] CHENG G, WANG L, WANG Y M. An extended Three - Stage DEA Model with Interval Inputs and Outputs [J]. International Journal of Computational Intelligence Systems, 2021, 14 (1): 43 -53.

[277] CHO S Y, LEE C, PFEIFFER JR R J. Corporate social responsibility performance and information asymmetry [J]. Journal of Accounting and Public Policy, 2013, 32 (1): 71 -83.

[278] CHU S C, CHEN H T. Impact of consumers' corporate social responsibility - related activities in social media on brand attitude, electronic word - of - mouth intention, and purchase intention: A study of Chinese consumer be-

havior [J]. Journal of Consumer Behaviour, 2019, 18 (6): 453 – 462.

[279] CHU Y, TIAN X, WANG W. Corporate Innovation Along the Supply Chain [J]. Management Science, 2018, 65 (6): 2445 – 2466.

[280] CHUAH S H W, EL – MANSTRLY D, TSENG M L, et al. Sustaining customer engagement behavior through corporate social responsibility: The roles of environmental concern and green trust [J]. Journal of Cleaner Production, 2020, 262: 121 – 348.

[281] CLARKSON M E. A stakeholder framework for analyzing and evaluating corporate social performance [J]. Academy of Management Review, 1995, 20 (1): 92 – 117.

[282] COCHRAN P L, WOOD R A. Corporate social responsibility and financial performance [J]. Academy of Management Journal, 1984, 27 (1): 42 – 56.

[283] COHEN W M, NELSON R, WALSH J P. Patents and the incentives to innovate in Japan and the United States [J]. Research Policy, 2002, 31 (8/9): 1349 – 1367.

[284] COLOMBO S, FILIPPINI L. Patent licensing with bertrand competitors [J]. Manchester School, 2015, 83 (1): 1 – 16.

[285] CONTINI M, ANNUNZIATA E, RIZZI F, et al. Exploring the influence of corporate social responsibility (CSR) domains on consumers' loyalty: An experiment in BRICS countries [J]. Journal of Cleaner Production, 2020, 247: 119 – 158.

[286] CUESTA – VALIÑO P, RODRÍGUEZ P G, NÚÑEZ – BARRIOPEDRO E. The impact of corporate social responsibility on customer loyalty inhypermarkets: A new socially responsible strategy [J]. Corporate Social Responsibility and Environmental Management, 2019, 26 (4): 761 – 769.

[287] D'SOUZA J, NASH R. Private benefits of public control: Evidence of political and economic benefits of state ownership [J]. Journal of Corporate Finance, 2017, 232 – 247.

[288] DAGDEVIREN H. Structural constraints and excess capacity: An international comparison of manufacturing firms [J]. Development Policy Review, 2016, 34 (5): 623 – 641.

[289] DAM L, SCHOLTENS B. Towards a theory of responsible investing: On the economic foundations of corporate social responsibility [J]. Re-

source and Energy Economics, 2015, 41: 103 - 121.

[290] DAM L. Socially responsible investment in an environmental overlapping generations model [J]. Resource & Energy Economics, 2011, 33 (4): 1015 - 1027.

[291] DE MAGISTRIS T, DEL GIUDICE T, VERNEAU F. The effect of information on willingness to pay for canned tuna fish with different corporate social responsibility (CSR) certification: A pilot study [J]. Journal of Consumer Affairs, 2015, 49 (2): 457 - 471.

[292] DE ROECK K, FAROOQ O. Corporate social responsibility and ethical leadership: Investigating their interactive effect on employees' socially responsible behaviors [J]. Journal of Business Ethics, 2018, 151 (4): 923 - 939.

[293] DEGIE B, KEBEDE W. Corporate social responsibility and its prospect for community development in Ethiopia [J]. International Social Work, 2019, 62 (1): 376 - 389.

[294] DELL G S, CHANG F, GRIFFIN Z M. Connectionist models of language production: Lexical access and grammatical encoding [J]. Cognitive Science, 1999, 23 (4): 517 - 542.

[295] DONG Q, BÁRCENA - RUIZ J C, GARZON M B. Partial privatization of state holding corporations [J]. The Manchester School, 2018, 86: 119 - 138.

[296] DUCH - BROWN N, COSTA - CAMPI M T. The diffusion of patented oil and gas technology with environmental uses: A forward patent citation analysis [J]. Energy Policy, 2015, 83: 267 - 276.

[297] EDWARDS M R, KUDRET S. Multi - foci CSR perceptions, procedural justice and in - role employee performance: The mediating role of commitment and pride [J]. Human Resource Management Journal, 2017, 27 (1): 169 - 188.

[298] ELLEN P S, WEBB D J, MOHR L A. Building corporate associations: Consumer attributions for corporate socially responsible programs [J]. Journal of the Academy of Marketing Science, 2006, 34 (2): 147 - 157.

[299] EPSTEIN E M. The corporate social policy process: Beyond business ethics, corporate social responsibility, and corporate social responsiveness [J]. California Management Review, 1987, 29 (3): 99 - 114.

[300] ERIKSSON D, SVENSSON G. Elements affecting social responsibility in supply chains [J]. Supply Chain Management: An International Journal, 2015, 20 (5): 561-566.

[301] FAN C, JUN B H, WOLFSTETTER E G. Licensing innovations: The case of the inside patent holder [J]. Discussion Paper Series of SFB/TR 15 Governance and the Efficiency of Economic Systems, 2015, 510 (May): 1-6.

[302] FANG L, LERNER J, WU C. Intellectual property rights protection, ownership, and innovation: Evidence from China [J]. Review of Financial Studies, 2017, 30 (7): 2446-2477.

[303] FANTI L, BUCCELLA D. Corporate social responsibility and the choice of price versus quantities [J]. Journal of Banking & Finance, 2018, 48: 71-78.

[304] FANTI L, BUCCELLA D. Corporate social responsibility in a game-theoretic context [J]. Economia e Politica Industriale, 2017, 44 (3): 371-390.

[305] FANTI L, BUCCELLA D. Managerial delegation games and corporate social responsibility [J]. Managerial and Decision Economics, 2019, 40 (6): 610-622.

[306] FARID T, IQBAL S, MA J, et al. Employees' perceptions of CSR, work engagement, and organizational citizenship behavior: The mediating effects of organizational justice [J]. International Journal of Environmental Research and Public Health, 2019, 16 (10): 1731.

[307] FAROOQ O, PAYAUD M, MERUNKA D, et al. The impact of corporate social responsibility on organizational commitment: Exploring multiple mediation mechanisms [J]. Journal of Business Ethics, 2014, 125 (4): 563-580.

[308] FATEMI A, FOOLADI I, TEHRANIAN H. Valuation effects of corporate social responsibility [J]. Journal of Banking & Finance, 2015, 59: 182-192.

[309] FAULI-OLLER R, SANDONIS J. Welfare reducing licensing [J]. Games and Economic Behavior, 2002, 41 (2): 192-205.

[310] FAULÍ-OLLER R, SANDONÍS J. Welfare-reducing licensing [J]. Games Economic, 2002, 41 (2): 192-295.

[311] FEHR E, SCHMIDT K M. A theory of fairness, competition, and co-

operation [J]. The Quarterly Journal of Economics, 1999, 114 (3): 817 -868.

[312] FENG M, YAN Y F, LI X H. Measuring the Efficiency of Industrial Green Transformation in China [J]. Journal of Scientific & Industrial Research, 2019, 78 (8): 495 -498.

[313] FERREIRA D A, AVILA M G, DE FARIA M D. Corporate social responsibility and consumers' perception of price [J]. Social Responsibility Journal, 2010, 6 (2): 208 -221.

[314] FIKSEL J, LAL R. Transforming waste into resources for the Indian economy [J]. Environmental Development, 2018, 26: 123 -128.

[315] FLAMMER C, LUO J . Corporate social responsibility as an employee governance tool: Evidence from a quasi - experiment [J]. Strategic Management Journal, 2017, 38 (2): 163 -183.

[316] FLAMMER C. Competing for government procurement contracts: The role of corporate social responsibility [J]. Strategic Management Journal, 2018, 39 (5): 1299 -1324.

[317] FLAMMER C. Does corporate social responsibility lead to superior financial performance? A regression discontinuity approach [J]. Management Science, 2015, 61 (11): 2549 -2568.

[318] FREDERICK W C. Business and society: Corporate strategy, public policy, ethics [M]. McGraw - Hill Companies, 1988.

[319] FREDERICK W C. Creatures, corporations, communities, chaos, complexity: Anaturological view of the corporate social role [J]. Business & Society, 1998, 37 (4): 358 -389.

[320] FREEMAN R E. Strategic management: Astokcholder approach [M]. Pitman, 1984.

[321] FRIED H O, LOVELL C A K, SCHMIDT S S, et al. Accounting for environmental effects and statistical noise in data envelopment analysis [J]. Journal of Productivity Analysis, 2002, 17 (1 -2): 157 -174.

[322] FRIEDMAN M. The social responsibility of business is to increase itsprofits [M]. Corporate Ethics and Corporate Governance. Springer, Berlin, Heidelberg, 2007: 173 -178.

[323] FUENTE J A, GARCÍA -SANCHEZ I M, LOZANO M B. The role of the board of directors in the adoption of GRI guidelines for the disclosure of CSR information [J]. Journal of Cleaner Production, 2017, 141: 737 -750.

[324] GALBREATH J, SHUM P. Do customer satisfaction and reputation mediate the CSR – FP link? Evidence from Australia [J]. Australian Journal of Management, 2012, 37 (2): 211 –229.

[325] GANGI F, DANIELE L M, VARRONE N. How do corporate environmental policy and corporate reputation affect risk – adjusted financial performance? [J/OL]. Business Strategy and the Environment: 1 – 15 [2020 –5 –15]. https: //doi. org/10. 1002/bse. 2482.

[326] GARCIA A, LEAL M, LEE S H. Social responsibility in a bilateral monopoly with R&D [J]. Economics Bulletin, 2018, 38 (3): 1467 –1475.

[327] GARCÍA – SÁNCHEZ I M, HUSSAIN N, MARTÍNEZ – FERRERO J. An empirical analysis of the complementarities and substitutions between effects of CEO ability and corporate governance on socially responsible performance [J]. Journal of Cleaner Production, 2019, 215: 1288 –1300.

[328] GOLOB U, PODNAR K, KOKLIČ M K, et al. The importance of corporate social responsibility for responsible consumption: Exploring moral motivations of consumers [J]. Corporate Social Responsibility and Environmental Management, 2019, 26 (2): 416 –423.

[329] GOND J P, EL AKREMI A, SWAEN V, et al. The psychological-microfoundations of corporate social responsibility: A person – centric systematic review [J]. Journal of Organizational Behavior, 2017, 38 (2): 225 –246.

[330] GRAFTON R Q, GARRICK D, MANERO A, et al. The water governance reform framework: Overview and applications to Australia, Mexico, Tanzania, USA and Vietnam [J]. Water, 2019, 11 (1): 137.

[331] GROSSMAN S J, HART O D. The costs and benefits of ownership: A theory of vertical and lateral integration [J]. Journal of Political Economy, 1986, 94 (4): 691 –719.

[332] GROVER P, KAR A K, ILAVARASAN P V. Impact of corporate social responsibility on reputation – insights from tweets on sustainable development goals by CEOs [J]. International Journal of Information Management, 2019, 48: 39 –52.

[333] GROZA M D, PRONSCHINSKE M R, WALKER M. Perceived organizational motives and consumer responses to proactive and reactive CSR [J]. Journal of Business Ethics, 2011, 102 (4): 639 –652.

[334] GU L S, WANG J Y. Discussion about the social responsibility of

corporate's environmental protection in the perspective of Confucian's "unity of man and nature" concept [C] // 2016 ISSGBM International Conference on Information, Communication and Social Sciences (ISSGBM - ICS 2016), PT 4, 2016, 69: 420 -423.

[335] GUENSTER N, BAUER R, DERWALL J, et al. The economic value of corporate eco - efficiency [J]. European Financial Management, 2011, 17 (4): 679 -704.

[336] GUO L, WU X L. Capacity sharing between competitors [J]. Management Science, 2018, 64 (8): 3554 -3573.

[337] GUPTA M. Corporate social responsibility, employee - company identification, and organizational commitment: Mediation by employee engagement [J]. Current Psychology, 2017, 36 (1): 101 -109.

[338] GURSOY D, BOĞAN E, DEDEOĞLU B B, et al. Residents' perceptions of hotels' corporate social responsibility initiatives and its impact on residents' sentiments to community and support for additional tourism development [J]. Journal of Hospitality and Tourism Management, 2019, 39: 117 - 128.

[339] HAŁASIK K, KULCZYCKA J. CSR, environment - friendly investments and innovations - the three elements necessary to build a modern and strong coal mining company? [C] // E3S Web of Conferences. EDP Sciences, 2016, 10: 00051.

[340] HART O, MOORE J. Property rights and the nature of the firm [J]. Journal of Political Economy, 1990, 98 (6): 1119 -1158.

[341] HATIPOGLU B, ERTUNA B, SALMAN D. Corporate social responsibility in tourism as a tool for sustainable development [J]. International Journal of Contemporary Hospitality Management, 2019, 31 (6): 2358 -2375.

[342] HILL R P, AINSCOUGH T, SHANK T, et al. Corporate social responsibility and socially responsible investing: A global perspective [J]. Journal of Business Ethics, 2007, 70 (2): 165 -174.

[343] HILL R P, CASSILL D L. The naturological view of the corporation and its social responsibility: An extension of the frederick model of corporation - community relationships [J]. Business & Society Review, 2004, 109 (3): 281 -296.

[344] HINO Y, ZENNYO Y. Corporate social responsibility and strategic re-

lationships [J]. International Review of Economics, 2017, 64 (3): 231 -244.

[345] HOCHBERG Y V, LINDSEY L. Incentives, targeting, and firm performance: An analysis of non - executive stock options [J]. The Review of Financial Studies, 2010, 23 (11): 4148 -4186.

[346] HOFMAN P S, NEWMAN A. The impact of perceived corporate social responsibility on organizational commitment and the moderating role of collectivism and masculinity: Evidence from China [J]. The International Journal of Human Resource Management, 2014, 25 (5): 631 -652.

[347] HOI C K, WU Q, ZHANG H. Community social capital and corporate social responsibility [J]. Journal of Business Ethics, 2016, 152 (3): 647 -665.

[348] HONG H, KACPERCZYK M. The price of sin: The effects of social norms on markets [J]. Financial Economics, 2009, 93 (1): 15 -36.

[349] HU Y M, WU Y J, ZHOU W, et al. A three - stage DEA - based efficiency evaluation of social security expenditure in China [J]. Plos One, 2020, 15 (2).

[350] HUANG K, SIM N, ZHAO H. Corporate social responsibility, corporate financial performance and the confounding effects of economic fluctuations: A meta - analysis [J]. International Review of Financial Analysis, 2020, 70: 101504.

[351] HULL C E, ROTHENBERG S. Firm performance: The interactions of corporate social performance with innovation and industry differentiation [J]. Strategic Management Journal, 2008, 29 (7): 781 -789.

[352] IMBUN B Y. Cannot manage without the 'Significant Other': Mining, corporate social responsibility and local communities in Papua New Guinea [J]. Journal of Business Ethics, 2007, 73 (2): 177 -192.

[353] IYANAR Y, PRASAD R. Impact of CSR activities on shareholders' wealth in Indian companies [C] //2018 International Conference on Advances in Computing, Communications and Informatics (ICACCI). IEEE, 2018: 2196 -2199.

[354] JAIN P, VYAS V, ROY A. Exploring the mediating role of intellectual capital and competitive advantage on the relation between CSR and financial performance in SMEs [J]. Social Responsibility Journal, 2017, 13 (1): 1 -23.

[355] JAIN R, PAL R. Mixed duopoly, cross - ownership and partial privatization [J]. Journal of Economics, 2012, 107 (1): 45 -70.

[356] JAIN T, ZAMAN R. When boards matter: The case of corporate social irresponsibility [J]. British Journal of Management, 2020, 31 (2): 365 -386.

[357] JENKINS H. A business opportunity model of corporate social responsibility for small - and medium - sized enterprises [J]. Business Ethics A European Review, 2009, 18 (1): 21 -36.

[358] JEON M M, LEE S, JEONG M. Perceived corporate social responsibility and customers' behaviors in the ridesharing service industry [J]. International Journal of Hospitality Management, 2020, 84: 102341.

[359] JIE C T, HASAN N A M. Predictors of employees' job satisfaction through corporate social responsibility (CSR) practices in Malaysian banking company [J]. Advanced Science Letters, 2018, 24 (5): 3072 -3078.

[360] JIMENEZ - PARRA B, ALONSO - MARTINEZ D, GODOS - DIEZ J L. The influence of corporate social responsibility on air pollution: Analysis of environmental regulation and eco - innovation effects [J]. Corporate Social Responsibility & Environmental Management, 2018, 25 (6): 1363 -1375.

[361] JOHN A, QADEER F, SHAHZADI G, et al. Getting paid to be good: How and when employees respond to corporate social responsibility? [J]. Journal of Cleaner Production, 2019, 215: 784 -795.

[362] Jones G. Multinationals and global capitalism: From the nineteenth to the twenty first century [M]. Oxford: Oxford University Press on Demand, 2005.

[363] KAMIEN M I, TAUMAN Y. Patent licensing: The inside story [J]. Manchester School, 2002, 70 (1): 7 -15.

[364] KANG C H, CHUNG S. Community development of the public enterprise through strategic corporate social responsibility - focusing on a case of mine reclamation corporation [J]. Korea Business Review, 2014, 18 (2): 17 -44.

[365] KANG J, HUSTVEDT G. Building trust between consumers and corporations: The role of consumer perceptions of transparency and social responsibility [J]. Journal of Business Ethics, 2014, 125 (2): 253 -265.

[366] KAPELUS P. Mining, corporate social responsibility and the "Community": The case of Rio Tinto, Richards Bay Minerals and the Mbonambi

[J]. Journal of Business Ethics, 2002, 39 (3): 275 –296.

[367] KATARZYNA H, JOANNA K. CSR, environment – friendly investments and innovations – the three elements necessary to build a modern and strong coal mining company? [J]. 2016, 10: 00051.

[368] Kelso L O, Hetter P. Two – factor theory [M]. New York: Vintage Books, 1967.

[369] KELSO L O, MORTIMER J A. The Capitalist Manifesto [M]. New York: Random House, 1958.

[370] KHAN H, SUKHOTU V. Influence of media exposure and corporate social responsibility compliance on customer perception: The moderating role of firm's reputation risk [J/OL]. Corporate Social Responsibility and Environmental Management: 1 – 14 [2020 – 5 – 15]. https: //doi. org/10. 1002/csr. 1951.

[371] KHAN S Z, YANG Q, WAHEED A. Investment in intangible resources and capabilities spurs sustainable competitive advantage and firm performance [J]. Corporate Social Responsibility and Environmental Management, 2019, 26 (2): 285 –295.

[372] KIM B J, NURUNNABI M, KIM T H, et al. The influence of corporate social responsibility on organizational commitment: The sequential mediating effect of meaningfulness of work and perceived organizational support [J]. Sustainability, 2018, 10 (7): 2208.

[373] KIM E H, OUIMET P. Broad – based employee stock ownership: Motives and outcomes [J]. The Journal of Finance, 2014, 69 (3): 1273 – 1219.

[374] KIM J H, LEE S G. Relationships among corporate social responsibility, organizational trust and organizational citizenship behavior in hotel industry [J]. Journal of the Korean Food industry, 2015, 11 (2): 7 – 16.

[375] KIM J S, KAH J A. The effect of corporate social responsibility of a travel agency on employees' organizational commitment: Focusing on commitment – trust theory [J]. International Journal of Tourism and Hospitality Research, 2019, 33 (12): 61 –75.

[376] KIM J, PARK T. How corporate social responsibility (CSR) saves a company: The role of gratitude in buffering vindictive consumer behavior from product failures [J]. Journal of Business Research, 2020, 117: 461 –472.

[377] KIM S, LEE S. MATSUMURA, T. Corporate social responsibility and privatization policy in a mixed oligopoly [J]. Journal of Economics/ Zeitschrift fur-

Nationalokonomie, 2019, 128 (1): 67 -89.

[378] KIM Y J, NJITE D, HANCER M. Anticipated emotion in consumers' intentions to select eco - friendly restaurants: Augmenting the theory of planned behavior [J]. International Journal of Hospitality Management, 2013, 34: 255 -262.

[379] KIM Y. Consumer responses to the food industry's proactive and passive environmental CSR, factoring in price as CSR tradeoff [J]. Journal of Business Ethics, 2017, 140 (2): 307 -321.

[380] KOGG B, MONT O. Environmental and social responsibility in supply chains: The practise of choice and inter - organisational management [J]. Ecological Economics, 2012, 83: 154 -163.

[381] KOHER P, LEE N. Corporate social responsibility [M]. Hoboken, NJ: John Wiley & Sons, 2005.

[382] KONG H, BU N T, YUAN Y, et al. Sustainability of hotel, how does perceived corporate social responsibility influence employees' behaviors? [J]. Sustainability, 2019, 11 (24): 7009.

[383] KORSCHUN D, BHATTACHARYA C B, ZHU L Y, et al. The effect of corporate social responsibility on employees [C] // Proceedings of 2013 6th International Conference on Information, 2013: 268 -271.

[384] KOTLER P, LEE N. Corporate social responsibility: Doing the most good for your company and your cause [M]. New Jersey: John Wiley & Sons, 2008.

[385] KROLL H, KOU K. Innovation Output and State Ownership: Empirical Evidence from China's Listed Firms [J]. Industry and Innovation, 2019, 26 (2): 176 - 198. [13] Bachiller, P. A meta - analysis of the impact of privatization on firm performance [J]. Management Decision, 2017, 55 (1): 178 -202.

[386] LAGASIO V, CUCARI N. Corporate governance and environmental social governance disclosure: A meta - analytical review [J]. Corporate Social Responsibility and Environmental Management, 2019, 26 (4): 701 -711.

[387] LAMBERTINI L, PALESTINI A, TAMPIERI A. CSR in an asymmetric duopoly with environmental externality [J]. Southern Economic Journal, 2016, 83 (1): 236 -252.

[388] LAMBERTINI L, PIGNATARO G. On the social (sub) optimality

of divisionalization under product differentiation [J]. Journal of Economics, 2019, 128 (3): 225 -238.

[389] LAMBERTINI L, TAMPIERI A. Incentives, performance and desirability of socially responsible firms in a Cournot oligopoly [J]. Economic Modelling, 2015, 50: 40 -48.

[390] LAMMERS I, HOPPE T. Watt rules? assessing decision - making practices on smart energy systems in Dutch city districts [J]. Energy Research & Social Science, 2019, 47: 233 -246.

[391] LAU A K W, LEE S H N, JUNG S. The role of the institutional environment in the relationship between CSR and operational performance: An empirical study in Korean manufacturing industries [J]. Sustainability, 2018, 10 (3): 834.

[392] LAVRUTICH M N. Capacity choice under uncertainty in a duopoly with endogenous exit [J]. European Journal of Operational Research, 2017, 258 (3): 1033 -1053.

[393] LEE S H, HA - BROOKSHIRE J. Ethical climate and job attitude in fashion retail employees' turnover intention, and perceived organizational sustainability performance: A cross - sectional study [J]. Sustainability, 2017, 9 (3): 465.

[394] LERRO M, VECCHIO R, CARACCIOLO F, et al. Consumers' heterogeneous preferences for corporate social responsibility in the food industry [J]. Corporate Social Responsibility and Environmental Management, 2018, 25 (6): 1050 -1061.

[395] LI C F, ZHOU P. Corporate social responsibility: The implications of cost improvement and promotion effort [J]. Managerial and Decision Economics, 2019, 40 (6): 633 -638.

[396] LI J, WU D. Do corporate social responsibility engagements lead to real environmental, social, and governance impact? [J/OL]. Management Science: 1 -25 [2020 -5 -15]. https: //doi. org/10. 1287/mnsc. 2019. 3324.

[397] LI J. Corporate social responsibility reporting by forest companies: The study of forest - based industry in China [C] // 2017 3rd International Conference on Humanities and Social Science Research (ICHSSR 2017). Atlantis Press, 2017: 79 -84.

[398] LI X. An empirical study on the influence of the corporate social re-

sponsibility to stakeholders [C] // Proceedings of the Tenth International Conference on Management Science and Engineering Management. Springer, Singapore, 2017: 1577 -1593.

[399] LIM J S, SHIM K. Corporate social responsibility beyond borders: US consumer boycotts of a global company over sweatshop issues in supplier factories overseas [J]. American Behavioral Scientist, 2019, 63 (12): 1643 - 1664.

[400] LIN W L, LAW S H, AZMAN - SAINI W N W. Market differentiation threshold and the relationship between corporate social responsibility and corporate financial performance [J]. Corporate Social Responsibility and Environmental Management, 2020, 27 (3): 1279 -1293.

[401] LIU Q J. Research on environmental protection from the perspective of corporate social responsibility [J]. Advanced Materials Research, 2013, 869: 714 -717.

[402] LIU W, SHAO X, DE SISTO M, et al. A new approach for addressingendogeneity issues in the relationship between corporate social responsibility and corporate financial performance [J]. Finance Research Letters, 2020: 101623.

[403] LIU X, ZHANG C. Corporate governance, social responsibility information disclosure, and enterprise value in China [J]. Journal of Cleaner Production, 2017, 142: 1075 -1084.

[404] LIU Y, LI J, QUAN B T, et al. Decision analysis and coordination of two - stage supply chain considering cost information asymmetry of corporate social responsibility [J]. Journal of Cleaner Production, 2019, 228: 1073 -1087.

[405] LIU Z L, ANDERSON T D, CRUZ J M. Consumer environmental awareness and competition in two - stage supply chains [J]. European Journal of Operational Research, 2012, 218 (3): 602 -613.

[406] LOCKE E A. The nature and causes of job satisfaction [J]. Handbook of Industrial and Organizational Psychology, 1976 (1): 1297 -1343.

[407] LU J, REN L, ZHANG C, et al. Corporate social responsibility and employee behavior: Evidence from mediation and moderation analysis [J/OL]. Corporate Social Responsibility and Environmental Management: 1 - 14 [2020 -5 -17]. https: //doi. org/10. 1002/csr. 1919.

[408] LUNING S. Corporate social responsibility (CSR) for exploration: Consultants, companies and communities in processes of engagements [J]. Resources Policy, 2012, 37 (2): 205 - 211.

[409] LUO X, BHATTACHARYA C B. Corporate social responsibility, customer satisfaction, and market value [J]. Journal of Marketing, 2006, 70 (4): 1 - 18.

[410] MA DEL MAR GARCIA DE LOS SALMONES, CRESPO A H, BOSQUE I R D. Influence of corporate social responsibility on loyalty and valuation of services [J]. Journal of Business Ethics, 2005, 61 (4): 369 - 385.

[411] MA P, SHANG J, WANG H. Enhancing corporate social responsibility: Contract design under information asymmetry [J]. Omega, 2017, 67: 19 - 30.

[412] MACHO - STADLER I, VERDIER T. Strategic managerial incentives and cross ownership structure: A note [J]. Journal of Economics, 1991, 53 (3): 285 - 297.

[413] MAKNI R, FRANCOEUR C, BELLAVANCE F. Causality between corporate social performance and financial performance: Evidence from Canadian firms [J]. Journal of Business Ethics, 2009, 89 (3): 409.

[414] Margolis J D, Walsh J P. Misery loves companies: Rethinking social initiatives by business [J]. Administrative science quarterly, 2003, 48 (2): 268 - 305.

[415] MARTÍN M S, SARACHO A I. Optimal two - part tariff licensing mechanisms [J]. Manchester School, 2015, 83 (1): 288 - 306.

[416] MARTÍN M S, SARACHO A I. Patent strength and optimal two - part tariff licensing with a potential rival incorporating ad valorem royalties [J]. Economics Letters, 2016, 143 (C): 28 - 30.

[417] MARTINEZ - CONESA I, SOTO - ACOSTA P, MANZANO M P. Corporate social responsibility and its effect on innovation and firm performance: An empirical research in SMEs [J]. Journal of Cleaner Production, 2016, 142 (4): 2374 - 2383.

[418] MATHIAS J D, LADE S, GALAZ V. Multi - level policies and adaptive social networks - a conceptual modeling study for maintaining a polycentric governance system [J]. International Journal of the Commons, 2017, 11 (1): 220 - 247.

[419] MATSUMURA T, OGAWA A. Corporate social responsibility or payoff asymmetry? A study of an endogenous timing game [J]. Southern Economic Journal, 2014, 81 (2): 457 -473.

[420] MATSUMURA T, OKAMURA M. Competition and privatization policies revisited: the payoff interdependence approach [J]. Journal of Economics/ Zeitschrift fur Nationalokonomi, 2015, 116 (2): 137 -150.

[421] MCLENNAN S, BANKS G. Reversing the lens: Why corporate social responsibility is not community development [J]. Corporate Social Responsibility and Environmental Management, 2019, 26 (1): 117 -126.

[422] MCWILLIAMS A, SIEGEL D S, WRIGHT P M. Corporate social responsibility: Strategic implications [J]. Journal of Management Studies, 2006, 43 (1): 1 -18.

[423] MIAO Z, CAI S, XU D. Exploring the antecedents of logistics socialresponsibility: A focus on Chinese firms [J]. International Journal of Production Economics, 2012, 140 (1): 18 -27.

[424] MILLIGAN V, GILMOUR T. Affordable housing strategies, in international encyclopedia of housing and home [M]. San Diego, America: Elsevier, 2012: 58 -64.

[425] MIYAGIWA K, WAN Y. Innovation and the merger paradox [J]. Economics Letters, 2016, 147: 5 -7.

[426] MOHR L A, WEBB D J, HARRIS K E. Do consumers expect companies to be socially responsible? The impact of corporate social responsibility on buying behavior [J]. Journal of Consumer affairs, 2001, 35 (1): 45 -72.

[427] MOHR L A, WEBB D J. The effects of corporate social responsibility and price on consumer responses [J]. Journal of Consumer Affairs, 2005, 39 (1): 121 -147.

[428] MONIOS J. Polycentric port governance [J]. Transport Policy, 2019, 83: 26 -36.

[429] MOSTERT E. Water management on the island ofijsselmonde 1000 to 1953: Polycentric governance, adaptation, and petrification [J/OL]. Ecology And Society: 1 -34 [2020 -6 -7]. https: //www. jstor. org/stable/26269067.

[430] MOTOHASHI K. Japan's patent system and business innovation: Assessing pro - patent policies [C] // Paris: Innovation and Economic Performance OECD Conference Proceedings, 2004.

[431] MUÑOZ R M, PABLO J D S, PEÑA I. Linking corporate social responsibility and financial performance in Spanish firms [J]. European Journal of International Management, 2015, 9 (3): 368 –383.

[432] NAKAMURA Y. Capacity choice in a duopoly with a consumer – friendly firm and an absolute profit – maximizing firm [J]. International Review of Economics & Finance, 2014, 34: 105 – 117.

[433] NAM S J, HWANG H. What makes consumers respond to creating shared value strategy? Considering consumers as stakeholders in sustainable development [J]. Corporate Social Responsibility and Environmental Management, 2019, 26 (2): 388 –395.

[434] NEWMAN A, NIELSEN I, MIAO Q. The impact of employee perceptions oforganizational corporate social responsibility practices on job performance and organizational citizenship behavior: Evidence from the Chinese private sector [J]. The International Journal of Human Resource Management, 2015, 26 (9): 1226 – 1242.

[435] NGUYEN P A, KECSKÉS A, MANSI S. Does corporate social responsibility create shareholder value? The importance of long – term investors [J]. Journal of Banking & Finance, 2020, 112: 105 –217.

[436] NIE P Y, WANG C, MENG Y. An analysis of environmental corporate social responsibility [J]. Managerial and Decision Economics, 2019, 40 (4): 384 –393.

[437] OHNISHI K. Partial privatization in price – setting mixedduopolies with complementary goods [J]. Modern Economy, 2011, 2 (1): 45 – 48. https: //doi. org/10. 4236/me. 2011. 21007

[438] O'REILLY C A, CHATMAN J. Organizational commitment and psychological attachment: The effects of compliance, identification, and internalization on prosocial behavior [J]. Journal of Applied Psychology, 1986, 71 (3): 492.

[439] ORLITZKY M, SCHMIDT F L, RYNES S L. Corporate social and financial performance: A meta – analysis [J]. Organization Studies, 2003, 24 (3): 403 –441.

[440] OSTROM E, GARDNER R, WALKER J, et al. Rules, games, and common – pool resources [M]. University of Michigan Press, 1994.

[441] OSTROM E, SCHROEDER L, WYNNE S. Institutional incentives

and sustainable development: Infrastructure policies in perspective [M]. Colorado: West view Press, 1993.

[442] OYER P. Why do firms use incentives that have no incentive effects? [J]. The Journal of Finance, 2004, 59 (4): 1619 - 1650.

[443] PADGETT R C, GALAN J I. The effect of R&D intensity on corporate social responsibility [J]. Journal of Business Ethics, 2010, 93 (3): 407 - 418.

[444] PAGLIARI R, Graham, A. An exploratory analysis of the effects of ownership change on airport competition [J]. Transport Policy, 2019, 76 - 85.

[445] PANDA S, MODAK N M, BASU M, et al. Channel coordination and profit distribution in a social responsible three - layer supply chain [J]. InternationalJournal of Production Economics, 2015, 168: 224 - 233.

[446] PANDA S. Coordination of a socially responsible supply chain using revenue sharing contract [J]. Transportation Research Part E: Logistics and Transportation Review, 2014, 67: 92 - 104.

[447] PASARIBU S I, VANCLAY F, ZHAO Y J. Challenges to implementing socially - sustainable community development in oil palm and forestry operations in Indonesia [J]. Land, 2020, 9 (3): 1 - 19.

[448] PENROSE E. The theory of the growth of the firm [M]. New York: Oxford University Press, 1995.

[449] PEREZ O, COHEN R, SCHREIBER N. Governance through global networks and corporate signaling [J]. Regulation & Governance, 2019, 13 (4): 447 - 469.

[450] PODDAR S, SINHA U B. Patent licensing from a high - cost firm to a low - cost firm [J]. Economic Record, 2010, 86 (274): 384 - 395.

[451] RAHIM M M, ALAM S. Convergence of corporate social responsibility and corporate governance in weak economies: The case of Bangladesh [J]. Journal of Business Ethics, 2014, 121 (4): 607 - 620.

[452] RAHIM M M. Improving social responsibility in RMG industries through a new governance approach in laws [J]. Journal of Business Ethics, 2017, 143 (4): 807 - 826.

[453] RAHMAN M, AZIZ S, HUGHES M. The product - market performance benefits of environmental policy: Why customer awareness and firminnovativeness matter [J/OL]. Business Strategy and the Environment: 1 - 16

[2020 – 05 – 15]. https: //doi. org/10. 1002/bse. 2484.

[454] RAHMAWATI P I, JIANG M, DELACY T. Framework for stakeholder collaboration in harnessing corporate social responsibility implementation in tourist destination to build community adaptive capacity to climate change [J]. Corporate Social Responsibility and Environmental Management, 2019, 26 (6): 1261 – 1271.

[455] RAINERI N, PAILLÉ P. Linking corporate policy and supervisory support with environmental citizenship behaviors: The role of employee environmental beliefsand commitment [J]. Journal of Business Ethics, 2016, 137 (1): 129 – 148.

[456] RAMESH K, SAHA R, GOSWAMI S, et al. Consumer's response to CSR activities: Mediating role of brand image and brand attitude [J]. Corporate Social Responsibility and Environmental Management, 2019, 26 (2): 377 – 387.

[457] RAMZAN M, AMIN M, ABBAS M. How does corporate social responsibility affect financial performance, financial stability, and financial inclusion in the banking sector? Evidence from Pakistan [J]. Research in International Business and Finance, 2021, 55: 101 – 314.

[458] RAVASI D, ZATTONIA. Exploring the Political Side of Board Involvement in Strategy: A Study of Mixed – Ownership Institutions [J]. Journal of Management Studies, 2016, 43 (8): 1671 – 1702.

[459] RAY S, JEWKES E M. Customer lead time management when both demand and price are lead time sensitive [J]. European Journal of Operational Research, 2004, 153 (3): 769 – 781.

[460] REILLY A H, HYNAN K A. Corporate communication, sustainability, and social media: It's not easy (really) being green [J]. Business Horizons, 2014, 57 (6): 747 – 758.

[461] RELA I Z, AWANG A, RAMLI Z, et al. Effects of environmental corporate social responsibility on environmental well – being perception and the mediation role of community resilience perception and the mediation role of community resilience [J]. Corporate Social Responsibility and Environmental Management, 2020, 27 (5): 2176 – 2187.

[462] RELA Z I, AWANG A, RAMLI Z, et al. Effect of corporate social responsibility on community resilience: Empirical evidence in the Nickel

mining industry in Southeast Sulawesi, Indonesia [J]. Sustainability, 2020, 12 (4): 1395.

[463] RENNEBOOG L, HORST J T, ZHANG C. The price of ethics and stakeholder governance: The performance of socially responsible mutual funds [J]. Journal of Corporate Finance, 2008, 14 (3): 302 - 322.

[464] ROBBINS S P. Management [M]. Englewood Cliffs: Prentice Hall, 1991.

[465] ROBERTS P W, DOWLING G R. Corporate reputation and sustained superiorfinancial performance [J]. Strategic Management Journal, 2002, 23 (12): 1077 - 1093.

[466] ROWE K, KARG A, SHERRY E. Community - oriented practice: Examining corporate social responsibility and development activities in professional sport [J]. Sport Management Review, 2018, 22 (3): 363 - 378.

[467] RUPP D E, MALLORY D B. Corporate social responsibility: Psychological, person - centric, and progressing [J]. Annual Review of Organizational Psychology and Organizational Behavior, 2015, 2 (1): 211 - 236.

[468] RUSSO A, PERRINI F. Investigating stakeholder theory and social capital: CSR in large firms and SMEs [J]. Journal of Business Ethics, 2010, 91 (2): 207 - 221.

[469] RUSSO M V, FOUTS P A. A resource - based perspective on corporate environmental performance and profitability [J]. Academy of Management Journal, 1997, 40 (3): 534 - 559.

[470] SAHA B, SENSARMA, R. Mixed ownership, managerial incentives and bank competition [J]. Bulletin of Economic Research, 2011, 63 (4): 385 - 403.

[471] SAHA B. Mixed ownership in a mixed duopoly with differentiated products [J]. Journal of Economics/ Zeitschrift furNationalokonomie, 2009, 98 (1): 25 - 43.

[472] SALMONES G, HERRERO A, MARTÍNEZ P. Determinants of electronic word - of - mouth on social networking sites about negative news on CSR [J]. Journal of Business Ethics, 2021, 171 (2).

[473] SARFRAZ M, QUN W, ABDULLAH M I, et al. Employees' perception of corporate social responsibility impact on employee outcomes: Mediating role of organizational justice for small and medium enterprises (SMEs)

[J]. Sustainability, 2018, 10 (7): 24 –29.

[474] SATO S, MATSUMURA T. Dynamic privatization policy [J]. The Manchester School, 2019, 87: 37 –59.

[475] SCHREMPF J. The delimitation of corporate social responsibility: Upstream, downstream, and historic CSR [J]. Business & Society, 2012, 51 (4): 690 –707.

[476] SCOTT – SAMUEL A, BAMBRA C, COLLINS C, et al. The impact ofThatcherism on health and well – being in Britain [J]. International Journal of Health Services, 2014, 44 (1): 53 –71.

[477] SEN D, TAUMAN Y. General licensing schemes for a cost – reducing innovation [J]. Games and Economic Behavior, 2007, 59 (1): 163 –186.

[478] SEN S, BHATTACHARYA C B. Does doing good always lead to doing better? consumer reactions to corporate social responsibility [J]. Journal of Marketing Research, 2001, 38 (2): 225 –243.

[479] SESIL J C, KROUMOVA M K, BLASI J R, et al. Broad – based employee stock options in US 'new economy' firms [J]. British Journal of Industrial Relations, 2002, 40 (2): 273 –294.

[480] SHANE S. Technology regimes and new firms formation [J]. Management Science, 2001, 47 (9): 1173 –1190.

[481] SHAUKI E. Perceptions on corporate social responsibility: A study in capturing public confidence [J]. Corporate Social Responsibility and Environmental Management, 2011, 18 (3): 200 –208.

[482] SHEIKH S. Corporate social responsibility, product market competition, and firm value [J]. Journal of Economics and Business, 2018, 98: 40 –55.

[483] SHELDON O. The social responsibility of management (excerpts from chapterIII) [A]. In Oliver Sheldon (Ed.). The Philosophy of Management [C] // London: SirIsaac Pitmanand SonsLtd., First Published 1924, Reprinted1965: 70 –99.

[484] SHIN I, HUR W M, KANG S. Employees' perceptions of corporate social responsibility and job performance: A sequential mediation model [J]. Sustainability, 2016, 8 (5): 493.

[485] SHIN Y, THAI V V. The impact of corporate social responsibility on customer satisfaction, relationship maintenance and loyalty in the shipping

industry [J]. Corporate Social Responsibility and Environmental Management, 2015, 22 (6): 381 -392.

[486] SHIRASU Y, KAWAKITA H. Long - term financial performance of corporate social responsibility [J]. Global Finance Journal, 2020: 100 -532.

[487] SHLEIFER A, VISHNY R W. Politicians and firms [J]. The Quarterly JournalOf Economics, 1994, 109 (4): 995 -1025.

[488] SHYU J C, LIEU P T, CHANG W. How the environment determines banking efficiency: A comparison of banking firms in Taiwan, Hong Kong, and Mainland China [J]. International Transactions in Operational Research, 2015, 22 (4): 757 -770.

[489] SINGH, VIVES X. Price and quantity competition in a differentiated duopoly [J]. The Rank Journal of Economics, 1984, 15 (4): 546 -554.

[490] SIUEIA T T, WANG J L, DELADEM T G. Corporate social responsibility and financial performance: A comparative study in the Sub - Saharan Africa banking sector [J]. Journal of Cleaner Production, 2019, 226 (20): 658 -668.

[491] SOANA M G. The relationship between corporate social performance and corporate financial performance in the banking sector [J]. Journal of Business Ethics, 2011, 104 (1): 133.

[492] SOBCZAK A, HAVARD C. Stakeholders' influence on French Unions' CSR strategies [J]. Journal of Business Ethics, 2015, 129 (2): 311 -324.

[493] SONG W, YU H. Green innovation strategy and green innovation: The roles of green creativity and green organizational identity [J]. Corporate Social Responsibility and Environmental Management, 2017, 25: 135 -150.

[494] SONG W, YU H. Green innovation strategy and green innovation: The roles of green creativity and green organizational identity [J]. Corporate Social Responsibility and Environmental Management, 2018, 25 (2): 135 -150.

[495] STORY J S P, CASTANHEIRA F. Corporate social responsibility and employee performance: Mediation role of job satisfaction and affective commitment [J]. Corporate Social Responsibility and Environmental Management, 2019, 26 (6): 1361 -1370.

[496] STURDIVANT F D, GINTER J L. Corporate social responsiveness: Management attitudes and economic performance [J]. California Management

Review, 1977, 19 (3): 30 -39.

[497] SU L, SWANSON S R. Perceived corporate social responsibility's impact on the well - being and supportive green behaviors of hotel employees: The mediatingrole of the employee - corporate relationship [J]. Tourism Management, 2019, 72: 437 -450.

[498] SUGANTHI L. Examining the relationship between corporate social responsibility, performance, employees' pro - environmental behavior at work with green practices as mediator [J]. Journal of Cleaner Production, 2019, 232: 739 -750.

[499] SUN Z, JAI K, ZHAO L. Corporate social responsibility and sustainability of local community: A case study of the transnational project in China - Pakistan economic corridor [J]. Sustainability, 2019, 11 (22): 56 -64.

[500] SUPANTI D, BUTCHER K. Is corporate social responsibility (CSR) participation the pathway to foster meaningful work and helping behavior formillennials? [J]. International Journal of Hospitality Management, 2019, 77: 8 -18.

[501] SURROCA J A, AGUILERA R V, DESENDER K, et al. Is managerial entrenchment always bad and corporate social responsibility always good? A cross - national examination of their combined influence on shareholder value [J]. Strategic Management Journal, 2020, 41 (5): 891 -920.

[502] SURROCA J, TRIBÓ J A, WADDOCK S. Corporate responsibility and financial performance: The role of intangible resources [J]. Strategic Management Journal, 2010, 31 (5): 463 -490.

[503] SWAIN S D. Corporate social responsibility, customer orientation, and the job performance of frontline employees [J]. Journal of Marketing, 2014, 78 (3): 20 -37.

[504] TAKESHI E, DAISUK S. Sequential mergers and competition policy under partialprivatisation [J]. Australian Economic Papers, 2019, 58 (4): 375 -397.

[505] TAN Y, TIAN X, ZHANG X, et al. The real effect of partial privatization on corporate innovation: Evidence from China's split share structure reform [J]. Journal of Corporate Finance, 2020, 64: 101 -661.

[506] TOMARU Y, NAKAMURA Y, SAITO M. Strategic managerial delegation in a mixed duopoly with capacity choice: partial delegation or full del-

egation [J]. The Manchester School, 2011, 79 (4): 811 -838.

[507] TRAUTWEIN S, LINDENMEIER J. The effect of affective response to corporate social irresponsibility on consumer resistance behaviour: Validation ofa dual - channel model [J]. Journal of Marketing Management, 2019, 35 (3 -4): 253 -276.

[508] UDUJI J I, OKOLO - OBASI E N, ASONGU S A. Multinational oil companies in Nigeria and corporate social responsibility in the HIV/AIDS response in host communities [J]. Local Environment, 2019, 24 (5): 393 -416.

[509] UDUJI J I, OKOLO - OBASI E N. Does corporate social responsibility (CSR) impact on development of women in small - scale fisheries of sub - Saharan Africa? Evidence from coastal communities of Niger Delta in Nigeria [J]. Marine Policy, 2020, 118: 103 -323.

[510] UHLIG M R H, MAINARDES E W, NOSSA V. Corporate social responsibility and consumer's relationship intention [J]. Corporate Social Responsibility and Environmental Management, 2020, 27 (1): 313 -324.

[511] UYAR A, KILIC M, KOSEOGLU M A, et al. The link among board characteristics, corporate social responsibility performance, and financial performance: Evidence from the hospitality and tourism industry [J]. Tourism Management Perspectives, 2020, 35: 100 -714.

[512] VAN GOEVERDEN K, CORREIA G. Potential of peer - to - peer bike sharing for relieving bike parking capacity shortage at train stations: An explorative analysis for the Netherlands [J]. European Journal of Transport and Infrastructure Research, 2018, 18 (4): 457 -474.

[513] VAN PROOIJEN A M, BARTELS J. Anthropomorphizing brands: The role of attributed brand traits in interactive CSR communication and consumer online endorsements [J]. Journal of Consumer Behaviour, 2019, 18 (6): 474 -483.

[514] VIVES X. Commitment, flexibility and market outcomes [J]. International Journal of Industrial Organization, 1986, 4 (2): 217 -229.

[515] VIZCAÍNO F V, MARTIN S L, CARDENAS J J, et al. Employees' attitudes toward corporate social responsibility programs: The influence of corporate frugality and polychronicity organizational capabilities [J]. Journal of Business Research, 2020, 124: 538 -546.

[516] VO H T M, ARATO M. Corporate social responsibility in a develo-

ping countrycontext: A multi – dimensional analysis of modern food retail sector in Vietnam [J]. Agroecology and Sustainable Food Systems, 2020, 44 (3): 284 – 309.

[517] WADDOCK S A, GRAVES S B. The corporate social performance – financial performance link [J]. Strategic Management Journal, 1997, 18 (4): 303 – 319.

[518] WALSH M J P. Misery loves companies: Rethinking social initiatives by business [J]. Administrative Science Quarterly, 2003, 48 (2): 268 – 305.

[519] WANG C, HU R, ZHANG T C. Corporate social responsibility in international hotel chains and its effects on local employees: Scale development and empirical testing in China [J]. International Journal of Hospitality Management, 2020, 90: 102 – 598.

[520] WANG C, NIE P, CUI T. Endogenous product substitutability strategy under duopoly [J]. Managerial and Decision Economics, 2019, 40 (6): 623 – 632.

[521] WANG C, NIE P, MENG Y. Duopoly competition with corporate social responsibility [J]. Australian Economic Papers, 2018, 57 (3): 327 – 345.

[522] WANG H, QIAN C. Corporate philanthropy and corporate financial performance: The roles of stakeholder response and political access [J]. Academy of Management Journal, 2011, 54 (6): 1159 – 1181.

[523] WANG H, TONG L, TAKEUCHI R, et al. Corporate social responsibility: An overview and new research directions: Thematic issue on corporate social responsibility [J]. Academy of Management Journal, 2016, 59 (2): 534 – 544.

[524] WANG K C A, LIANG W J, CHOU P S. Patent licensing under cost asymmetry among firms [J]. Economic Modelling, 2013, 31 (1): 297 – 307.

[525] WANG X H. Fee versus royalty licensing in aCournot duopoly model [J]. Economic Letters, 1998, 60 (1): 55 – 62.

[526] WANG Y, XU S, WANG Y. The consequences of employees' perceived corporate social responsibility: A meta – analysis [J/OL]. Business Ethics: A European Review: 1 – 16 [2020 – 05 – 17]. https: //doi. org/10. 1111/beer. 12273.

[527] WARNER M E, BEL G. Competition or monopoly? Comparing pri-

vatization of local public services in the US and Spain [J]. Public Administration, 2008, 86 (3): 723 -735.

[528] WEN M, SASAKI D. Would excess capacity in public firms be socially optimal? [J]. Economic Record, 2001, 77 (238): 283 -290.

[529] WIELEWSKA I. Selected ecological factors and social responsibility of agribusiness enterprises from Pomorskie province [J]. University of Hradec Kralove, 2019 (9): 521 -532.

[530] WILLIAMSON O E. The economic institutions of capitalism [M]. New York: Free Press, 1985.

[531] WISSE B, VAN EIJBERGEN R, RIETZSCHEL E F, et al. Catering to the needs of an aging workforce: The role of employee age in the relationship between corporate social responsibility and employee satisfaction [J]. Journal of Business Ethics, 2018, 147 (4): 875 -888.

[532] WIT F C A, FREITAS P M. Global climate adaptation governance in the Amazon through apolycentricity lens [J]. Revista Brasileira de Polĺtica Internacional, 2019, 62 (2).

[533] WU D J, LIN C, LIU S. Does community environment matter to corporate social responsibility? [J]. Finance Research Letters, 2016, 18: 127 -135.

[534] WU F, MA J. The complex dynamics of a multi - product mixed duopoly model with partial privatization and cross - ownership [J]. Nonlinear Dynamics, 2015, 80 (3): 1391 -1401.

[535] WU S, CHANG Y, CHEN H. Imported inputs and privatization in downstream mixed oligopoly with foreign ownership [J]. Canadian Journal of Economics/Revue canadienne d'économique, 2019, 49 (3): 1179 -1207.

[536] XIA Y, ZU X, SHI C. A profit - driven approach to building a "people - responsible" supply chain [J]. European Journal of Operational Research, 2015, 241 (2): 348 -360.

[537] XU L, LEE S, MATSUMURA T. Ex - ante versus ex - post privatization policies with foreign penetration in free - entry mixed markets [J]. International review ofecomomics, 2017, 1 -7.

[538] YAN X, GU C, WYMAN - PAIN H, et al. Capacity share optimization formultiservice energy storage management under portfolio theory [J]. IEEE Transactions on Industrial Electronics, 2018, 66 (2): 1598 -1607.

[539] YANG Q, LEE Y C. Examining the relationship between corporate social responsibility, job satisfaction and organizational commitment: A comparative study of POSCO andbaosteel [J]. Advanced Science Letters, 2016, 22 (11): 3572 - 3576.

[540] YU F, SHI Y, WANG T. R&D investment and Chinese manufacturing SMEs corporate social responsibility: The moderating role of regional innovative milieu [J]. Journal of Cleaner Production, 2020, 258: 120 - 840.

[541] YU F. Participation of firms in voluntary environmental protection programs: An analysis of corporate social responsibility and capital market performance [J]. Contemporary Economic Policy, 2012, 30 (1): 13 - 28.

[542] ZABOJNIK J. Stock - based compensation plans and employee incentives [R]. Queen's Economics Department Working Paper, 2014, (2): 2 - 8.

[543] ZHANG M, PAWAR K S, BHARDWAJ S. Improving supply chain social responsibility through supplier development [J]. Production Planning & Control, 2017, 28 (6 - 8): 500 - 511.

[544] ZHANG N, LIN X, YU Y, et al. Do green behaviors improve corporate value? An empirical study in China [J]. Journal of Cleaner Production, 2020, 246, 119 - 014.

[545] ZHANG S, WANG C, YU C, et al. Governmental cap regulation and manufacturer's low carbon strategy in a supply chain with different power structures [J]. Computers & Industrial Engineering, 2019, 134: 27 - 36.

[546] ZHANG X, YU M, CHEN G. Does mixed - ownership reform improveSOEs' innovation? Evidence from state ownership [J]. China Economic Review, 2020, 61: 101 - 450.

[547] ZHANG Z, ZHAO L. Voluntary monitoring of households in waste disposal: An application of the institutional analysis and development framework [J]. Resources, Conservation and Recycling, 2019, 143: 45 - 59.

后　记

本书是国家社科基金后期资助一般项目“企业社会责任的效应与治理研究”（编号：20FJYB066）的结项成果，感谢国家社科基金对本项目的慷慨资助。此外，还要感谢参与本成果框架构思、资料搜集、撰写、校对、修订过程中的各位同仁和同学，包括但不限于初钊鹏教授、刘佳丽副教授、戚振宇博士、孔晓博士等业内同仁，以及孙超群、张瑞涵、秦基琛、王英楠、张芷若、肖雅韵、张忻珍、刘杏等同学。最后，要感谢中国财政经济出版社在项目申报和书稿出版过程中给予的大力支持。

陈俊龙

2022 年 7 月

图书在版编目（CIP）数据

企业社会责任的效应与治理研究／陈俊龙著．--北京：中国财政经济出版社，2022.12

国家社科基金后期资助项目

ISBN 978－7－5223－1334－4

Ⅰ.①企…　Ⅱ.①陈…　Ⅲ.①企业责任－社会责任－研究－中国　Ⅳ.①F279.2

中国版本图书馆 CIP 数据核字（2022）第 058608 号

责任编辑：彭　波　　　　责任印制：史大鹏

封面设计：王　颖　　　　责任校对：胡永立

中国财政经济出版社 出版

URL：http：//www.cfeph.cn

E－mail：cfeph@cfeph.cn

社址：北京市海淀区阜成路甲 28 号　邮政编码：100142

营销中心电话：010－88191522

天猫网店：中国财政经济出版社旗舰店

网址：https：//zgczjjcbs.tmall.com

北京财经印刷厂印刷　各地新华书店经销

成品尺寸：165mm×238mm　16 开　26.25 印张　446 000 字

2022 年 12 月第 1 版　2022 年 12 月北京第 1 次印刷

定价：138.00 元

ISBN 978－7－5223－1334－4

（图书出现印装问题，本社负责调换，电话：010－88190548）

本社质量投诉电话：010－88190744

打击盗版举报热线：010－88191661　QQ：2242791300